ROBERT MUSIL:
DIE VERWIRRUNGEN DES ZÖGLINGS TÖRLESS

Text und Materialien

STATIONEN DER LITERATUR

Text- und Arbeitsbücher
für den Literaturunterricht
in der Sekundarstufe II

Herausgegeben von
Heinrich Biermann/Bernd Schurf

Schwann-Bagel

Heinrich Biermann

ROBERT MUSIL: DIE VERWIRRUNGEN DES ZÖGLINGS TÖRLESS

Text und Materialien

Schwann-Bagel

Der Textabdruck
Robert Musil: Die Verwirrungen des Zöglings Törleß
erfolgt mit freundlicher Genehmigung
des Rowohlt Taschenbuch Verlages, Reinbek bei Hamburg

Mit einem Sternchen (*) gekennzeichnete Textüberschriften sind Titel, die für den Gebrauch des Bandes neu formuliert sind.

Auflage: 89 88 87 86 / 4 3 2 1

Umschlaggestaltung: Peter J. Kahrl, Neuwied
Satz: Rademacher, Mülheim (Ruhr)
Druck und Bindung: Boss Druck, Kleve
ISBN 3-590-12120-3

Inhaltsverzeichnis

«Sobald wir etwas aussprechen, entwerten wir es seltsam. Wir glauben in die Tiefe der Abgründe hinabgetaucht zu sein, und wenn wir wieder an die Oberfläche kommen, gleicht der Wassertropfen an unseren bleichen Fingerspitzen nicht mehr dem Meere, dem er entstammt. Wir wähnen eine Schatzgrube wunderbarer Schätze entdeckt zu haben, und wenn wir wieder ans Tageslicht kommen, haben wir nur falsche Steine und Glasscherben mitgebracht; und trotzdem schimmert der Schatz im Finstern unverändert.»

Maeterlinck[1]

Eine kleine Station an der Strecke, welche nach Rußland führt.

Endlos gerade liefen vier parallele Eisenstränge nach beiden Seiten zwischen dem gelben Kies des breiten Fahrdammes; neben jedem wie ein schmutziger Schatten der dunkle, von dem Abdampfe in den Boden gebrannte Strich.

Hinter dem niederen, ölgestrichenen Stationsgebäude führte eine breite, ausgefahrene Straße zur Bahnhofsrampe herauf. Ihre Ränder verloren sich in dem ringsum zertretenen Boden und waren nur an zwei Reihen Akazienbäumen kenntlich, die traurig mit verdursteten, von Staub und Ruß erdrosselten Blättern zu beiden Seiten standen.

Machten es diese traurigen Farben, machte es das bleiche, kraftlose, durch den Dunst ermüdete Licht der Nachmittagssonne: Gegenstände und Menschen hatten etwas Gleichgültiges, Lebloses, Mechanisches an sich, als seien sie aus der Szene eines Puppentheaters genommen. Von Zeit zu Zeit, in gleichen Intervallen, trat der Bahnhofsvorstand aus seinem Amtszimmer heraus, sah mit der gleichen Wendung des Kopfes die weite Strecke hinauf nach den Signalen der Wächterhäuschen, die immer noch nicht das Nahen des Eilzuges anzeigen wollten, der an der Grenze große Verspätung erlitten hatte; mit ein und derselben Bewegung des Armes zog er sodann seine Taschenuhr hervor, schüttelte den Kopf und verschwand wieder; so wie die Figuren kommen und gehen, die aus alten Turmuhren treten, wenn die Stunde voll ist.

Auf dem breiten, festgestampften Streifen zwischen Schienenstrang und Gebäude promenierte eine heitere Gesellschaft junger Leute, links und rechts eines älteren Ehepaares schreitend, das den Mittelpunkt der etwas lauten Unterhaltung bildete. Aber auch die Fröhlichkeit dieser Gruppe war keine rechte; der Lärm des lustigen Lachens schien schon auf wenige Schritte zu ver-

[1] Maurice Maeterlinck (frz.-belg. Schriftsteller 1862–1949): Der Schatz der Armen. Übersetzt von Friedrich von Oppeln-Bronikowski. 2. Aufl. Leipzig (Eugen Diederichs) 1902, S. 31 (Kap. IV: Die Moral des Mystikers).

stummen, gleichsam an einem zähen, unsichtbaren Widerstande zu Boden zu sinken.

Frau Hofrat Törleß, dies war die Dame von vielleicht vierzig Jahren, verbarg hinter ihrem dichten Schleier traurige, vom Weinen ein wenig gerötete Augen. Es galt Abschied zu nehmen. Und es fiel ihr schwer, ihr einziges Kind nun wieder auf so lange Zeit unter fremden Leuten lassen zu müssen, ohne Möglichkeit, selbst schützend über ihren Liebling zu wachen.

Denn die kleine Stadt lag weitab von der Residenz, im Osten des Reiches, in spärlich besiedeltem, trockenem Ackerland.

Der Grund, dessentwegen Frau Törleß es dulden mußte, ihren Jungen in so ferner, unwirtlicher Fremde zu wissen, war, daß sich in dieser Stadt ein berühmtes Konvikt[2] befand, welches man schon seit dem vorigen Jahrhunderte, wo es auf dem Boden einer frommen Stiftung errichtet worden war, da draußen beließ, wohl um die aufwachsende Jugend vor den verderblichen Einflüssen einer Großstadt zu bewahren.

Denn hier erhielten die Söhne der besten Familien des Landes ihre Ausbildung, um nach Verlassen des Institutes die Hochschule zu beziehen oder in den Militär- oder Staatsdienst einzutreten, und in allen diesen Fällen sowie für den Verkehr in den Kreisen der guten Gesellschaft galt es als besondere Empfehlung, im Konvikte zu W. aufgewachsen zu sein.

Vor vier Jahren hatte dies das Elternpaar Törleß bewogen, dem ehrgeizigen Drängen seines Knaben nachzugeben und seine Aufnahme in das Institut zu erwirken.

Dieser Entschluß hatte später viele Tränen gekostet. Denn fast seit dem Augenblicke, da sich das Tor des Institutes unwiderruflich hinter ihm geschlossen hatte, litt der kleine Törleß an fürchterlichem, leidenschaftlichem Heimweh. Weder die Unterrichtsstunden, noch die Spiele auf den großen üppigen Wiesen des Parkes, noch die anderen Zerstreuungen, die das Konvikt seinen Zöglingen bot, vermochten ihn zu fesseln; er beteiligte sich kaum an ihnen. Er sah alles nur wie durch einen Schleier und hatte selbst untertags häufig Mühe, ein hartnäckiges Schluchzen hinabzuwürgen; des Abends schlief er aber stets unter Tränen ein.

Er schrieb Briefe nach Hause, beinahe täglich, und er lebte nur in diesen Briefen; alles andere, was er tat, schien ihm nur ein schattenhaftes, bedeutungsloses Geschehen zu sein, gleichgültige Stationen wie die Stundenziffern eines Uhrblattes. Wenn er aber schrieb, fühlte er etwas Auszeichnendes, Exklusives in sich; wie eine Insel voll wunderbarer Sonnen und Farben hob sich etwas in ihm aus dem Meere grauer Empfindungen heraus, das ihn Tag um Tag kalt und

[2] (kirchl.) Bildungseinrichtung

gleichgültig umdrängte. Und wenn er untertags, bei den Spielen oder im Unterrichte, daran dachte, daß er abends seinen Brief schreiben werde, so war ihm, als trüge er an unsichtbarer Kette einen goldenen Schlüssel verborgen, mit dem er, wenn es niemand sieht, das Tor von wunderbaren Gärten öffnen werde.

Das Merkwürdige daran war, daß diese jähe, verzehrende Hinneigung zu seinen Eltern für ihn selbst etwas Neues und Befremdendes hatte. Er hatte sie vorher nicht geahnt, er war gern und freiwillig ins Institut gegangen, ja er hatte gelacht, als sich seine Mutter beim ersten Abschied vor Tränen nicht fassen konnte, und dann erst, nachdem er schon einige Tage allein gewesen war und sich verhältnismäßig wohl befunden hatte, brach es plötzlich und elementar in ihm empor.

Er hielt es für Heimweh, für Verlangen nach seinen Eltern. In Wirklichkeit war es aber etwas viel Unbestimmteres und Zusammengesetzteres. Denn der «Gegenstand dieser Sehnsucht», das Bild seiner Eltern, war darin eigentlich gar nicht mehr enthalten. Ich meine diese gewisse plastische, nicht bloß gedächtnismäßige, sondern körperliche Erinnerung an eine geliebte Person, die zu allen Sinnen spricht und in allen Sinnen bewahrt wird, so daß man nichts tun kann, ohne schweigend und unsichtbar den anderen zur Seite zu fühlen. Diese verklang bald wie eine Resonanz, die nur noch eine Weile fortgezittert hatte. Törleß konnte sich damals beispielsweise nicht mehr das Bild seiner «lieben, lieben Eltern» – dermaßen sprach er es meist vor sich hin – vor Augen zaubern. Versuchte er es, so kam an dessen Stelle der grenzenlose Schmerz in ihm empor, dessen Sehnsucht ihn züchtigte und ihn doch eigenwillig festhielt, weil ihre heißen Flammen ihn zugleich schmerzten und entzückten. Der Gedanke an seine Eltern wurde ihm hiebei mehr und mehr zu einer bloßen Gelegenheitsursache, dieses egoistische Leiden in sich zu erzeugen, das ihn in seinen wollüstigen Stolz einschloß wie in die Abgeschiedenheit einer Kapelle, in der von hundert flammenden Kerzen und von hundert Augen heiliger Bilder Weihrauch zwischen die Schmerzen der sich selbst Geißelnden gestreut wird. – – –

Als dann sein «Heimweh» weniger heftig wurde und sich allgemach verlor, zeigte sich diese seine Art auch ziemlich deutlich. Sein Verschwinden führte nicht eine endlich erwartete Zufriedenheit nach sich, sondern ließ in der Seele des jungen Törleß eine Leere zurück. Und an diesem Nichts, an diesem Unausgefüllten in sich erkannte er, daß es nicht eine bloße Sehnsucht gewesen war, die ihm abhanden kam, sondern etwas Positives, eine seelische Kraft, etwas, das sich in ihm unter dem Vorwand des Schmerzes ausgeblüht hatte.

Nun aber war es vorbei, und diese Quelle einer ersten höheren Seligkeit hatte sich ihm erst durch ihr Versiegen fühlbar gemacht.

Zu dieser Zeit verloren sich die leidenschaftlichen Spuren der im Erwachen gewesenen Seele wieder aus seinen Briefen, und an ihre Stelle traten ausführliche Beschreibungen des Lebens im Institute und der neugewonnenen Freunde.

Er selbst fühlte sich dabei verarmt und kahl, wie ein Bäumchen, das nach der noch fruchtlosen Blüte den ersten Winter erlebt.

Seine Eltern aber waren es zufrieden. Sie liebten ihn mit einer starken, gedankenlosen, tierischen Zärtlichkeit. Jedesmal, wenn er vom Konvikte Ferien bekommen hatte, erschien der Hofrätin nachher ihr Haus von neuem leer und ausgestorben, und noch einige Tage nach jedem solchen Besuche ging sie mit Tränen in den Augen durch die Zimmer, da und dort einen Gegenstand liebkosend berührend, auf dem das Auge des Knaben geruht oder den seine Finger gehalten hatten. Und beide hätten sie sich für ihn in Stücke reißen lassen.

Die unbeholfene Rührung und leidenschaftliche, trotzige Trauer seiner Briefe beschäftigte sie schmerzlich und versetzte sie in einen Zustand hochgespannter Empfindsamkeit; der heitere, zufriedene Leichtsinn, der darauf folgte, machte auch sie wieder froh, und in dem Gefühle, daß dadurch eine Krise überwunden worden sei, unterstützten sie ihn nach Kräften.

Weder in dem einen noch in dem andern erkannten sie das Symptom einer bestimmten seelischen Entwicklung, vielmehr hatten sie Schmerz und Beruhigung gleichermaßen als eine natürliche Folge der gegebenen Verhältnisse hingenommen. Daß es der erste, mißglückte Versuch des jungen, auf sich selbst gestellten Menschen gewesen war, die Kräfte des Inneren zu entfalten, entging ihnen.

Törleß fühlte sich nun sehr unzufrieden und tastete da und dort vergeblich nach etwas Neuem, das ihm als Stütze hätte dienen können.

Eine Episode dieser Zeit war für das charakteristisch, was sich damals in Törleß zu späterer Entwicklung vorbereitete.

Eines Tages war nämlich der junge Fürst H. ins Institut eingetreten, der aus einem der einflußreichsten, ältesten und konservativsten Adelsgeschlechter des Reiches stammte.

Alle anderen fanden seine sanften Augen fad und affektiert; die Art und Weise, wie er im Stehen die eine Hüfte herausdrückte und beim Sprechen langsam mit den Fingern spielte, verlachten sie als weibisch. Besonders aber spotteten sie darüber, daß er nicht von seinen Eltern ins Konvikt gebracht worden war, sondern von seinem bisherigen Erzieher, einem doctor theologiae und Ordensgeistlichen.

Törleß aber hatte vom ersten Augenblicke an einen starken Eindruck empfangen. Vielleicht wirkte dabei der Umstand mit, daß es ein hoffähiger

Prinz war, jedenfalls war es aber auch eine andere Art Mensch, die er da kennen lernte.

Das Schweigen eines alten Landedelschlosses und frommer Übungen schien irgendwie noch an ihm zu haften. Wenn er ging, so geschah es mit weichen, geschmeidigen Bewegungen, mit diesem etwas schüchternen Sichzusammenziehen und Schmalmachen, das der Gewohnheit eigen ist, aufrecht durch die Flucht leerer Säle zu schreiten, wo ein anderer an unsichtbaren Ecken des leeren Raumes schwer anzurennen scheint.

Der Umgang mit dem Prinzen wurde so zur Quelle eines feinen psychologischen Genusses für Törleß. Er bahnte in ihm jene Art Menschenkenntnis an, die es lehrt, einen anderen nach dem Fall der Stimme, nach der Art, wie er etwas in die Hand nimmt, ja selbst nach dem Timbre seines Schweigens und dem Ausdruck der körperlichen Haltung, mit der er sich in einen Raum fügt, kurz nach dieser beweglichen, kaum greifbaren und doch erst eigentlichen, vollen Art etwas Seelisch-Menschliches zu sein, die um den Kern, das Greif- und Besprechbare, wie um ein bloßes Skelett herumgelagert ist, so zu erkennen und zu genießen, daß man die geistige Persönlichkeit dabei vorwegnimmt.

Törleß lebte während dieser kurzen Zeit wie in einer Idylle. Er stieß sich nicht an der Religiosität seines neuen Freundes, die ihm, der aus einem bürgerlich-freidenkenden Hause stammte, eigentlich etwas ganz Fremdes war. Er nahm sie vielmehr ohne alles Bedenken hin, ja sie bildete in seinen Augen sogar einen besonderen Vorzug des Prinzen, denn sie steigerte das Wesen dieses Menschen, das er dem seinen völlig unähnlich, aber auch ganz unvergleichlich fühlte.

In der Gesellschaft dieses Prinzen fühlte er sich etwa wie in einer abseits des Weges liegenden Kapelle, so daß der Gedanke, daß er eigentlich nicht dorthin gehöre, ganz gegen den Genuß verschwand, das Tageslicht einmal durch Kirchenfenster anzusehen und das Auge so lange über den nutzlosen, vergoldeten Zierat gleiten zu lassen, der in der Seele dieses Menschen aufgehäuft war, bis er von dieser selbst ein undeutliches Bild empfing, so, als ob er, ohne sich Gedanken darüber machen zu können, mit dem Finger eine schöne aber nach seltsamen Gesetzen verschlungene Arabeske nachzöge.

Dann kam es plötzlich zum Bruche zwischen beiden.

Wegen einer Dummheit, wie sich Törleß selbst hinterher sagen mußte.

Sie waren nämlich doch einmal ins Streiten über religiöse Dinge gekommen. Und in diesem Augenblicke war es eigentlich schon um alles geschehen. Denn wie von Törleß unabhängig, schlug nun der Verstand in ihm unaufhaltsam auf den zarten Prinzen los. Er überschüttete ihn mit dem Spotte des Vernünftigen, zerstörte barbarisch das filigrane Gebäude, in dem dessen Seele heimisch war, und sie gingen im Zorne auseinander.

Seit der Zeit hatten sie auch kein Wort wieder zueinander gesprochen. Törleß war sich wohl dunkel bewußt, daß er etwas Sinnloses getan hatte, und eine unklare, gefühlsmäßige Einsicht sagte ihm, daß da dieser hölzerne Zollstab des Verstandes zu ganz unrechter Zeit etwas Feines und Genußreiches zerschlagen habe. Aber dies war etwas, das ganz außer seiner Macht lag. Eine Art Sehnsucht nach dem Früheren war wohl für immer in ihm zurückgeblieben, aber er schien in einen anderen Strom geraten zu sein, der ihn immer weiter davon entfernte.

Nach einiger Zeit trat dann auch der Prinz, der sich im Konvikte nicht wohl befunden hatte, wieder aus.

Nun wurde es ganz leer und langweilig um Törleß. Aber er war einstweilen älter geworden, und die beginnende Geschlechtsreife fing an, sich dunkel und allmählich in ihm emporzuheben. In diesem Abschnitt seiner Entwicklung schloß er einige neue, dementsprechende Freundschaften, die für ihn später von größter Wichtigkeit wurden. So mit Beineberg und Reiting, mit Moté und Hofmeier, eben jenen jungen Leuten, in deren Gesellschaft er heute seine Eltern zur Bahn begleitete.

Merkwürdigerweise waren dies gerade die übelsten seines Jahrganges, zwar talentiert und selbstverständlich auch von guter Herkunft, aber bisweilen bis zur Roheit wild und ungebärdig. Und daß gerade ihre Gesellschaft Törleß nun fesselte, lag wohl an seiner eigenen Unselbständigkeit, die, seitdem es ihn von dem Prinzen wieder fortgetrieben hatte, sehr arg war. Es lag sogar in der geradlinigen Verlängerung dieses Abschwenkens, denn es bedeutete wie dieses eine Angst vor allzu subtilen Empfindeleien, gegen die das Wesen der anderen Kameraden gesund, kernig und lebensgerecht abstach.

Törleß überließ sich gänzlich ihrem Einflusse, denn seine geistige Situation war nun ungefähr diese: In seinem Alter hat man am Gymnasium Goethe, Schiller, Shakespeare, vielleicht sogar schon die Modernen gelesen. Das schreibt sich dann halbverdaut aus den Fingerspitzen wieder heraus. Römertragödien entstehen oder sensitivste Lyrik, die im Gewande seitenlanger Interpunktionen wie in der Zartheit durchbrochener Spitzenarbeit einherschreitet: Dinge, die an und für sich lächerlich sind, für die Sicherheit der Entwicklung aber einen unschätzbaren Wert bedeuten. Denn diese von außen kommenden Assoziationen und erborgten Gefühle tragen die jungen Leute über den gefährlich weichen seelischen Boden dieser Jahre hinweg, wo man sich selbst etwas bedeuten muß und doch noch zu unfertig ist, um wirklich etwas zu bedeuten. Ob für später bei dem einen etwas davon zurückbleibt oder bei dem andern nichts, ist gleichgültig; dann findet sich schon jeder mit sich ab, und die Gefahr besteht nur in dem Alter des Überganges. Wenn man da solch einem jungen

Menschen das Lächerliche seiner Person zur Einsicht bringen könnte, so würde der Boden unter ihm einbrechen, oder er würde wie ein erwachter Nachtwandler herabstürzen, der plötzlich nichts als Leere sieht.

Diese Illusion, dieser Trick zugunsten der Entwicklung fehlte im Institute. Denn dort waren in der Büchersammlung wohl die Klassiker enthalten, aber diese galten als langweilig, und sonst fanden sich nur sentimentale Novellenbände und witzlose Militärhumoresken[3].

Der kleine Törleß hatte sie wohl alle förmlich in einer Gier nach Büchern durchgelesen, irgendeine banal zärtliche Vorstellung aus ein oder der anderen Novelle wirkte manchmal auch noch eine Weile nach, allein einen Einfluß, einen wirklichen Einfluß, nahm dies auf seinen Charakter nicht.

Es schien damals, daß er überhaupt keinen Charakter habe.

Er schrieb zum Beispiel unter dem Einflusse dieser Lektüre selbst hie und da eine kleine Erzählung oder begann ein romantisches Epos zu dichten. In der Erregung über die Liebesleiden seiner Helden röteten sich dann seine Wangen, seine Pulse beschleunigten sich und seine Augen glänzten.

Wie er aber die Feder aus der Hand legte, war alles vorbei; gewissermaßen nur in der Bewegung lebte sein Geist. Daher war es ihm auch möglich, ein Gedicht oder eine Erzählung wann immer, auf jede Aufforderung hin, niederzuschreiben. Er regte sich dabei auf, aber trotzdem nahm er es nie ganz ernst, und die Tätigkeit erschien ihm nicht wichtig. Es ging von ihr nichts auf seine Person über, und sie ging nicht von seiner Person aus. Er hatte nur unter irgendeinem äußeren Zwang Empfindungen, die über das Gleichgültige hinausgingen, wie ein Schauspieler dazu des Zwanges einer Rolle bedarf.

Es waren Reaktionen des Gehirns. Das aber, was man als Charakter oder Seele, Linie oder Klangfarbe eines Menschen fühlt, jedenfalls dasjenige, wogegen die Gedanken, Entschlüsse und Handlungen wenig bezeichnend, zufällig und auswechselbar erscheinen, dasjenige, was beispielsweise Törleß an den Prinzen jenseits alles verstandlichen Beurteilens geknüpft hatte, dieser letzte, unbewegliche Hintergrund, war zu jener Zeit in Törleß gänzlich verloren gegangen.

In seinen Kameraden war es die Freude am Sport, das Animalische, welches sie eines solchen gar nicht bedürfen ließ, so wie am Gymnasium das Spiel mit der Literatur dafür sorgt.

Törleß war aber für das eine zu geistig angelegt und dem anderen brachte er jene scharfe Feinfühligkeit für das Lächerliche solcher erborgter Sentiments entgegen, die das Leben im Institute durch seine Nötigung steter Bereitschaft zu Streitigkeiten und Faustkämpfen erzeugt. So erhielt sein Wesen etwas Unbe-

[3] kurze humoristische Erzählung aus dem Militärmilieu

stimmtes, eine innere Hilflosigkeit, die ihn nicht zu sich selbst finden ließ.

Er schloß sich seinen neuen Freunden an, weil ihm ihre Wildheit imponierte. Da er ehrgeizig war, versuchte er hie und da, es ihnen darin sogar zuvorzutun. Aber jedesmal blieb er wieder auf halbem Wege stehen und hatte nicht wenig Spott deswegen zu erleiden. Dies verschüchterte ihn dann wieder. Sein ganzes Leben bestand in dieser kritischen Periode eigentlich nur in diesem immer erneuten Bemühen, seinen rauhen, männlicheren Freunden nachzueifern, und in einer tief innerlichen Gleichgültigkeit gegen dieses Bestreben.

Besuchten ihn jetzt seine Eltern, so war er, solange sie allein waren, still und scheu. Den zärtlichen Berührungen seiner Mutter entzog er sich jedesmal unter einem anderen Vorwande. In Wahrheit hätte er ihnen gern nachgegeben, aber er schämte sich, als seien die Augen seiner Kameraden auf ihn gerichtet.

Seine Eltern nahmen es als die Ungelenkigkeit der Entwicklungsjahre hin.

Nachmittags kam dann die ganze laute Schar. Man spielte Karten, aß, trank, erzählte Anekdoten über die Lehrer und rauchte die Zigaretten, die der Hofrat aus der Residenz mitgebracht hatte.

Diese Heiterkeit erfreute und beruhigte das Ehepaar.

Daß für Törleß mitunter auch andere Stunden kamen, wußten sie nicht. Und in der letzten Zeit immer zahlreichere. Er hatte Augenblicke, wo ihm das Leben im Institute völlig gleichgültig wurde. Der Kitt seiner täglichen Sorgen löste sich da, und die Stunden seines Lebens fielen ohne innerlichen Zusammenhang auseinander.

Er saß oft lange – in finsterem Nachdenken – gleichsam über sich selbst gebeugt.

Zwei Besuchstage waren es auch diesmal gewesen. Man hatte gespeist, geraucht, eine Spazierfahrt unternommen, und nun sollte der Eilzug das Ehepaar wieder in die Residenz zurückführen.

Ein leises Rollen in den Schienen kündigte sein Nahen an, und die Signale der Glocke am Dache des Stationsgebäudes klangen der Hofrätin unerbittlich ins Ohr.

«Also nicht wahr, lieber Beineberg, Sie geben mir auf meinen Buben acht?» wandte sich Hofrat Törleß an den jungen Baron Beineberg, einen langen, knochigen Burschen mit mächtig abstehenden Ohren, aber ausdrucksvollen, gescheiten Augen.

Der kleine Törleß schnitt ob dieser Bevormundung ein mißmutiges Gesicht, und Beineberg grinste geschmeichelt und ein wenig schadenfroh.

«Überhaupt» – wandte sich der Hofrat an die übrigen – «möchte ich Sie alle gebeten haben, falls meinem Sohne irgend etwas sein sollte, mich gleich davon zu verständigen.»

Dies entlockte nun doch dem jungen Törleß ein unendlich gelangweiltes: «Aber Papa, was soll mir denn passieren?!» obwohl er schon daran gewöhnt war, bei jedem Abschiede diese allzu große Sorgsamkeit über sich ergehen lassen zu müssen.

Die anderen schlugen indessen die Hacken zusammen, wobei sie die zierlichen Degen straff an die Seite zogen, und der Hofrat fügte noch hinzu: «Man kann nie wissen, was vorkommt, und der Gedanke, sofort von allem verständigt zu werden, bereitet mir eine große Beruhigung; schließlich könntest du doch auch am Schreiben behindert sein.»

Dann fuhr der Zug ein. Hofrat Törleß umarmte seinen Sohn, Frau von Törleß drückte den Schleier fester ans Gesicht, um ihre Tränen zu verbergen, die Freunde bedankten sich der Reihe nach, dann schloß der Schaffner die Wagentür.

Noch einmal sah das Ehepaar die hohe, kahle Rückfront des Institutsgebäudes, – die mächtige, langgestreckte Mauer, welche den Park umschloß, dann kamen rechts und links nur mehr graubraune Felder und vereinzelte Obstbäume.

Die jungen Leute hatten unterdessen den Bahnhof verlassen und gingen in zwei Reihen hintereinander auf den beiden Rändern der Straße – so wenigstens dem dicksten und zähesten Staube ausweichend – der Stadt zu, ohne viel miteinander zu reden.

Es war fünf Uhr vorbei, und über die Felder kam es ernst und kalt, wie ein Vorbote des Abends.

Törleß wurde sehr traurig.

Vielleicht war daran die Abreise seiner Eltern schuld, vielleicht war es jedoch nur die abweisende, stumpfe Melancholie, die jetzt auf der ganzen Natur ringsumher lastete und schon auf wenige Schritte die Formen der Gegenstände mit schweren glanzlosen Farben verwischte.

Dieselbe furchtbare Gleichgültigkeit, die schon den ganzen Nachmittag über allerorts gelegen war, kroch nun über die Ebene heran, und hinter ihr her wie eine schleimige Fährte der Nebel, der über den Sturzäckern und bleigrauen Rübenfeldern klebte.

Törleß sah nicht rechts noch links, aber er fühlte es. Schritt für Schritt trat er in die Spuren, die soeben erst vom Fuße des Vordermanns in dem Staube aufklafften, – und so fühlte er es: als ob es so sein müßte: als einen steinernen Zwang, der sein ganzes Leben in diese Bewegung – Schritt für Schritt – auf dieser einen Linie, auf diesem einen schmalen Streifen, der sich durch den Staub zog, einfing und zusammenpreßte.

Als sie an einer Kreuzung stehen blieben, wo ein zweiter Weg mit dem ihren in einen runden, ausgetretenen Fleck zusammenfloß, und als dort ein morschgewordener Wegweiser schief in die Luft hineinragte, wirkte diese, zu ihrer Umgebung in Widerspruch stehende, Linie wie ein verzweifelter Schrei auf Törleß.

Wieder gingen sie weiter. Törleß dachte an seine Eltern, an Bekannte, an das Leben. Um diese Stunde kleidet man sich für eine Gesellschaft an oder beschließt ins Theater zu fahren. Und nachher geht man ins Restaurant, hört eine Kapelle, besucht das Kaffeehaus. Man macht eine interessante Bekanntschaft. Ein galantes Abenteuer hält bis zum Morgen in Erwartung. Das Leben rollt wie ein wunderbares Rad immer Neues, Unerwartetes aus sich heraus ...

Törleß seufzte unter diesen Gedanken, und bei jedem Schritte, der ihn der Enge des Institutes nähertrug, schnürte sich etwas immer fester in ihm zusammen.

Jetzt schon klang ihm das Glockenzeichen in den Ohren. Nichts fürchtete er nämlich so sehr wie dieses Glockenzeichen, das unwiderruflich das Ende des Tages bestimmte – wie ein brutaler Messerschnitt.

Er erlebte ja nichts, und sein Leben dämmerte in steter Gleichgültigkeit dahin, aber dieses Glockenzeichen fügte dem auch noch den Hohn hinzu und ließ ihn in ohnmächtiger Wut über sich selbst, über sein Schicksal, über den begrabenen Tag erzittern.

Nun kannst du gar nichts mehr erleben, während zwölf Stunden kannst du nichts mehr erleben, für zwölf Stunden bist du tot ...: das war der Sinn dieses Glockenzeichens.

Als die Gesellschaft junger Leute zwischen die ersten niedrigen, hüttenartigen Häuser kam, wich dieses dumpfe Brüten von Törleß. Wie von einem plötzlichen Interesse erfaßt, hob er den Kopf und blickte angestrengt in das dunstige Innere der kleinen, schmutzigen Gebäude, an denen sie vorübergingen.

Vor den Türen der meisten standen die Weiber, in Kitteln und groben Hemden, mit breiten, beschmutzten Füßen und nackten, braunen Armen.

Waren sie jung und drall, so flog ihnen manches derbe slawische Scherzwort zu. Sie stießen sich an und kicherten über die «jungen Herren»; manchmal schrie eine auch auf, wenn im Vorübergehen allzu hart ihre Brüste gestreift wurden, oder erwiderte mit einem lachenden Schimpfwort einen Schlag auf die Schenkel. Manche sah auch bloß mit zornigem Ernste hinter den Eilenden drein; und der Bauer lächelte verlegen, – halb unsicher, halb gutmütig, – wenn er zufällig hinzugekommen war.

Törleß beteiligte sich nicht an dieser übermütigen, frühreifen Männlichkeit seiner Freunde.

Der Grund hiezu lag wohl teilweise in einer gewissen Schüchternheit in geschlechtlichen Sachen, wie sie fast allen einzigen Kindern eigentümlich ist, zum größeren Teile jedoch in der ihm besonderen Art der sinnlichen Veranlagung, welche verborgener, mächtiger und dunkler gefärbt war als die seiner Freunde und sich schwerer äußerte.

Während die anderen mit den Weibern schamlos – taten, beinahe mehr um «fesch» zu sein, als aus Begierde, war die Seele des schweigsamen, kleinen Törleß aufgewühlt und von wirklicher Schamlosigkeit gepeitscht.

Er blickte mit so brennenden Augen durch die kleinen Fenster und winkligen, schmalen Torwege in das Innere der Häuser, daß es ihm beständig wie ein feines Netz vor den Augen tanzte.

Fast nackte Kinder wälzten sich in dem Kot der Höfe, da und dort gab der Rock eines arbeitenden Weibes die Kniekehlen frei oder drückte sich eine schwere Brust straff in die Falten der Leinwand. Und als ob all dies sogar unter einer ganz anderen, tierischen, drückenden Atmosphäre sich abspielte, floß aus dem Flur der Häuser eine träge, schwere Luft, die Törleß begierig einatmete.

Er dachte an alte Malereien, die er in Museen gesehen hatte, ohne sie recht zu verstehen. Er wartete auf irgend etwas, so wie er vor diesen Bildern immer auf etwas gewartet hatte, das sich nie ereignete. Worauf...?... Auf etwas Überraschendes, noch nie Gesehenes; auf einen ungeheuerlichen Anblick, von dem er sich nicht die geringste Vorstellung machen konnte; auf irgend etwas von fürchterlicher, tierischer Sinnlichkeit; das ihn wie mit Krallen packe und von den Augen aus zerreiße; auf ein Erlebnis, das in irgendeiner noch ganz unklaren Weise mit den schmutzigen Kitteln der Weiber, mit ihren rauhen Händen, mit der Niedrigkeit ihrer Stuben, mit... mit einer Beschmutzung an dem Kot der Höfe... zusammenhängen müsse.... Nein, nein;... er fühlte jetzt nur mehr das feurige Netz vor den Augen; die Worte sagten es nicht; so arg, wie es die Worte machen, ist es gar nicht; es ist etwas ganz Stummes, – ein Würgen in der Kehle, ein kaum merkbarer Gedanke, und nur dann, wenn man es durchaus mit Worten sagen wollte, käme es so heraus; aber dann ist es auch nur mehr entfernt ähnlich, wie in einer riesigen Vergrößerung, wo man nicht nur alles deutlicher sieht, sondern auch Dinge, die gar nicht da sind.... Dennoch war es zum Schämen.

«Hat das Bubi Heimweh?» fragte ihn plötzlich spöttisch der lange und um zwei Jahre ältere v. Reiting, welchem Törleß' Schweigsamkeit und die verdunkelten Augen aufgefallen waren. Törleß lächelte gemacht und verlegen, und ihm war, als hätte der boshafte Reiting die Vorgänge in seinem Innern belauscht.

Er gab keine Antwort. Aber sie waren mittlerweile auf den Kirchplatz des Städtchens gelangt, der die Form eines Quadrates hatte und mit Katzenköpfen[4] gepflastert war, und trennten sich nun voneinander.

Törleß und Beineberg wollten noch nicht ins Institut zurück, während die andern keine Erlaubnis zu längerem Ausbleiben hatten und nach Hause gingen.

Die beiden waren in der Konditorei eingekehrt.

Dort saßen sie an einem kleinen Tische mit runder Platte, neben einem Fenster, das auf den Garten hinausging, unter einer Gaskrone, deren Lichter hinter den milchigen Glaskugeln leise summten.

Sie hatten es sich bequem gemacht, ließen sich die Gläschen mit wechselnden Schnäpsen füllen, rauchten Zigaretten, aßen dazwischen etwas Bäckerei und genossen das Behagen, die einzigen Gäste zu sein. Denn höchstens in den hinteren Räumen saß noch ein vereinzelter Besucher vor seinem Glase Wein; vorne war es still, und selbst die feiste, angejährte Konditorin schien hinter ihrem Ladentische zu schlafen.

Törleß sah – nur so ganz unbestimmt – durch das Fenster – in den leeren Garten hinaus, der allgemach verdunkelte.

Beineberg erzählte. Von Indien. Wie gewöhnlich. Denn sein Vater, der General war, war dort als junger Offizier in englischen Diensten gestanden. Und nicht nur hatte er wie sonstige Europäer Schnitzereien, Gewebe und kleine Industriegötzen mit herübergebracht, sondern auch etwas von dem geheimnisvollen, bizarren Dämmern des esoterischen Buddhismus gefühlt und sich bewahrt. Auf seinen Sohn hatte er das, was er von da her wußte und später noch hinzulas, schon von dessen Kindheit an übertragen.

Mit dem Lesen war es übrigens bei ihm ganz eigen. Er war Reiteroffizier und liebte durchaus nicht die Bücher im allgemeinen. Romane und Philosophie verachtete er gleichermaßen. Wenn er las, wollte er nicht über Meinungen und Streitfragen nachdenken, sondern schon beim Aufschlagen der Bücher wie durch eine heimliche Pforte in die Mitte auserlesener Erkenntnisse treten. Es mußten Bücher sein, deren Besitz allein schon wie ein geheimes Ordenszeichen war und wie eine Gewährleistung überirdischer Offenbarungen. Und solches fand er nur in den Büchern der indischen Philosophie, die für ihn eben nicht bloß Bücher zu sein schienen, sondern Offenbarungen, Wirkliches, – Schlüsselwerke wie die alchimistischen und Zauberbücher des Mittelalters.

Mit ihnen schloß sich dieser gesunde, tatkräftige Mann, der strenge seinen

[4] Kopfsteinpflaster

Dienst versah und überdies seine drei Pferde fast täglich selber ritt, meist gegen Abend ein.

Dann griff er aufs Geratewohl eine Stelle heraus und sann, ob sich ihr geheimster Sinn ihm nicht heute erschlösse. Und nie war er enttäuscht, so oft er auch einsehen mußte, daß er noch nicht weiter als zum Vorhof des geheiligten Tempels gelangt sei.

So schwebte um diesen nervigen, gebräunten Freiluftmenschen etwas wie ein weihevolles Geheimnis. Seine Überzeugung, täglich am Vorabend einer niederschmetternd großen Enthüllung zu stehen, gab ihm eine verschlossene Überlegenheit. Seine Augen waren nicht träumerisch, sondern ruhig und hart. Die Gewohnheit, in Büchern zu lesen, in denen kein Wort von seinem Platze gerückt werden durfte, ohne den geheimen Sinn zu stören, das vorsichtige, achtungsvolle Abwägen eines jeden Satzes nach Sinn und Doppelsinn, hatte ihren Ausdruck geformt.

Nur mitunter verloren sich seine Gedanken in ein Dämmern von wohliger Melancholie. Das geschah, wenn er an den geheimen Kult dachte, der sich an die Originale der vor ihm liegenden Schriften knüpfte, an die Wunder, die von ihnen ausgegangen waren und Tausende ergriffen hatten, Tausende von Menschen, die ihm wegen der großen Entfernung, die ihn von ihnen trennte, nun wie Brüder erschienen, während er doch die Menschen seiner Umgebung, die er mit allen ihren Details sah, verachtete. In diesen Stunden wurde er mißmutig. Der Gedanke, daß sein Leben verurteilt sei, ferne von den Quellen der heiligen Kräfte zu verlaufen, seine Anstrengungen verurteilt, an der Ungunst der Verhältnisse vielleicht doch zu erlahmen, drückte ihn nieder. Wenn er aber dann eine Weile betrübt vor seinen Büchern gesessen war, wurde ihm eigentümlich zumute. Seine Melancholie verlor zwar nichts von ihrer Schwere, im Gegenteil, ihre Traurigkeit steigerte sich noch, aber sie drückte ihn nicht mehr. Er fühlte sich mehr denn je verlassen und auf verlornem Posten, aber in dieser Wehmut lag ein feines Vergnügen, ein Stolz, etwas Fremdes zu tun, einer unverstandenen Gottheit zu dienen. Und dann konnte wohl auch vorübergehend in seinen Augen etwas aufleuchten, das an den Aberwitz religiöser Ekstase gemahnte.

Beineberg hatte sich müde gesprochen. In ihm lebte das Bild seines wunderlichen Vaters in einer Art verzerrender Vergrößerung weiter. Jeder Zug war zwar bewahrt; aber das, was bei jenem ursprünglich vielleicht nur eine Laune gewesen war, die ihrer Exklusivität halber konserviert und gesteigert wurde, hatte sich in ihm zu einer phantastischen Hoffnung ausgewachsen. Jene Eigenheit seines Vaters, die für diesen im Grunde genommen vielleicht doch nur den gewissen letzten Schlupfwinkel der Individualität bedeutete, den sich jeder Mensch – und sei es auch nur durch die Wahl seiner Kleider – schaffen muß, um etwas zu haben, das ihn vor anderen auszeichne, war in ihm zu dem festen Glauben geworden, sich mittels ungewöhnlicher seelischer Kräfte eine Herrschaft sichern zu können.

Törleß kannte diese Gespräche zur Genüge. Sie gingen an ihm vorbei und berührten ihn kaum.

Er hatte sich jetzt halb vom Fenster abgewandt und beobachtete Beineberg, der sich eine Zigarette drehte. Und er fühlte wieder jenen merkwürdigen Widerwillen gegen diesen, der zuzeiten in ihm aufstieg. Diese schmalen dunklen Hände, die eben geschickt den Tabak in das Papier rollten, waren doch eigentlich schön. Magere Finger, ovale, schön gewölbte Nägel: es lag eine gewisse Vornehmheit in ihnen. Auch in den dunkelbraunen Augen. Auch in der gestreckten Magerkeit des ganzen Körpers lag eine solche. Freilich, – die Ohren standen mächtig ab, das Gesicht war klein und unregelmäßig, und der Gesamteindruck des Kopfes erinnerte an den einer Fledermaus. Dennoch – das fühlte Törleß, indem er die Einzelheiten gegeneinander abwog, ganz deutlich – waren es nicht die häßlichen, sondern gerade die vorzüglicheren derselben, die ihn so eigentümlich beunruhigten.

Die Magerkeit des Körpers – Beineberg selbst pflegte die stahlschlanken Beine homerischer Wettläufer als sein Vorbild zu preisen – wirkte auf ihn durchaus nicht in dieser Weise. Törleß hatte sich darüber bisher noch nicht Rechenschaft gegeben, und nun fiel ihm im Augenblicke kein befriedigender Vergleich ein. Er hätte Beineberg gern scharf ins Auge gefaßt, aber dann hätte es dieser gemerkt, und er hätte irgendein Gespräch beginnen müssen. Aber gerade so – da er ihn nur halb ansah und halb in der Phantasie das Bild ergänzte – fiel ihm der Unterschied auf. Wenn er sich die Kleider von dem Körper wegdachte, so war es ihm ganz unmöglich, die Vorstellung einer ruhigen Schlankheit festzuhalten, vielmehr traten ihm augenblicklich unruhige, sich windende Bewegungen vor das Auge, ein Verdrehen der Gliedmaßen und Verkrümmen der Wirbelsäule, wie man es in allen Darstellungen des Martyriums oder in den grotesken Schaubietungen der Jahrmarktsartisten finden kann.

Auch die Hände, die er ja gewiß ebensogut in dem Eindrucke irgendeiner formvollen Geste hätte festhalten können, dachte er nicht anders als in einer fingernden Beweglichkeit. Und gerade an ihnen, die doch eigentlich das Schönste an Beineberg waren, konzentrierte sich der größte Widerwille. Sie hatten etwas Unzüchtiges an sich. Das war wohl der richtige Vergleich. Und etwas Unzüchtiges lag auch in dem Eindrucke verrenkter Bewegungen, den der Körper machte. In den Händen schien es sich nur gewissermaßen anzusammeln und schien von ihnen wie das Vorgefühl einer Berührung auszustrahlen, das Törleß einen ekligen Schauer über die Haut jagte. Er war selbst über seinen Einfall verwundert und ein wenig erschrocken. Denn schon zum zweitenmal an diesem Tage geschah es, daß sich etwas Geschlechtliches unvermutet und ohne rechten Zusammenhang zwischen seine Gedanken drängte.

Beineberg hatte sich eine Zeitung genommen, und Törleß konnte ihn jetzt genau betrachten.

Da war tatsächlich kaum etwas zu finden, das dem plötzlichen Auftauchen einer solchen Ideenverknüpfung auch nur einigermaßen hätte zur Entschuldigung dienen können.

Und doch wurde das Mißbehagen aller Unbegründung zu Trotz immer lebhafter. Es waren noch keine zehn Minuten des Schweigens zwischen den beiden verstrichen, und dennoch fühlte Törleß seinen Widerwillen bereits auf das äußerste gesteigert. Eine Grundstimmung, Grundbeziehung zwischen ihm und Beineberg schien sich darin zum ersten Male zu äußern, ein immer schon lauernd dagewesenes Mißtrauen schien mit einem Male in das bewußte Empfinden aufgestiegen zu sein.

Die Situation zwischen den beiden spitzte sich immer mehr zu. Beleidigungen, für die er keine Worte wußte, drängten sich Törleß auf. Eine Art Scham, so als ob zwischen ihm und Beineberg wirklich etwas vorgefallen wäre, versetzte ihn in Unruhe. Seine Finger begannen unruhig auf der Tischplatte zu trommeln.

Endlich sah er, um diesen sonderbaren Zustand loszuwerden, wieder zum Fenster hinaus.

Beineberg blickte jetzt von der Zeitung auf; dann las er irgendeine Stelle vor, legte das Blatt weg und gähnte.

Mit dem Schweigen war auch der Zwang gebrochen, der auf Törleß gelastet hatte. Belanglose Worte rannen nun vollends über diesen Augenblick hinweg und verlöschten ihn. Es war ein plötzliches Aufhorchen gewesen, dem nun wieder die alte Gleichgültigkeit folgte...

«Wie lange haben wir noch Zeit?» fragte Törleß.

«Zweieinhalb Stunden.»

Dann zog er fröstelnd die Schultern hoch. Er fühlte wieder die lähmende Gewalt der Enge, der es entgegenging. Der Stundenplan, der tägliche Umgang mit den Freunden. Selbst jener Widerwille gegen Beineberg wird nicht mehr sein, der für einen Augenblick eine neue Situation geschaffen zu haben schien.

«... Was gibt es heute zum Abendessen?»

«Ich weiß nicht.»

«Was für Gegenstände haben wir morgen?»

«Mathematik.»

«Oh? Haben wir etwas auf?»

«Ja, ein paar neue Sätze aus der Trigonometrie; doch du wirst sie treffen, es ist nichts Besonderes an ihnen.»

«Und dann?»

«Religion.»

«Religion? Ach ja. Das wird wieder etwas werden .... Ich glaube, wenn ich so recht im Zug bin, könnte ich gerade so gut beweisen, daß zweimal zwei fünf ist, wie daß es nur einen Gott geben kann ....»

Beineberg blickte spöttisch zu Törleß auf. «Du bist darin überhaupt komisch; mir scheint fast, daß es dir selbst Vergnügen bereitet; wenigstens glänzt der Eifer nur so aus den Augen ....»

«Warum nicht?! Ist es nicht hübsch? Es gibt immer einen Punkt dabei, wo man dann nicht mehr weiß, ob man lügt oder ob das, was man erfunden hat, wahrer ist als man selber.»

«Wieso?»

«Nun, ich meine es ja nicht wörtlich. Man weiß ja gewiß immer, daß man schwindelt; aber trotzdem erscheint einem selbst die Sache mitunter so glaubwürdig, daß man gewissermaßen, von seinen eigenen Gedanken gefangengenommen, stillsteht.»

«Ja, aber was bereitet dir denn daran Vergnügen?»

«Eben dies. Es geht einem so ein Ruck durch den Kopf, ein Schwindel, ein Erschrecken....»

«Ach hör auf, das sind Spielereien.»

«Ich habe ja nicht das Gegenteil behauptet. Aber jedenfalls ist mir dies in der ganzen Schule noch das Interessanteste.»

«Es ist so eine Art, mit dem Gehirn zu turnen; aber es hat doch keinen rechten Zweck.»

«Nein», sagte Törleß und sah wieder in den Garten hinaus. In seinem Rükken – ferne – hörte er die Gasflammen summen. Er verfolgte ein Gefühl, das melancholisch, wie ein Nebel, in ihm aufstieg.

«Es hat keinen Zweck. Du hast recht. Aber man darf sich das gar nicht sagen. Von alldem, was wir den ganzen Tag lang in der Schule tun, – was davon hat eigentlich einen Zweck? Wovon hat man etwas? Ich meine etwas für sich haben, – du verstehst? Man weiß am Abend, daß man wieder einen Tag gelebt hat, daß man so und so viel gelernt hat, man hat dem Stundenplan genügt, aber man ist dabei leer geblieben, – innerlich meine ich, man hat sozusagen einen ganz innerlichen Hunger ....»

Beineberg brummte etwas von Üben, Geist vorbereiten, – noch nichts anfangen können, – später ....

«Vorbereiten? Üben? Wofür denn? Weißt du etwas Bestimmtes? Du hoffst vielleicht auf etwas, aber auch dir ist es ganz ungewiß. Es ist so: Ein ewiges Warten auf etwas, von dem man nichts anderes weiß, als daß man darauf wartet .... Das ist so langweilig ....»

«Langweilig ...» dehnte Beineberg nach und wiegte mit dem Kopfe.

Törleß sah noch immer in den Garten. Er glaubte das Rascheln der welken Blätter zu hören, die der Wind zusammentrug. Dann kam jener Augenblick intensivster Stille, der stets dem völligen Dunkelwerden kurz vorangeht. Die Formen, welche sich immer tiefer in die Dämmerung gebettet hatten, und die Farben, welche zerflossen, schienen für Sekunden still zu stehen, den Atem anzuhalten ....

«Höre, Beineberg,» sprach Törleß, ohne sich zurückzuwenden, «es muß während des Dämmerns immer einige Augenblicke geben, die ganz eigener Art sind. So oft ich es beobachte, kehrt mir dieselbe Erinnerung wieder. Ich war noch sehr klein, als ich um diese Stunde einmal im Walde spielte. Das Dienstmädchen hatte sich entfernt; ich wußte das nicht und glaubte es noch in meiner Nähe zu empfinden. Plötzlich zwang mich etwas aufzusehen. Ich fühlte, daß ich allein sei. Es war plötzlich so still. Und als ich um mich blickte, war mir, als stünden die Bäume schweigend im Kreise und sähen mir zu. Ich weinte; ich fühlte mich so verlassen von den Großen, den leblosen Geschöpfen preisgegeben .... Was ist das? Ich fühle es oft wieder. Dieses plötzliche Schweigen, das wie eine Sprache ist, die wir nicht hören?»

«Ich kenne das nicht, was du meinst; aber warum sollten nicht die Dinge eine Sprache haben? Können wir doch nicht einmal mit Bestimmtheit behaupten, daß ihnen keine Seele zukommt!»

Törleß gab keine Antwort. Beinebergs spekulative Auffassung behagte ihm nicht.

Nach einer Weile begann aber dieser: «Warum siehst du noch fortwährend zum Fenster hinaus? Was findest denn du daran?»

«Ich denke noch immer nach, was das sein mag?» In Wahrheit hatte er aber bereits an etwas Weiteres gedacht, was er nur nicht eingestehen wollte. Die hohe Anspannung, das Lauschen auf ein ernstes Geheimnis und die Verantwortung, mitten in noch unbeschriebene Beziehungen des Lebens zu blikken, hatte er nur für einen Augenblick aushalten können. Dann war wieder jenes Gefühl des Allein- und Verlassenseins über ihn gekommen, das stets dieser zu hohen Anforderung folgte. Er fühlte: hierin liegt etwas, das jetzt noch zu schwer für mich ist, und seine Gedanken flüchteten zu etwas anderem, das auch darin lag, aber gewissermaßen nur im Hintergrunde und auf der Lauer: Die Einsamkeit.

Aus dem verlassenen Garten tanzte hie und da ein Blatt an das erleuchtete Fenster und riß auf seinem Rücken einen hellen Streifen in das Dunkel hinein. Dieses schien auszuweichen, sich zurückzuziehen, um im nächsten Augenblicke wieder vorzurücken und unbeweglich wie eine Mauer vor den Fenstern zu stehen. Es war eine Welt für sich, dieses Dunkel. Wie ein Schwarm schwarzer Feinde war es über die Erde gekommen und hatte die Menschen erschlagen oder vertrieben oder was immer getan, das jede Spur von ihnen auslöschte.

Und Törleß schien es, daß er sich darüber freue. Er mochte in diesem Augenblick die Menschen nicht, die Großen und Erwachsenen. Er mochte sie nie, wenn es dunkel war. Er war gewöhnt, sich dann die Menschen wegzudenken. Die Welt erschien ihm danach wie ein leeres, finsteres Haus, und in seiner Brust war ein Schauer, als sollte er nun von Zimmer zu Zimmer suchen, – dunkle Zimmer, von denen man nicht wußte, was ihre Ecken bargen, – tastend über die Schwellen schreiten, die keines Menschen Fuß außer dem seinen mehr betreten sollte, bis – in einem Zimmer sich die Türen plötzlich vor und hinter ihm schlössen und er der Herrin selbst der schwarzen Scharen gegenüberstünde. Und in diesem Augenblicke würden auch die Schlösser aller anderen Türen zufallen, durch die er gekommen, und nur weit vor den Mauern würden die Schatten der Dunkelheit wie schwarze Eunuchen auf Wache stehen und die Nähe der Menschen fernhalten.

Das war seine Art der Einsamkeit, seit man ihn damals im Stiche gelassen hatte – im Walde, wo er so weinte. Sie hatte für ihn den Reiz eines Weibes und einer Unmenschlichkeit. Er fühlte sie als eine Frau, aber ihr Atem war nur ein Würgen in seiner Brust, ihr Gesicht ein wirbelndes Vergessen aller menschlichen Gesichter und die Bewegungen ihrer Hände Schauer, die ihm über den Leib jagten ....

Er fürchtete diese Phantasie, denn er war sich ihrer ausschweifenden Heimlichkeit bewußt, und der Gedanke, daß solche Vorstellungen immer mehr Herrschaft über ihn gewinnen könnten, beunruhigte ihn. Aber gerade dann, wenn er sich am ernstesten und reinsten glaubte, überkamen sie ihn. Man könnte sagen, als eine Reaktion auf diese Augenblicke, wo er empfindsame Erkenntnisse ahnte, die sich zwar in ihm schon vorbereiteten, aber seinem Alter noch nicht entsprachen. Denn in der Entwicklung einer jeden feinen moralischen Kraft gibt es einen solchen frühen Punkt, wo sie die Seele schwächt, deren kühnste Erfahrung sie einst vielleicht sein wird, – so als ob sich ihre Wurzeln erst suchend senken und den Boden zerwühlen müßten, den sie nachher zu stützen bestimmt sind, – weswegen Jünglinge mit großer Zukunft meist eine an Demütigungen reiche Vergangenheit besitzen.

Törleß' Vorliebe für gewisse Stimmungen war die erste Andeutung einer seelischen Entwicklung, die sich später als ein Talent des Staunens äußerte. Späterhin wurde er nämlich von einer eigentümlichen Fähigkeit geradezu beherrscht. Er war dann gezwungen, Ereignisse, Menschen, Dinge, ja sich selbst häufig so zu empfinden, daß er dabei das Gefühl sowohl einer unauflöslichen Unverständlichkeit als einer unerklärlichen, nie völlig zu rechtfertigenden

Verwandtschaft hatte. Sie schienen ihm zum Greifen verständlich zu sein und sich doch nie restlos in Worte und Gedanken auflösen zu lassen. Zwischen den Ereignissen und seinem Ich, ja zwischen seinen eigenen Gefühlen und irgendeinem innersten Ich, das nach ihrem Verständnis begehrte, blieb immer eine Scheidelinie, die wie ein Horizont vor seinem Verlangen zurückwich, je näher er ihr kam. Ja, je genauer er seine Empfindungen mit den Gedanken umfaßte, je bekannter sie ihm wurden, desto fremder und unverständlicher schienen sie ihm gleichzeitig zu werden, so daß es nicht einmal mehr schien, als ob sie vor ihm zurückwichen, sondern als ob er selbst sich von ihnen entfernen würde, und doch die Einbildung, sich ihnen zu nähern, nicht abschütteln könnte.

Dieser merkwürdige, schwer zugängliche Widerspruch füllte später eine weite Strecke seiner geistigen Entwicklung, er schien seine Seele zerreißen zu wollen und bedrohte sie lange als ihr oberstes Problem.

Vorläufig kündigte sich die Schwere dieser Kämpfe aber nur in einer häufigen plötzlichen Ermüdung an und schreckte Törleß gleichsam schon von ferne, sobald ihm aus irgendeiner fragwürdigen sonderbaren Stimmung – wie vorhin – eine Ahnung davon wurde. Er kam sich dann so kraftlos vor wie ein Gefangener und Aufgegebener, gleichermaßen von sich wie von den anderen Abgeschlossener; er hätte schreien mögen vor Leere und Verzweiflung, und statt dessen wandte er sich gleichsam von diesem ernsten und erwartungsvollen, gepeinigten und ermüdeten Menschen in sich ab und lauschte – noch geschreckt von diesem jähen Verzichten und schon entzückt von ihrem warmen, sündigen Atem – auf die flüsternden Stimmen, welche die Einsamkeit für ihn hatte. – – –

Törleß machte plötzlich den Vorschlag zu zahlen. In Beinebergs Augen blitzte ein Verstehen auf; er kannte die Stimmung. Törleß war dieses Einverständnis zuwider; seine Abneigung gegen Beineberg wurde wieder lebendig, und er fühlte sich durch die Gemeinschaft mit ihm geschändet.

Aber das gehörte fast schon mit dazu. Das Schändliche ist eine Einsamkeit mehr und eine neue finstere Mauer.

Und ohne miteinander zu sprechen, schlugen sie einen bestimmten Weg ein.

Es mußte in den letzten Minuten ein leichter Regen gefallen sein, – die Luft war feucht und schwer, um die Laternen zitterte ein bunter Nebel und die Bürgersteige glänzten stellenweise auf.

Törleß nahm den Degen, der aufs Pflaster schluf, eng an den Leib, allein selbst das Geräusch der aufklappernden Absätze überrieselte ihn eigentümlich.

Nach einer Weile hatten sie weichen Boden unter den Füßen, sie entfernten sich von der inneren Stadt und schritten durch breite Dorfstraßen dem Flusse zu.

Dieser wälzte sich schwarz und träge, mit tiefen, glucksenden Lauten unter der hölzernen Brücke. Eine einzige Laterne, mit verstaubten und zerschlagenen Scheiben, stand da. Der Schein des unruhig vor den Windstößen sich duckenden Lichtes fiel dann und wann auf eine treibende Welle und zerfloß auf ihrem Rücken. Die runden Streuhölzer gaben unter jedem Schritte nach ... rollten vor und wieder zurück ....

Beineberg stand still. Das jenseitige Ufer war mit dichten Bäumen bestanden, welche, da die Straße rechtwinklig abbog und längs des Wassers weiterführte, wie eine schwarze, undurchdringliche Mauer drohten. Erst nach vorsichtigem Suchen fand sich ein schmaler, versteckter Weg, der geradeaus hineinführte. Von dem dichten, üppig wuchernden Unterholze, an das die Kleider streiften, ging jedesmal ein Schauer von Tropfen nieder. Nach einer Weile mußten sie wieder stehenbleiben und ein Streichholz anreiben. Es war ganz still, sogar das Gurgeln des Flusses war nicht mehr zu hören. Plötzlich kam von ferne ein unbestimmter, gebrochener Ton zu ihnen. Er hörte sich wie ein Schrei oder eine Warnung an. Oder auch wie der bloße Zuruf eines unverständlichen Geschöpfes, das irgendwo gleich ihnen durch die Büsche brach. Sie schritten auf den Ton zu, blieben stehen, schritten wieder weiter. Im ganzen mochte es wohl eine Viertelstunde gedauert haben, als sie aufatmend laute Stimmen und die Klänge einer Ziehharmonika unterschieden.

Zwischen den Bäumen wurde es nun lichter, und nach wenigen Schritten standen sie am Rande einer Blöße, in deren Mitte ein quadratisches, zwei Stock hohes Gebäude massig aufgebaut war.

Es war das alte Badhaus. Seinerzeit von den Bürgern des Städtchens und den Bauern der Umgegend als Heilstätte benützt, stand es jetzt schon seit Jahren fast leer. Nur in seinem Erdgeschosse bot es einem verrufenen Wirtshause Unterkunft. Die beiden standen einen Augenblick still und horchten hinüber.

Eben setzte Törleß den Fuß vor, um aus dem Gebüsch herauszutreten, als drüben schwere Stiefel auf der Diele des Flures knarrten und ein Betrunkener mit unsicheren Schritten ins Freie trat. Hinter ihm, in dem Schatten des Flurs, stand ein Weib, und man hörte es mit hastender, zorniger Stimme etwas flüstern, so als ob es etwas von ihm forderte. Der Mann lachte dazu und wiegte sich in den Beinen. Dann kam es wie ein Bitten herüber. Aber auch das konnte man nicht verstehen. Nur der schmeichelnde, zuredende Klang der Stimme war fühlbar. Das Weib trat jetzt weiter heraus und legte dem Manne eine Hand auf die Schulter. Der Mond beleuchtete sie, – ihren Unterrock, ihre Jacke, ihr bittendes Lächeln. Der Mann sah geradeaus, schüttelte mit dem Kopfe und hielt die Hände fest in den Taschen. Dann spuckte er aus und stieß das Weib weg. Es mochte wohl irgend etwas gesagt haben. Nun konnte man auch ihre Stimmen verstehen, die lauter geworden waren.

«... Du willst also nichts geben? Du ...!»

«Schau, daß du hinaufkommst, du Dreckfink!»

«Was? So ein Bauernlümmel!»

Zur Antwort klaubte der Trunkene mit schwerfälliger Bewegung einen Stein auf: «Wenn du nicht gleich abfahrst, du dummes Mensch, so schlag' ich dir den Buckel ein!» und er holte zum Wurfe aus. Törleß hörte das Weib mit einem letzten Schimpfworte die Stiege hinaufflüchten.

Der Mann stand eine Weile still und hielt unschlüssig den Stein in der Hand. Er lachte; sah nach dem Himmel, wo zwischen schwarzen Wolken weingelb der Mond schwamm; dann glotzte er die dunkle Hecke der Gebüsche an, als überlege er darauf loszugehen. Törleß zog vorsichtig den Fuß zurück, er fühlte sein Herz bis zum Halse hinauf schlagen. Endlich schien sich der Trunkene doch besonnen zu haben. Seine Hand ließ den Stein fallen. Mit rohem, triumphierendem Lachen rief er eine grobe Unanständigkeit zu dem Fenster hinauf, dann drückte er sich um die Ecke.

Die beiden standen noch immer bewegungslos. «Hast du sie erkannt?» flüsterte Beineberg; «es war Božena.» Törleß gab keine Antwort; er horchte, ob der Betrunkene nicht wiederkehre. Dann wurde er von Beineberg vorwärts geschoben. Mit raschen, vorsichtigen Sätzen waren sie – an dem Lichtschein, der keilförmig durch die Fenster des Erdgeschosses fiel, vorbei – in dem dunklen Hausflur. Eine hölzerne Treppe führte in engen Windungen in das erste Stockwerk hinauf. Hier mußte man ihre Schritte auf den knarrenden Stufen gehört haben, oder hatte ein Degen gegen das Holz geschlagen: – die Türe der Schankstube wurde geöffnet und jemand kam nachsehen, wer im Hause sei, während die Ziehharmonika plötzlich schwieg und das Gewirr der Stimmen einen Augenblick wartend aussetzte.

Törleß preßte sich erschrocken um die Windung der Stiege. Aber man schien ihn trotz des Dunkels bemerkt zu haben, denn er hörte die spöttische Stimme der Kellnerin, während die Türe wieder geschlossen wurde, irgend etwas sagen, worauf ein unbändiges Gelächter folgte.

Auf dem Treppenabsatz des ersten Stockwerkes war es völlig finster. Weder Törleß noch Beineberg trauten sich einen Schritt vorwärts zu tun, ungewiß, ob sie nicht etwas umwerfen und dadurch Lärm verursachen würden. Von der Aufregung angetrieben, suchten sie mit hastenden Fingern nach der Türklinke.

Božena war als Bauernmädchen in die Großstadt gekommen, wo sie in Dienst trat und später Kammerzofe wurde.

Es ging ihr anfangs ganz gut. Die bäurische Art, welche sie so wenig ganz abstreifte wie ihren breiten, festen Gang, sicherte ihr das Vertrauen ihrer Herrinnen, welche an diesem Kuhstallduft ihres Wesens seine Einfalt liebten, und die Liebe ihrer Herren, welche daran das Parfum schätzten. Wohl nur aus Laune, vielleicht auch aus Unzufriedenheit und dumpfer Sehnsucht nach Leidenschaft gab sie dieses bequeme Leben auf. Sie wurde Kellnerin, erkrankte, fand in einem eleganten öffentlichen Hause Unterkommen und wurde allgemach, in dem Maße, wie das Lotterleben sie verbrauchte, wieder – und immer weiter – in die Provinz hinausgespült.

Hier endlich, wo sie nun schon seit mehreren Jahren wohnte, nicht weit von ihrem Heimatsdorfe, half sie untertags in der Wirtschaft und las des Abends billige Romane, rauchte Zigaretten und empfing hie und da den Besuch eines Mannes.

Sie war noch nicht geradezu häßlich geworden, aber ihr Gesicht entbehrte in auffallender Weise jeglicher Anmut, und sie gab sich förmlich Mühe, dies durch ihr Wesen noch mehr zur Geltung zu bringen. Sie ließ mit Vorliebe durchblicken, daß sie die Eleganz und das Getriebe der vornehmen Welt sehr wohl kenne, jetzt aber schon darüber hinaus sei. Sie äußerte gerne, daß sie darauf, wie auf sich selbst, wie überhaupt auf alles pfeife. Trotz ihrer Verwahrlosung genoß sie deswegen ein gewisses Ansehen bei den Bauernsöhnen der Umgebung. Sie spuckten zwar aus, wenn sie von ihr sprachen, und fühlten sich verpflichtet, mehr noch als gegen andere Mädchen grob gegen sie zu sein, im Grunde waren sie aber doch ganz gewaltig stolz auf dieses «verfluchte Mensch», das aus ihnen hervorgegangen war und der Welt so durch den Lack geguckt hatte. Einzeln zwar und verstohlen, aber doch immer wieder kamen sie, sich mit ihr zu unterhalten. Dadurch fand Božena einen Rest von Stolz und Rechtfertigung in ihrem Leben. Vielleicht eine noch größere Genugtuung bereiteten ihr aber die jungen Herren aus dem Institute. Gegen diese kehrte sie absichtlich ihre rohesten und häßlichsten Eigenschaften heraus, weil sie – wie die Frau sich auszudrücken pflegte – ja trotzdem gerade so zu ihr gekrochen kommen würden.

Als die beiden Freunde eintraten, lag sie wie gewöhnlich rauchend und lesend auf ihrem Bette.

Törleß sog, noch in der Türe stehend, mit begierigen Augen ihr Bild in sich ein.

«Gott, was für süße Buben kommen denn da?» rief sie spöttisch den Eintretenden entgegen, die sie ein wenig verächtlich musterte. «Je, du Baron? Was wird denn die Mama dazu sagen?!» – Das war solch ein Anfang nach ihrer Art.

«Aber halt's ...!» brummte Beineberg und setzte sich zu ihr aufs Bett. Törleß setzte sich abseits; er ärgerte sich, weil Božena sich nicht um ihn bekümmerte und tat, als ob sie ihn nicht kennte.

Die Besuche bei diesem Weib waren in der letzten Zeit zu seiner einzigen und geheimen Freude geworden. Gegen Ende der Woche wurde er schon unruhig und konnte den Sonntag nicht erwarten, wo er am Abend zu ihr schlich. Hauptsächlich dieses Sicheinschleichenmüssen beschäftigte ihn. Wenn es zum Beispiel vorhin den trunkenen Burschen in der Schankstube eingefallen wäre, auf ihn Jagd zu machen? Aus bloßer Lust, dem lasterhaften jungen Herrchen eins auszuwischen? Er war nicht feig, aber er wußte, daß er hier wehrlos sei. Der zierliche Degen kam ihm entgegen diesen groben Fäusten wie ein Spott vor. Außerdem die Schande und die Strafe, die er zu gewärtigen hätte! Es bliebe ihm nur übrig zu fliehen oder sich aufs Bitten zu verlegen. Oder sich von Božena schützen zu lassen. Der Gedanke durchrieselte ihn. Aber das war es! Nur das! Nichts anderes! Diese Angst, dieses Sichaufgeben lockte ihn jedesmal von neuem. Dieses Heraustreten aus seiner bevorzugten Stellung unter die gemeinen Leute; unter sie, – tiefer als sie!

Er war nicht lasterhaft. Bei der Ausführung überwogen stets der Widerwille gegen sein Beginnen und die Angst vor den möglichen Folgen. Nur seine Phantasie war in eine ungesunde Richtung gebracht. Wenn sich die Tage der Woche bleiern einer nach dem andern über sein Leben legten, fingen diese beizenden Reize an, ihn zu locken. Aus den Erinnerungen an seine Besuche bildete sich eine eigenartige Verführung heraus. Božena erschien ihm als ein Geschöpf von ungeheuerlicher Niedrigkeit und sein Verhältnis zu ihr, die Empfindungen, die er dabei zu durchlaufen hatte, als ein grausamer Kultus der Selbstaufopferung. Es reizte ihn, alles zurücklassen zu müssen, worin er sonst eingeschlossen war, seine bevorzugte Stellung, die Gedanken und Gefühle, die man ihm einimpfte, all das, was ihm nichts gab und ihn erdrückte. Es reizte ihn, nackt, von allem entblößt, in rasendem Laufe zu diesem Weibe zu flüchten.

Das war nicht anders als bei jungen Leuten überhaupt. Wäre Božena rein und schön gewesen und hätte er damals lieben können, so hätte er sie vielleicht gebissen, ihr und sich die Wollust bis zum Schmerz gesteigert. Denn die erste Leidenschaft des erwachsenden Menschen ist nicht Liebe zu der einen, sondern Haß gegen alle. Das sich unverstanden Fühlen und das die Welt nicht Verstehen begleitet nicht die erste Leidenschaft, sondern ist ihre einzige nicht zufällige Ursache. Und sie selbst ist eine Flucht, auf der das Zuzweiensein nur eine verdoppelte Einsamkeit bedeutet.

Fast jede erste Leidenschaft dauert nicht lange und hinterläßt einen bitteren Nachgeschmack. Sie ist ein Irrtum, eine Enttäuschung. Man versteht sich hinterher nicht und weiß nicht, was man beschuldigen soll. Dies kommt, weil die Menschen in diesem Drama einander zum größeren Teile zufällig sind: Zufallsgefährten auf einer Flucht. Nach der Beruhigung erkennen sie sich nicht mehr. Sie bemerken aneinander Gegenssätze, weil sie das Gemeinsame nicht mehr bemerken.

Bei Törleß war es nur darum anders, daß er allein war. Die alternde, erniedrigte Prostituierte vermochte nicht alles in ihm auszulösen. Doch war sie soweit Weib, daß sie Teile seines Inneren, die wie reifende Keime noch auf den befruchtenden Augenblick warteten, gleichsam frühzeitig an die Oberfläche riß.

Das waren dann seine sonderbaren Vorstellungen und phantastischen Verführungen. Fast ebenso nahe lag es ihm aber manchmal, sich auf die Erde zu werfen und vor Verzweiflung zu schreien.

Božena bekümmerte sich noch immer nicht um Törleß. Sie schien es aus Bosheit zu tun, bloß um ihn zu ärgern. Plötzlich unterbrach sie ihr Gespräch: «Gebt mir Geld, ich werde Tee und Schnaps holen.»

Törleß gab ihr eines der Silberstücke, die er am Nachmittage von seiner Mutter erhalten hatte.

Sie holte vom Fensterbrett einen zerbeulten Schnellsieder und zündete den Spiritus an; dann stieg sie langsam und schlürfend die Treppe hinunter.

Beineberg stieß Törleß an. «Warum bist du denn so fad? Sie wird denken, du traust dich nicht.»

«Laß mich aus dem Spiel», bat Törleß, «ich bin nicht aufgelegt. Unterhalte nur du dich mit ihr. Was will sie übrigens fortwährend mit deiner Mutter?»

«Seit sie weiß, wie ich heiße, behauptet sie, einmal bei meiner Tante in Dienst gewesen zu sein und meine Mutter gekannt zu haben. Zum Teil scheint es wohl wahr zu sein, zum Teil lügt sie aber sicher – rein zum Vergnügen; obwohl ich nicht verstehe, was ihr daran Spaß macht.»

Törleß wurde rot; ein merkwürdiger Gedanke war ihm eingefallen. – Da kam aber Božena mit dem Schnaps zurück und setzte sich wieder neben Beineberg aufs Bett. Sie griff auch gleich wieder das frühere Gespräch auf.

«... Ja, deine Mama war ein schönes Mädchen. Du siehst ihr eigentlich gar nicht ähnlich mit deinen abstehenden Ohren. Auch lustig war sie. Mehr als einer wird sie sich wohl in den Kopf gesetzt haben. Recht hat sie gehabt.»

Nach einer Pause schien ihr etwas besonders Lustiges eingefallen zu sein: «Dein Onkel, der Dragoneroffizier, weißt du? Karl hat er glaube ich geheißen, er war ein Cousin deiner Mutter, der hat ihr damals den Hof gemacht! Aber Sonntags, wenn die Damen in der Kirche waren, ist er mir nachgestiegen. Alle Augenblicke habe ich ihm etwas anderes aufs Zimmer bringen müssen. Fesch war er, das weiß ich heute noch, nur hat er sich so gar nicht geniert....» Sie begleitete diese Worte mit einem vielsagenden Lachen. Dann verbreitete sie sich weiter über dieses Thema, das ihr augenscheinlich besonderes Vergnügen bereitete. Ihre Worte waren familiär, und sie brachte sie mit einem Ausdruck vor, der jedes einzelne beschmutzen zu wollen schien. «... Ich meine, er hat auch deiner Mutter gefallen. Wenn sie das nun gewußt hätte! Ich glaube, deine Tante hätte mich und ihn aus dem Hause schmeißen müssen. So sind nun einmal die feinen Damen, gar wenn sie noch keinen Mann haben. Liebe Božena das und liebe Božena jenes – so ist es den ganzen Tag gegangen. Als aber die Köchin in die Hoffnung kam, da hättest du's hören sollen! Ich glaube gar, sie meinten, daß sich unsereins nur einmal im Jahre die Füße wasche. Der Köchin sagten sie zwar nichts, aber ich konnte es hören, wenn ich im Zimmer bediente und sie gerade davon sprachen. Deine Mutter machte ein Gesicht, als möchte sie am liebsten nur Kölnerwasser trinken. Dabei hatte deine Tante gar nicht lange danach selbst einen Bauch bis zur Nase ....»

Während Božena sprach, fühlte sich Törleß ihren gemeinen Anspielungen fast wehrlos preisgegeben.

Was sie schilderte, sah er lebendig vor sich. Beinebergs Mutter wurde zu seiner eigenen. Er erinnerte sich der hellen Räume der elterlichen Wohnung. Der gepflegten, reinen, unnahbaren Gesichter, die ihm zu Hause bei den Diners oft eine gewisse Ehrfurcht eingefößt hatten. Der vornehmen, kühlen Hände, die sich selbst beim Essen nichts zu vergeben schienen. Eine Menge solcher Einzelheiten fiel ihm ein, und er schämte sich, hier in einem kleinen, übelriechenden Zimmer zu sein und mit einem Zittern auf die demütigenden Worte einer Dirne zu antworten. Die Erinnerung an die vollendete Manier dieser nie formvergessenen Gesellschaft wirkte stärker auf ihn als alle moralische Überlegung. Das Wühlen seiner dunklen Leidenschaften kam ihm lächerlich vor. Mit visionärer Eindringlichkeit sah er eine kühle, abwehrende Handbewegung, ein chokiertes Lächeln, mit dem man ihn wie ein kleines unsauberes Tier von sich weisen würde. Trotzdem blieb er wie festgebunden auf seinem Platze sitzen.

Mit jeder Einzelheit, deren er sich erinnerte, wuchs nämlich neben der Scham auch eine Kette häßlicher Gedanken in ihm groß. Sie hatte begonnen, als Beineberg die Erläuterung zu Boženas Gespräch gab, worauf Törleß errötet war.

Er hatte damals plötzlich an seine eigene Mutter denken müssen, und dies hielt nun fest und war nicht loszubekommen. Es war ihm nur so durch die Grenzen des Bewußtseins geschossen – blitzschnell oder undeutlich weit – am Rande – nur wie im Fluge gesehen – kaum ein Gedanke zu nennen. Und hastig war darauf eine Reihe von Fragen gefolgt, die es verdecken sollten: «Was ist es, das es ermöglicht, daß diese Božena ihre niedrige Existenz an die meiner Mutter heranrücken kann? Daß sie sich in der Enge desselben Gedankens an jene herandrängt? Warum berührt sie nicht mit der Stirne die Erde, wenn sie schon von ihr sprechen muß? Warum ist es nicht wie durch einen Abgrund zum Ausdruck gebracht, daß hier gar keine Gemeinsamkeit besteht? Denn, wie ist es doch? Dieses Weib ist für mich ein Knäuel aller geschlechtlichen Begehrlichkeiten; und meine Mutter ein Geschöpf, das bisher in wolkenloser Entfernung, klar und ohne Tiefen, wie ein Gestirn jenseits alles Begehrens durch mein Leben wandelte ....»

Aber alle diese Fragen waren nicht das Eigentliche. Berührten es kaum. Sie waren etwas Sekundäres; etwas, das Törleß erst nachträglich eingefallen war. Sie vervielfältigten sich nur, weil keine das Rechte bezeichnete. Sie waren nur Ausflüchte, Umschreibungen der Tatsache, daß vorbewußt, plötzlich, instinktiv ein seelischer Zusammenhang gegeben war, der sie vor ihrem Entstehen schon in bösem Sinne beantwortet hatte. Törleß sättigte sich mit den Augen an Božena und konnte dabei seiner Mutter nicht vergessen; durch ihn hindurch verkettete die beiden ein Zusammenhang: Alles andere war nur ein sich Winden unter dieser Ideenverschlingung. Diese war die einzige Tatsache. Aber durch die Vergeblichkeit, ihren Zwang abzuschütteln, gewann sie eine fürchterliche, unklare Bedeutung, die wie ein perfides Lächeln alle Anstrengungen begleitete.

Törleß sah im Zimmer umher, um dies loszuwerden. Aber alles hatte nun schon diese eine Beziehung angenommen. Der kleine eiserne Ofen mit den Rostflecken auf der Platte, das Bett mit den wackligen Pfosten und der gestrichenen Lade, von der die Farbe an vielen Stellen abblätterte, das Bettzeug, das schmutzig durch die Löcher des abgenutzten Lakens sah; Božena, ihr Hemd, das von der einen Schulter geglitten war, das gemeine, wüste Rot ihres Unterrockes, ihr breites, schwatzendes Lachen; endlich Beineberg, dessen Benehmen ihm im Vergleich zu sonst wie das eines unzüchtigen Priesters vorkam, der, toll geworden, zweideutige Worte in die ernsten Formen eines Gebetes flicht...: all das stieß nach der einen Richtung, drängte auf ihn ein und bog seine Gedanken gewaltsam immer wieder zurück.

Nur an einer Stelle fanden seine Blicke, die geschreckt von einem zum andern flüchteten, Frieden. Das war oberhalb der kleinen Gardine. Dort sahen die Wolken vom Himmel herein und reglos der Mond.

Das war, als ob er plötzlich in die frische, ruhige Nachtluft hinausgetreten wäre. Eine Weile wurden alle Gedanken ganz still. Dann kam ihm eine angenehme Erinnerung. Das Landhaus, das sie letzten Sommer bewohnt hatten. Nächte im schweigenden Park. Ein sternzitterndes, samtdunkles Firmament. Die Stimme seiner Mutter aus der Tiefe des Gartens, wo sie mit Papa auf den schwach schimmernden Kieswegen spazierenging. Lieder, die sie halblaut vor sich hinsang. Aber da,... es fuhr ihm kalt durch den Leib,... war auch wieder dieses quälende Vergleichen. Was mochten die beiden dabei gefühlt haben? Liebe? Nein, der Gedanke kam ihm jetzt zum erstenmal. Überhaupt war das etwas ganz anderes. Nichts für große und erwachsene Menschen; gar für seine

Eltern. Nachts am offenen Fenster sitzen und sich verlassen fühlen, sich anders fühlen als die Großen, von jedem Lachen und von jedem spöttischen Blick mißverstanden, niemandem erklären können, was man schon bedeute, und sich nach einer sehnen, die das verstünde,... das ist Liebe! Aber dazu muß man jung und einsam sein. Bei ihnen mußte es etwas anderes gewesen sein; etwas Ruhiges und Gleichmütiges. Mama sang einfach am Abend in dem dunklen Garten und war heiter....

Aber gerade das war es, was Törleß nicht verstand. Die geduldigen Pläne, welche für den Erwachsenen, ohne daß er es merkt, die Tage zu Monaten und Jahren zusammenketten, waren ihm noch fremd. Und ebenso jenes Abgestumpftsein, für das es nicht einmal mehr eine Frage bedeutet, wenn wieder ein Tag zu Ende geht. Sein Leben war auf jeden Tag gerichtet. Jede Nacht bedeutete für ihn ein Nichts, ein Grab, ein Ausgelöschtwerden. Das Vermögen, sich jeden Tag sterben zu legen, ohne sich darüber Gedanken zu machen, hatte er noch nicht erlernt.

Deswegen hatte er immer etwas dahinter vermutet, das man ihm verberge. Die Nächte erschienen ihm wie dunkle Tore zu geheimnisvollen Freuden, die man ihm verheimlicht hatte, so daß sein Leben leer und unglücklich blieb.

Er erinnerte sich an ein eigentümliches Lachen seiner Mutter und sich wie scherzhaft fester an den Arm ihres Mannes Drücken, das er an einem jener Abende beobachtet hatte. Es schien jeden Zweifel auszuschließen. Auch aus der Welt jener Unantastbaren und Ruhigen mußte eine Pforte herüberführen. Und nun, da er wußte, konnte er nur mit jenem gewissen Lächeln daran denken, gegen dessen böses Mißtrauen er sich vergeblich wehrte — — — —

Božena erzählte unterdessen weiter. Törleß hörte mit halber Aufmerksamkeit hin. Sie sprach von einem, der auch fast jeden Sonntag kam.... «Wie heißt er nur? Er ist aus deinem Jahrgang.»

«Reiting?»

«Nein.»

«Wie sieht er aus?»

«Er ist ungefähr so groß wie der da», Božena wies auf Törleß, «nur hat er einen etwas zu großen Kopf.»

«Ah, Basini?»

«Ja, ja so nannte er sich. Er ist sehr komisch. Und nobel; er trinkt nur Wein. Aber dumm ist er. Es kostet ihm eine Menge Geld, und er tut nichts, als mir erzählen. Er renommiert mit den Liebschaften, die er zu Hause haben will; was er nur davon hat? Ich sehe ja doch, daß er zum erstenmal in seinem Leben bei einem Frauenzimmer ist. Du bist ja auch noch ein Bub, aber du bist frech; er dagegen ist ungeschickt und hat Angst davor, deswegen erzählt er mir lang und breit, wie man als Genußmensch — ja, so hat er gesagt — mit Frauen umgehen müsse. Er sagt, alle Weiber seien nichts anderes wert; woher wollt ihr denn das schon wissen?!»

Beineberg grinste sie zur Antwort spöttisch an.

«Ja lach nur!» herrschte ihn Božena belustigt an, «ich habe ihn einmal gefragt, ob er sich denn nicht vor seiner Mutter schämen würde. ‹Mutter?... Mutter?› sagt er drauf, ‹was ist das? Das existiert jetzt nicht. Das habe ich zu Hause gelassen, bevor ich zu dir ging....› Ja, mach nur deine langen Ohren auf, so seid ihr! Nette Söhnchen, ihr feinen jungen Herren; eure Mütter könnten mir beinahe leid tun!...»

Bei diesen Worten bekam Törleß wieder die frühere Vorstellung von sich selbst. Wie er alles hinter sich ließ und das Bild seiner Eltern verriet. Und nun mußte er sehen, daß er damit nicht einmal etwas fürchterlich Einsames, sondern nur etwas ganz Gewöhnliches tat. Er schämte sich. Aber auch die anderen Gedanken waren wieder da. Sie tuen es auch! Sie verraten dich! Du hast geheime Mitspieler! Vielleicht ist es bei ihnen irgendwie anders, aber das muß bei ihnen das gleiche sein: eine geheime, fürchterliche Freude. Etwas, in dem man sich mit all seiner Angst vor dem Gleichmaß der Tage ertränken kann.... Vielleicht wissen sie sogar mehr...?!... Etwas ganz Ungewöhnliches? Denn sie sind am Tage so beruhigt;... und dieses Lachen seiner Mutter?... als ob sie mit ruhigem Schritte ginge, alle Türen zu schließen. – – – –

In diesem Widerstreite kam ein Augenblick, wo Törleß sich aufgab und sich mit erwürgtem Herzen dem Sturm überließ.

Und gerade in diesem Augenblicke stand Božena auf und trat zu ihm hin.

«Warum spricht denn der Kleine nichts? Hat er Kummer?»

Beineberg flüsterte etwas und lächelte boshaft.

«Was, Heimweh? Ist wohl die Mama weggefahren? Und der garstige Bub läuft gleich zu so einer!»

Božena vergrub zärtlich ihre Hand mit gespreizten Fingern in sein Haar. «Geh, sei nicht dumm. Da gib mir einen Kuß. Die feinen Menschen sind auch nicht von Zuckerwerk,» und sie bog ihm den Kopf zurück.

Törleß wollte etwas sagen, sich zu einem derben Scherze aufraffen, er fühlte, daß jetzt alles davon abhänge, ein gleichgültiges, beziehungsloses Wort zu sagen, aber er brachte keinen Laut heraus. Er starrte mit einem versteinten Lächeln in das wüste Gesicht über dem seinen, in diese unbestimmten Augen, dann begann die Außenwelt klein zu werden..., sich immer weiter zurückzuziehen.... Für einen Augenblick tauchte das Bild jenes Bauernburschen auf, der den Stein gehoben hatte, und schien ihn zu höhnen..., dann war er ganz allein. – – – –

«Du, ich hab' ihn», flüsterte Reiting.

«Wen?»

«Den Spielladendieb.»

Törleß war eben mit Beineberg zurückgekommen. Es war knapp vor der Zeit des Nachtmahls, und das diensthabende Aufsichtsorgan war schon weggegangen. Zwischen den grünen Tischen hatten sich plaudernde Gruppen gebildet, und ein warmes Leben summte und surrte durch den Saal.

Es war das gewöhnliche Schulzimmer mit weißgetünchten Wänden, einem großen schwarzen Kruzifix und den Bildnissen des Herrscherpaares zu seiten der Tafel. Neben dem großen eisernen Ofen, der noch nicht geheizt war, saßen, teils auf dem Podium, teils auf umgelegten Stühlen, die jungen Leute, welche nachmittags das Ehepaar Törleß zur Bahn begleitet hatten. Außer Reiting waren es der lange Hofmeier und Dschjusch, unter welchem Spitznamen ein kleiner polnischer Graf verstanden wurde.

Törleß war einigermaßen neugierig.

Die Spielladen standen im Hintergrunde des Zimmers und waren lange Kästen mit vielen versperrbaren Schubfächern, in denen die Pfleglinge des Institutes ihre Briefe, Bücher, Geld und allen möglichen kleinen Kram aufbewahrten.

Und bereits seit geraumer Zeit klagten einzelne, daß ihnen kleinere Geldbeträge fehlten, ohne daß sie jedoch bestimmte Vermutungen hätten aussprechen können.

Beineberg war der erste, der mit Gewißheit sagen konnte, daß ihm – in der Vorwoche – ein größerer Betrag gestohlen worden sei. Aber nur Reiting und Törleß wußten darum. Sie hatten die Diener im Verdachte.

«So erzähl doch!» bat Törleß, aber Reiting machte ihm rasch ein Zeichen: «Pst! Später. Es weiß noch niemand davon.»

«Ein Diener?» flüsterte Törleß.

«Nein.»

«So deute doch wenigstens an, wer?»

Reiting wandte sich von den übrigen ab und sagte leise: «B.»

Niemand außer Törleß hatte etwas von diesem vorsichtig geführten Gespräche verstanden. Aber auf diesen wirkte die Mitteilung wie ein Überfall. B.? – das konnte nur Basini sein. Und das war doch nicht möglich! Seine Mutter war eine vermögende Dame, sein Vormund Exzellenz. Törleß wollte es nicht glauben, und dazwischen schnitt der Gedanke an Boženas Erzählung hindurch.

Er konnte kaum den Augenblick erwarten, da die anderen zum Speisen gingen. Beineberg und Reiting blieben zurück, indem sie vorgaben, noch vom Nachmittage her übersättigt zu sein.

Reiting machte den Vorschlag, doch lieber vorerst «hinauf» zu gehen.

Sie traten auf den Gang hinaus, der sich endlos lang vor dem Lehrsaale dehnte. Die flackernden Gasflammen erhellten ihn nur auf kurze Strecken, und die Schritte hallten von Nische zu Nische, wenn man auch noch so leise auftrat....

Vielleicht fünfzig Meter von der Türe entfernt, führte eine Stiege in das zweite Stockwerk, in welchem sich das Naturalienkabinett, noch andere Lehrmittelsammlungen und eine Menge leerstehender Zimmer befanden.

Von hier aus wurde die Treppe schmal und stieg in kurzen, rechtwinklig aneinander stoßenden Absätzen zum Dachboden empor. Und – wie alte Gebäude oft unlogisch, mit einer Verschwendung von Winkeln und unmotivierten Stufen gebaut sind – führte sie noch um ein beträchtliches über das Niveau des Bodens hinaus, so daß es jenseits der schweren, eisernen, versperrten Türe, durch welche sie abgeschlossen war, eigens einer Holzstiege bedurfte, um zu ihm hinab zu gelangen.

Diesseits aber entstand auf diese Weise ein mehrere Meter hoher verlorener Raum, der bis zum Gebälke hinaufreichte. In diesem, der wohl niemals betreten wurde, hatte man alte Kulissen gelagert, die von unvordenklichen Theateraufführungen herrührten.

Das Tageslicht erstickte selbst an hellen Mittagen auf dieser Treppe in einer Dämmerung, die von altem Staube gesättigt war, denn dieser Bodenaufgang, der gegen den Flügel des mächtigen Gebäudes zu lag, wurde fast nie benützt.

Von dem letzten Absatze der Stiege schwang sich Beineberg über das Geländer und ließ sich, indem er sich an dessen Gitterstäben festhielt, zwischen die Kulissen hinunter, welchem Beispiele Reiting und Törleß folgten. Dort konnten sie auf einer Kiste, welche eigens zu diesem Zwecke hingeschafft worden war, festen Fuß fassen und gelangten von ihr mit einem Sprunge auf den Fußboden.

Selbst wenn sich das Auge eines auf der Stiege Stehenden an das Dunkel gewöhnt gehabt hätte, so wäre es ihm doch unmöglich gewesen, von dort aus mehr als ein regelloses Durcheinander zackiger, mannigfach ineinander geschobener Kulissen zu unterscheiden.

Als jedoch Beineberg eine von ihnen ein wenig zur Seite rückte, öffnete sich den unten Stehenden ein schmaler, schlauchartiger Durchgang.

Sie versteckten die Kiste, welche ihnen beim Abstiege gedient hatte, und drangen zwischen die Kulissen ein.

Hier wurde es vollständig dunkel, und es bedurfte einer sehr genauen Kenntnis des Ortes, um weiterzufinden. Hie und da raschelte eine der großen leinenen Wände, wenn sie gestreift wurde, es rieselte über den Fußboden wie von aufgescheuchten Mäusen, und ein modriger Alter-Truhen-Geruch stäubte auf.

Die drei dieses Weges Gewohnten tasteten sich unendlich vorsichtig, Schritt für Schritt bedacht, nicht an eine der als Fallstrick und Warnsignal über den Boden gespannten Schnüre zu stoßen, vorwärts.

Es verging geraume Zeit, bis sie zu einer kleinen Türe gelangten, welche rechter Hand, knapp vor der den Boden abtrennenden Mauer, angebracht war.

Als Beineberg diese öffnete, befanden sie sich in einem schmalen Raume unterhalb des obersten Stiegenabsatzes, der bei dem Lichte einer kleinen, flakkernden Öllampe, welche Beineberg angezündet hatte, abenteuerlich genug aussah.

Die Decke war nur in jenem Teile wagrecht, der unmittelbar unter dem Treppenabsatze lag, und auch hier nur so hoch, daß man knapp aufrecht stehen konnte. Nach hinten zu schrägte sie sich aber, dem Profile der Stiege folgend, ab und endigte in einem spitzen Winkel. Mit der diesem gegenüberliegenden Stirnseite stieß der kleine Raum an die dünne Zwischenmauer, welche den Dachboden von dem Stiegenhause trennte, und erhielt eine längsseitige natürliche Begrenzung durch das Gemäuer, an dem die Stiege hochgeführt war. Bloß die zweite Seitenwand, in welcher die Türe angebracht war, schien erst eigens hinzugekommen zu sein. Sie verdankte wohl der Absicht ihr Entstehen, hier eine kleine Kammer für Geräte zu schaffen, vielleicht auch nur einer Laune des Baumeisters, dem beim Anblicke dieses finsteren Winkels der mittelalterliche Einfall gekommen sein mochte, ihn zu einem Versteck vermauern zu lassen.

Jedenfalls gab es außer den Dreien kaum einen Menschen im ganzen Institute, der von dem Bestehen dieses Raumes wußte, geschweige denn daran dachte, ihm irgendeine Bestimmung zu geben.

So konnten sie sich denselben ganz nach ihrem abenteuerlichen Sinne ausstatten.

Die Wände waren vollständig mit einem blutroten Fahnenstoff ausgekleidet, den Reiting und Beineberg aus einem der Bodenräume entwendet hatten, und der Fußboden war mit einer doppelten Lage dicker, wolliger Kotzen[5] bedeckt, wie solche im Winter in den Schlafsälen als zweite Decken dienten. In dem vorderen Teile der Kammer standen niedere, mit Stoff überzogene Kistchen, die als Sitze verwendet wurden; hinten, wo Fußboden und Decke in den spitzen Winkel ausliefen, war eine Schlafstätte hergerichtet. Sie bot ein Lager für drei bis vier Personen, das sich durch einen Vorhang verdunkeln und von dem vorderen Teile der Kammer abtrennen ließ.

An der Wand hing neben der Türe ein geladener Revolver.

Törleß liebte diese Kammer nicht. Ihre Enge und dieses Alleinsein gefielen ihm wohl, man war wie tief in dem Inneren eines Berges, und der Geruch

[5] grobe Wolldecken

der alten, verstaubten Kulissen durchzog ihn mit unbestimmten Empfindungen. Aber die Verstecktheit, diese Alarmschnüre, dieser Revolver, der eine äußerste Illusion von Trotz und Heimlichkeit geben sollte, kamen ihm lächerlich vor. Es war, als wollte man sich einreden, ein Räuberleben zu führen.

Törleß tat dabei eigentlich nur mit, weil er hinter den beiden anderen nicht zurückstehen wollte. Beineberg und Reiting aber nahmen diese Dinge furchtbar ernst. Das wußte Törleß. Er wußte, daß Beineberg zu allen Keller- und Bodenräumen des Institutes Nachschlüssel besaß. Wußte, daß dieser oft für mehrere Stunden von der Klasse verschwand, um irgendwo – hoch oben in den Sparren des Dachstuhles oder unter der Erde in einem der vielen verzweigten, verfallenden Gewölbe – zu sitzen und bei dem Scheine einer kleinen Laterne, die er stets bei sich trug, abenteuerliche Geschichten zu lesen oder sich Gedanken über die übernatürlichen Dinge eingeben zu lassen.

Ähnliches wußte er auch von Reiting. Dieser hatte gleichfalls seine versteckten Winkel, in denen er geheime Tagebücher aufbewahrte; nur waren diese mit verwogenen Plänen für die Zukunft ausgefüllt und mit genauen Aufzeichnungen über Ursache, Inszenesetzung und Verlauf der zahlreichen Intrigen, die er unter seinen Kameraden anstiftete. Denn Reiting kannte kein größeres Vergnügen, als Menschen gegeneinander zu hetzen, den einen mit Hilfe des anderen unterzukriegen und sich an abgezwungenen Gefälligkeiten und Schmeicheleien zu weiden, hinter deren Hülle er noch das Widerstreben des Hasses fühlen konnte.

«Ich übe mich dabei», war die einzige Entschuldigung, und er gab sie mit liebenswürdigem Lachen. Zur Übung sollte ihm auch gereichen, daß er fast täglich an irgendeinem entlegenen Orte, sei es gegen eine Wand, sei es gegen einen Baum oder einen Tisch, boxte, um seine Arme zu stärken und seine Hände durch Schwielen abzuhärten.

Törleß wußte um all dies, aber er verstand es nur bis zu einem gewissen Punkte. Er war einige Male sowohl Reiting als Beineberg auf ihren eigenwilligen Wegen gefolgt. Das Ungewöhnliche daran hatte ihm ja gefallen. Und auch das liebte er, hernach in die Tageshelle zu treten, unter alle Kameraden, mitten in die Heiterkeit hinein, während er in sich, in seinen Augen und Ohren, noch die Erregungen der Einsamkeit und die Halluzinationen der Dunkelheit zittern fühlte. Wenn ihm aber Beineberg oder Reiting bei solcher Gelegenheit, um jemanden zu haben, vor dem sie von sich sprechen konnten, auseinandersetzten, was sie bei all dem bewegte, versagte sein Verständnis. Er fand Reiting sogar überspannt. Dieser sprach nämlich mit Vorliebe davon, daß sein Vater eine merkwürdig unstete, später verschollene Person gewesen sei. Sein Name sollte überhaupt nur ein Inkognito für den eines sehr hohen Geschlechtes sein. Er dachte von seiner Mutter noch einmal in weitgehnde Ansprüche eingeweiht zu werden, rechnete mit Staatsstreichen und großer Politik und wollte demzufolge Offizier werden.

Solche Absichten konnte sich Törleß ernstlich gar nicht vorstellen. Die Jahrhunderte der Revolutionen schienen ihm ein für alle Male vorbei. Dennoch verstand Reiting Ernst zu machen. Vorläufig freilich nur im kleinen. Er war ein Tyrann und unnachsichtig gegen den, der sich ihm widersetzte. Sein Anhang wechselte von Tag zu Tag, aber immer war die Majorität auf seiner Seite. Darin bestand sein Talent. – Gegen Beineberg hatte er vor ein oder zwei Jahren einen großen Krieg geführt, der mit dessen Niederlage endete. Beineberg war zum Schlusse ziemlich isoliert dagestanden, obwohl er in der Beurteilung der Personen, an Kaltblütigkeit und dem Vermögen, Antipathien gegen ihm Mißliebige zu erregen, kaum hinter seinem Gegner zurückstand. Aber ihm fehlte das Liebenswürdige und Gewinnende desselben. Seine Gelassenheit und seine philosophische Salbung flößten fast allen Mißtrauen ein. Man vermutete garstige Exzesse irgendwelcher Art am Grunde seines Wesens. Dennoch hatte er Reiting große Schwierigkeiten bereitet, und dessen Sieg war fast nur ein zufälliger gewesen. Seit der Zeit hielten sie aus gemeinschaftlichem Interesse zusammen.

Törleß hingegen wurde von diesen Dingen gleichgültig gelassen. Er besaß daher auch kein Geschick in ihnen. Dennoch war er mit in diese Welt eingeschlossen und konnte täglich vor Augen sehen, was es bedeute, in einem Staate – denn jede Klasse ist in einem solchen Institute ein kleiner Staat für sich – die erste Rolle innezuhaben. Deswegen hatte er einen gewissen scheuen Respekt vor seinen beiden Freunden. Die Anwandlungen, die er manchmal hatte, es ihnen gleichzutun, blieben in dilettantischen Versuchen stecken. Dadurch geriet er, der ohnedies jünger war, in das Verhältnis eines Schülers oder Gehilfen zu ihnen. Er genoß ihren Schutz, sie aber hörten gerne seinen Rat. Denn Törleß' Geist war der beweglichste. Einmal auf eine Fährte gesetzt, war er im Ausdenken der winkelzügigsten Kombinationen überaus fruchtbar. Es vermochte auch keiner so genau wie er die verschiedenen, von dem Verhalten eines Menschen in einer gegebenen Lage zu erwartenden Möglichkeiten vorauszusagen. Nur wo es sich darum handelte, einen Entschluß zu fassen, von den vorhandenen psychologischen Möglichkeiten eine auf eigene Gefahr als bestimmt anzunehmen und danach zu handeln, versagte er, verlor das Interesse und hatte keine Energie. Seine Rolle als geheimer Generalstabschef machte ihm aber Spaß. Um so mehr, als sie so ziemlich das einzige war, das in seine tiefinnerliche Langweile einige Bewegung brachte.

Manchmal kam ihm aber doch zu Bewußtsein, was er durch diese innerliche Abhängigkeit einbüßte. Er fühlte, daß ihm alles, was er tat, nur ein Spiel war. Nur etwas, das ihm half, über die Zeit dieser Larvenexistenz im Institute hinwegzukommen. Ohne Bezug auf sein eigentliches Wesen, das erst dahinter, in noch unbestimmter zeitlicher Entfernung kommen werde.

Wenn er nämlich bei gewissen Gelegenheiten sah, wie sehr seine beiden Freunde diese Dinge ernstnahmen, fühlte er sein Verständnis versagen. Er hätte sich gerne über sie lustig gemacht, hatte aber doch Angst, daß hinter ihren Phantastereien mehr Wahres stecken könnte, als er einzusehen vermochte. Er fühlte sich gewissermaßen zwischen zwei Welten zerrissen: Einer solid bürgerlichen, in der schließlich doch alles geregelt und vernünftig zuging, wie er es von zu Hause her gewohnt war, und einer abenteuerlichen, voll Dunkelheit, Geheimnis, Blut und ungeahnter Überraschungen. Die eine schien dann die andere auszuschließen. Ein spöttisches Lächeln, das er gerne auf seinen Lippen festgehalten hätte, und ein Schauer, der ihm über den Rücken fuhr, kreuzten sich. Ein Flimmern der Gedanken entstand...

Dann sehnte er sich danach, endlich etwas Bestimmtes in sich zu fühlen; feste Bedürfnisse, die zwischen Gutem und Schlechtem, Brauchbarem und Unbrauchbarem schieden; sich wählen zu wissen, wenn auch falsch – besser doch, als überempfänglich alles in sich aufzunehmen...

Als er in die Kammer getreten war, hatte sich diese innere Zwiespältigkeit, wie stets an diesem Orte, wieder seiner bemächtigt.

Reiting hatte unterdessen zu erzählen angefangen:

Basini war ihm Geld schuldig gewesen, hatte ihn von einem Termin zum andern vertröstet; jedesmal unter Ehrenwort. «Ich hatte ja soweit nichts dagegen», meinte Reiting, «je länger es so ging, desto mehr wurde er von mir abhängig. Ein drei- oder vierfach gebrochenes Ehrenwort ist am Ende doch keine Kleinigkeit? Aber schließlich brauchte ich mein Geld selbst. Ich machte ihn darauf aufmerksam, und er schwor hoch und heilig. Hielt natürlich wieder nicht Wort. Da erklärte ich ihm, daß ich ihn anzeigen würde. Er bat um zwei Tage Zeit, weil er eine Sendung von seinem Vormunde erwarte. Ich aber erkundigte mich einstweilen ein wenig um seine Verhältnisse. Wollte wissen, von wem er etwa noch abhängig sei; – man muß doch damit rechnen können.

Was ich erfuhr, war mir nicht gerade angenehm. Er hatte bei Dschjusch Schulden und noch bei einigen anderen. Einen Teil davon hatte er schon gezahlt, natürlich von dem Gelde, das er mir schuldig blieb. Die anderen brannten ihm unter den Nägeln. Mich ärgerte das. Hielt er mich für den Gutmütigsten? Das wäre mir kaum sympathisch gewesen. Aber ich dachte mir: «Abwarten. Es wird sich schon Gelegenheit finden, ihm solche Irrtümer auszutreiben.» Gesprächsweise hatte er mir einmal die Summe des erwarteten Betrags genannt, um mich zu beruhigen, daß diese größer sei als mein Guthaben. Ich fragte nun genau herum und brachte heraus, daß für die Gesamtsumme der Schulden der Betrag beiweitem nicht ausreiche. «Aha,» dachte ich mir, «jetzt wird er es wohl noch einmal probieren.»

Und richtig kam er ganz vertraulich zu mir und bat, weil die andern so sehr drängten, um ein wenig Nachsicht. Ich blieb aber diesmal ganz kalt. «Bettel die andern,» sagte ich ihm, «ich bin nicht gewohnt, nach ihnen zu kommen.» «Dich kenne ich besser, zu dir habe ich mehr Vertrauen», versuchte er. «Mein letztes Wort: Du bringst mir morgen das Geld oder ich lege dir meine Bedingungen auf.» «Was für Bedingungen?» erkundigte er sich. Das hättet ihr hören sollen! Als ob er bereit wäre, seine Seele zu verkaufen. «Was für Bedingungen? Oho! Du mußt mir in allem, was ich unternehme, Gefolgschaft leisten.» «Wenn es weiter nichts ist? Das tue ich gewiß, ich halte von selbst gerne zu dir.» «Oh, nicht nur wenn es *dir* Vergnügen macht; du mußt ausführen, was immer ich will, – in blindem Gehorsam!» Jetzt sah er mich so schief, halb grinsend und halb verlegen, an. Er wußte nicht, wie weit er sich einlassen könne, wie weit es mir Ernst sei. Er hätte mir wahrscheinlich gerne alles versprochen, aber er mußte wohl fürchten, daß ich ihn nur auf die Probe stelle. Schließlich sagte er daher und wurde rot: «Ich werde dir das Geld bringen.» Mir machte er Spaß, das war so ein Mensch, den ich bisher unter den fünfzig anderen gar nicht beachtet hatte. Er zählte doch nie mit, nicht? Und nun war er mir plötzlich so ganz nahe getreten, daß ich ihn bis ins kleinste sah. Ich wußte gewiß, daß der bereit sei, sich zu verkaufen; ohne viel Aufhebens, wenn nur niemand darum wußte. Es war wirklich eine Überraschung, und es gibt gar nichts Schöneres, als wenn einem ein Mensch plötzlich auf solche Weise offenbar wird, seine bisher unbeachtete Art zu leben plötzlich vor einem liegt wie die Gänge eines Wurms, wenn das Holz entzwei springt....

Am nächsten Tage brachte er mir richtig das Geld. Ja mehr als das, er lud mich ein, mit ihm im Kasino etwas zu trinken. Er bestellte Wein, Torte, Zigaretten und bat mich, mir aufwarten zu dürfen – aus «Dankbarkeit», weil ich so geduldig gewesen sei. Mir war nur unangenehm, daß er dabei so furchtbar harmlos tat. So als ob nie zwischen uns ein verletzendes Wort gefallen wäre. Ich deutete darauf hin; er wurde nur noch herzlicher. Es war so, als ob er sich mir entwinden, sich mir wieder gleichsetzen wollte. Er machte sich von nichts mehr wissen, mit jedem zweiten Worte drängte er mir eine Beteuerung seiner Freundschaft auf; nur in seinen Augen war etwas, das sich an mich klammerte, als ob er sich fürchte, das künstlich geschaffene Gefühl der Nähe wieder zu verlieren. Schließlich wurde er mir zuwider. Ich dachte: «glaubt er denn, ich müsse mir das gefallen lassen?» und sann nach, wie ich ihm eins moralisch vor den Kopf geben könnte. Nach etwas recht Verletzendem suchte ich. Dabei fiel mir ein, daß mir Beineberg am Morgen erzählt hatte, ihm sei Geld gestohlen worden. Ganz nebenbei fiel es mir ein. Aber es kehrte wieder. Und es schnürte mir förmlich den Hals zusammen. ‹Es käme doch wunderbar gelegen›, dachte ich mir und fragte ihn beiläufig, wieviel Geld er denn noch besitze. Die Rechnung, die ich daraufhin anstellte, stimmte. «Wer war denn so dumm, dir trotz allem noch Geld zu borgen?» fragte ich lachend «Hofmeier.»

Ich glaube, ich zitterte vor Freude. Hofmeier war nämlich zwei Stunden vorher bei mir gewesen, um sich selbst etwas Geld zu entleihen. So war das, was mir vor ein paar Minuten durch den Kopf gefahren war, plötzlich Wirklichkeit geworden. Nicht anders, als wenn du zufällig, scherzend denkst: Dieses Haus sollte jetzt brennen, und im nächsten Augenblick schießt das Feuer schon meterhoch empor....

Ich überschlug rasch noch einmal alle Möglichkeiten; freilich, Gewißheit war ja nicht zu gewinnen, aber mein Gefühl genügte mir. So neigte ich mich denn zu ihm hin und sagte in wirklich liebenswürdigster Weise, so als ob ich ihm ganz sanft ein schlankes, spitzes Stäbchen ins Gehirn hineintriebe: «Schau doch, lieber Basini, warum willst du mich anlügen?» Wie ich das sagte, schienen seine Augen ängstlich im Kopfe zu schwimmen, ich aber fuhr fort: «Du kannst ja vielleicht bald jemandem etwas vormachen, aber gerade ich bin nicht der Richtige. Du weißt doch, Beineberg....» Er wurde nicht rot und nicht bleich, es schien, als warte er auf Lösung eines Mißverständnisses. «Na, um es kurz zu machen,» sagte ich da, «das Geld, wovon du mir deine Schuld bezahltest, hast du heute nacht aus Beinebergs Schublade genommen!»

Ich lehnte mich zurück, um den Eindruck zu beobachten. Er war kirschrot geworden; die Worte, an denen er würgte, trieben ihm den Speichel auf die Lippen; endlich vermochte er zu sprechen. Es war ein ganzer Guß von Beschuldigungen gegen mich: wie ich mich unterstehen könne, so etwas zu behaupten; was denn eine solche schimpfliche Vermutung auch nur im entferntesten rechtfertige; daß ich nur Streit mit ihm suche, weil er der Schwächere sei; daß ich es nur aus Ärger tue, weil er nach Zahlung seiner Schulden von mir erlöst sei; daß er aber die Klasse anrufen werde, ... den Präfekten, ... den Direktor; daß Gott seine Unschuld bezeugen möge, und so weiter ins Unendliche. Mir wurde wirklich schon bange, daß ich ihm unrecht getan und ihn unnötig verletzt habe, so hübsch stand ihm die Röte im Gesicht; ... wie ein gequältes, wehrloses, kleines Tierchen sah er aus. Aber es litt mich doch nicht, so ohne weiteres beizugeben. So hielt ich denn ein spöttisches Lächeln fest, – eigentlich fast nur aus Verlegenheit, – mit dem ich alle seine Reden anhörte. Hie und da nickte ich dazu und sagte ruhig: «Aber ich weiß es doch.»

Nach einer Weile wurde auch er ruhig. Ich lächelte weiter. Ich hatte ein Gefühl, als ob ich ihn durch dieses Lächeln allein zum Diebe machen könnte, selbst wenn er es noch nicht gewesen wäre «Und zum Gutmachen», dachte ich mir, «ist auch später immer noch Zeit.»

Wieder nach einer Weile, während deren er mich von Zeit zu Zeit heimlich angesehen hatte, wurde er plötzlich bleich. Eine merkwürdige Veränderung ging mit seinem Gesichte vor. Die förmlich unschuldige Anmut, die es vorher verschönt hatte, schwand; wie es schien, mit der Farbe. Es sah nun grünlich aus, käsig, verquollen. Ich hatte so etwas vorher nur ein einziges Mal gesehen, – als ich auf der Straße hinzukam, wie man einen Mörder arretierte. Der war auch unter den anderen Leuten umhergegangen, ohne daß man ihm das geringste hätte anmerken können. Als ihm aber der Schutzmann die Hand auf die Schulter legte, war er plötzlich ein anderer Mensch geworden. Sein Gesicht hatte sich verwandelt, und seine Augen starrten erschrocken und nach einem Ausweg suchend aus einer wahren Galgenphysiognomie.

Daran wurde ich durch den Wechsel in Basinis Ausdruck erinnert; ich wußte nun alles und wartete nur noch ....

Und es kam auch so. Ohne daß ich etwas gesagt hätte, fing Basini – von dem Schweigen erschöpft – zu weinen an und bat mich um Gnade. Er habe das Geld ja nur in der Not genommen; wenn ich nicht daraufgekommen wäre, hätte er es so bald wieder zurückgegeben, daß niemand darum gewußt hätte. Ich solle doch nicht sagen, er habe gestohlen; er habe es sich ja nur heimlich ausgeliehen ...; weiter kam er nicht vor Tränen.

Danach aber bettelte er mich von neuem. Er wolle mir gehorsam sein, alles tun, was überhaupt ich wünsche, nur solle ich niemandem davon erzählen. Um diesen Preis bot er sich mir förmlich zum Sklaven an, und die Mischung von List und gieriger Angst, die sich dabei in seinen Augen krümmte, war widerwärtig. Ich versprach ihm daher auch nur kurz, mir noch überlegen zu wollen, was mit ihm geschehen werde, sagte aber, daß dies in erster Linie Beinebergs Sache sei. «Was sollen wir nun eurer Meinung nach mit ihm anfangen?»

Während Reiting erzählte, hatte Törleß wortlos, mit geschlossenen Augen zugehört. Von Zeit zu Zeit war ihm ein Frösteln bis in die Fingerspitzen gelaufen, und in seinem Kopfe stießen die Gedanken wild und ungeordnet in die Höhe wie Blasen in siedendem Wasser. Man sagt, daß es so dem ergehe, der zum ersten Male das Weib sehe, welches bestimmt ist, ihn in eine vernichtende Leidenschaft zu verwickeln. Man behauptet, daß es einen solchen Augenblick des Sichbückens, Kräfteheraufholens, Atemanhaltens, einen Augenblick äußeren Schweigens über gespanntester Innerlichkeit zwischen zwei Menschen gebe. Keinesfalls ist zu sagen, was in diesem Augenblicke vorgeht. Er ist gleichsam der Schatten, den die Leidenschaft vorauswirft. Ein organischer Schatten; eine Lockerung aller früheren Spannungen und zugleich ein Zustand plötzlicher, neuer Gebundenheit, in dem schon die ganze Zukunft enthalten ist; eine auf die Schärfe eines Nadelstichs konzentrierte Inkubation .... Und er ist andrerseits ein Nichts, ein dumpfes, unbestimmtes Gefühl, eine Schwäche, eine Angst ....

So fühlte es Törleß. Was Reiting von sich und Basini erzählte, schien ihm, wenn er sich darüber befragte, ohne Belang zu sein. Ein leichtsinniges Vergehen und eine feige Schlechtigkeit von seiten Basinis, worauf nun sicher irgendeine grausame Laune Reitings folgen werde. Andrerseits aber fühlte er wie in einer bangen Ahnung, daß die Ereignisse nun eine ganz persönliche Wendung gegen ihn genommen hatten, und in dem Zwischenfalle lag etwas, das ihn wie mit einer scharfen Spitze bedrohte.

Er mußte sich Basini bei Božena vorstellen, und er sah in der Kammer umher. Ihre Wände schienen ihm zu drohen, sich auf ihn zu senken, wie mit blutigen Händen nach ihm zu greifen, der Revolver rückte auf seinem Platze hin und her....

Da war nun etwas zum ersten Male wie ein Stein in die unbestimmte Einsamkeit seiner Träumereien gefallen; es war da; da ließ sich nichts machen; es war Wirklichkeit. Gestern war Basini noch genau so wie er selbst gewesen; eine Falltüre hatte sich geöffnet, und Basini war gestürzt. Genau so, wie es Reiting schilderte: eine plötzliche Veränderung, und der Mensch hat gewechselt....

Und wieder verknüpfte sich das irgendwie mit Božena. Seine Gedanken hatten Blasphemie getrieben. Ein fauler, süßer Geruch, der aus ihnen aufgestiegen war, hatte ihn verwirrt. Und diese tiefe Erniedrigung, diese Selbstaufgabe, dieses von den schweren, blassen, giftigen Blättern der Schande Bedecktwerden, das wie ein unkörperliches, fernes Spiegelbild durch seine Träume gezogen war, war nun plötzlich mit Basini – geschehen.

Es war also etwas, womit man wirklich rechnen muß, vor dem man sich hüten muß, das plötzlich aus den schweigsamen Spiegeln der Gedanken hervorspringen kann?...

Dann war aber auch alles andere möglich. Dann waren Reiting und Beineberg möglich. War diese Kammer möglich.... Dann war es auch möglich, daß von der hellen, täglichen Welt, die er bisher allein gekannt hatte, ein Tor zu einer anderen, dumpfen, brandenden, leidenschaftlichen, nackten, vernichtenden führe. Daß zwischen jenen Menschen, deren Leben sich wie in einem durchsichtigen und festen Bau von Glas und Eisen geregelt zwischen Bureau und Familie bewegt, und anderen, Herabgestoßenen, Blutigen, ausschweifend Schmutzigen, in verwirrten Gängen voll brüllender Stimmen Irrenden, nicht nur ein Übergang besteht, sondern ihre Grenzen heimlich und nahe und jeden Augenblick überschreitbar aneinanderstoßen....

Und die Frage bliebe nur: wie ist es möglich? Was geschieht in solchem Augenblicke? Was schießt da schreiend in die Höhe und was verlischt plötzlich?...

Das waren die Fragen, die für Törleß mit diesem Ereignisse heraufstiegen. Sie stiegen undeutlich herauf, mit verschlossenen Lippen, von einem dumpfen, unbestimmten Gefühl... einer Schwäche, einer Angst verhüllt.

Aber doch klang wie von ferne, abgerissen und vereinzelt, manches ihrer Worte in Törleß auf und erfüllte ihn mit banger Erwartung.

In diesen Augenblick fiel Reitings Anfrage.

Törleß begann sofort zu sprechen. Er gehorchte dabei einem plötzlichen Antriebe, einer Bestürzung. Es schien ihm, daß irgend etwas Entscheidendes bevorstehe, und er erschrak vor diesem Heranrückenden, wollte ausweichen, eine Frist gewinnen .... Er sprach, aber im selben Augenblicke fühlte er, daß er nur Uneigentliches vorzubringen habe, daß seine Worte ohne inneren Rückhalt seien und gar nicht seine wirkliche Meinung ....

Er sagte: «Basini ist ein Dieb.» Und der bestimmte, harte Klang dieses Wortes tat ihm so wohl, daß er zweimal wiederholte. «... ein Dieb. Und einen solchen bestraft man – überall, in der ganzen Welt. Er muß angezeigt, aus dem Institute entfernt werden! Mag er sich draußen bessern, zu uns paßt er nicht mehr!»

Aber Reiting sagte mit einem Ausdrucke unangenehmen Betroffenseins: «Nein, wozu es gleich zum Äußersten treiben?»

«Wozu? Ja, findest du denn das nicht selbstverständlich?»

«Durchaus nicht. Du machst ja gerade so, als ob der Schwefelregen schon vor der Tür stünde, um uns alle zu vernichten, wenn wir Basini noch länger unter uns behielten. Dabei ist die Sache doch nicht gar so fürchterlich.»

«Wie kannst du das sagen! Du willst also mit einem Menschen, der gestohlen hat, der sich dir dann zur Magd, zum Sklaven angeboten hat, tagtäglich weiter zusammen sitzen, zusammen essen, zusammen schlafen?! Ich verstehe das gar nicht. Wir werden doch gemeinsam erzogen, weil wir gemeinsam zur selben Gesellschaft gehören. Wird es dir gleich sein, wenn du seinerzeit vielleicht im selben Regiment mit ihm stehst oder im selben Ministerium arbeitest, wenn er in denselben Familien verkehrt wie du, – vielleicht deiner eigenen Schwester den Hof macht ... ?»

«Nun seh einer, ob du nicht übertreibst?!» lachte Reiting, «du tust, als ob wir einer Brüderschaft fürs Leben angehörten! Glaubst du denn, daß wir immer ein Siegel an uns herumtragen werden: Stammt aus dem Konvikte zu W. Ist mit besonderen Vorrechten und Verpflichtungen behaftet? Später geht ja doch jeder von uns seinen eigenen Weg, und jeder wird das, wozu er berechtigt ist, denn es gibt nicht nur eine Gesellschaft. Ich meine daher, wir brauchen uns nicht über die Zukunft den Kopf zu zerbrechen. Und was das Gegenwärtige betrifft, habe ich ja nicht gesagt, daß wir mit Basini Kameradschaft halten sollen. Es wird sich schon irgendwie so finden lassen, daß die Distanz gewahrt bleibt. Basini ist in unserer Hand, wir können mit ihm machen, was wir wollen, meinetwegen kannst du ihn zweimal täglich anspucken: wo bleibt da, solange er es sich gefallen läßt, die Gemeinsamkeit? Und lehnt er sich auf, können wir ihm immer noch den Herrn zeigen .... Du mußt nur die Idee fallen lassen, daß zwischen uns und Basini irgendeine andere Zusammengehörigkeit bestehe, als die, daß uns seine Gemeinheit Vergnügen bereitet!»

Obgleich Törleß gar nicht von seiner Sache überzeugt war, ereiferte er sich weiter: «Höre, Reiting, warum nimmst du dich Basinis so warm an?»

«Nehme ich mich seiner an? Das weiß ich gar nicht. Überhaupt habe ich gewiß keinen besonderen Grund; mir ist die ganze Geschichte grenzenlos gleichgültig. Mich ärgert ja nur, daß du übertreibst. Was steckt dir im Kopfe? So eine Art Idealismus, meine ich. Heilige Begeisterung für das Institut oder für die Gerechtigkeit. Du hast keine Ahnung, wie fad und musterhaft das klingt. Oder hast du am Ende», und Reiting blinzelte verdächtigend zu Törleß hinüber, «irgendeinen anderen Grund, weswegen Basini hinausfliegen soll, und willst bloß nicht Farbe bekennen? Irgendeine alte Rache? Dann sag es doch! Denn, wenn es dafür steht, können wir ja wirklich die günstige Gelegenheit benützen.»

Törleß wandte sich an Beineberg. Aber dieser grinste nur. Er sog zwischen dem Sprechen an einem langen Tschibuk[6], saß mit orientalisch gekreuzten Beinen und sah mit seinen abstehenden Ohren in der zweifelhaften Beleuchtung wie ein groteskes Götzenbild aus. «Meinetwegen könnt ihr machen, was ihr wollt; mir ist es nicht um das Geld zu tun und um die Gerechtigkeit auch nicht. In Indien würde man ihm einen gespitzten Bambus durch den Darm treiben; das wäre wenigstens ein Vergnügen. Er ist dumm und feig, da ist es weiter nicht schade um ihn, und es war mir wirklich Zeit meines Lebens höchst egal, was mit solchen Leuten geschieht. Sie selbst sind nichts, und was aus ihrer Seele noch werden mag, wissen wir nicht. Allah schenke eurem Urteil seine Gnade!»

Törleß erwiderte nichts. Nachdem ihm Reiting widersprochen und Beineberg die Entscheidung zwischen ihnen unbeeinflußt gelassen hatte, war er am Ende. Er vermochte keinen Widerstand mehr entgegenzusetzen; er fühlte, daß er gar kein Verlangen mehr habe, das Ungewisse, Kommende aufzuhalten.

Also wurde ein Vorschlag angenommen, den Reiting nun machte. Es wurde beschlossen, Basini vorderhand unter Aufsicht, gewissermaßen unter Kuratel zu stellen und ihm so Gelegenheit zu bieten, daß er sich wieder herausarbeiten könne. Seine Einnahmen und Ausgaben sollten von nun an strenge geprüft werden und seine Beziehungen zu den übrigen von der Erlaubnis der drei abhängen.

Dieser Beschluß war scheinbar sehr korrekt und wohlwollend. «Musterhaft fad», wie Reiting diesmal *nicht* sagte. Denn, ohne daß sie es sich eingestan-

[6] lange türkische Tabakspfeife mit kleinem Ton- oder Meerschaumkopf

den, fühlte jeder, daß hier nur eine Art Zwischenzustand geschaffen werden sollte. Reiting hätte ungerne auf eine Fortsetzung dieser Angelegenheit verzichtet, da sie ihm Vergnügen bereitete, aber andererseits war er sich noch nicht klar, welche Wendung er ihr weiter geben sollte. Und Törleß war durch den bloßen Gedanken, daß er nun täglich mit Basini zu tun haben werde, wie gelähmt.

Als er vorhin das Wort «Dieb» ausgesprochen hatte, war ihm für einen Augenblick leichter geworden. Es war wie ein Hinausstellen, Vonsichwegschieben der Dinge gewesen, die in ihm wühlten.

Aber die Fragen, die gleich darauf wieder auftauchten, vermochte dieses einfache Wort nicht zu lösen. Sie waren jetzt deutlicher geworden, wo es nicht mehr galt ihnen auszuweichen.

Törleß sah von Reiting zu Beineberg, schloß die Augen, wiederholte sich den gefaßten Beschluß, sah wieder auf .... Er wußte ja selbst nicht mehr, war es nur seine Phantasie, die sich wie ein riesiges Zerrglas über die Dinge legte, oder war es wahr, war alles so, wie es unheimlich vor ihm aufdämmerte? Und wußten nur Beineberg und Reiting nichts von diesen Fragen? Obwohl gerade sie sich von Anfang an heimisch in dieser Welt bewegt hatten, die ihm nun auf einmal erst so fremd erschien?

Törleß fürchtete sich vor ihnen. Aber er fürchtete sich nur so, wie man sich vor einem Riesen fürchtet, den man blind und dumm weiß ....

Eines aber war entschieden: Er war jetzt viel weiter als vor einer Viertelstunde noch. Die Möglichkeit einer Umkehr war vorüber. Eine leise Neugierde stieg auf, wie es nun wohl kommen werde, da er gegen seinen Willen festgehalten sei. Alles, was sich in ihm regte, lag noch im Dunkeln, aber doch spürte er schon eine Lust, in die Gebilde dieser Finsternis hineinzustarren, welche die anderen nicht bemerkten. Ein feines Frösteln war in diese Lust gemengt. Als ob über seinem Leben nun beständig ein grauer, verhängter Himmel stehen werde – mit großen Wolken, ungeheuren, wechselnden Gestalten und der immer neuen Frage: Sind es Ungeheuer? Sind es nur Wolken?

Und diese Frage nur für ihn! Als Geheimes, den anderen Fremdes, Verbotenes ....

So begann Basini sich zum ersten Male jener Bedeutung zu nähern, die er späterhin in Törleß' Leben einnehmen sollte.

Am nächsten Tage wurde Basini unter Kuratel gesetzt.

Nicht ganz ohne einige Feierlichkeit. Man benützte eine Morgenstunde, während welcher man sich den Freiübungen, die auf einer großen Wiese im Parke stattfanden, entzogen hatte.

Reiting hielt eine Art Ansprache. Nicht gerade kurz. Er wies Basini darauf hin, daß er seine Existenz verscherzt habe, eigentlich angezeigt werden müßte und es nur einer besonderen Gnade zu danken habe, daß man ihm vorläufig die Schande einer strafweisen Entfernung noch erlasse.

Dann wurden ihm die besonderen Bedingungen mitgeteilt. Die Überwachung ihrer Einhaltung übernahm Reiting.

Basini war während des ganzen Auftrittes sehr bleich gewesen, hatte jedoch kein Wort erwidert, und aus seinem Gesichte war nicht zu entnehmen gewesen, was währenddem in ihm vorgegangen war.

Törleß war die Szene abwechselnd sehr geschmacklos und sehr bedeutend vorgekommen.

Beineberg hatte mehr auf Reiting als auf Basini geachtet.

Während der nächsten Tage schien die Angelegenheit beinahe vergessen zu sein. Reiting war außer im Unterrichte und beim Speisen kaum zu sehen, Beineberg war schweigsamer denn je, und Törleß schob es immer wieder hinaus, über die Geschichte nachzudenken.

Basini bewegte sich unter den Kameraden, als wäre niemals etwas vorgefallen.

Er war etwas größer als Törleß, jedoch sehr schwächlich gebaut, hatte weiche, träge Bewegungen und weibische Gesichtszüge. Sein Verstand war gering, im Fechten und Turnen war er einer der letzten, doch war ihm eine angenehme Art koketter Liebenswürdigkeit eigen.

Zu Božena war er seinerzeit nur gekommen, um den Mann zu spielen. Eine wirkliche Begierde dürfte ihm bei seiner zurückgebliebenen Entwicklung durchaus noch fremd gewesen sein. Er empfand es vielmehr bloß als Nötigung, als Angemessenheit oder Verpflichtung, daß man den Duft galanter Erlebnisse an ihm nicht vermisse. Sein schönster Augenblick war der, wenn er von Božena wegging und es hinter sich hatte, denn es war ihm nur um den Besitz der Erinnerung zu tun.

Mitunter log er auch aus Eitelkeit. So kam er nach jedem Urlaube mit Andenken an kleine Abenteuer zurück, – Bändern, Locken, schmalen Briefchen. Als er aber einmal ein Strumpfband in seinem Koffer mitgebracht hatte, ein liebes, kleines, duftendes, himmelblaues, und nachträglich sich herausstellte, daß es von niemand anderem als seiner eigenen zwölfjährigen Schwester war, wurde er wegen dieses lächerlichen Großtuns viel verlacht.

Die moralische Minderwertigkeit, die sich an ihm herausstellte, und seine Dummheit wuchsen auf einem Stamm. Er vermochte keiner Eingebung Widerstand entgegenzusetzen und wurde von den Folgen stets überrascht. Er war darin wie jene Frauen mit niedlichen Löckchen über der Stirne, die ihrem Gatten in mahlzeitweisen Dosen Gift beibringen und sich dann voller Schrecken über die fremden, harten Worte des Staatsanwaltes wundern und über ihr Todesurteil.

Törleß wich ihm aus. Dadurch verlor sich allmählich auch jenes tiefinnerliche Erschrecken, das ihn im ersten Augenblicke gleichsam unter den Wurzeln seiner Gedanken gepackt und erschüttert hatte. Es wurde wieder vernünftig um Törleß; das Befremden wich und wurde Tag um Tag unwirklicher, wie Spuren eines Traumes, die sich in der realen, festen, sonnenbeschienenen Welt nicht behaupten können.

Um sich dieses Zustandes noch mehr zu versichern, teilte er alles in einem Briefe seinen Eltern mit. Nur das, was er selbst dabei empfunden hatte, verschwieg er.

Er war nun wieder auf den Standpunkt gelangt, daß es doch am besten sei, bei nächster Gelegenheit Basinis Entfernung aus dem Institute durchzusetzen. Er vermochte sich gar nicht vorzustellen, daß seine Eltern anders darüber denken könnten. Er erwartete von ihnen eine strenge, angewiderte Beurteilung Basinis, eine Art, denselben mit den Fingerspitzen wegzuschnellen wie ein unsauberes Insekt, das man in der Nähe ihres Sohnes nicht dulden dürfe.

Nichts von alledem stand in dem Briefe, den er als Antwort erhielt. Seine Eltern hatten sich rechtschaffene Mühe gegeben und wie vernünftige Leute alle Umstände erwogen, soweit sie sich eben nach den abgerissenen, lückenhaften Mitteilungen jenes hastigen Briefes eine Vorstellung davon machen konnten. Es folgte daraus, daß sie die nachsichtigste und zurückhaltendste Beurteilung bevorzugten, um so mehr als sie in der Darstellung ihres Sohnes möglicherweise mit mancher aus jugendlicher Empörung hervorgegangenen Übertreibung zu rechnen hatten. Sie billigten also den Entschluß, Basini Gelegenheit zur Besserung zu geben, und meinten, daß man nicht gleich wegen eines kleinen Fehltrittes ein Menschenschicksal aus seiner Bahn stoßen dürfe. Um so mehr – und das betonten sie wie billig ganz besonders – als man es hier noch nicht mit fertigen Menschen zu tun habe, sondern erst mit weichen, in der Entwicklung begriffenen Charakteren. Man müsse Basini gegenüber wohl für jeden Fall Ernst und Strenge herauskehren, stets aber auch ihm mit Wohlwollen entgegentreten und ihn zu bessern suchen.

Dies erhärteten sie durch eine ganze Reihe von Beispielen, die Törleß wohlbekannt waren. Denn er erinnerte sich genau, daß viele in den ersten Jahrgängen, wo es die Direktion noch liebte, drakonische Sitten herauszukehren, und dem Taschengelde enge Grenzen zog, sich oft nicht enthalten konnten, Glücklichere von den gefräßigen Kleinen, die sie alle miteinander nun einmal waren, um einen Teil ihres Schinkenbrotes oder dergleichen zu betteln. Auch er selbst war nicht immer frei davon geblieben, wenn er auch seine Scham dahinter versteckte, daß er auf die boshafte, übelwollende Direktion schimpfte. Und nicht nur den Jahren, sondern auch den sowohl ernsten als gütigen Ermahnungen seiner Eltern dankte er es, daß er allmählich gelernt hatte, solche Schwächen mit Stolz zu vermeiden.

Aber all das verfehlte heute seine Wirkung.

Er mußte ja einsehen, daß seine Eltern in vieler Beziehung recht hatten, auch wußte er, daß es kaum möglich sei, so von fernher ganz richtig zu urteilen; ihrem Briefe schien jedoch etwas viel Wichtigeres zu fehlen.

Das war das Verständnis dafür, daß da etwas Unwiderrufliches geschehen sei, etwas, das unter Menschen eines gewissen Kreises nie geschehen dürfe. Das Staunen und die Betroffenheit fehlten. Sie sprachen, als ob es eine gewohnte Sache wäre, die man mit Takt, aber ohne viel Aufhebens erledigen müsse. Ein Makel, der so wenig schön, aber so unausweichlich ist wie die tägliche Notdurft. Von einer persönlicheren, beunruhigten Auffassung so wenig eine Spur wie bei Beineberg und Reiting.

Törleß hätte sich auch dies gesagt sein lassen können. Statt dessen zerriß er aber den Brief in kleine Stückchen und verbrannte ihn. Es geschah zum erstenmal in seinem Leben, daß er sich eine solche Pietätlosigkeit zuschulden kommen ließ.

In ihm war eine der beabsichtigten entgegengesetzte Wirkung ausgelöst worden. Im Gegensatze zu der schlichten Auffassung, die man ihm vortrug, war ihm mit einem Male wieder das Problematische, Fragwürdige von Basinis Vergehen eingefallen. Er sagte sich kopfschüttelnd, daß man darüber noch nachdenken müsse, obwohl er sich über das Warum keine genaue Rechenschaft geben konnte....

Am merkwürdigsten war es, wenn er mehr mit Träumen als mit Überlegungen dem nachging. Dann erschien ihm Basini verständlich, alltäglich, mit klaren Konturen, so wie ihn seine Eltern und seine Freunde sehen mochten: und im nächsten Augenblicke verschwand er und kam wieder, immer wieder, als eine kleine, ganz kleine Figur, die zeitweilig vor einem tiefen, sehr tiefen Hintergrunde aufleuchtete.........

Da wurde Törleß einmal während der Nacht – es war sehr spät und alle schliefen schon – wachgerüttelt.

An seinem Bette saß Beineberg. Das war so ungewöhnlich, daß er sofort ahnte, es müsse sich um etwas Besonderes handeln.

«Steh auf. Aber mach keinen Lärm, damit uns niemand bemerkt; wir wollen hinaufgehen, ich muß dir etwas erzählen.»

Törleß kleidete sich flüchtig an, nahm seinen Mantel um und schlüpfte in die Hausschuhe....

Oben stellte Beineberg mit besonderer Sorgfalt alle Hindernisse wieder her, dann bereitete er Tee.

Törleß, welchem der Schlaf noch in den Gliedern lag, ließ sich von der goldgelben, duftenden Wärme mit Behagen durchströmen. Er lehnte sich in eine Ecke und machte sich klein; er erwartete eine Überraschung.

Endlich sagte Beineberg: «Reiting betrügt uns.»

Törleß fühlte sich gar nicht erstaunt; er nahm es wie etwas Selbstverständliches auf, daß die Angelegenheit irgendeine solche Fortsetzung finden mußte; ihm war fast, als hätte er nur darauf gewartet. Ganz unwillkürlich sagte er: «Ich habe es mir gedacht!»

«So? Gedacht? Aber bemerkt wirst du wohl kaum etwas haben? Das würde dir gar nicht ähnlich sehen.»

«Allerdings, mir ist nichts aufgefallen; ich habe mich auch weiter nicht darum gekümmert.»

«Aber dafür habe ich gut achtgegeben; ich traute Reiting vom ersten Tage an nicht. Du weißt doch, daß mir Basini mein Geld zurückgegeben hat. Und wovon glaubst du? Aus eigenem? – Nein.»

«Und du glaubst, daß Reiting seine Hand dabei im Spiele hat?»

«Gewiß.»

Im ersten Augenblicke dachte Törleß nichts anderes, als daß sich nun auch Reiting in eine solche Sache verwickelt habe.

«Du glaubst also, daß Reiting ebenso wie Basini . . . ?»

«Wo denkst du hin! Reiting hat einfach von seinem eigenen Gelde das Nötige gegeben, damit Basini seine Schuld bei mir ablösen könne.»

«Dafür sehe ich aber doch keinen rechten Grund.»

«Das konnte ich auch durch lange Zeit nicht. Jedenfalls wird aber auch dir aufgefallen sein, daß sich Reiting von allem Anfang an so kräftig für Basini einsetzte. Du hast ja damals ganz recht gehabt; es wäre wirklich das natürlichste gewesen, wenn der Kerl hinausgeflogen wäre. Aber ich habe damals absichtlich nicht für dich gestimmt, weil ich mir dachte: ich muß doch sehen, was da alles noch mit im Spiele ist. Ich weiß zwar wirklich nicht genau, ob er damals schon ganz klare Absichten hatte oder nur zuwarten wollte, nachdem er Basinis ein für allemal versichert war. Jedenfalls weiß ich, wie es heute steht.»

«Nun?»

«Warte, das ist nicht so rasch erzählt. Du kennst doch die Geschichte, die vor vier Jahren im Institute stattgefunden hat?»

«Welche Geschichte?»

«Nun, die gewisse!»

«Nur beiläufig. Ich weiß bloß, daß es damals wegen irgendwelcher Schweinereien einen großen Skandal gegeben hat und daß eine ganze Anzahl deswegen strafweise entlassen werden mußte.»

«Ja, das meine ich. Ich habe näheres darüber einmal auf Urlaub von einem aus jener Klasse erfahren. Sie haben einen hübschen Burschen unter sich gehabt, in den viele von ihnen verliebt waren. Das kennst du ja, denn das kommt alle Jahre vor. Die aber haben damals die Sache zu weit getrieben.»

«Wieso?»

«Nun, ... wie ... ?! Frag doch nicht so dumm! Und dasselbe tut Reiting mit Basini!»

Törleß verstand, worum es sich zwischen den beiden handelte, und er fühlte in seiner Kehle ein Würgen, als ob Sand darinnen wäre.

«Das hätte ich nicht von Reiting gedacht.» Er wußte nichts Besseres zu sagen. Beineberg zuckte die Achseln.

«Er glaubt uns betrügen zu können.»

«Ist er verliebt?»

«Gar keine Spur. So ein Narr ist er nicht. Es unterhält ihn, höchstens reizt es ihn sinnlich.»

«Und Basini?»

«Der? ... Ist dir nicht aufgefallen, wie frech er in der letzten Zeit geworden ist? Von mir hat er sich kaum mehr etwas sagen lassen. Immer hieß es nur Reiting und wieder Reiting, – als ob der sein persönlicher Schutzheiliger wäre. Es ist besser, hat er sich wahrscheinlich gedacht, von dem einen sich alles gefallen zu lassen als von jedem etwas. Und Reiting wird ihm versprochen haben, ihn zu schützen, wenn er ihm in allem zu Willen ist. Aber sie sollen sich geirrt haben, und ich werde es Basini noch austreiben!»

«Wie bist du darauf gekommen?»

«Ich bin ihnen einmal nachgegangen.»

«Wohin?»

«Da nebenan auf den Boden. Reiting hatte von mir den Schlüssel zum andern Eingang. Ich bin dann hieher, habe vorsichtig das Loch freigemacht und mich an sie herangeschlichen.»

In die dünne Zwischenwand, welche die Kammer vom Dachboden trennte, war nämlich ein Durchlaß gebrochen, gerade so breit, daß sich ein menschlicher Körper hindurchzwängen konnte. Er sollte im Falle einer Überraschung als Notausgang dienen und war für gewöhnlich durch eingeschobene Ziegel verschlossen.

Es war eine lange Pause eingetreten, in der man nur das Aufglimmen des Tabaks vernahm.

Törleß vermochte nichts zu denken; er sah.... Er sah hinter seinen geschlossenen Augen wie mit einem Schlage ein tolles Wirbeln von Vorgängen, ... Menschen; Menschen in einer grellen Beleuchtung, mit hellen Lichtern und beweglichen, tief eingegrabenen Schatten; Gesichter, ... ein Gesicht; ein Lächeln, ... einen Augenaufschlag, ... ein Zittern der Haut; er sah Menschen in einer Weise, wie er sie noch nie gesehen, noch nie gefühlt hatte: Aber er sah sie, ohne zu sehen, ohne Vorstellungen, ohne Bilder; so als ob nur seine Seele sie sähe; sie waren so deutlich, daß er von ihrer Eindringlichkeit tausendfach durchbohrt wurde, aber, als ob sie an einer Schwelle Halt machten, die sie nicht überschreiten konnten, wichen sie zurück, sobald er nach Worten suchte, um ihrer Herr zu werden.

Er mußte weiter fragen. Seine Stimme vibrierte. «Und ... hast du gesehen?»

«Ja.»

«Und ... wie war Basini?»

Aber Beineberg schwieg, und wieder hörte man nur das unruhige Knistern der Zigaretten. Erst lange nachher begann Beineberg wieder zu sprechen.

«Ich habe mir die Sache hin und her überlegt, und du weißt, daß ich darin ganz besonders denke. Was zunächst Basini anlangt, meine ich, daß es um ihn in keinem Falle schade wäre. Sei es, daß wir ihn jetzt anzeigen oder schlagen, oder ihn selbst rein des Vergnügens halber zu Tode martern würden. Denn ich kann mir nicht vorstellen, daß so ein Mensch in dem wundervollen Mechanismus der Welt irgend etwas bedeuten soll. Er erscheint mir nur zufällig, außerhalb der Reihe geschaffen zu sein. Das heißt – irgend etwas muß ja auch der bedeuten, aber sicher nur etwas so Unbestimmtes wie irgendein Wurm oder ein Stein am Wege, von dem wir nicht wissen, ob wir an ihm vorübergehen oder ihn zertreten sollen. Und das ist so gut wie nichts. Denn, wenn die Weltseele will, daß einer ihrer Teile erhalten bleibe, so spricht sie sich deutlicher aus. Sie sagt dann nein und schafft einen Widerstand, sie läßt uns an dem Wurm vorübergehen und gibt dem Stein eine so große Härte, daß wir ihn nicht ohne Werkzeug zerschlagen können. Denn bevor wir solches holen, hat sie längst die Widerstände einer Menge kleiner, zäher Bedenken eingeschoben, und überwinden wir diese, so hatte die Sache eben von vorneherein andere Bedeutung.

Bei einem Menschen legt sie diese Härte in seinen Charakter, in sein Bewußtsein als Mensch, in sein Verantwortlichkeitsgefühl, ein Teil der Weltseele zu sein. Verliert nun ein Mensch dieses Bewußtsein, so verliert er sich selbst. Hat aber ein Mensch sich selbst verloren und sich aufgegeben, so hat er das Besondere, das Eigentliche verloren, weswegen ihn die Natur als Mensch geschaffen hat. Und niemals kann man so sicher sein als in diesem Falle, daß man es mit etwas Unnotwendigem zu tun habe, mit einer leeren Form, mit etwas, das von der Weltseele schon längst verlassen wurde.»

Törleß fühlte keinen Widerspruch. Er hörte auch gar nicht mit Aufmerksamkeit zu. Er hatte bisher noch nie Veranlassung zu solchen metaphysischen Gedankengängen gehabt, und hatte auch nie darüber nachgedacht, wieso ein Mensch von Beinebergs Verstande auf derartiges verfallen könne. Die ganze Frage war überhaupt noch nicht in den Horizont seines Lebens getreten.

Demgemäß gab er sich auch gar keine Mühe, Beinebergs Ausführungen auf ihren Sinn zu prüfen; er hörte nur halb auf sie hin.

Er verstand bloß nicht, wie man so breit und weit ausholen könne. In ihm zitterte alles, und die Umsicht, mit der Beineberg seine Gedanken weiß Gott wo herholte, erschien ihm lächerlich, unangebracht, machte ihn ungeduldig. Aber Beineberg fuhr gelassen fort: «Mit Reiting jedoch steht die Sache ganz anders. Auch er hat sich durch das, was er getan hat, in meine Hand gegeben, aber sein Schicksal ist mir gewiß nicht so gleichgültig wie das Basinis. Du weißt, seine Mutter hat kein großes Vermögen; wenn er aus dem Institute ausgeschlossen wird, ist es daher für ihn mit allen Plänen zu Ende. Von hier aus kann er es zu etwas bringen, sonst aber dürfte sich wohl wenig Gelegenheit dazu finden. Und Reiting hat mich nie mögen,... verstehst du?... er hat mich gehaßt,... hat mir früher zu schaden getrachtet, wo er nur konnte,... ich glaube, er würde sich heute noch freuen, wenn er mich los werden könnte. Siehst du jetzt, was ich aus dem Besitz dieses Geheimnisses alles machen kann?...»

Törleß erschrak. Aber so sonderbar, als ob das Schicksal Reitings ihn selbst beträfe. Er blickte erschrocken auf Beineberg. Dieser hatte die Augen bis auf einen kleinen Spalt geschlossen und erschien ihm wie eine unheimliche, große, ruhig in ihrem Netze lauernde Spinne. Seine letzten Worte klangen kalt und deutlich wie die Sätze eines Diktats in Törleß' Ohren.

Er hatte das Vorangegangene nicht verfolgt, hatte nur gewußt: Beineberg spricht jetzt wieder von seinen Ideen, die doch mit dem Gegebenen gar nichts zu tun haben,... und nun wußte er auf einmal nicht, wie es gekommen war.

Das Gewebe, das doch irgendwo draußen im Abstrakten angeknüpft worden war, wie er sich erinnerte, mußte sich mit fabelhafter Geschwindigkeit plötzlich zusammengezogen haben. Denn mit einem Male war es nun konkret, wirklich, lebendig, und ein Kopf zappelte darin... mit zugeschnürtem Halse.

Er liebte Reiting durchaus nicht, aber er erinnerte sich jetzt seiner liebenswürdigen, frechen, unbekümmerten Art, mit der er alle Intrigen anfaßte, und Beineberg erschien ihm dagegen schändlich, wie er ruhig und grinsend seine vielarmigen, grauen, abscheulichen Gedankengespinste um jenen zusammenzog.

Unwillkürlich fuhr ihn Törleß an: «Du darfst es nicht gegen ihn ausnützen.» Es mochte wohl auch sein steter, heimlicher Widerwille gegen Beineberg mit im Spiele gewesen sein.

Aber Beineberg sagte von selbst, nach kurzem Besinnen: «Wozu auch?! Um ihn wäre wirklich schade. Mir ist er von jetzt an ohnedies ungefährlich, und er ist doch zu viel wert, um ihn über eine solche Dummheit stolpern zu lassen.» Damit war dieser Teil der Angelegenheit erledigt. Aber Beineberg sprach weiter und wandte sich nun wieder Basinis Schicksal zu.

«Meinst du noch immer, daß wir Basini anzeigen sollen?» Aber Törleß gab keine Antwort. Er wollte Beineberg sprechen hören, dessen Worte klangen ihm wie das Hallen von Schritten auf hohlem, untergrabenem Erdreich, und er wollte diesen Zustand auskosten.

Beineberg verfolgte seine Gedanken weiter. «Ich denke, wir behalten ihn vorderhand für uns und strafen ihn selbst. Denn bestraft muß er werden – allein schon wegen seiner Anmaßung. Die vom Institute würden ihn höchstens entlassen und seinem Onkel einen langen Brief dazu schreiben; – du weißt ja beiläufig, wie geschäftsmäßig das geht. Eure Exzellenz, Ihr Neffe hat sich vergessen ... irregeleitet ... geben ihn Ihnen zurück ... hoffen, daß es Ihnen gelingen wird ... Weg der Besserung ... einstweilen jedoch unter den anderen unmöglich ... usw. Hat denn so ein Fall ein Interesse oder einen Wert für sie?»

«Und was für einen Wert soll er für uns haben?»

«Was für einen Wert? Für dich vielleicht keinen, denn du wirst einmal Hofrat werden oder Gedichte machen; – du brauchst das schließlich nicht, vielleicht hast du sogar Angst davor. Aber ich denke mir mein Leben anders!»

Törleß horchte diesmal auf.

«Für mich hat Basini einen Wert, – einen sehr großen sogar. Denn sieh, – du ließest ihn einfach laufen und würdest dich ganz damit beruhigen, daß er ein schlechter Mensch war.» Törleß unterdrückte ein Lächeln. «Damit bist du fertig, weil du kein Talent oder kein Interesse hast, dich selbst an einem solchen Fall zu schulen. Ich aber habe dieses Interesse. Wenn man meinen Weg vor sich hat, muß man die Menschen ganz anders auffassen. Deswegen will ich mir Basini erhalten, um an ihm zu lernen.»

«Wie willst du ihn aber bestrafen?»

Beineberg hielt einen Augenblick mit der Antwort aus, als überlegte er noch die zu erwartende Wirkung. Dann sagte er vorsichtig und zögernd: «Du irrst, wenn du glaubst, daß mir so sehr um das Strafen zu tun ist. Freilich wird man es ja am Ende auch eine Strafe für ihn nennen können, ... aber, um nicht lange Worte zu machen, ich habe etwas anderes im Sinn, ich will ihn ... nun sagen wir einmal ...: quälen ....»

Törleß hütete sich ein Wort zu sagen. Er sah noch durchaus nicht klar, aber er fühlte, daß dies alles so kam, wie es für ihn – innerlich – kommen mußte. Beineberg, der nicht entnehmen konnte, wie seine Worte gewirkt hatten, fuhr fort: « ... Du brauchst nicht zu erschrecken, es ist nicht so arg. Denn zunächst auf Basini ist doch, wie ich dir ausführte, keine Rücksicht zu nehmen. Die Entscheidung, ob wir ihn quälen oder etwa schonen sollen, ist nur in unserem Bedürfnisse nach dem einen oder dem anderen zu suchen. In inneren Gründen. Hast du solche? Das mit Moral, Gesellschaft und so weiter, was du damals vorgebracht hast, kann natürlich nicht zählen; du hast hoffentlich selbst nie daran geglaubt. Du bist also vermutlich indifferent. Aber immerhin kannst du dich ja noch von der ganzen Sache zurückziehen, falls du nichts aufs Spiel setzen willst.

Mein Weg wird jedoch nicht zurück oder vorbei, sondern mitten hindurch führen. Das muß so sein. Auch Reiting wird nicht von der Sache lassen, denn auch für ihn hat es einen besonderen Wert, einen Menschen ganz in seiner Hand zu haben und sich üben zu können, ihn wie ein Werkzeug zu behandeln. Er will herrschen und würde *dir* es gerade so machen wie Basini, wenn die Gelegenheit zufällig dich träfe. Für mich handelt es sich jedoch noch um mehr. Fast um eine Verpflichtung gegen mich selbst; wie soll ich dir nur diesen Unterschied zwischen uns klar machen? Du weißt, wie sehr Reiting Napoleon verehrt: halte nun dagegen, daß der Mensch, welcher mir vor allen gefällt, mehr irgendeinem Philosophen und indischen Heiligen ähnelt. Reiting würde Basini opfern und nichts als Interesse dabei empfinden. Er würde ihn moralisch zerschneiden, um zu erfahren, worauf man sich bei solchen Unternehmungen gefaßt zu machen hat. Und wie gesagt, dich oder mich geradeso gut wie Basini und ohne daß es ihm im geringsten nahe ginge. Ich dagegen habe geradeso gut wie du diese gewisse Empfindung, daß Basini schließlich und endlich doch auch ein Mensch sei. Auch in mir wird etwas durch eine begangene Grausamkeit verletzt. Aber gerade darum handelt es sich! Förmlich um ein Opfer! Siehst du, auch ich bin an zwei Fäden geknüpft. An diesen einen, unbestimmten, der mich in Widerspruch zu meiner klaren Überzeugung an eine mitleidige Tatlosigkeit bindet, aber auch an einen zweiten, der zu meiner Seele hinläuft, zu innersten Erkenntnissen, und mich an den Kosmos fesselt. Solche Menschen wie Basini, sagte ich dir schon früher, bedeuten nichts – eine leere, zufällige Form. Die wahren Menschen sind nur die, welche in sich selbst eindringen können, kosmische Menschen, welche imstande sind, sich bis zu ihrem Zusammenhange mit dem großen Weltprozesse zu versenken. Diese verrichten Wunder mit geschlossenen Augen, weil sie die gesamte Kraft der Welt zu gebrauchen verstehen, die in ihnen gerade so ist wie außer ihnen. Aber alle Menschen, die bis dahin dem zweiten Faden folgten, mußten den ersten vorher zerreißen. Ich habe von schauerlichen Bußopfern erleuchteter Mönche gelesen, und die Mittel der indischen Heiligen sind ja auch dir nicht ganz unbekannt. Alle grausamen Dinge, die dabei geschehen, haben nur den Zweck, die elenden nach außen gerichteten Begierden abzutöten, welche, ob sie nun Eitelkeit oder Hunger, Freude oder Mitleid seien, nur von dem Feuer abziehen, das jeder in sich zu erwecken vermag.

Reiting kennt nur das Außen, ich folge dem zweiten Faden. Jetzt hat er in den Augen aller einen Vorsprung, denn mein Weg ist langsamer und unsicherer. Aber mit einem Schlage kann ich ihn wie einen Wurm überholen. Siehst du, man behauptet, die Welt bestünde aus mechanischen Gesetzen, an denen sich nicht rütteln lasse. Das ist ganz falsch, das steht nur in den Schulbüchern! Die Außenwelt ist wohl hartnäckig, und ihre sogenannten Gesetze lassen sich bis zu einem gewissen Grade nicht beeinflussen, aber es hat doch Menschen gegeben, denen das gelang. Das steht in heiligen, vielgeprüften Büchern, von denen die meisten nur nichts wissen. Von dorther weiß ich, daß es Menschen gegeben hat, die Steine und Luft und Wasser durch eine bloße Regung ihres Willens bewegen konnten und vor derem Gebete keine Kraft der Erde fest genug war. Aber auch das sind erst die äußerlichen Triumphe des Geistes. Denn wem es *ganz* gelingt, seine Seele zu schauen, für den löst sich sein körperliches Leben, das nur ein zufälliges ist; es steht in den Büchern, daß solche direkt in ein höheres Reich der Seelen eingingen.»

Beineberg sprach völlig ernsthaft, mit verhaltener Erregung. Törleß hielt noch immer fast ununterbrochen die Augen geschlossen; er fühlte Beinebergs Atem zu sich herüberdringen und sog ihn wie ein beklemmendes Betäubungsmittel ein. Indessen beendete Beineberg seine Rede:

«Du kannst also sehen, worum es sich mir handelt. Was mir einredet, Basini laufen zu lassen, ist von niederer, äußerlicher Herkunft. Du magst dem folgen. Für mich ist es ein Vorurteil, von dem ich los muß wie von allem, das von dem Wege zu meinem Innersten ablenkt.

Gerade daß es mir schwer fällt, Basini zu quälen, – ich meine, ihn zu demütigen, herabzudrücken, von mir zu entfernen, – ist gut. Es erfordert ein Opfer. Es wird reinigend wirken. Ich bin mir schuldig, täglich an ihm zu lernen, daß das bloße Menschsein gar nichts bedeutet, – eine bloße äffende, äußerliche Ähnlichkeit.»

Törleß verstand nicht alles. Er hatte nur wieder die Vorstellung, daß sich eine unsichtbare Schlinge plötzlich zu einem greifbaren, tödlichen Knoten zusammengezogen habe. Beinebergs letzte Worte klangen in ihm nach: «Eine bloße äußerliche, äffende Ähnlichkeit», wiederholte er sich. Das schien auch auf sein Verhältnis zu Basini zu passen. Bestand nicht der sonderbare Reiz, den dieser auf ihn ausübte, in solchen Gesichten? Einfach darin, daß er sich nicht in ihn hineindenken konnte und ihn daher stets wie in unbestimmten Bildern empfand? War nicht, als er sich vorhin Basini vorgestellt hatte, hinter dessen Gesicht ein zweites, verschwimmendes gestanden? Von einer greifbaren Ähnlichkeit, die sich doch an nichts anknüpfen ließ?

So kam es, daß Törleß, statt daß er über die ganz sonderbaren Absichten Beinebergs nachgedacht hätte, von den neuen, ungewöhnlichen Eindrücken halb betäubt, versuchte, über sich selbst klar zu werden. Er erinnerte sich an den Nachmittag, bevor er von Basinis Vergehen erfahren hatte. Da waren diese Gesichte eigentlich auch schon dagewesen. Es hatte sich immer etwas gefunden, womit seine Gedanken nicht fertig werden konnten. Etwas, das so einfach und so fremd erschien. Er hatte Bilder gesehen, die doch keine Bilder waren. Vor jenen Hütten, ja selbst als er mit Beineberg in der Konditorei saß.

Es waren Ähnlichkeiten und unüberbrückbare Unähnlichkeiten zugleich. Und dieses Spiel, diese geheime, ganz persönliche Perspektive hatte ihn erregt.

Und nun riß ein Mensch dies an sich. All das war nun in einem Menschen verkörpert, wirklich geworden. Dadurch ging die ganze Sonderbarkeit auf diesen Menschen über. Dadurch rückte sie aus der Phantasie ins Leben und wurde bedrohlich...

Die Aufregungen hatten Törleß ermüdet, seine Gedanken ketteten sich nur mehr lose aneinander.

Ihm blieb nur die Erinnerung, daß er diesen Basini nicht loslassen dürfe, daß dieser bestimmt sei, auch für ihn eine wichtige und bereits unklar erkannte Rolle zu spielen.

Dazwischen schüttelte er verwundert den Kopf, wenn er an Beinebergs Worte dachte. Auch der...?

Er kann doch nicht dasselbe suchen wie ich, und doch fand gerade er die richtige Bezeichnung dafür...

Törleß träumte mehr als er dachte. Er war nicht mehr imstande, sein psychologisches Problem von Beinebergs Phantastereien zu unterscheiden. Er hatte schließlich nur das eine Gefühl, daß sich die riesige Schlinge immer fester um alles zusammenziehe.

Das Gespräch fand keine Fortsetzung. Sie löschten das Licht aus und schlichen vorsichtig in ihren Schlafsaal zurück.

Die nächsten Tage brachten keine Entscheidung. Es gab in der Schule viel zu tun, Reiting wich vorsichtig jedem Alleinsein aus, und auch Beineberg ging einer erneuten Aussprache aus dem Wege.

So geschah es, daß sich während dieser Tage wie ein in seinem Lauf gehemmter Strom das Geschehene tiefer in Törleß eingrub und seinen Gedanken eine unwiderrufliche Richtung gab.

Mit der Absicht, Basini zu entfernen, war es dadurch endgültig vorbei. Törleß fühlte sich jetzt zum ersten Male voll auf sich selbst konzentriert und vermochte an gar nichts anderes mehr zu denken. Auch Božena war ihm gleichgültig geworden; was er für sie empfunden hatte, wurde ihm zu einer phantastischen Erinnerung, an deren Stelle nun der Ernst getreten war.

Freilich schien dieser Ernst nicht weniger phantastisch zu sein.

Von seinen Gedanken beschäftigt, war Törleß allein im Parke spazieren gegangen. Es war um die Mittagszeit, und die Spätherbstsonne legte blasse Erinnerungen über Wiesen und Wege. Da Törleß in seiner Unruhe keine Lust zu weiterem Spaziergange hatte, umschritt er bloß das Gebäude und warf sich am Fuße der fast fensterlosen Seitenmauer in das fahle, raschelnde Gras. Über ihm spannte sich der Himmel, ganz in jenem verblichenen, leidenden Blau, das dem Herbste eigen ist, und kleine, weiße, geballte Wölkchen hasteten darüber hin.

Törleß lag lang ausgestreckt am Rücken und blinzelte unbestimmt träumend zwischen den sich entblätternden Kronen zweier vor ihm stehenden Bäume hindurch.

Er dachte an Beineberg; wie sonderbar doch dieser Mensch war! Seine Worte würden zu einem zerbröckelnden indischen Tempel gehören, in die Gesellschaft unheimlicher Götzenbilder und zauberkundiger Schlangen in tiefen Verstecken; was sollten sie aber am Tage, im Konvikte, im modernen Europa? Und doch schienen diese Worte, nachdem sie sich ewig lange, wie ein Weg ohne Ende und Übersicht in tausend Windungen hingezogen hatten, plötzlich vor einem greifbaren Ziele gestanden zu sein ...

Und plötzlich bemerkte er, – und es war ihm, als geschähe dies zum ersten Male, – wie hoch eigentlich der Himmel sei.

Es war wie ein Erschrecken. Gerade über ihm leuchtete ein kleines, blaues, unsagbar tiefes Loch zwischen den Wolken.

Ihm war, als müßte man da mit einer langen, langen Leiter hineinsteigen können. Aber je weiter er hineindrang und sich mit den Augen hob, desto tiefer zog sich der blaue, leuchtende Grund zurück. Und es war doch, als müßte man ihn einmal erreichen und mit den Blicken ihn aufhalten können. Dieser Wunsch wurde quälend heftig.

Es war, als ob die aufs äußerste gespannte Sehkraft Blicke wie Pfeile zwischen die Wolken hineinschleuderte und als ob sie, je weiter sie auch zielte, immer um ein weniges zu kurz träfe.

Darüber dachte nun Törleß nach; er bemühte sich möglichst ruhig und vernünftig zu bleiben. «Freilich gibt es kein Ende», sagte er sich, «es geht immer weiter, fortwährend weiter, ins Unendliche.» Er hielt die Augen auf den Himmel gerichtet und sagte sich dies vor, als gälte es die Kraft einer Beschwörungsformel zu erproben. Aber erfolglos; die Worte sagten nichts, oder vielmehr sie sagten etwas ganz anderes, so als ob sie zwar von dem gleichen Gegenstande, aber von einer anderen, fremden, gleichgültigen Seite desselben redeten.

«Das Unendliche!» Törleß kannte das Wort aus dem Mathematikunterrichte. Er hatte sich nie etwas Besonderes darunter vorgestellt. Es kehrte immer wieder; irgend jemand hatte es einst erfunden, und seither war es möglich, so sicher damit zu rechnen wie nur mit irgend etwas Festem. Es war, was es gerade in der Rechnung galt; darüber hinaus hatte Törleß nie etwas gesucht.

Und nun durchzuckte es ihn wie mit einem Schlage, daß an diesem Worte etwas furchtbar Beunruhigendes hafte. Es kam ihm vor wie ein gezähmter Begriff, mit dem er täglich seine kleinen Kunststückchen gemacht hatte und der nun plötzlich entfesselt worden war. Etwas über den Verstand Gehendes, Wildes, Vernichtendes schien durch die Arbeit irgendwelcher Erfinder hineingeschläfert worden zu sein und war nun plötzlich aufgewacht und wieder furchtbar geworden. Da, in diesem Himmel, stand es nun lebendig über ihm und drohte und höhnte.

Endlich schloß er die Augen, weil ihn dieser Anblick so sehr quälte.

Als er bald darauf durch einen Windstoß, der durch das welke Gras raschelte, wieder geweckt wurde, spürte er seinen Körper kaum, und von den Füßen herauf strömte eine angenehme Kühle, die seine Glieder in einem Zustand süßer Trägheit festhielt. In sein früheres Erschrecken hatte sich nun etwas Mildes und Müdes gemischt. Noch immer fühlte er den Himmel riesig und schweigend auf sich herunterstarren, aber er erinnerte sich nun, wie oft er schon vordem einen solchen Eindruck empfangen hatte, und wie zwischen Wachen und Träumen ging er alle diese Erinnerungen durch und fühlte sich in ihre Beziehungen eingesponnen.

Da war zunächst jene Kindheitserinnerung, in der die Bäume so ernst und schweigend standen wie verzauberte Menschen. Schon damals mußte er es empfunden haben, was später immer wieder kam. Selbst jene Gedanken bei Božena hatten etwas davon an sich gehabt, etwas Besonderes, etwas Ahnungsvolles, das mehr war als sie besagten. Und jener Augenblick der Stille im Garten vor den Fenstern der Konditorei, ehe sich die dunklen Schleier der Sinnlichkeit niedersenkten, war so gewesen. Und Beineberg und Reiting waren oft während des Bruchteils eines Gedankens zu etwas Fremdem, Unwirklichem geworden; und endlich Basini? Die Vorstellung dessen, was mit dem geschah, hatte Törleß völlig entzweigerissen; sie war bald vernünftig und alltäglich, bald von jenem bilderdurchzuckten Schweigen, das allen diesen Eindrücken gemeinsam war, das nach und nach in Törleß' Wahrnehmung gesickert war und nun mit einem Male beanspruchte, als etwas Wirkliches, Lebendiges behandelt zu werden; genau so wie vorhin die Vorstellung der Unendlichkeit.

Törleß fühlte nun, daß es ihn von allen Seiten umschloß. Wie ferne, dunkle Kräfte hatte es wohl schon seit je gedroht, aber er war instinktiv davor zurückgewichen und hatte es nur zeitweilig mit einem scheuen Blick gestreift. Nun aber hatte ein Zufall, ein Ereignis seine Aufmerksamkeit verschärft und darauf gerichtet, und wie auf ein Zeichen brach es nun von allen Seiten herein; eine ungeheure Verwirrung mit sich reißend, die jeder Augenblick aufs neue weiter breitete.

Es kam wie eine Tollheit über Törleß, Dinge, Vorgänge und Menschen als etwas Doppelsinniges zu empfinden. Als etwas, das durch die Kraft irgendwelcher Erfinder an ein harmloses, erklärendes Wort gefesselt war, und als etwas ganz Fremdes, das jeden Augenblick sich davon loszureißen drohte.

Gewiß: es gibt für alles eine einfache, natürliche Erklärung, und auch Törleß wußte sie, aber zu seinem furchtsamen Erstaunen schien sie nur eine ganz äußere Hülle fortzureißen, ohne das Innere bloßzulegen, das Törleß wie mit unnatürlich gewordenen Augen stets noch als zweites dahinter schimmern sah.

So lag Törleß und war ganz eingesponnen von Erinnerungen, aus denen wie fremde Blüten seltsame Gedanken wuchsen. Jene Augenblicke, die keiner vergißt, Situationen, wo der Zusammenhang versagt, der sonst unser Leben sich lückenlos in unserem Verstande abspiegeln läßt, als liefen sie parallel und mit gleicher Geschwindigkeit nebeneinander her, – sie schlossen sich verwirrend eng aneinander.

Die Erinnerung an das so furchtbar stille, farbentraurige Schweigen mancher Abende wechselte unvermittelt mit der heißen zitternden Unruhe eines Sommermittags, die einmal seine Seele glühend, wie mit den zuckenden Füßen eines huschenden Schwarms schillernder Eidechsen überlaufen hatte.

Dann fiel ihm plötzlich ein Lächeln jenes kleinen Fürsten ein, – ein Blick, – eine Bewegung – damals, als sie innerlich miteinander fertig wurden, – durch die jener Mensch sich mit einem – sanften – Mal aus allen Beziehungen löste, die Törleß um ihn gesponnen hatte, und in eine neue, fremde Weite hineinschritt, die sich – gleichsam in das Leben einer unbeschreiblichen Sekunde konzentriert – unversehens aufgetan hatte. Dann kamen wieder Erinnerungen aus dem Walde, – zwischen den Feldern. Dann ein schweigsames Bild in einem dunkelnden Zimmer zu Hause, das ihn später an seinen verlorenen Freund plötzlich erinnert hatte. Worte eines Gedichtes fielen ihm ein...

Und es gibt auch sonst Dinge, wo zwischen Erleben und Erfassen diese Unvergleichlichkeit herrscht. Immer aber ist es so, daß das, was wir in einem Augenblick ungeteilt und ohne Fragen erleben, unverständlich und verwirrt wird, wenn wir es mit den Ketten der Gedanken zu unserem bleibenden Besitze fesseln wollen. Und was groß und menschenfremd aussieht, solange unsere Worte von ferne danach langen, wird einfach und verliert das Beunruhigende, sobald es in den Tatkreis unseres Lebens eintritt.

Und so hatten alle diese Erinnerungen auf einmal dasselbe Geheimnis gemeinsam. Als ob sie zusammengehörten, standen sie alle zum Greifen deutlich vor ihm.

Sie waren zu ihrer Zeit von einem dunklen Gefühl begleitet gewesen, das er wenig beachtet hatte.

Gerade um dieses bemühte er sich jetzt. Ihm fiel ein, daß er einstens, als er mit seinem Vater vor einer jener Landschaften stand, unvermittelt gerufen hatte: o es ist schön, – und verlegen wurde, als sich sein Vater freute. Denn er hätte ebenso gut sagen mögen: es ist schrecklich traurig. Es war ein Versagen der Worte, das ihn da quälte, ein halbes Bewußtsein, daß die Worte nur zufällige Ausflüchte für das Empfundene waren.

Und heute erinnerte er sich des Bildes, erinnerte sich der Worte und deutlich jenes Gefühles zu lügen, ohne zu wissen, wieso. Sein Auge ging in der Erinnerung von neuem alles durch. Aber immer wieder kehrte es ohne Erlösung zurück. Ein Lächeln des Entzückens über den Reichtum der Einfälle, das er noch immer wie zerstreut festhielt, bekam langsam einen kaum merklichen schmerzhaften Zug . . .

Er hatte das Bedürfnis, rastlos nach einer Brücke, einem Zusammenhange, einem Vergleich zu suchen – zwischen sich und dem, was wortlos vor seinem Geiste stand.

Aber so oft er sich bei einem Gedanken beruhigt hatte, war wieder dieser unverständliche Einspruch da: Du lügst. Es war, als ob er eine unaufhörliche Division durchführen müßte, bei der immer wieder ein hartnäckiger Rest heraussprang, oder als ob er fiebernde Finger wundbemühte, um einen endlosen Knoten zu lösen.

Und endlich ließ er nach. Es schloß sich eng um ihn, und die Erinnerungen wuchsen in unnatürlicher Verzerrung.

Er hatte die Augen wieder auf den Himmel gerichtet. Als könnte er ihm vielleicht noch durch einen Zufall sein Geheimnis entreißen und an ihm erraten, was ihn allerorten verwirrte. Aber er wurde müde, und das Gefühl einer tiefen Einsamkeit schloß sich über ihm zusammen. Der Himmel schwieg. Und Törleß fühlte, daß er unter diesem unbewegten, stummen Gewölbe ganz allein sei, er fühlte sich wie ein kleines lebendes Pünktchen unter dieser riesigen, durchsichtigen Leiche.

Aber es schreckte ihn kaum mehr. Wie ein alter, längst vertrauter Schmerz hatte es nun auch das letzte Glied ergriffen.

Ihm war, als ob das Licht einen milchigen Schimmer angenommen hätte und wie ein bleicher kalter Nebel vor seinen Augen tanzte.

Langsam und vorsichtig wandte er den Kopf und sah umher, ob sich denn wirklich alles verändert habe. Da streifte sein Blick von ungefähr die graue, fensterlose Mauer, die hinter seinem Haupte stand. Sie schien sich über ihn gebeugt zu haben und ihn schweigend anzusehen. Von Zeit zu Zeit kam ein Rieseln herunter, und ein unheimliches Leben erwachte in der Wand.

So hatte er es oft in dem Versteck belauscht, wenn Beineberg und Reiting ihre phantastische Welt entrollten, und er hatte sich darüber gefreut wie über die seltsame Begleitmusik zu einem grotesken Schauspiel.

Nun aber schien der helle Tag selbst zu einem unergründlichen Versteck geworden zu sein, und das lebendige Schweigen umstand Törleß von allen Seiten.

Er vermochte nicht den Kopf abzuwenden. Neben ihm, in einem feuchten, düsteren Winkel wucherte Huflattich und spreitete seine breiten Blätter zu phantastischen Verstecken den Schnecken und Würmern.

Törleß hörte das Schlagen seines Herzens. Dann kam wieder ein leises, flüsterndes, versickerndes Rieseln ..... und diese Geräusche waren das einzig Lebendige in einer zeitlosen schweigenden Welt .....

Am nächsten Tage stand Beineberg mit Reiting, als Törleß zu ihnen trat.

«Ich habe schon mit Reiting gesprochen», sagte Beineberg, «und alles vereinbart. Du interessierst dich ja doch nicht recht für solche Sachen.»

Törleß fühlte etwas wie Zorn und Eifersucht über diese plötzliche Wendung in sich aufsteigen, wußte aber doch nicht, ob er der nächtlichen Unterredung vor Reiting erwähnen solle. «Nun, ihr hättet mich wenigstens dazu rufen können, da ich nun einmal geradeso gut wie ihr an der Sache beteiligt bin», meinte er.

«Hätten wir auch getan, lieber Törleß», beeilte sich Reiting, dem offenbar diesmal daran lag, keine unnötigen Schwierigkeiten zu haben, «aber du warst gerade nicht zu finden und wir rechneten auf deine Zustimmung. Was sagst du übrigens zu Basini?» (Kein Wort der Entschuldigung, so als ob sich sein eigenes Verhalten von selbst verstünde.)

«Was ich dazu sage? Nun, er ist ein gemeiner Mensch», antwortete Törleß verlegen.

«Nicht wahr? Sehr gemein.»

«Aber du läßt dich auch in schöne Dinge ein!» Und Törleß lächelte etwas erzwungen, denn er schämte sich, daß er Reiting nicht heftiger zürne.

«Ich?» Reiting zuckte mit den Schultern. «Was ist weiter dabei? Man muß alles mitgemacht haben, und wenn er nun einmal so dumm und so niederträchtig ist ...»

«Hast du seither schon mit ihm gesprochen?» mischte sich nun Beineberg ein.

«Ja; er war gestern am Abend bei mir und bat mich um Geld, da er wieder Schulden hat, die er nicht zahlen kann.»

«Hast du es ihm schon gegeben?»

«Nein, noch nicht.»

«Das ist sehr gut», meinte Beineberg, «da haben wir ja gleich die gesuchte Gelegenheit, ihn zu packen. Du könntest ihn für heute abend irgendwohin bestellen.»

«Wohin? In die Kammer?»

«Ich denke nein, denn von der hat er vorderhand noch nichts zu wissen. Aber befiehl ihm, auf den Boden zu kommen, wo du damals mit ihm warst.»

«Für wieviel Uhr?»

«Sagen wir ... elf.»

«Gut. – Willst du noch etwas spazieren gehen?»

«Ja. Törleß wird wohl noch zu tun haben, was?»

Törleß hatte zwar nichts mehr zu arbeiten, aber er fühlte, daß die beiden noch etwas miteinander gemein hatten, das sie ihm verheimlichen wollten. Er ärgerte sich über seine Steifheit, die ihn abhielt, sich dazwischen zu drängen.

So sah er ihnen eifersüchtig nach und stellte sich alles mögliche vor,was sie vielleicht heimlich verabreden könnten.

Dabei fiel ihm auf, welche Harmlosigkeit und Liebenswürdigkeit in dem aufrechten, biegsamen Gange Reitings lag; – geradeso wie in seinen Worten. Und dem entgegen versuchte er sich ihn vorzustellen, wie er an jenem Abende gewesen sein mußte; das Innerliche, Seelische davon. Das mußte wie ein langes, langsames Sinken zweier ineinander verbissener Seelen gewesen sein und dann eine Tiefe wie in einem unterirdischen Reich; – dazwischen ein Augenblick, in dem die Geräusche der Welt, oben, weit oben, lautlos wurden und verlöschten.

Kann denn ein Mensch nach etwas Derartigem wieder so vergnügt und leicht sein? Sicher bedeutete es ihm nicht so viel. Törleß hätte ihn so gerne gefragt. Und statt dessen hatte er ihn nun in einer kindischen Scheu diesem spinnenhaften Beineberg überlassen!

Um dreiviertel elf Uhr sah Törleß, daß Beineberg und Reiting aus ihren Betten schlüpften, und zog sich gleichfalls an.

«Pst! – so warte doch. Das fällt ja auf, wenn wir alle drei zugleich weggehen.»

Törleß versteckte sich wieder unter seine Decke.

Auf dem Gange vereinigten sie sich dann und stiegen mit der gewohnten Vorsicht den Bodenaufgang hinan.

«Wo ist Basini?» fragte Törleß.

«Er kommt von der anderen Seite; Reiting hat ihm den Schlüssel dazu gegeben.»

Sie blieben die ganze Zeit über im Dunkeln. Erst oben, vor der großen, eisernen Türe, zündete Beineberg seine kleine Blendlaterne an.

Das Schloß leistete Widerstand. Es saß durch eine jahrelange Ruhe fest und wollte dem Nachschlüssel nicht gehorchen. Endlich schlug es mit einem harten Laut zurück; der schwere Flügel rieb widerstrebend im Roste der Angeln und gab zögernd nach.

Aus dem Bodenraume schlug eine warme, abgestandene Luft heraus, wie die kleiner Treibhäuser.

Beineberg schloß die Türe wieder zu.

Sie stiegen die kleine hölzerne Treppe hinab und kauerten sich neben einem mächtigen Querbalken nieder.

Zu ihrer Seite standen riesige Wasserbottiche, welche bei dem Ausbruche eines Brandes den Löscharbeiten dienen sollten. Das Wasser darin war offenbar schon lange nicht erneuert worden und verbreitete einen süßlichen Geruch.

Überhaupt war die ganze Umgebung äußerst beklemmend: Die Hitze unter dem Dach, die schlechte Luft und das Gewirre der mächtigen Balken, die teils nach oben zu sich im Dunkel verloren, teils in einem gespenstigen Netzwerk am Boden hinkrochen.

Beineberg blendete die Laterne ab, und sie saßen, ohne ein Wort zu reden, regungslos in der Finsternis – durch lange Minuten.

Da knarrte am entgegengesetzten Ende im Dunkeln die Tür. Leise und zögernd. Das war ein Geräusch, welches das Herz bis zum Halse hinauf klopfen machte, wie der erste Laut der sich nähernden Beute.

Es folgten einige unsichere Schritte, das Anschlagen eines Fußes gegen erdröhnendes Holz; ein mattes Geräusch, wie von dem Aufschlagen eines Körpers... Stille... Dann wieder zaghafte Schritte... Warten... Ein leiser menschlicher Laut... «Reiting?»

Da zog Beineberg die Kappe von der Blendlaterne und warf einen breiten Strahl gegen den Ort, woher die Stimme kam.

Einige mächtige Balken leuchteten mit scharfen Schatten auf, weiterhin sah man nichts als einen Kegel tanzenden Staubes.

Aber die Schritte wurden bestimmter und kamen näher.

Da schlug – ganz nahe – wieder ein Fuß gegen das Holz, und im nächsten Augenblicke tauchte in der breiten Basis des Lichtkegels das – in der zweifelhaften Beleuchtung aschfahle – Gesicht Basinis auf.

Basini lächelte. Lieblich, süßlich. Starr festgehalten, wie das Lächeln eines Bildes, hob es sich aus dem Rahmen des Lichtes heraus.

Törleß saß an seinen Balken gepreßt und fühlte das Zittern seiner Augenmuskeln.

Nun zählte Beineberg die Schandtaten Basinis auf; gleichmäßig, mit heiseren Worten.

Dann die Frage: «Du schämst dich also gar nicht?» Dann ein Blick Basinis auf Reiting, der zu sagen schien: «Nun ist es wohl schon an der Zeit, daß du mir hilfst.» Und in dem Augenblicke gab ihm Reiting einen Faustschlag ins Gesicht, so daß er rückwärts taumelte, über einen Balken stolperte, stürzte. Beineberg und Reiting sprangen ihm nach.

Die Laterne war umgekippt, und ihr Licht floß verständnislos und träge zu Törleß' Füßen über den Boden hin ....

Törleß unterschied aus den Geräuschen, daß sie Basini die Kleider vom Leibe zogen und ihm mit etwas Dünnem, Geschmeidigem peitschten. Sie hatten dies alles offenbar schon vorbereitet gehabt. Er hörte das Wimmern und die halblauten Klagerufe Basinis, der unausgesetzt um Schonung flehte; schließlich vernahm er nur noch ein Stöhnen, wie ein unterdrücktes Geheul, und dazwischen halblaute Schimpfworte und die heißen leidenschaftlichen Atemstöße Beinebergs.

Er hatte sich nicht vom Platze gerührt. Gleich anfangs hatte ihn wohl eine viehische Lust mit hinzuspringen und zuzuschlagen gepackt, aber das Gefühl, daß er zu spät kommen und überflüssig sein würde, hielt ihn zurück. Über seinen Gliedern lag mit schwerer Hand eine Lähmung.

Scheinbar gleichgültig sah er vor sich hin zu Boden. Er spannte sein Gehör nicht an, um den Geräuschen zu folgen, und er fühlte sein Herz nicht rascher schlagen als sonst. Mit den Augen folgte er dem Lichte, das sich zu seinen Füßen in einer Lache ergoß. Staubflocken leuchteten auf und ein kleines häßliches Spinnengewebe. Weiterhin sickerte der Schein in die Fugen zwischen den Balken und erstickte in einem staubigen, schmutzigen Dämmern.

Törleß wäre auch eine Stunde lang so sitzen geblieben, ohne es zu fühlen. Er dachte an nichts und war doch innerlich vollauf beschäftigt. Dabei beobachtete er sich selbst. Aber so, als ob er eigentlich ins Leere sähe und sich selbst nur wie in einem undeutlichen Schimmer von der Seite her erfaßte. Nun rückte aus diesem Unklaren – von der Seite her – langsam, aber immer sichtlicher ein Verlangen ins deutliche Bewußtsein.

Irgend etwas ließ Törleß darüber lächeln. Dann war wieder das Verlangen stärker. Es zog ihn von seinem Sitze hinunter – auf die Knie; auf den Boden. Es trieb ihn, seinen Leib gegen die Dielen zu pressen; er fühlte, wie seine Augen groß werden würden wie die eines Fisches, er fühlte durch den nackten Leib hindurch sein Herz gegen das Holz schlagen.

Nun war wirklich eine mächtige Aufregung in Törleß, und er mußte sich an seinem Balken festhalten, um sich gegen den Schwindel zu sichern, der ihn hinabzog.

Auf seiner Stirne standen Schweißperlen, und er fragte sich ängstlich, was dies alles zu bedeuten habe?

Aus seiner Gleichgültigkeit aufgeschreckt, horchte er nun auch wieder durch das Dunkel zu den dreien hinüber.

Es war dort still geworden; nur Basini klagte leise vor sich hin, während er nach seinen Kleidern tastete.

Törleß fühlte sich durch diese klagenden Laute angenehm berührt. Wie mit Spinnenfüßen lief ihm ein Schauer den Rücken hinauf und hinunter; dann saß es zwischen den Schulterblättern fest und zog mit feinen Krallen seine Kopfhaut nach hinten. Zu seinem Befremden erkannte Törleß, daß er sich in einem Zustande geschlechtlicher Erregung befand. Er dachte zurück, und ohne sich zu erinnern, wann dieser eingetreten sei, wußte er doch, daß er schon das eigentümliche Verlangen sich gegen den Boden zu drücken begleitet hatte. Er schämte sich dessen; aber es hatte ihm wie eine mächtige Blutwelle daherflutend den Kopf benommen.

Beineberg und Reiting kamen zurückgetastet und setzten sich schweigend neben ihn. Beineberg blickte auf die Lampe.

In diesem Augenblicke zog es Törleß wieder hinunter. Es ging von den Augen aus, – das fühlte er nun, – von den Augen aus wie eine hypnotische Starre zum Gehirn. Es war eine Frage, ja eine ... nein, eine Verzweiflung ... oh es war ihm ja bekannt ...: die Mauer, jener Gastgarten, die niederen Hütten, jene Kindheitserinnerung ... dasselbe! dasselbe! Er sah auf Beineberg. «Fühlt denn der nichts?» dachte er. Aber Beineberg bückte sich und wollte die Lampe aufheben. Törleß hielt seinen Arm zurück. «Ist das nicht wie ein Auge?» sagte er und wies auf den über den Boden fließenden Lichtschein.

«Willst du vielleicht jetzt poetisch werden?»

«Nein. Aber sagst du nicht selbst, daß es mit den Augen eine eigene Bewandtnis hat? Aus ihnen wirkt – denk doch nur an deine hypnotischen Lieblingsideen – mitunter eine Kraft, die in keinem Physikunterricht ihren Platz hat; – sicher ist auch, daß man einen Menschen oft weit besser aus seinen Augen errät als aus seinen Worten ....»

«Nun – und?»

«Mir ist dieses Licht wie ein Auge. Zu einer fremden Welt. Mir ist, als sollte ich etwas erraten. Aber ich kann nicht. Ich möchte es in mich hineintrinken ....»

«Nun, – du fängst doch an poetisch zu werden.»

«Nein, es ist mir ernst. Ich bin ganz verzweifelt. So sieh doch nur hin, und du wirst es auch fühlen. Ein Bedürfnis, sich in dieser Lache zu wälzen, – auf allen vieren, ganz nah in die staubigen Winkel zu kriechen, als ob man es so erraten könnte ....»

«Mein Lieber, das sind Spielereien, Empfindeleien. Laß jetzt gefälligst solche Sachen.»

Beineberg bückte sich vollends und stellte die Lampe wieder auf ihren Platz. Törleß empfand aber Schadenfreude. Er fühlte, daß er diese Ereignisse mit einem Sinne mehr in sich aufnahm als seine Gefährten.

Er wartete nun auf das Wiedererscheinen Basinis und fühlte mit einem heimlichen Schauer, daß sich seine Kopfhaut abermals unter den feinen Krallen anspannte.

Er wußte es ja schon ganz genau, daß für ihn etwas aufgespart war, das immer wieder und in immer kürzeren Zwischenräumen ihn mahnte; eine Empfindung, die für die anderen unverständlich war, für sein Leben aber offenbar große Wichtigkeit haben mußte.

Nur was diese Sinnlichkeit dabei zu bedeuten hatte, wußte er nicht, aber er erinnerte sich, daß sie eigentlich schon jedesmal dabei gewesen war, wenn die Ereignisse angefangen hatten, nur ihm sonderbar zu erscheinen, und ihn quälten, weil er hiefür keinen Grund wußte.

Und er nahm sich vor, bei nächster Gelegenheit ernstlich hierüber nachzudenken. Einstweilen gab er sich ganz dem aufregenden Schauer hin, der Basinis Wiedererscheinen voranging.

Beineberg hatte die Lampe aufgerichtet, und wieder schnitten die Strahlen einen Kreis in das Dunkel, wie einen leeren Rahmen.

Und mit einem Male war Basinis Antlitz wieder darinnen; genau so wie zum ersten Male; mit demselben starr festgehaltenen, süßlichen Lächeln; als ob in der Zwischenzeit nichts geschehen wäre, nur über Oberlippe, Mund und Kinn zeichneten langsame Blutstropfen einen roten, wie ein Wurm sich windenden Weg.

«Dort setze dich nieder!» Reiting wies auf den mächtigen Balken. Basini gehorchte. Reiting hub zu sprechen an: «Du hast wahrscheinlich schon geglaubt, daß du fein heraus bist; was? Du hast wohl geglaubt, ich werde dir helfen? Nun, da hast du dich getäuscht. Was ich mit dir tat, war nur, um zu sehen, wie weit deine Niedrigkeit geht.»

Basini machte eine abwehrende Bewegung. Reiting drohte wieder, auf ihn zu springen. Da sagte Basini: «Aber ich bitte euch um Gottes willen, ich konnte nicht anders.»

«Schweig!» schrie Reiting, «deine Ausreden haben wir satt! Wir wissen nun ein für allemal, wie wir mit dir daran sind, und werden uns danach richten....»

Es trat ein kurzes Schweigen ein. Da sagte plötzlich Törleß leise, fast freundlich: «Sag doch, ich bin ein Dieb.»

Basini machte große, fast erschrockene Augen; Beineberg lachte beifällig.

Aber Basini schwieg. Da gab ihm Beineberg einen Stoß in die Rippen und schrie ihn an:

«Hörst du nicht, du sollst sagen, daß du ein Dieb bist! Sofort wirst du es sagen!»

Abermals trat eine kurze, kaum wägbare Stille ein; dann sagte Basini leise, in einem Atem und mit möglichst harmloser Betonung: «Ich bin ein Dieb.»

Beineberg und Reiting lachten vergnügt zu Törleß hinüber: «Das war ein guter Einfall von dir, Kleiner», und zu Basini: «Und jetzt wirst du sofort noch sagen: Ich bin ein Tier, ein diebisches Tier, *euer* diebisches, schweinisches Tier!»

Und Basini sagte es, ohne auszusetzen und mit geschlossenen Augen.

Aber Törleß hatte sich schon wieder ins Dunkel zurückgelehnt. Ihm ekelte vor der Szene, und er schämte sich, daß er seinen Einfall den anderen preisgegeben hatte.

Während des Mathematikunterrichtes war Törleß plötzlich ein Einfall gekommen.

Er hatte schon während der letzten Tage den Unterricht in der Schule mit besonderem Interesse verfolgt gehabt, denn er dachte sich: «Wenn dies wirklich die Vorbereitung für das Leben sein soll, wie sie sagen, so muß sich doch auch etwas von dem angedeutet finden, was ich suche.»

Gerade an die Mathematik hatte er dabei gedacht; noch von jenen Gedanken an das Unendliche her.

Und richtig war es ihm mitten im Unterrichte heiß in den Kopf geschossen. Gleich nach Beendigung der Stunde setzte er sich zu Beineberg als dem einzigen, mit dem er über etwas Derartiges sprechen konnte.

«Du, hast du das vorhin ganz verstanden?»

«Was?»

«Die Geschichte mit den imaginären Zahlen?»

«Ja. Das ist doch gar nicht so schwer. Man muß nur festhalten, daß die Quadratwurzel aus negativ Eins die Rechnungseinheit ist.»

«Das ist es aber gerade. Die gibt es doch gar nicht. Jede Zahl, ob sie nun positiv ist oder negativ, gibt zum Quadrat erhoben etwas Positives. Es kann daher gar keine wirkliche Zahl geben, welche die Quadratwurzel von etwas Negativem wäre.»

«Ganz recht; aber warum sollte man nicht trotzdem versuchen, auch bei einer negativen Zahl die Operation des Quadratwurzelziehens anzuwenden? Natürlich kann dies dann keinen wirklichen Wert ergeben, und man nennt doch auch deswegen das Resultat nur ein imaginäres. Es ist so, wie wenn man sagen würde: hier saß sonst immer jemand, stellen wir ihm also auch heute einen Stuhl hin; und selbst, wenn er inzwischen gestorben wäre, so tun wir doch, als ob er käme.»

«Wie kann man aber, wenn man bestimmt, ganz mathematisch bestimmt weiß, daß es unmöglich ist?»

«So tut man eben trotzdem, als ob dem nicht so wäre. Es wird wohl irgendeinen Erfolg haben. Was ist es denn schließlich anderes mit den irrationalen Zahlen? Eine Division, die nie zu Ende kommt, ein Bruch, dessen Wert nie und nie und nie herauskommt, wenn du auch noch so lange rechnest? Und was kannst du dir darunter denken, daß sich parallele Linien im Unendlichen schneiden sollen? Ich glaube, wenn man allzu gewissenhaft wäre, so gäbe es keine Mathematik.»

«Darin hast du recht. Wenn man es sich so vorstellt, ist es eigenartig genug. Aber das Merkwürdige ist ja gerade, daß man trotzdem mit solchen imaginären oder sonstwie unmöglichen Werten ganz wirklich rechnen kann und zum Schlusse ein greifbares Resultat vorhanden ist!»

«Nun, die imaginären Faktoren müssen sich zu diesem Zwecke im Laufe der Rechnung gegenseitig aufheben.»

«Ja, ja; alles, was du sagst, weiß ich auch. Aber bleibt nicht trotzdem etwas ganz Sonderbares an der Sache haften? Wie soll ich das ausdrücken? Denk doch nur einmal so daran: In solch einer Rechnung sind am Anfang ganz solide Zahlen, die Meter oder Gewichte oder irgend etwas anderes Greifbares darstellen können und wenigstens wirkliche Zahlen sind. Am Ende der Rechnung stehen ebensolche. Aber diese beiden hängen miteinander durch etwas zusammen, das es gar nicht gibt. Ist das nicht wie eine Brücke, von der nur Anfangs- und Endpfeiler vorhanden sind und die man dennoch so sicher überschreitet, als ob sie ganz dastünde? Für mich hat so eine Rechnung etwas Schwindliges; als ob es ein Stück des Weges weiß Gott wohin ginge. Das eigentlich Unheimliche ist mir aber die Kraft, die in solch einer Rechnung steckt und einen so festhält, daß man doch wieder richtig landet.»

Beineberg grinste: «Du sprichst ja beinahe schon so wie unser Pfaffe: ‹... Du siehst einen Apfel, – das sind die Lichtschwingungen und das Auge und so weiter, – – und du streckst die Hand aus, um ihn zu stehlen, – das sind die Muskeln und die Nerven, die diese in Bewegung setzen. – Aber zwischen den beiden liegt etwas und bringt eins aus dem andern hervor, – und das ist die unsterbliche Seele, die dabei gesündigt hat...; ja – ja, – keine eurer Handlungen ist erklärlich ohne die Seele, die auf euch spielt wie auf den Tasten eines Klaviers...›» Und er ahmte den Stimmfall nach, mit dem der Katechet[7] dieses

[7] Religionslehrer

alte Gleichnis vorzubringen pflegte. – «Übrigens interessiert mich diese ganze Geschichte wenig.»

«Ich dachte, gerade dich müßte sie interessieren. Ich wenigstens mußte gleich an dich denken, weil das – wenn es wirklich so unerklärlich ist – doch fast eine Bestätigung für deinen Glauben wäre.»

«Warum sollte es nicht unerklärlich sein? Ich halte es für ganz wohl möglich, daß hier die Erfinder der Mathematik über ihre eigenen Füße gestolpert sind. Denn warum sollte das, was jenseits unseres Verstandes liegt, sich nicht einen solchen Spaß mit eben diesem Verstande erlaubt haben? Aber ich gib mich damit nicht ab, denn diese Dinge führen doch zu nichts.»

Noch am selben Tage hatte Törleß den Lehrer der Mathematik gebeten, ihn besuchen zu dürfen, um sich über einige Stellen des letzten Vortrages Aufklärung zu holen.

Den nächsten Tag, während der Mittagspause, stieg er nun die Treppe zu der kleinen Professorswohnung hinan.

Er hatte jetzt einen ganz neuen Respekt vor der Mathematik, da sie ihm nun einmal aus einer toten Lernaufgabe unversehens etwas sehr Lebendiges geworden zu sein schien. Und von diesem Respekte aus empfand er eine Art Neid gegen den Professor, dem alle diese Beziehungen vertraut sein mußten und der ihre Kenntnis stets bei sich trug wie den Schlüssel eines versperrten Gartens. Überdies wurde Törleß aber auch von einer, allerdings ein wenig zaghaften, Neugierde angetrieben. Er war noch nie in dem Zimmer eines erwachsenen jungen Mannes gewesen, und es kitzelte ihn zu erfahren, wie denn das Leben eines solchen anderen, wissenden und doch ruhigen Menschen aussehe, wenigstens so weit man aus den äußeren, umgebenden Dingen darauf schließen kann.

Er war sonst seinen Lehrern gegenüber scheu und zurückhaltend und glaubte, daß er sich deswegen nicht ihrer besonderen Zuneigung erfreue. Seine Bitte erschien ihm daher, während er jetzt erregt vor der Türe innehielt, als ein Wagnis, bei dem es sich weniger darum handelte, eine Aufklärung zu erhalten, – denn ganz im stillen zweifelte er schon jetzt daran, – als daß er einen Blick – gewissermaßen hinter den Professor und in dessen tägliches Konkubinat[8] mit der Mathematik hinein – tun könne.

Man führte ihn in das Arbeitszimmer. Es war ein länglicher einfenstriger Raum; ein mit Tintenflecken übertropfter Schreibtisch stand in der Nähe des Fensters und an der Wand ein Sofa, das mit einem gerippten, grünen, kratzigen

[8] außereheliche Verbindung

Stoffe überzogen war und Quasten hatte. Oberhalb dieses Sofas hingen eine ausgeblichene Studentenmütze und eine Anzahl brauner, nachgedunkelter Photographien in Visiteformat aus der Universitätszeit. Auf dem ovalen Tische mit den X-Füßen, deren graziös sein sollende Schnörkel wie eine mißglückte Artigkeit wirkten, lag eine Pfeife und blättriger, großgeschnittener Tabak. Das ganze Zimmer hatte davon einen Geruch nach billigem Knaster[9].

Kaum hatte Törleß diese Eindrücke in sich aufgenommen und ein gewisses Mißbehagen in sich konstatiert, wie bei der Berührung mit etwas Unappetitlichem, als sein Lehrer eintrat.

Er war ein junger Mann von höchstens dreißig Jahren; blond, nervös und ein ganz tüchtiger Mathematiker, welcher der Akademie schon einige wichtige Abhandlungen eingereicht hatte.

Er setzte sich sofort an seinen Schreibtisch, kramte ein wenig in den umherliegenden Papieren (Törleß kam es später vor, daß er sich geradenwegs dorthin gerettet hatte), putzte seinen Klemmer mit dem Taschentuche, schlug ein Bein über das andere und sah Törleß erwartend an.

Dieser hatte nun auch ihn zu mustern begonnen. Er bemerkte ein Paar grober weißer Wollsocken und darüber, daß die Bänder der Unterhose von der Wichse der Zugstiefel schwarz gescheuert waren.

Dagegen sah das Taschentuch weiß und geziert hervor, und die Krawatte war zwar genäht, aber dafür prächtig buntscheckig wie eine Palette.

Törleß fühlte sich unwillkürlich durch diese kleinen Beobachtungen weiter abgestoßen; er vermochte kaum mehr zu hoffen, daß dieser Mensch wirklich im Besitze bedeutungsvoller Erkenntnisse sei, wenn doch offenbar an seiner Person und ganzen Umgebung nicht das geringste davon zu merken war. Er hatte sich im stillen das Arbeitszimmer eines Mathematikers ganz anders vorgestellt; mit irgendwelchem Ausdrucke für die fürchterlichen Dinge, die darin gedacht wurden. Das Gewöhnliche verletzte ihn; er übertrug es auf die Mathematik, und sein Respekt begann einem mißtrauischen Widerstreben zu weichen.

Da nun auch der Professor ungeduldig auf seinem Platze hin und her rückte und nicht wußte, wie er das lange Schweigen und die musternden Blicke deuten solle, lag zwischen den beiden Menschen schon in diesem Augenblicke die Atmosphäre eines Mißverständnisses

«Nun wollen wir ... wollen Sie ... ich bin gerne bereit, Ihnen Auskunft zu erteilen», begann der Professor.

Törleß trug seine Einwendungen vor und bemühte sich, deren Bedeutung für ihn auseinanderzusetzen. Aber ihm war, als müßte er durch einen dicken,

[9] schlechter Tabak

trüben Nebel hindurch sprechen und seine besten Worte erstickten schon in der Kehle.

Der Professor lächelte, hüstelte einstweilen, sagte: «Sie gestatten» und zündete sich eine Zigerette an, rauchte sie in hastigen Zügen; das Papier — was Törleß alles zwischendurch bemerkte und gewöhnlich fand — lief fett an und bog sich jedesmal knisternd ein; der Professor nahm den Klemmer von der Nase, setzte ihn wieder auf, nickte mit dem Kopfe, ... schließlich ließ er Törleß gar nicht zu Ende kommen. «Es freut mich, ja mein lieber Törleß, es freut mich wirklich sehr,» unterbrach er ihn, «Ihre Bedenken zeugen von Ernst, von eigenem Nachdenken, von... hm..., aber es ist gar nicht so leicht, Ihnen die gewünschte Aufklärung zu geben, ... Sie dürfen mich da nicht mißverstehen.

Sehen Sie, Sie sprachen von dem Eingreifen transzendenter, hm ja... transzendent nennt man das, — Faktoren...

Nun weiß ich ja allerdings nicht, wie Sie hierüber fühlen; mit dem Übersinnlichen, jenseits der strengen Grenzen des Verstandes Liegenden, ist es eine ganz eigene Sache. Ich bin eigentlich nicht recht befugt, da einzugreifen, es gehört nicht zu meinem Gegenstande; man kann so und so darüber denken, und ich möchte durchaus vermeiden, gegen irgend jemanden zu polemisieren... Was aber die Mathematik anlangt,» und hiebei betonte er das Wort Mathematik, als ob er eine verhängnisvolle Tür ein für allemal zuschlagen wollte, «was also die Mathematik anlangt, ist es ganz gewiß, daß hier auch ein natürlicher und nur mathematischer Zusammenhang besteht.

Nur müßte ich — um streng wissenschaftlich zu sein — Voraussetzungen machen, die Sie kaum noch verstehen dürften, auch fehlt uns die Zeit dazu.

Wissen Sie, ich gebe ja gerne zu, daß zum Beispiel diese imaginären, diese gar nicht wirklich existierenden Zahlwerte, ha ha, gar keine kleine Nuß für einen jungen Studenten sind. Sie müssen sich damit zufrieden geben, daß solche mathematische Begriffe eben rein mathematische Denknotwendigkeiten sind. Überlegen Sie nur: auf der elementaren Stufe des Unterrichts, auf der Sie sich noch befinden, hält es sehr schwer, für vieles, das man berühren muß, die richtige Erklärung zu geben. Zum Glück fühlen es die wenigsten, wenn aber einer, wie Sie heute, — doch wie gesagt, es hat mich sehr gefreut, — nun wirklich kommt, so kann man nur sagen: Lieber Freund, du mußt einfach glauben; wenn du einmal zehnmal soviel Mathematik können wirst als jetzt, so wirst du verstehen, aber einstweilen: glauben!

Es geht nicht anders, lieber Törleß, die Mathematik ist eine ganze Welt für sich, und man muß reichlich lange in ihr gelebt haben, um alles zu fühlen, was in ihr notwendig ist.»

Törleß war froh, als der Professor schwieg. Seit er die Tür zufallen gehört hatte, war ihm, daß sich die Worte immer weiter und weiter entfernten, ... nach der anderen, gleichgültigen Seite hin, wo alle richtigen und doch nichts besagenden Erklärungen liegen.

Aber er war von dem Schwall der Worte und dem Mißlingen betäubt und verstand nicht gleich, daß er nun aufstehen solle.

Da suchte der Professor, um es endgültig zu erledigen, nach einem letzten, überzeugenden Argumente.

Auf einem kleinen Tischchen lag ein Renommierband Kant. Den nahm der Professor und zeigte ihn Törleß. «Sehen Sie dieses Buch, das ist Philosophie, es enthält die Bestimmungsstücke unseres Handelns. Und wenn Sie dem auf den Grund fühlen könnten, so würden Sie auf lauter solche Denknotwendigkeiten stoßen, die eben alles bestimmen, ohne daß sie selbst so ohne weiteres einzusehen wären. Es ist ganz ähnlich wie mit dem in der Mathematik. Und dennoch handeln wir fortwährend danach: Da haben Sie gleich den Beweis dafür, wie wichtig solche Dinge sind. Aber», lächelte er, als er sah, daß Törleß richtig das Buch aufschlug und darinnen blätterte: «lassen Sie es doch jetzt noch. Ich wollte Ihnen nur ein Beispiel geben, an das Sie sich später einmal erinnern können; vorläufig dürfte es wohl noch zu schwer für Sie sein.»

Den ganzen Rest des Tages über befand sich Törleß in einem bewegten Zustande.

Der Umstand, daß er Kant in der Hand gehabt hatte, – dieser ganz zufällige Umstand, dem er im Augenblicke wenig Beachtung geschenkt hatte, – wirkte mächtig in ihm nach. Der Name Kants war ihm vom Hörensagen wohl bekannt und hatte für ihn den Kurswert, den er allgemein in der sich mit den Geisteswissenschaften nur von ferne befassenden Gesellschaft hat – als letztes Wort der Philosophie. Und diese Autorität war sogar mit ein Grund gewesen, daß sich Törleß bisher so wenig mit ernsten Büchern beschäftigt hatte. Sehr junge Menschen pflegen sich ja, wenn einmal die Periode überwunden ist, in der sie Kutscher, Gärtner oder Zuckerbäcker werden wollten, mit der Phantasie das Gebiet ihrer Lebensaufgaben zunächst dort abzustecken, wo sich ihrem Ehrgeize die meiste Möglichkeit, Auszeichnendes zu leisten, darzubieten scheint. Wenn sie sagen, sie wollen Arzt werden, so haben sie sicher einmal irgendwo ein hübsches und gefülltes Wartezimmer gesehen oder einen Glasschrank mit unheimlichen chirurgischen Instrumenten oder ähnliches; sprechen sie von der diplomatischen Laufbahn, so denken sie an den Glanz und die Vornehmheit internationaler Salons: kurz sie wählen ihren Beruf nach dem Milieu, in dem sie sich am liebsten sehen möchten, und nach der Pose, in der sie sich am besten gefallen.

Nun war vor Törleß der Name Kant nie anders als gelegentlich und mit einer Miene ausgesprochen worden, wie der eines unheimlichen Heiligen. Und Törleß konnte gar nichts anderes denken, als daß von Kant die Probleme der

Philosophie endgültig gelöst seien und diese seither eine zwecklose Beschäftigung bleibe, wie er ja auch glaubte, daß es sich nach Schiller und Goethe nicht mehr lohne zu dichten.

Zu Hause standen diese Bücher in dem Schranke mit den grünen Scheiben in Papas Arbeitszimmer, und Törleß wußte, daß dieser nie geöffnet wurde, außer um ihn einem Besuch zu zeigen. Es war wie das Heiligtum einer Gottheit, der man nicht gerne naht und die man nur verehrt, weil man froh ist, daß man sich dank ihrer Existenz um gewisse Dinge nicht mehr zu kümmern braucht.

Dieses schiefe Verhältnis zu Philosophie und Literatur hatte später auf Törleß' weitere Entwicklung jenen unglücklichen Einfluß ausgeübt, dem er manche traurige Stunde zu danken hatte. Denn sein Ehrgeiz wurde hiedurch von seinen eigentlichen Gegenständen abgedrängt und geriet, während er, seines Zieles beraubt, nach einem neuen suchte, – unter den brutalen und entschlossenen Einfluß seiner Gefährten. Seine Neigungen kehrten nur noch gelegentlich und verschämt zurück und hinterließen jedesmal das Bewußtsein, etwas Unnützes und Lächerliches getan zu haben. Sie waren aber doch so stark, daß es ihm nicht gelang, sich ihrer ganz zu entledigen, und dieser beständiger Kampf war es, der sein Wesen der festen Linien und des aufrechten Ganges beraubte.

Mit dem heutigen Tage schien jedoch dieses Verhältnis in eine neue Phase getreten zu sein. Die Gedanken, um derentwillen er heute vergeblich Aufklärung gesucht hatte, waren nicht mehr die wurzellosen Verkettungen einer spielenden Einbildungskraft, vielmehr wühlten sie ihn auf, ließen ihn nicht los, und mit seinem ganzen Körper fühlte er, daß hinter ihnen ein Stück seines Lebens poche. Dies war für Törleß etwas ganz Neues. In seinem Innern war eine Bestimmtheit, die er sonst nicht an sich gekannt hatte. Es war beinahe träumerisch, geheimnisvoll. Das mußte sich wohl unter den Einflüssen der letzten Zeit in aller Stille entwickelt haben und pochte nun plötzlich mit gebieterischem Finger an. Ihm war zumute wie einer Mutter, die zum ersten Male die herrischen Bewegungen ihrer Leibesfrucht fühlt.

Es wurde ein wundervoll genußreicher Nachmittag.

Törleß holte aus seiner Lade alle seine poetischen Versuche hervor, die er dort verwahrt hatte. Er setzte sich mit ihnen zum Ofen und blieb ganz allein und ungesehen hinter dem mächtigen Schirme. Ein Heft nach dem anderen blätterte er durch, dann zerriß er es ganz langsam in lauter kleine Stücke und warf diese einzeln, immer wieder die feine Rührung des Abschieds verkostend, ins Feuer.

Er wollte damit alles Gepäck von früher hinter sich werfen, gleich als gelte es jetzt – von nichts beschwert – alle Aufmerksamkeit auf die Schritte zu richten, die nach vorwärts zu tun seien.

Endlich stand er auf und trat unter die anderen. Er fühlte sich frei von allen ängstlichen Seitenblicken. Was er getan hatte, war eigentlich nur ganz instinktiv geschehen; nichts bot ihm eine Sicherheit, daß er wirklich von nun an ein Neuer werde sein können, als das bloße Dasein jenes Impulses. «Morgen,» sagte er sich, «morgen werde ich alles sorgfältig revidieren, und ich werde schon Klarheit gewinnen.»

Er ging im Saale umher, zwischen den einzelnen Bänken, sah in die geöffneten Hefte, auf die in dem grellen Weiß beim Schreiben geschäftig hin und her hastenden Finger, deren jeder seinen kleinen, braunen Schatten hinter sich herzog, – er sah dem zu wie einer, der plötzlich aufgewacht ist, mit Augen, denen alles von ernsterer Bedeutung zu sein schien.

Aber schon der nächte Tag brachte eine arge Enttäuschung. Törleß hatte sich nämlich am Morgen die Reclamausgabe jenes Bandes gekauft, den er bei seinem Professor gesehen hatte, und benützte die erste Pause, um mit dem Lesen zu beginnen. Aber vor lauter Klammern und Fußnoten verstand er kein Wort, und wenn er gewissenhaft mit den Augen den Sätzen folgte, war ihm, als drehe eine alte, knöcherne Hand ihm das Gehirn in Schraubenwindungen aus dem Kopfe.

Als er nach etwa einer halben Stunde erschöpft aufhörte, war er nur bis zur zweiten Seite gelangt, und Schweiß stand auf seiner Stirne.

Aber dann biß er die Zähne aufeinander und las nochmals eine Seite weiter, bis die Pause zu Ende war.

Abends aber mochte er das Buch schon nicht mehr anrühren. Angst? Ekel? – er wußte nicht recht. Nur das eine quälte ihn brennend deutlich, daß der Professor, dieser Mensch, der nach so wenig aussah, das Buch ganz offen im Zimmer liegen hatte, als sei es für ihn eine tägliche Unterhaltung.

In dieser Stimmung traf ihn Beineberg.

«Nun, Törleß, wie war's gestern beim Professor?» Sie saßen allein in einer Fensternische und hatten den breiten Kleiderständer, auf dem die vielen Mäntel hingen, vorgeschoben, so daß von der Klasse nur ein auf und ab schwellendes Summen und der Widerschein der Lampen an der Decke zu ihnen drang. Törleß spielte zerstreut mit einem vor ihm hängenden Mantel.

«Schläfst du denn? Er wird dir doch wohl irgend etwas geantwortet haben? Ich kann mir's übrigens denken, er wird nicht schlecht in Verlegenheit gekommen sein, nicht?»

«Warum?»

«Nun, auf eine so dumme Frage wird er wohl nicht gefaßt gewesen sein.»

«Die Frage war gar nicht dumm; ich bin sie noch immer nicht los.»

«Ich meine es ja auch nicht so schlimm; nur für ihn wird sie dumm gewesen sein. Die lernen ihre Sachen gerade so auswendig wie der Pfaffe seinen Katechismus, und wenn man sie ein wenig außer der Reihe fragt, kommen sie immer in Verlegenheit.»

«Ach, verlegen war der nicht um die Antwort. Er hat mich sogar nicht einmal ausreden lassen, so schnell hat er sie bei der Hand gehabt.»

«Und wie hat er die Geschichte erklärt?»

«Eigentlich gar nicht. Er hat gesagt, das könne ich jetzt noch nicht einsehen, das seien Denknotwendigkeiten, die erst demjenigen klar werden, der sich breits eingehender mit diesen Dingen befaßt hat.»

«Das ist ja der Schwindel! Einem Menschen, der nichts wie vernünftig ist, vermögen sie ihre Geschichten nicht vorzuerzählen. Erst wenn er zehn Jahre hindurch mürbe gemacht wurde, geht es. Bis dahin hat er nämlich tausend Male auf diesen Grundlagen gerechnet und große Gebäude aufgeführt, die immer bis aufs letzte stimmten; er glaubt dann einfach an die Sache, wie der Katholik an die Offenbarung, sie hat sich immer so schön fest bewährt, ... ist es dann eine Kunst, einem solchen Menschen den Beweis aufzureden? Im Gegenteil, niemand wäre imstande ihm einzureden, daß sein Gebäude zwar steht, der einzelne Baustein aber zur Luft zerrinnt, wenn man ihn fassen will!»

Törleß fühlte sich durch die Übertreibung Beinebergs unangenehm berührt.

«So arg, wie du's hinstellst, wird es wohl nicht sein. Ich habe nie bezweifelt, daß die Mathematik recht hat, – schließlich lehrt's doch auch der Erfolg, – mir war vielmehr nur das sonderbar, daß die Sache mitunter so gegen den Verstand geht; und möglich wäre es immerhin, daß das nur scheinbar ist.»

«Nun, du kannst ja die zehn Jahre abwarten, vielleicht hast du dann den richtig präparierten Verstand.... Aber ich habe auch darüber nachgedacht, seit wir letzthin davon sprachen, und ich bin ganz fest davon überzeugt, daß die Sache einen Haken hat. Übrigens hast du damals auch ganz anders gesprochen als heute.»

«O nein. Mir ist es ja auch heute noch bedenklich, nur will ich es nicht gleich so übertreiben wie du. *Sonderbar* finde ich das Ganze auch. Die Vorstellung des Irrationalen, des Imaginären, der Linien, die parallel sind und sich im Unendlichen – also doch irgendwo – schneiden, regt mich auf. Wenn ich darüber nachdenke, bin ich betäubt, wie vor den Kopf geschlagen.» Törleß lehnte sich vor, ganz in den Schatten hinein, und seine Stimme umschleierte sich leise beim Sprechen. «In meinem Kopfe war vordem alles so klar und deutlich geordnet; nun aber ist mir, als seien meine Gedanken wie Wolken, und wenn ich an die bestimmten Stellen komme, so ist es wie eine Lücke dazwischen, durch die man in eine unendliche, unbestimmbare Weite sieht. Die Mathematik wird schon recht haben; aber was ist es mit meinem Kopfe und was mit all den anderen? Fühlen die das gar nicht? Wie malt es sich in ihnen ab? Gar nicht?»

«Ich denke, du konntest es an deinem Professor sehen. Du, – wenn du auf so etwas kommst, schaust dich sofort um und fragst, wie stimmt das jetzt zu allem übrigen in mir? *Die* haben sich einen Weg in tausend Schneckengängen durch ihr Gehirn gebohrt, und sie sehen bloß bis zur nächsten Ecke zurück, ob der Faden noch hält, den sie hinter sich herspinnen. Deswegen bringst du sie mit deiner Art zu fragen in Verlegenheit. Von denen findet keiner den Weg zurück. Wie kannst du übrigens behaupten, daß ich übertreibe? Diese Erwachsenen und ganz Gescheiten haben sich da vollständig in ein Netz eingesponnen, eine Masche stützt die andere, so daß das Ganze Wunder wie natürlich aussieht; wo aber die erste Masche steckt, durch die alles gehalten wird, weiß kein Mensch.

Wir zwei haben noch nie so ernst darüber gesprochen, schließlich macht man über solche Dinge nicht gern viel Worte, aber du kannst jetzt sehen, wie schwach die Ansicht ist, mit der sich die Leute über die Welt begnügen. Täuschung ist sie, Schwindel ist sie, Schwachköpfigkeit! Blutarmut! Denn ihr Verstand reicht gerade so weit, um ihre wissenschaftliche Erklärung aus dem Kopf herauszudenken, draußen erfriert sie aber, verstehst du? Ha ha! Alle diese Spitzen, diese äußersten, von denen uns die Professoren erzählen, sie seien so fein, daß wir sie jetzt noch nicht anzurühren vermögen, sind tot, – erfroren, – verstehst du? Nach allen Seiten starren diese bewunderten Eisspitzen, und kein Mensch vermag mit ihnen etwas anzufangen, so leblos sind sie!»

Törleß hatte sich längst wieder zurückgelehnt. Beinebergs heißer Atem fing sich in den Mänteln und erhitzte den Winkel. Und wie immer in der Erregung, wirkte Beineberg peinlich auf Törleß. Jetzt gar, wo er sich vorschob, so nahe heran, daß seine Augen unbeweglich, wie zwei grünliche Steine vor Törleß standen, während die Hände mit einer eigentümlich häßlichen Behendigkeit im Halbdunkel hin und her zuckten.

«Alles ist unsicher, was sie behaupten. Alles geht natürlich zu, sagen sie; – wenn ein Stein fällt, so sei das die Schwerkraft, warum soll es aber nicht ein Wille Gottes sein, und warum soll derjenige, der ihm wohlgefällig ist, nicht einmal davon entbunden sein, das Los des Steines zu teilen? Doch wozu erzähle ich dir solches?! Du wirst doch immer halb bleiben! Ein wenig Sonderbares ausfindig machen, ein wenig den Kopf schütteln, ein wenig sich entsetzen, – das liegt dir; darüber traust du dich aber nicht hinaus. Übrigens ist das nicht mein Schade.»

«Der meine etwa? So sicher sind denn doch wohl auch deine Behauptungen nicht.»

«Wie kannst du das sagen! Sie sind überhaupt das einzig Sichere. Wozu soll ich mich übrigens mit dir darüber zanken?! Du wirst es schon noch sehen, mein lieber Törleß; ich möchte sogar wetten, daß du dich noch einmal ganz verflucht dafür interessieren wirst, was es damit für Bewandtnis hat. Beispielsweise, wenn es mit Basini so kommt, wie ich ...»

«Laß das, bitte», unterbrach ihn Törleß, «ich möchte das gerade jetzt nicht da hineinmengen.»

«Oh, warum nicht?»

«Nun so. Ich will einfach nicht. Es ist mir unangenehm. Basini und dies sind für mich zweierlei; und zweierlei pflege ich nicht im selben Topf zu kochen.»

Beineberg verzog es bei dieser ungewohnten Entschiedenheit, ja Grobheit seines jüngeren Kameraden vor Ärger den Mund. Aber Törleß fühlte, daß die bloße Nennung Basinis seine ganze Sicherheit untergraben hatte, und um dies zu verbergen, redete er sich in Ärger. «Überhaupt behauptest du Dinge mit einer Sicherheit, die geradezu verrückt ist. Glaubst du denn nicht, daß deine Theorien geradeso auf Sand gebaut sein können, wie die anderen? Das sind ja noch viel verbohrtere Schneckengänge, die noch weit mehr guten Willen voraussetzen.»

Merkwürdigerweise wurde Beineberg nicht böse; er lächelte nur – zwar ein wenig verzerrt, und seine Augen funkelten doppelt so unruhig – und sagte in einem fort: «Du wirst schon sehen, du wirst schon sehen ....»

«Was werde ich denn sehen? Und meinetwegen, so werde ich es halt sehen; aber es interessiert mich blutwenig, Beineberg! Du verstehst mich nicht. Du weißt gar nicht, was mich interessiert. Wenn mich die Mathematik quält und wenn mich –» doch er überlegte sich's noch schnell und sagte nichts von Basini, «wenn mich die Mathematik quält, so suche ich dahinter ganz etwas anderes als du, gar nichts Übernatürliches, gerade das Natürliche suche ich, – verstehst du? gar nichts außer mir, – in mir suche ich etwas; in mir! etwas Natürliches! Das ich aber trotzdem nicht verstehe! Das empfindest du aber geradeso wenig wie der von der Mathematik ... ach, laß mich mit deiner Spekulation für jetzt in Ruhe!»

Törleß zitterte vor Aufregung, als er aufstand.

Und Beineberg wiederholte in einem fort: «nun, wir werden ja sehen, werden ja sehen ....»

Als Törleß abends im Bette lag, fand er keinen Schlaf. Die Viertelstunden schlichen wie Krankenschwestern von seinem Lager, seine Füße waren eiskalt, und die Decke drückte ihn, anstatt ihn zu wärmen.

In dem Schlafsaale hörte man nur das ruhige und gleichmäßige Atmen der Zöglinge, die nach der Arbeit des Unterrichtes, des Turnens und des Laufens im Freien ihren gesunden, tierischen Schlaf gefunden hatten.

Törleß horchte auf die Atemzüge der Schlafenden. Das war Beinebergs, das Reitings, das Basinis Atem; welcher? Er wußte es nicht; aber einer von den vielen, gleichmäßigen, gleichruhigen, gleichsicheren, die sich wie ein mechanisches Werk hoben und senkten.

Einer der leinenen Vorhänge hatte sich nur bis zur halben Höhe herunterrollen lassen; darunter leuchtete die helle Nacht herein und zeichnete ein fahles, unbewegliches Viereck auf den Fußboden. Die Schnur hatte sich oben gespießt oder war ausgesprungen und hing in häßlichen Windungen herunter, während ihr Schatten auf dem Boden wie ein Wurm durch das helle Viereck kroch.

Dies alles war von einer beängstigenden, grotesken Häßlichkeit.

Törleß versuchte an etwas Angenehmes zu denken. Beineberg fiel ihm ein. Hatte er ihn nicht heute übertrumpft? Seiner Überlegenheit einen Stoß versetzt? War es ihm nicht heute zum erstenmal gelungen, seine Besonderheit gegen den anderen zu wahren? So hervorzuheben, daß dieser den unendlichen Unterschied an Feinheit der Empfindlichkeit fühlen konnte, der ihrer beiden Auffassungen voneinander trennte? Hat er denn noch etwas zu erwidern gewußt? Ja oder nein? . . .

Aber dieses: ja oder nein? schwoll in seinem Kopfe an wie aufsteigende Blasen und zerplatzte, und ja oder nein? . . . ja oder nein? schwoll es immer und immer wieder an, unaufhörlich, in einem stampfenden Rhythmus, wie das Rollen eines Eisenbahnzuges, wie das Nicken von Blumen an zu hohen Stengeln, wie das Klopfen eines Hammers, das man durch viele dünne Wände hindurch in einem stillen Hause hört . . . . Dieses aufdringliche, selbstgefällige ja oder nein? widerte Törleß an. Seine Freude war unecht, es hopste so lächerlich.

Und schließlich, als er auffuhr, schien es sein eigener Kopf zu sein, der da nickte, auf den Schultern rollte, oder im Takte auf und niederschlug . . . .

Endlich schwieg alles in Törleß. Vor seinen Augen war nur eine weite, schwarze Fläche, die sich kreisrund nach allen Seiten hin ausdehnte.

Da kamen . . . weit vom Rande her . . . zwei kleine, wackelnde Figürchen – quer über den Tisch. Das waren offenbar seine Eltern. Aber so klein, daß er für sie nichts empfinden konnte.

Auf der anderen Seite verschwanden sie wieder.

Dann kamen wieder zwei; – doch halt, da lief einer von rückwärts an ihnen vorbei – mit Schritten, die doppelt so lang waren als sein Körper, – und schon war er hinter die Kante getaucht; war es nicht Beineberg gewesen? – Nun die zwei: der eine von ihnen war ja doch der Mathematikprofessor? Törleß erkannte ihn an dem Sacktüchlein, das kokett aus der Tasche schaute. Aber der andere? Der mit dem sehr, sehr dicken Buch unter dem Arm, das halb so hoch war wie er selbst? Der sich kaum damit schleppen konnte? . . . Bei jedem

Schritte blieben sie stehen und legten das Buch auf die Erde. Und Törleß hörte die piepsige Stimme seines Lehrers sagen: Wenn dem so sein soll, finden wir das Richtige auf Seite zwölf, Seite zwölf verweist uns weiter an Seite zweiundfünfzig, dann gilt aber auch das, was auf Seite einunddreißig bemerkt wurde, und unter dieser Voraussetzung.... Dabei standen sie über das Buch gebückt und griffen mit den Händen hinein, daß die Blätter stoben. Nach einer Weile richteten sie sich wieder auf, und der andere streichelte fünf- oder sechsmal die Wangen des Professors. Dann kamen abermals ein paar Schritte vorwärts, und Törleß hörte von neuem die Stimme, genau so, wie wenn sie im Mathematikunterricht einen Bandwurm von Beweis abfingerte. Solange, bis der andere wieder den Professor streichelte.

Dieser andere ...? Törleß zog die Brauen zusammen, um besser zu sehen. Trug er nicht einen Zopf? Und etwas altertümliche Kleidung? Sehr altertümliche? Seidene Kniehosen sogar? War das nicht ...? Oh! Und Törleß wachte mit einem Schrei auf: Kant!

Im nächsten Augenblick lächelte er; es war ganz still umher, die Atemzüge der Schlafenden waren leise geworden. Auch er hatte geschlafen. Und in seinem Bette war es einstweilen warm geworden. Er dehnte sich behaglich unter der Decke entlang.

«Ich habe also von Kant geträumt,» dachte er, «warum nicht länger? Vielleicht hätte er mir doch etwas ausgeplaudert.» Er erinnerte sich nämlich, wie er einstens, in Geschichte nicht vorbereitet, während der ganzen Nacht so lebhaft von den betreffenden Personen und Ereignissen geträumt hatte, daß er am nächsten Tag davon erzählen konnte, als wäre er selbst mit dabei gewesen, und die Prüfung mit Auszeichnung bestand. Und nun fiel ihm auch Beineberg wieder ein, Beineberg und Kant – das gestrige Gespräch.

Langsam zog sich der Traum von Törleß zurück, – langsam wie eine seidene Decke, die über die Haut eines nackten Körpers hinuntergleitet, ohne ein Ende zu nehmen.

Aber doch wich sein Lächeln bald wieder einer sonderbaren Unruhe. War er denn in seinen Gedanken auch nur um einen Schritt wirklich weiter gekommen? Konnte er denn auch nur *etwas* aus diesem Buche ersehen, das die Lösung aller Rätsel enthalten sollte? Und sein Sieg? Gewiß, es war nur seine unerwartete Lebhaftigkeit gewesen, die Beineberg zum Schweigen gebracht hatte...

Abermals bemächtigte sich eine tiefe Unlust und förmlich körperliche Übelkeit seiner. So lag er minutenlang, vom Ekel ganz ausgehöhlt.

Dann aber trat plötzlich wieder die Empfindung in sein Bewußtsein, wie sein Körper an allen Stellen von der milden, lauwarmen Leinwand des Bettes berührt wurde. Behutsam, ganz langsam und behutsam drehte Törleß den Kopf. Richtig, dort lag noch das fahle Viereck auf dem Estrich, – mit ein wenig verschobenen Seiten zwar, aber noch kroch auch jener gewundene Schatten hindurch. Ihm war, als liege dort eine Gefahr gekettet, die er aus seinem Bette heraus, wie drch Gitterstäbe geschützt, mit der Ruhe der Sicherheit betrachten könne.

In seiner Haut, rings um den ganzen Körper herum, erwachte dabei ein Gefühl, das plötzlich zu einem Erinnerungsbilde wurde. Als er ganz klein war, – ja, ja, da war's, – als er noch Kleidchen trug und noch nicht in die Schule ging, hatte er Zeiten, da in ihm eine ganz unaussprechliche Sehnsucht war, ein Mäderl zu sein. Und auch diese Sehnsucht saß nicht im Kopfe, – oh nein, – auch nicht im Herzen, – sie kitzelte im ganzen Körper und jagte rings unter der Haut umher. Ja es gab Augenblicke, wo er sich so lebhaft als ein kleines Mädchen fühlte, daß er glaubte, es könne gar nicht anders sein. Denn er wußte damals nichts von der Bedeutung körperlicher Unterschiede, und er verstand es nicht, warum man ihm von allen Seiten sagte, er müsse nun wohl für immer ein Knabe bleiben. Und wenn man ihn fragte, warum er denn glaube, lieber ein Mäderl zu sein, so fühlte er, daß sich das gar nicht sagen lasse....

Heute spürte er zum ersten Male wieder etwas Ähnliches. Wieder nur so rings unter der Haut umher.

Etwas, das Körper und Seele zugleich zu sein schien. Ein Jagen und Hasten, das sich tausendfältig, wie mit samtenen Fühlfäden von Schmetterlingen an seinem Körper stieß. Und zugleich jenes Trotzen, mit dem kleine Mädchen flüchten, wenn sie fühlen, daß sie von den Erwachsenen ohnedies nicht verstanden werden, die Arroganz, mit der sie dann über die Erwachsenen kichern, diese furchtsame, stets wie zu schnellem Davonlaufen bereite Arroganz, die fühlt, daß sie sich jeden Augenblick in irgendein furchtbar tiefes Versteck in dem kleinen Körper zurückziehen könne....

Törleß lachte leise vor sich hin, und abermals dehnte er sich behaglich die Decke entlang.

Dieses wutzlige kleine Männchen, von dem er geträumt hatte, wie gierig es die Seiten unter den Fingern jagte! Und das Viereck dort unten? Ha, ha. Ob so gescheite Männchen wohl je in ihrem Leben so etwas bemerkt haben? Er kam sich unendlich gesichert gegen diese gescheiten Menschen vor, und zum ersten Male fühlte er, daß er in seiner Sinnlichkeit – denn daß es diese sei, wußte er nun schon lange – etwas hatte, das ihm keiner zu nehmen vermochte, das auch keiner nachzumachen vermochte, etwas, das ihn wie eine höchste, versteckteste Mauer gegen alle fremde Klugheit schützte.

Ob so gescheite Männchen wohl je in ihrem Leben, spann er dies weiter, unter einer einsamen Mauer gelegen und bei jedem Rieseln hinter dem Mörtel erschrocken sind, als ob etwas Totes da Worte suche, um zu ihnen zu sprechen? Ob sie wohl je so die Musik, die der Wind in den herbstlichen Blättern anfacht, gefühlt haben, – so durch und durch gefühlt haben, daß dahinter plötzlich ein Schreck stand, ... der sich langsam, langsam in eine Sinnlichkeit verwandelte? Aber in eine so merkwürdige Sinnlichkeit, die mehr wie ein Flüchten und dann wie ein Auslachen ist. Oh, es ist leicht, gescheit zu sein, wenn man alle diese Fragen nicht kennt ....

Dazwischen aber schien immer wieder das kleine Männchen riesig zu wachsen, mit einem unerbittlich strengen Gesicht, und jedesmal zuckte es wie ein elektrischer Schlag schmerzhaft von Törleß' Gehirn durch den Körper. Der ganze Schmerz darüber, daß er noch immer vor einem verschlossenen Tore stehen müsse, – das eben, was noch im Augenblick vorher die warmen Schläge seines Blutes weggedrängt hatten, – erwachte dann wieder, und eine wortlose Klage flutete durch Törleß' Seele, wie das Heulen eines Hundes, das über die weiten, nächtlichen Felder zittert.

So schlief er ein. Noch im Halbschlaf blickte er ein paarmal zu dem Fleck beim Fenster hinüber, so wie man mechanisch nach einem haltenden Seile greift, um zu fühlen, ob es noch gespannt sei. Dann tauchte unklar der Vorsatz auf, daß er morgen nochmals ganz genau über sich nachdenken werden, – am besten mit Feder und Papier, – dann, ganz zuletzt, war nur die angenehme, laue Wärme, – wie ein Bad und eine sinnliche Regung, – die ihm aber als solche gar nicht mehr zu Bewußtsein kam, sondern in irgendeiner durchaus unerkennbaren, aber sehr nachdrücklichen Weise mit Basini verknüpft war.

Dann schlief er fest und traumlos.

Und doch war dies das erste, womit er am nächsten Tage aufwachte. Nun hätte er gar zu gerne gewußt, was es eigentlich war, das er da zum Schlusse von Basini halb gedacht und halb geträumt hatte, aber er war nicht imstande, sich darauf noch zu besinnen.

So blieb nur eine zärtliche Stimmung davon zurück, wie sie um die Weihnachtszeit in einem Hause herrscht, wo die Kinder wissen, daß die Geschenke schon da sind, aber noch dort hinter der geheimnisvollen Tür versperrt, durch deren Fugen man nur hie und da einen Strahl vom Lichterglanze dringen sieht.

Am Abend blieb Törleß in der Klasse; Beineberg und Reiting waren irgendwohin verschwunden, wahrscheinlich in die Kammer am Dachboden; Basini saß vorne auf seinem Platze, den Kopf mit beiden Händen über ein Buch gestützt.

Törleß hatte sich ein Heft gekauft und richtete sorgfältig Feder und Tinte zurecht. Dann schrieb er auf die erste Seite, nach einigem Zögern: De natura hominum[10]; er glaubte den lateinischen Titel dem philosophischen Gegenstand

[10] Vom Wesen des Menschen

schuldig zu sein. Dann zog er einen großen, kunstvollen Schnörkel um die Überschrift und lehnte sich in seinen Stuhl zurück, um zu warten, bis diese trockne.

Aber dies war schon lange geschehen, und er hatte noch immer nicht wieder zur Feder gegriffen. Etwas hielt ihn unbeweglich fest. Es war die hypnotische Stimmung der großen, heißen Lampen, der tierischen Wärme, die von dieser Masse von Menschen ausging. Er war immer empfänglich für diesen Zustand gewesen, der sich bei ihm bis zu körperlichem Fiebergefühle steigern konnte, das stets mit einer außerordentlichen Empfindlichkeit des Geistes verbunden war. So auch heute. Er hatte sich längst schon untertags zurechtgelegt, was er eigentlich notieren wolle: die ganze Reihe jener gewissen Erfahrungen von dem Abend bei Božena an bis zu jener unbestimmten Sinnlichkeit, die sich die letzten Male bei ihm eingestellt hatte. Wenn das alles geordnet, Faktum für Faktum aufgezeichnet sein werde, hoffte er, werde sich auch die richtige, verstandesgesetzmäßige Fassung von selbst ergeben, wie die Form einer umhüllenden Linie aus dem wirren Bilde sich hundertfältig schneidender Kurven heraustritt. Und mehr wollte er nicht. Aber es war ihm bisher wie einem Fischer ergangen, der zwar am Zucken des Netzes fühlt, daß ihm eine schwere Beute ins Garn gegangen ist, aber trotz aller Anstrengungen nicht vermag, sie ans Licht zu heben.

Und nun begann Törleß doch noch zu schreiben, – aber hastig und ohne mehr auf die Form zu achten. «Ich fühle», notierte er, «etwas in mir und weiß nicht recht, was es ist.» Rasch strich er aber die Zeile wieder durch und schrieb an ihrer Stelle: «Ich muß krank sein, – wahnsinnig!» Hier überlief ihn ein Schauer, denn dieses Wort empfindet sich angenehm pathetisch. «Wahnsinnig, – oder was ist es sonst, daß mich Dinge befremden, die den anderen alltäglich erscheinen? Daß mich dieses Befremden quält? Daß mir dieses Befremden unzüchtige Gefühle» – er wählte absichtlich dieses Wort voll biblischer Salbung, weil es ihn dunkler und voller dünkte – «erregt? Ich bin dem früher gegenübergestanden wie jeder junge Mann, wie alle meine Kameraden ...» Da stockte er aber. «Ist das denn auch wahr?» dachte er sich; «bei Božena zum Beispiel war es doch schon so eigen; wann hat es also eigentlich angefangen? ... Egal», dachte er, «einmal jedenfalls.» Aber er ließ doch den Satz unvollendet.

«Welche Dinge sind es, die mich befremden? Die unscheinbarsten. Meistens leblose Sachen. Was befremdet mich an ihnen? Ein Etwas, das ich nicht kenne. Aber das ist es ja eben! Woher nehme ich denn dieses ‹Etwas›! Ich empfinde sein Dasein; es wirkt auf mich; so, als ob es sprechen wollte. Ich bin in der Aufregung eines Menschen, der einem Gelähmten die Worte von den Verzerrungen des Mundes ablesen soll und es nicht zuwege bringt. So, als ob ich einen

Sinn mehr hätte als die anderen, aber einen nicht fertig entwickelten, einen Sinn, der da ist, sich bemerkbar macht, aber nicht funktioniert. Die Welt ist für mich voll lautloser Stimmen: ich bin daher ein Seher oder ein Halluzinierter?

Aber nicht nur das Leblose wirkt so auf mich; nein, was mich viel mehr in Zweifel stürzt, auch die Menschen. Vor einem gewissen Zeitpunkt sah ich sie, wie sie sich selbst sehen. Beineberg und Reiting zum Beispiel, – sie haben ihre Kammer, eine ganz gewöhnliche, verborgene Bodenkammer, weil es ihnen Spaß macht, einen solchen Rückzugsort zu besitzen. Das eine tun sie, weil sie auf den zornig sind, das andere, weil sie dem Einflusse jenes zweiten bei den Kameraden vorbeugen wollen. Lauter verständliche, klare Gründe. Heute aber erscheinen sie mir manchmal, als hätte ich einen Traum und sie seien Figuren darin. Nicht ihre Worte, nicht ihre Handlungen allein, nein, alles an ihnen, verbunden mit ihrer körperlichen Nähe, wirkt mitunter so auf mich, wie es die leblosen Dinge tuen. Und doch höre ich sie nebenbei immer wieder genau so sprechen wie früher, sehe, daß ihre Handlungen und ihre Worte sich noch immer genau nach denselben Formen aneinanderreihen, ... das will mich unaufhörlich belehren, daß gar nichts Außerordentliches vorgehe, und ebenso unaufhörlich lehnt sich doch in mir etwas dagegen auf. Diese Veränderung begann, wenn ich mich genau erinnere, mit Basinis ...»

Hier sah Törleß unwillkürlich zu diesem hinüber.

Basini saß noch immer über sein Buch gestützt und schien zu lernen. Wie er ihn so da sitzen sah, schwiegen in Törleß die Gedanken, und er hatte Gelegenheit, die reizvollen Qualen, die er eben beschrieb, wieder am Werke zu fühlen. Denn sowie ihm zu Bewußtsein kam, wie ruhig und harmlos Basini vor ihm sitze, durch gar nichts von den andern rechts und links unterschieden, wurden die Erniedrigungen in ihm lebendig, die Basini erlitten hatte. Wurden in ihm lebendig: – das heißt, daß er gar nicht daran dachte, mit jener gewissen Jovialität, die die moralische Überlegung im Gefolge hat, sich zu sagen, daß es in jedem Menschen liege, nach erduldeten Erniedrigungen möglichst schnell wenigstens nach der äußeren Haltung des Unbefangenen wieder zu trachten, sondern daß sich sofort in ihm etwas regte wie eine wahnsinnig kreiselnde Bewegung, die augenblicklich das Bild Basinis zu den unglaublichsten Verrenkungen zusammenbog, dann wieder in nie gesehenen Verzerrungen auseinanderriß, so daß ihm selbst davor schwindelte. Dies waren allerdings nur Vergleiche, die er nachher erfand. Im Augenblicke selbst hatte er nur das Gefühl, daß etwas in ihm wie ein toller Kreisel aus der zusammengeschnürten Brust zum Kopfe hinaufwirble, das Gefühl seines Schwindels. Dazwischen hinein sprangen wie stiebende Farbenpunkte Gefühle, die er zu den verschiedenen Zeiten von Basini empfangen hatte.

Eigentlich war es ja immer nur ein und dasselbe Gefühl gewesen. Und ganz eigentlich überhaupt kein Gefühl, sondern mehr ein Erdbeben ganz tief am Grunde, das gar keine merklichen Wellen warf und vor dem doch die ganze Seele so verhalten mächtig erzitterte, daß die Wellen selbst der stürmischsten Gefühle daneben wie harmlose Kräuselungen der Oberfläche erscheinen.

Wenn ihm dieses eine Gefühl zu verschiedenen Zeiten dennoch verschieden zu Bewußtsein gekommen war, so hatte dies darin seinen Grund, daß er zur Ausdeutung dieser Woge, die den ganzen Organismus überflutete, nur über die Bilder verfügte, welche davon in seine Sinne fielen, – so wie wenn von einer unendlich sich in die Finsternis hinein erstreckenden Dünung nur einzelne losgelöste Teilchen an den Felsen eines beleuchteten Ufers in die Höhe spritzen, um gleich darauf hilflos aus dem Kreise des Lichtes wieder zu versinken.

Diese Eindrücke waren daher unbeständig, wechselnd, von einem Bewußtsein ihrer Zufälligkeit begleitet. Nie konnte Törleß sie festhalten, denn wie er genauer zusah, fühlte er, daß diese Repräsentanten an der Oberfläche in gar keinem Verhältnis zu der Wucht der dunklen, ungehobenen Masse standen, die zu vertreten sie vorgaben.

Nie «sah» er Basini irgendwie in körperlicher Plastik und Lebendigkeit irgendeiner Pose, nie hatte er eine wirkliche Vision: immer nur die Illusion einer solchen, gewissermaßen nur die Vision seiner Visionen. Denn immer war es in ihm, als sei soeben ein Bild über die geheimnisvolle Fläche gehuscht, und nie gelang es ihm im Augenblicke des Vorganges selbst, diesen zu erhaschen. Daher war beständig eine rastlose Unruhe in ihm, wie man sie vor einem Kinematographen empfindet, wenn man neben der Illusion des Ganzen doch eine vage Wahrnehmung nicht loswerden kann, daß hinter dem Bilde, das man empfängt, hunderte von – für sich betrachtet ganz anderen – Bildern vorbeihuschen.

Wo aber in ihm diese illusionierende – und doch stets um ein unmeßbar Kleines zu wenig illusionierende – Kraft eigentlich zu suchen sei, wußte er nicht. Er ahnte nur dunkel, daß sie mit jener rätselhaften Eigenschaft seiner Seele zusammenhänge, auch von den leblosen Dingen, den bloßen Gegenständen, mitunter wie von hundert schweigenden, fragenden Augen überfallen zu werden.

Törleß saß also ganz still und starr, sah unaufhörlich zu Basini hinüber und war ganz in dem tollen Wirbeln seines Inneren befangen. Und immer wieder tauchte daraus die eine Frage auf: Was ist das für eine besondere Eigenschaft, die ich besitze? Allmählich sah er weder Basini mehr, noch die heiß glosenden Lampen, noch fühlte er die tierische Wärme ringsumher, noch das Summen und Brausen, das aus einer Menge von Menschen, selbst wenn sie nur flüstern, aufsteigt. Wie eine heiße, dunkel glühende Masse schwang das alles ununterschieden im Kreise um ihn. Nur in den Ohren fühlte er ein Brennen und in den Fingerspitzen eine eisige Kälte. Er befand sich in jenem Zustande eines mehr seelischen als körperlichen Fiebers, den er sehr liebte. Immer mehr wuchs diese Stimmung, der auch zärtliche Regungen beigemengt waren, an. In diesem Zustande hatte er sich früher gerne jenen Erinnerungen hingegeben, welche das Weib hinterläßt, wenn sein warmer Atem zum ersten Male an solch einer jungen Seele vorbeistreift. Und auch heute erwachte in ihm diese müde Wärme. Da: eine Erinnerung... Es war auf einer Reise... in einer kleinen italienischen Stadt... er wohnte mit seinen Eltern in einem Gasthofe nicht weit vom Theater. Jeden Abend gaben sie dort dieselbe Oper, und jeden Abend hörte er jedes Wort und jeden Ton herüber. Aber er war der Sprache nicht mächtig. Und jeden Abend saß er dennoch am offenen Fenster und hörte zu. Auf diese Weise verliebte er sich in eine der Schauspielerinnen, ohne sie je gesehen zu haben. Er war nie vom Theater so ergriffen worden wie damals; er empfand die Leidenschaft der Melodien wie Flügelschläge großer dunkler Vögel, als ob er die Linien fühlen könnte, die ihr Flug in seiner Seele zog. Es waren keine menschlichen Leidenschaften mehr, die er hörte, nein, es waren Leidenschaften, die aus den Menschen entflohen, wie aus zu engen und zu alltäglichen Käfigen. Nie konnte er in dieser Erregung an die Personen denken, welche dort drüben – unsichtbar – jene Leidenschaften agierten; versuchte er sie sich vorzustellen, so schossen augenblicks dunkle Flammen vor seinen Augen auf oder unerhört gigantische Dimensionen, so wie in der Finsternis die menschlichen Körper wachsen und menschliche Augen wie die Spiegel tiefer Brunnen leuchten. Diese düstere Flamme, diese Augen im Dunkel, diese schwarzen Flügelschläge liebte er damals unter dem Namen jener ihm unbekannten Schauspielerin.

Und wer hatte die Oper geschaffen? Er wußte es nicht. Vielleicht war der Text ein fader, sentimentaler Liebesroman. Hatte sein Schöpfer gefühlt, daß er unter den Tönen zu etwas anderem wurde?

Ein Gedanke preßte Törleß am ganzen Körper zusammen. Sind auch die Erwachsenen so? Ist die Welt so? Ist es ein allgemeines Gesetz, daß etwas in uns ist, das stärker, größer, schöner, leidenschaftlicher, dunkler ist als wir? Worüber wir so wenig Macht haben, daß wir nur ziellos tausend Samenkörner streuen können, bis aus einem plötzlich eine Saat wie eine dunkle Flamme schießt, die weit über uns hinauswächst?... Und in jedem Nerv seines Körpers bebte ein ungeduldiges Ja als Antwort.

Törleß sah mit glänzenden Augen um sich. Noch immer waren die Lampen, die Wärme, das Licht, die emsigen Menschen da. Aber er kam sich unter all dem wie ein Auserwählter vor. Wie ein Heiliger, der himmlische Gesichte hat; – denn von der Intuition großer Künstler wußte er nichts.

Hastig, mit der Geschwindigkeit der Angst, griff er nach der Feder und notierte sich einige Zeilen über seine Entdeckung; noch einmal schien es in seinem Innern weithin wie ein Licht zu sprühen, – – – – – dann brach ein aschgrauer Regen über seine Augen, und der bunte Glanz in seinem Geiste erlosch. – – – –

Aber die Episode mit Kant war nahezu gänzlich überwunden. Bei Tage dachte Törleß überhaupt nicht mehr daran; die Überzeugung, daß er selbst schon nahe der Lösung seiner Rätsel stehe, war viel zu lebhaft in ihm, als daß er sich noch um die Wege eines anderen bekümmert hätte. Seit dem letzten Abend war ihm, er habe den Griff zu der Türe, die hinüberführe, schon in der Hand gefühlt, nur sei er ihm wieder entglitten. Da er aber eingesehen hatte, daß er auf die Hilfe philosophischer Bücher verzichten müsse, und auch kein rechtes Vertrauen zu ihnen hatte, stand er ziemlich ratlos da, wie er ihn wiedergewinnen wolle. Er machte einige Male Versuche, in seinen Aufzeichnungen fortzufahren, allein die geschriebenen Worte blieben tot, eine Reihe von grämlichen, längst bekannten Fragezeichen, ohne daß jener Augenblick wieder erwacht wäre, in dem er zwischen ihnen hindurch wie in ein von zitternden Kerzenflammen erhelltes Gewölbe geblickt hatte.

Daher beschloß er, so oft als möglich, immer und immer wieder die Situationen zu suchen, welche jenen für ihn so eigentümlichen Gehalt in sich trugen; und besonders häufig ruhte sein Blick auf Basini, wenn dieser, sich unbeobachtet glaubend, harmlos unter den anderen sich bewegte. «Einmal», dachte sich Törleß, «wird es schon wieder lebendig werden und dann vielleicht lebhafter und klarer als bisher.» Und er wurde ganz beruhigt durch diesen Gedanken, daß man sich solchen Dingen gegenüber einfach in einem finsteren Raume befinde und einem nichts übrigbleibe, als, wenn man die richtige Stelle wieder unter den Fingern verloren hat, nochmals und nochmals aufs Geratewohl die dunklen Wände abzutasten.

In den Nächten jedoch verfärbte sich dieser Gedanke ein wenig. Es überkam ihn da eine gewisse Beschämung darüber, daß er sich an seinem ursprünglichen Vorsatze, aus dem Buche, das ihm sein Lehrer gezeigt hatte, sich die vielleicht doch darin enthaltene Erklärung zu holen, so vorbeigedrückt hatte. Er lag dann ruhig und horchte zu Basini herüber, dessen geschändeter Körper friedlich wie die aller anderen atmete. Er lag ruhig, wie ein Jäger auf dem Anstande, mit dem Gefühle, daß die also verwartete Zeit ihren Lohn schon noch bringen werde. Sowie aber der Gedanke an das Buch auftauchte, nagte ein feinzahniger Zweifel an dieser Ruhe, eine Ahnung, daß er Unnützes tue, ein zögerndes Geständnis einer erlittenen Niederlage.

Sobald dieses unklare Gefühl sich geltend machte, verlor seine Aufmerksamkeit das Behagliche, mit dem man der Entwicklung eines wissenschaftlichen Experimentes zusieht. Ein körperlicher Einfluß schien dann von Basini auszugehen, ein Reiz, wie wenn man in der Nähe eines Weibes schläft, von dem man jeden Augenblick die Decke wegziehen kann. Ein Kitzel im Gehirn, der von dem Bewußtsein ausgeht, daß man nur die Hand auszustrecken brauche. Das, was junge Paare häufig zu Ausschweifungen treibt, die weit über ihr sinnliches Bedürfnis hinausgehen.

Je nach der Lebhaftigkeit, mit der ihm einfiel, daß sein Unterfangen ihm vielleicht lächerlich erscheinen müßte, wenn er das alles wüßte, was Kant, was sein Professor, was alle die wissen, welche mit ihren Studien fertig sind, je nach der Stärke dieser Erschütterung waren die sinnlichen Antriebe schwächer oder stärker, welche trotz der Stille des allgemeinen Schlafes seine Augen heiß und offen hielten. Ja zeitweilig loderten sie so mächtig in ihm empor, daß sie jeden anderen Gedanken erstickten. Wenn er sich in diesen Augenblicken halb willig, halb verzweifelt ihren Einflüsterungen hingab, so erging es ihm nur, wie es mit allen Menschen geht, die ja auch nie so sehr zu einer tollen, ausschweifenden, so sehr die Seele zerreißenden, mit wollüstiger Absicht zerreißenden, Sinnlichkeit neigen als dann, wenn sie einen Mißerfolg erlitten haben, der das Gleichgewicht ihres Selbstbewußtseins erschüttert. – – – –

Wenn er dann nach Mitternacht endlich in unruhigem Schlummer lag, schien ihm einige Male, daß jemand aus der Gegend um Reitings oder Beinebergs Bett aufstand, seinen Mantel nahm und zu Basini hintrat. Dann verließen sie den Saal … … Aber es konnte auch eine Einbildung gewesen sein. – – – –

Es kamen zwei Feiertage; da sie auf einen Montag und Dienstag fielen, ließ der Direktor den Zöglingen schon den Samstag frei, und es gab viertägige Ferien. Für Törleß war dies jedoch zu wenig, um die weite Reise nach Hause machen zu können; er hatte deswegen gehofft, daß wenigstens seine Eltern ihn besuchen würden, allein sein Vater wurde durch dringende Geschäfte im Ministerium festgehalten, und die Mutter fühlte sich unwohl, so daß sie sich nicht allein den Anstrengungen der Reise aussetzen konnte.

Erst als Törleß den Brief erhielt, in dem ihm seine Eltern absagten und viele zärtliche Tröstungen hinzufügten, fühlte er, daß es ihm so eigentlich ganz recht sei. Er hätte es beinahe als eine Störung empfunden, – zumindest hätte es ihn arg verwirrt, – wenn er seinen Eltern im jetzigen Zeitpunkte hätte gegenübertreten müssen.

Viele Zöglinge erhielten Einladungen auf naheliegende Besitzungen. Auch Dschjusch, dessen Eltern eine Tagreise im Wagen von der kleinen Stadt entfernt ein schönes Gut besaßen, nahm Urlaub, und Beineberg, Reiting, Hofmeier begleiteten ihn. Auch Basini war von Dschjusch eingeladen worden, allein Reiting hatte ihm befohlen abzulehnen. Törleß schützte vor, daß er nicht wisse, ob seine Eltern nicht doch noch kommen würden; er fühlte sich absolut nicht zu harmlos heiteren Festlichkeiten und Unterhaltungen gelaunt.

Samstag mittag schon lag das große Haus schweigend und nahezu verlassen da.

Wenn Törleß durch die Gänge schritt, so widerhallte es von einem Ende zum andern; kein Mensch bekümmerte sich um ihn, denn auch die meisten Lehrer waren zur Jagd oder sonst irgendwohin gefahren. Nur bei den Mahlzeiten, die jetzt in einem kleinen Zimmer neben dem verlassenen Speisesaale serviert wurden, sahen sich die wenigen zurückgebliebenen Zöglinge; nach Tisch zerstreuten sich ihre Schritte wieder in der weiten Flucht der Gänge und Zimmer, das Schweigen des Hauses verschlang sie gleichsam, und sie führten in der Zwischenzeit ein Leben, nicht mehr beachtet als das der Spinnen und Tausendfüßler in Keller und Boden.

Von Törleß' Klasse waren nur er und Basini zurückgeblieben, einige andere ausgenommen, welche in den Krankenzimmern lagen. Beim Abschied hatte Törleß noch einige heimliche Worte mit Reiting gewechselt, welche sich auf Basini bezogen. Reiting fürchtete nämlich, daß Basini die Gelegenheit benützen könnte, um bei einem der Lehrer Schutz zu suchen, und er legte Törleß ans Herz, ihn sorgsam zu überwachen.

Es bedurfte dessen jedoch gar nicht, um Törleß' Aufmerksamkeit auf Basini zu sammeln.

Kaum hatte sich die Unruhe der vorfahrenden Wagen, der koffertragenden Diener, der mit Scherzen voneinander Abschied nehmenden Zöglinge aus dem Hause verloren, als das Bewußtsein seines Alleinseins mit Basini herrisch von Törleß Besitz ergriff.

Das war nach dem ersten Mittagmahle. Basini saß vorne auf seinem Platze und schrieb an einem Briefe; Törleß hatte sich in die hinterste Ecke des Zimmers gesetzt und versuchte zu lesen.

Es war zum ersten Male wieder das gewisse Buch, und Törleß hatte sich die Situation sorgsam so ausgedacht gehabt: Vorne saß Basini, hinten er, mit den Augen ihn festhaltend, sich in ihn hineinbohrend. Und so wollte er lesen. Nach jeder Seite sich tiefer in Basini hineinsenkend. So mußte es gehen; so mußte er die Wahrheiten finden, ohne das Leben, das lebendige, komplizierte, fragwürdige Leben, aus den Händen zu verlieren ...

Aber es ging nicht. Wie immer, wenn er sich etwas allzu sorgfältig vorher ausdachte. Es war zu wenig unvermittelt und die Stimmung erlahmte rasch zu einer zähen, breiigen Langeweile, die sich eklig an jeden der viel zu absichtlich immer wieder erneuten Versuche klebte.

Törleß warf wütend das Buch zur Erde. Basini sah sich erschreckt um, fuhr aber gleich wieder hastig fort zu schreiben.

So krochen die Stunden der Dämmerung zu. Törleß saß ganz stumpfsinnig. Das einzige, was sich aus einem dumpfen, surrenden, brummenden Allgemeingefühle heraus in sein Bewußtsein hob, war das Ticken seiner Taschenuhr. Wie ein kleines Schwänzchen wackelte es hinter dem trägen Leib der Stunden her. Im Zimmer wurde es verschwommen... Basini konnte doch längst nicht mehr schreiben... «Ah, wahrscheinlich traut er sich nicht Licht zu machen», dachte sich Törleß. Saß er aber überhaupt noch auf seinem Platze? Törleß hatte in die kahle, dämmerige Landschaft hinausgesehen und mußte sein Auge erst an das Dunkel des Zimmers gewöhnen. Doch. Dort, der unbewegliche Schatten, das wird er wohl sein. Ach, er seufzt ja sogar, – einmal,.. zweimal,.. oder schläft er am Ende?

Ein Diener kam und zündete die Lampen an. Basini fuhr auf und rieb sich die Augen. Dann nahm er ein Buch aus der Lade und schien lernen zu wollen.

Törleß brannte es auf den Lippen ihn anzusprechen, und um dem vorzubeugen, verließ er hastig das Zimmer.

In der Nacht hätte Törleß beinahe Basini überfallen. Solch eine mörderische Sinnlichkeit war in ihm nach der Pein des gedankenlosen, stumpfsinnigen Tages erwacht. Zum Glück erlöste ihn noch rechtzeitig der Schlaf.

Der nächste Tag verging. Er hatte nichts als die gleiche Unfruchtbarkeit der Stille gebracht. Das Schweigen – die Erwartung überreizten Törleß, – die beständige Aufmerksamkeit verzehrte alle geistigen Kräfte, so daß er zu jedem Gedanken unfähig blieb.

Zerschlagen, enttäuscht, bis zu den ärgsten Zweifeln mit sich unzufrieden, legte er sich frühzeitig zu Bett.

Er lag schon lange in einem ruhelosen, erhitzten Halbschlafe, als er Basini kommen hörte.

Ohne sich zu regen, folgte er mit den Augen der dunklen Gestalt, die an seinem Bette vorbeischritt; er hörte das Geräusch, welches durch das Lösen der Kleidung verursacht wurde; dann das Knistern der über den Körper gezogenen Decke.

Törleß hielt den Atem an, dennoch vermochte er nichts mehr zu hören. Und doch verließ ihn nicht das Gefühl, daß Basini nicht schlafe, sondern ebenso angestrengt wie er durch das Dunkel horche.

So vergingen Viertelstunden, – Stunden. Hie und da nur durch das leise Geräusch der sich im Bette bewegenden Körper unterbrochen.

Törleß befand sich in einem eigentümlichen Zustande, der ihn wach erhielt. Gestern waren es sinnliche Bilder der Einbildungskraft gewesen, in denen er gefiebert hatte. Erst ganz zum Schlusse hatten sie eine Wendung zu

Basini genommen, gleichsam sich unter der unerbittlichen Hand des Schlafes, der sie verlöschte, zum letzten Male aufgebäumt, und er hatte gerade daran nur eine ganz dunkle Erinnerung. Heute aber war es von Anfang an nichts als ein triebhafter Wunsch, aufzustehen und zu Basini hinüberzugehen. Solange er das Gefühl gehabt hatte, daß Basini wache und zu ihm herüber horche, war es kaum auszuhalten gewesen; und jetzt, da dieser doch wohl schon schlief, lag erst recht ein grausamer Kitzel darin, den Schlafenden wie eine Beute zu überfallen.

Törleß spürte schon die Bewegungen des Sichaufrichtens und aus dem Bette Steigens in allen Muskeln zucken. Trotzdem vermochte er aber noch nicht, seine Reglosigkeit abzuschütteln.

«Was soll ich denn eigentlich bei ihm?» fragte er sich in seiner Angst fast laut. Und er mußte sich gestehen, daß die Grausamkeit und Sinnlichkeit in ihm gar kein rechtes Ziel hatte. Er wäre in Verlegenheit gekommen, wenn er sich wirklich auf Basini gestürzt hätte. Er wollte ihn doch nicht prügeln? Gott bewahre! Und in welcher Weise sollte sich denn seine sinnliche Erregung an ihm befriedigen? Er empfand unwillkürlich einen Abscheu, als er an die verschiedenen kleinen Knabenlaster dachte. Sich vor einem anderen Menschen so bloßstellen? Nie!...

In dem Maße aber, als dieser Abscheu wuchs, wurde auch der Antrieb stärker, zu Basini hinüberzugehen. Schließlich war Törleß ganz von der Unsinnigkeit eines solchen Unterfangens durchdrungen, aber ein förmlich physischer Zwang schien ihn wie an einem Seile aus dem Bette zu ziehen. Und während alle Bilder aus seinem Kopfe wichen und er sich unaufhörlich sagte, daß es jetzt wohl am besten wäre, den Schlaf zu suchen, richtete er sich mechanisch von seinem Lager auf. Ganz langsam – er fühlte ordentlich, wie dieser seelische Zwang nur Schritt für Schritt gegen die Widerstände Boden gewann – richtete er sich auf. Erst einen Arm,.. dann stützte er den Oberkörper auf, dann schob er ein Knie unter der Decke hervor,.. dann..: doch plötzlich eilte er mit bloßen Füßen, auf den Zehen zu Basini hinüber und setzte sich auf den Rand des Bettes.

Basini schlief.

Er sah ganz so aus, als ob er angenehm träumte.

Törleß war noch immer nicht Herr seiner Handlungen. Einen Augenblick saß er still und starrte dem Schlafenden ins Gesicht. Jene kurzen, abgerissenen, gleichsam nur den Situationsbefund konstatierenden Gedanken zuckten durch sein Gehirn, die man hat, wenn man sein Gleichgewicht verliert, stürzt oder wenn einem ein Gegenstand aus den Händen gerissen wird. Und ohne Besinnen faßte er Basini an der Schulter und rüttelte ihn wach.

Der Schläfer reckte sich einige Male träge, dann fuhr er auf und blickte Törleß mit schlafblöden Augen an.

Törleß erschrak; er war völlig verwirrt; seine Handlung kam ihm zum ersten Male zur Besinnung, und er wußte nicht, was er nun weiter tun solle. Er schämte sich furchtbar. Sein Herz klopfte hörbar. Worte der Erklärung, Ausreden drängten sich auf seine Zunge. Er wollte Basini fragen, ob er keine Streichhölzchen habe, ob er ihm nicht sagen könne, wie viel Uhr es sei...

Basini glotzte ihn noch immer ohne Verständnis an.

Schon zog Törleß, ohne ein Wort hervorgebracht zu haben, den Arm zurück, schon glitt er von dem Bette herunter, um lautlos in das seine zurückzuschleichen, – da schien Basini die Situation erfaßt zu haben und richtete sich mit einem Rucke auf.

Törleß blieb unschlüssig am Bettende stehen. Basini sah ihn noch einmal mit einem fragenden, prüfenden Blick an, dann stieg er vollends aus dem Bette, schlüpfte in Mantel und Hausschuhe und ging mit schlurfenden Schritten voran.

Törleß wurde es mit einem Schlage klar, daß dies nicht zum erstenmal geschehe.

Im Vorbeigehen nahm er die Schlüssel zur Kammer, die er unter seinem Kopfkissen versteckt gehabt hatte, mit. – – – – – –

Basini schritt geradenwegs zur Bodenkammer voraus. Er schien mit dem Wege, den man ihm damals doch noch verheimlicht hatte, inzwischen genau bekannt geworden zu sein. Er hielt die Kiste fest, als Törleß daraufstieg, er räumte die Kulissen zur Seite, umsichtig, mit diskreten Bewegungen, wie ein geschulter Lakai.

Törleß sperrte auf, und sie traten ein. Er stand mit dem Rücken zu Basini und zündete die kleine Lampe an.

Als er sich umdrehte, stand Basini nackt vor ihm.

Unwillkürlich trat er einen Schritt zurück. Der plötzliche Anblick dieses nackten, schneeweißen Körpers, hinter dem das Rot der Wände zu Blut wurde, blendete und bestürzte ihn. Basini war schön gebaut; an seinem Leibe fehlte fast jede Spur männlicher Formen, er war von einer keuschen, schlanken Magerkeit, wie der eines jungen Mädchens. Und Törleß fühlte das Bild dieser Nacktheit wie heiße, weiße Flammen in seinen Nerven auflodern. Er konnte sich der Macht dieser Schönheit nicht entziehen. Er hatte vorher nicht gewußt, was Schönheit sei. Denn was war ihm in seinem Alter Kunst, was kannte er schließlich davon?! Ist sie doch bis zu einem gewissen Alter jedem in freier Luft aufgewachsenen Menschen unverständlich und langweilig!

Hier aber war sie auf den Wegen der Sinnlichkeit zu ihm gekommen. Heimlich, überfallend. Ein betörender warmer Atem strömte aus der entblößten Haut, eine weiche, lüsterne Schmeichelei. Und doch war etwas daran, das zum Händefalten feierlich und bezwingend war.

Aber nach der ersten Überraschung schämte sich Törleß des einen wie des anderen. «Es ist doch ein Mann!» Der Gedanke empörte ihn, aber ihm war zumute, als ob ein Mädchen nicht anders sein könnte.

Beschämt herrschte er Basini an: «Was fällt dir denn ein?! Gleich wirst du wieder . . !!»

Nun schien *dieser* bestürzt; zögernd und ohne die Augen von Törleß zu lassen, nahm er den Mantel vom Boden auf.

«Da, setz dich!» wies Törleß Basini an. Dieser gehorchte. Törleß lehnte mit hinter dem Rücken gekreuzten Händen an der Wand.

«Warum hast du dich ausgezogen? Was wolltest du von mir?»

«Nun, ich dachte . . . »

Zögern.

«Was dachtest du?»

«Die anderen . . . »

«Was die anderen?»

«Beineberg und Reiting . . . »

«Was Beineberg und Reiting? Was taten sie? Du mußt mir alles erzählen! Ich will es so; verstehst du? Obwohl ich es schon von den andern gehört habe.» Törleß wurde bei dieser unbeholfenen Lüge rot. Basini biß sich die Lippen.

«Nun, wird's?!»

«Nein, verlange nicht, daß ich erzähle! Bitte, verlange es nicht! Ich will ja alles tun, was du willst. Aber laß mich nicht erzählen . . . Oh, du hast solch eine besondere Art mich zu quälen . . !» Haß, Angst und eine flehentliche Bitte kämpften in den Augen Basinis. Törleß lenkte unwillkürlich ein.

«Ich will dich gar nicht quälen. Ich will dich nur zwingen, selbst die volle Wahrheit zu sagen. Vielleicht in deinem Interesse.»

«Aber ich habe doch gar nichts getan, was besonderen Erzählens wert wäre.»

«So? Warum aber hast du dich dann ausgezogen?»

«Sie verlangten es so.»

«Und warum hast du getan, was sie verlangten? Du bist also feig? Erbärmlich feig?»

«Nein, ich bin nicht feig! Sag das nicht!»

«Wirst du den Mund halten! Wenn du ihre Prügel fürchtest, so könnten dir die meinen auch nicht schlecht bekommen!»

«Ich fürchte aber gar nicht ihre Prügel.»

«So? Was denn?»

Törleß sprach wieder ruhig. Seine rohe Drohung ärgerte ihn bereits. Aber unwillkürlich war sie ihm entschlüpft, lediglich weil ihm schien, daß sich Basini ihm gegenüber mehr herausnehme als gegen die anderen.

«Wenn du dich, wie du sagst, nicht fürchtest, was ist dann mit dir?»

«Sie sagen, wenn ich ihnen zu Willen sei, werde mir nach einiger Zeit alles verziehen werden.»

«Von ihnen beiden?»

«Nein, überhaupt.»

«Wie können sie das versprechen; ich bin doch auch noch da!»

«Hiefür werden schon sie sorgen, sagen sie!»

Dies gab Törleß einen Schlag. Beinebergs Worte, daß Reiting gegebenenfalls gegen ihn gerade so handeln würde wie gegen Basini, fielen ihm ein. Und wenn es wirklich zu einer Intrige gegen ihn käme, wie sollte er ihr begegnen? Er war den beiden in derlei nicht gewachsen, wie weit würden sie es treiben können? Wie mit Basini? ... Alles in ihm lehnte sich gegen diesen hämischen Einfall auf.

Minuten verstrichen zwischen ihm und Basini. Er wußte, daß es ihm an Wagemut und Ausdauer zu derlei Ränken gebrach; aber nur deswegen, weil er sich zu wenig dafür interessierte, weil er nie seine ganze Persönlichkeit im Spiele fühlte. Er hatte immer mehr dabei zu verlieren als zu gewinnen gehabt. Käme dies aber einmal anders, so fühlte er, daß auch eine ganz andere Zähigkeit und Tapferkeit in ihm sein würde. Nur wissen müßte man, wann es Zeit sei, alles aufs Spiel zu setzen.

«Haben sie dir Näheres gesagt? ... wie sie sich das denken? ... Das meinetwegen?»

«Näheres? Nein. Sie sagten nur, daß sie schon sorgen würden.»

Dennoch, ... eine Gefahr lag nun da, ... irgendwo im Versteck, ... und lauerte auf Törleß; ... jeder Schritt konnte in eine Fußangel fallen, jede Nacht konnte die letzte vor Kämpfen sein. Eine ungeheure Unsicherheit lag in diesem Gedanken. Das war kein lässiges Sichtreibenlassen mehr, kein Spielen mit rätselhaften Gesichten, – das hatte harte Ecken und war fühlbare Wirklichkeit.

Das Gespräch fing wieder an.

«Und was tun sie mit dir?»

Basini schwieg.

«Wenn es dir mit deiner Besserung ernst ist, mußt du mir alles sagen.»

«Sie lassen mich auskleiden.»

«Ja, ja, das sah ich doch, ... und dann ... ?»

Eine kleine Weile verstrich, und plötzlich sagte Basini:

«Verschiedenes.»

Er sagte es mit einer weibischen, buhlerischen Betonung.

«Du bist also ihre ... Mai ... tresse?»

«Oh nein, ich bin ihr Freund!»

«Wie kannst du dich unterstehen, das zu sagen!»

«Sie sagen es selbst.»

«Was ...?»

«Ja, Reiting.»

«So, Reiting?»

«Ja, er ist sehr freundlich zu mir. Meist muß ich mich ausziehen und ihm etwas aus Geschichtsbüchern vorlesen; von Rom und seinen Kaisern, von den Borgias[11], von Timur Chan[12], ... na, du weißt schon, lauter solch blutige, große Sachen. Dann ist er sogar zärtlich gegen mich.»

«Und nachher schlägt er mich meistens ...»

«Wonach?!! ...... Ach so!»

«Ja. Er sagt, wenn er mich nicht schlagen würde, so müßte er glauben, ich sei ein Mann, und dann dürfte er mir gegenüber auch nicht so weich und zärtlich sein. So aber sei ich seine Sache, und da geniere er sich nicht.»

«Und Beineberg?»

«Oh, Beineberg ist häßlich. Findest du nicht auch, daß er aus dem Munde riecht?»

«Schweig! Was ich finde, geht dich gar nichts an! Erzähle, was Beineberg mit dir tut!»

«Nun, auch so wie Reiting, nur .... Aber du darfst mich nicht wieder gleich schimpfen ...»

«Vorwärts.»

«Nur ... auf einem anderen Umwege. Er hält mir erst lange Reden über meine Seele. Ich habe sie beschmutzt, aber gewissermaßen nur den ersten Vorhof von ihr. Im Verhältnis zu dem Innersten sei dies etwas Nichtiges und Äußerliches. Nur müsse man es abtöten; so seien schon viele aus Sündern zu Heiligen geworden. Die Sünde sei daher in höherer Hinsicht gar nicht so schlecht; nur müsse man sie ganz auf die Spitze treiben, damit sie abbreche. Er läßt mich sitzen und ein geschliffenes Glas anstarren ...»

«Er hypnotisiert dich?»

«Nein, er sagt, er müsse nur alle Dinge, die an der Oberfläche meiner Seele umherschwimmen, einschläfern und kraftlos machen. Dann erst könne er mit meiner Seele selbst verkehren.»

«Und wie verkehrt er denn mit ihr?»

[11] Adelsgeschlecht aus Spanien, das zu Beginn des 15. Jhs. nach Italien kam. Ihm gehörten die Päpste Kalixt III. und Alexander VI. an, dessen Sohn Cesare und Tochter Lucrezia ebenfalls bekannt sind.

[12] Bei den Persern Timur-i-Läng, entstellt Tamerlan; grausamer asiatischer Eroberer aus türkisiertem mongol. Häuptlingsgeschlecht (1336–1405).

«Das ist ein Experiment, das ihm noch nie gelungen ist. Er sitzt, und ich muß mich auf die Erde legen, so daß er die Füße auf meinen Leib stellen kann. Ich muß von dem Glas recht träge und schläfrig geworden sein. Dann auf einmal befiehlt er mir zu bellen. Er beschreibt es mir ausführlich: – leise, mehr winselnd, – so wie ein Hund aus dem Schlafe heraus bellt.»

«Wozu das?»

«Man weiß nicht, wozu es gut ist. Er läßt mich auch grunzen wie ein Schwein und wiederholt mir in einem fort, ich habe etwas von diesem Tiere in mir. Aber nicht, als ob er mich schimpfen wollte; er wiederholt es mir ganz leise und freundlich, um es – wie er sagt – fest in meine Nerven einzudrücken. Denn er behauptet, daß möglicherweise eine meiner früheren Existenzen so gewesen sei und daß man sie hervorlocken müsse, um sie unschädlich zu machen.»

«Und du glaubst ihm all das?»

«Gott bewahre; ich meine, er selbst glaubt nicht daran. Und dann ist er doch auch zum Schlusse immer ganz anders. Wie soll ich auch solche Dinge glauben?! Wer glaubt denn heute an eine Seele?! Und gar an eine solche Seelenwanderung?! Daß ich gefehlt habe, weiß ich ganz gut; aber ich habe immer gehofft, es wieder gut machen zu können. Da ist gar kein Hokuspokus nötig. Ich zerbreche mir auch gar nicht den Kopf darüber, wieso ich meinen Fehltritt begehen konnte. So etwas kommt so rasch, so von selbst; man merkt erst nachher, daß man etwas Unkluges getan hat. Wenn es ihm aber Vergnügen macht, etwas Übersinnliches dahinter zu suchen, so soll er meinetwegen. Vorläufig muß ich ihm ja doch zu Willen sein. Wenn er nur lieber unterlassen möchte, mich zu stechen ...»

«Was?»

«Ja, mit einer Nadel, – nun nicht heftig, nur um zu sehen, wie ich darauf reagiere, ... ob sich nicht an irgendeiner Stelle des Körpers etwas bemerkbar mache. Aber weh tut es doch. Er behauptet nämlich, die Ärzte verstünden nichts davon; ich habe mir nicht gemerkt, womit er das beweisen will, ich erinnere mich nur, daß er viel von Fakiren spricht, die, wenn sie ihre Seele schauen, gegen körperliche Schmerzen unempfindlich sein sollen.»

«Nun ja, ich kenne diese Ideen; du sagtest aber doch selbst, daß dies nicht alles sei.»

«Gewiß nicht; ich sagte doch auch, daß ich dies nur für einen Umweg halte. Nachher kommen jedesmal Viertelstunden, wo er schweigt und ich nicht weiß, was in ihm vorgeht. Danach aber bricht er plötzlich los und verlangt Dienste von mir – wie besessen – weit ärger als Reiting.»

«Und du tust alles, was man von dir verlangt?»

«Was bleibt mir übrig? Ich will wieder ein anständiger Mensch werden und meine Ruhe haben.»

«Was aber inzwischen geschehen ist, wird dir ganz gleich sein?»

«Ich kann mir ja nicht dagegen helfen.»

«Gib jetzt genau acht und beantworte meine Fragen: Wieso konntest du stehlen?»

«Wieso? Schau, ich brauchte das Geld dringend; ich hatte beim Traiteur[13] Schulden, und er wollte sich nicht mehr vertrösten lassen. Dann glaubte ich doch bestimmt, daß in jenen Tagen für mich Geld kommen werde. Von den Kameraden wollte mir keiner leihen: die einen hatten selbst keins, und die Sparsamen freut es ja nur, wenn einer, der nicht so ist, gegen Monatsende in Verlegenheit kommt. Ich wollte gewiß niemanden betrügen; ich wollte es mir nur heimlich ausleihen ...»

«Nicht so meine ich es,» unterbrach Törleß ungeduldig diese Erzählung, die Basini offenbar erleichterte, «ich frage: wieso – wie konntest du das tun, wie fühltest du dich? Was ging in jenem Augenblick in dir vor?»

«Nun ja, – gar nichts. Es war doch nur ein Augenblick, ich fühlte nichts, ich überlegte nichts, es war einfach plötzlich geschehen.»

«Aber das erstemal mit Reiting? Als er zum erstenmal jene Dinge von dir verlangte? Verstehst du ... ?»

«Oh, unangenehm war es mir schon. Weil es so auf Befehl geschehen sollte. Denn sonst ... denk' nur, wie viele tun solche Sachen freiwillig zum Vergnügen, ohne daß die anderen davon wissen. Da ist es wohl nicht so arg.»

«Aber du hast es auf Befehl getan. Du hast dich erniedrigt. So, wie wenn du in den Kot kriechen würdest, weil es ein anderer will.»

«Das gebe ich ja zu; aber ich mußte.»

«Nein, du mußtest nicht.»

«Sie hätten mich geprügelt, angezeigt; alle Schande wäre auf mich gekommen.»

«Nun, meinetwegen, lassen wir das. Ich will etwas anderes von dir wissen. Höre, ich weiß, daß du viel Geld bei Božena gelassen hast. Du hast vor ihr aufgeschnitten, dich in die Brust geworfen, mit deiner Männlichkeit geprahlt. Du willst also ein Mann sein? Nicht nur mit dem Mund und mit ..., sondern mit der ganzen Seele? Nun sieh, da verlangt auf einmal einer von dir einen so erniedrigenden Dienst, du fühlst im selben Augenblick, daß du zu feig bist, um nein zu sagen: ging da nicht durch dein ganzes Wesen ein Riß? Ein Schreck, – unbestimmt, – als ob sich eben etwas Unsagbares in dir vollzogen hätte?»

«Gott, ich verstehe dich nicht; ich weiß nicht, was du willst; ich kann dir nichts, gar nichts sagen.»

«So paß auf; ich werde dir jetzt befehlen, dich wieder auszukleiden.»

[13] frz.: Zubereiter feiner Küche, Delikatessenverkäufer

Basini lächelte.

«Dich platt da vor mir auf die Erde zu legen. Lach nicht! Ich befehle es dir wirklich! Hörst du?! Wenn du nicht augenblicklich folgst, so wirst du sehen, was dir bevorsteht, wenn Reiting zurückkommt! ... So. Siehst du, jetzt liegst du nackt vor mir auf der Erde. Du zitterst sogar; es friert dich? Ich könnte jetzt auf deinen nackten Leib speien, wenn ich wollte. Drücke nur den Kopf fest auf die Erde; sieht der Staub am Boden nicht merkwürdig aus? Wie eine Landschaft voll Wolken und Felsblöcken so groß wie Häuser? Ich könnte dich mit Nadeln stechen. Da in der Nische, bei der Lampe liegen noch welche. Fühlst du sie schon auf der Haut? ... Aber ich will nicht ... Ich könnte dich bellen lassen, wie es Beineberg getan hat, den Staub auffressen lassen wie ein Schwein, ich könnte dich Bewegungen machen lassen – du weißt schon –, und du müßtest dazu seufzen: Oh meine liebe Mut ...» Doch Törleß hielt jäh in dieser Lästerung inne. «Aber ich will nicht, will nicht, verstehst du?!»

Basini weinte. «Du quälst mich ...»

«Ja, ich quäle dich. Aber nicht darum ist es mir; ich will nur eines wissen: Wenn ich all das wie Messer in dich hineinstoße, was ist in dir? Was vollzieht sich in dir? Zerspringt etwas in dir? Sag! Jäh wie ein Glas, das plötzlich in tausend Splitter geht, bevor sich noch ein Sprung gezeigt hat? Das Bild, das du dir von dir gemacht hast, verlöscht es nicht mit einem Hauche; springt nicht ein anderes an seine Stelle, wie die Bilder der Zauberlaternen aus dem Dunkel springen? Verstehst du mich denn gar nicht? Näher erklären kann ich's dir nicht; du mußt mir selbst sagen ...!»

Basini weinte ohne aufzuhören. Seine mädchenhaften Schultern zuckten; er brachte immer nur dasselbe hervor: «Ich weiß nicht, was du willst; ich kann dir nichts erklären; es geschieht im Augenblicke; es kann dann gar nicht anders geschehen; du würdest ebenso handeln wie ich.»

Törleß schwieg. Er blieb erschöpft, reglos an der Wand lehnen und starrte vor sich hin, geradeaus ins Leere.

«Wenn du in meiner Situation wärest, würdest du geradeso handeln», hatte Basini gesagt. Da war das Geschehene als eine einfache Notwendigkeit, ruhig und ohne Verzerrung.

Törleß' Selbstbewußtsein lehnte sich in heller Verachtung selbst gegen die bloße Zumutung auf. Und doch schien ihm diese Auflehnung seines ganzen Wesens keine befriedigende Gewähr zu bieten. « ... ja, ich würde mehr Charakter haben als er, ich würde solche Zumutungen nicht ertragen, – aber ist dies auch von Belang? Ist es von Belang, daß ich aus Festigkeit, aus Anständigkeit, aus lauter Gründen, die mir jetzt ganz nebensächlich sind, anders handeln würde? Nein, nicht daran liegt's, wie ich handeln würde, sondern daran, daß ich, wenn ich einmal wirklich so handelte wie Basini, ebensowenig Außergewöhnliches dabei empfinden würde wie er. Dies ist das Eigentliche: mein Gefühl meiner selbst würde genau so einfach und von allem Fragwürdigen entfernt sein wie das seine ...»

Dieser Gedanke, welcher – in abgerissenen, übereinander greifenden, immer wieder von vorne anfangenden Sätzen gedacht – der Verachtung für Basini einen ganz intimen, leisen, aber weit tiefer als Moral an das innerste Gleichgewicht rührenden Schmerz hinzufügte, kam von der Erinnerung an eine kurz vorher gehabte Empfindung, die Törleß nicht losließ. Als ihm nämlich durch Basini die möglicherweise von Reiting und Beineberg drohende Gefahr zur Kenntnis kam, war er einfach erschrocken. Einfach erschrocken wie bei einem Überfall, und hatte ohne Überlegen blitzschnell nach Paraden und Dekkungen gesucht. Das war nun im Augenblicke einer wirklichen Gefahr gewesen; und die Empfindung, die er dabei gehabt hatte, reizte ihn. Diese raschen, gedankenlosen Impulse. Er versuchte ganz vergebens sie wieder in sich auszulösen. Aber er wußte, daß sie der Gefahr augenblicks alles Sonderbare und Zweideutige genommen hatten.

Und doch war es dieselbe Gefahr gewesen, die er vor einigen Wochen erst an derselben Stelle geahnt hatte. Damals, als er so eigen wegen der Kammer erschrocken war, die wie ein vergessenes Mittelalter abseits von dem warmen und hellen Leben der Lehrsäle lag, und über Beineberg und Reiting, weil sie aus den Menschen, die sie dort waren, plötzlich etwas anderes, Düsteres, Blutgieriges, Personen in einem ganz anderen Leben geworden zu sein schienen. Damals war dies eine Verwandlung, ein Sprung für Törleß, als ob das Bild seiner Umgebung plötzlich in andere, aus hundertjährigem Schlafe erwachte Augen fiele.

Und doch war es dieselbe Gefahr gewesen ... Unaufhörlich wiederholte er sich dies. Und immer wieder versuchte er, die Erinnerung der beiden verschiedenen Empfindungen miteinander zu vergleichen – – – – –

Basini hatte sich mittlerweile längst aufgerichtet; er bemerkte den stieren, geistesabwesenden Blick seines Gefährten, leise nahm er seine Kleider auf und schlich sich davon.

Törleß sah es, – wie durch einen Nebel hindurch, – aber er ließ er wortlos geschehen.

Seine Aufmerksamkeit war ganz durch das Bestreben gefesselt, jenen Punkt in ihm wieder aufzufinden, wo plötzlich jener Wechsel in der innerlichen Perspektive stattgefunden hatte.

Aber sooft er in dessen Nähe kam, erging es ihm wie einem, der Nahes mit Fernem vergleichen will: er erhaschte nie die Erinnerungsbilder beider Gefühle zugleich, sondern jedesmal ging wie ein leiser Knacks zwischendurch ein Gefühl, wie es im Körperlichen etwa den kaum merkbaren Muskelempfindungen entspricht, die das Einstellen des Blickes begleiten. Und jedesmal beanspruchte dies gerade im entscheidenden Momente die Aufmerksamkeit für sich, die Tätigkeit des Vergleichens drängte sich vor den Gegenstand des Vergleiches, es gab einen kaum fühlbaren Ruck, – und alles stand still.

Und immer wieder begann Törleß von neuem.

Dieser Prozeß von mechanischer Gleichmäßigkeit schläferte ihn in einen starren, wachen, eiskalten Schlaf, der ihn reglos an seinem Platze festhielt. Unbestimmt lange.

Erst ein Gedanke weckte Törleß auf wie die leise Berührung einer warmen Hand. Ein anscheinend so selbstverständlicher Gedanke, daß sich Törleß wunderte, nicht schon längst auf ihn verfallen zu sein.

Ein Gedanke, der gar nichts tat als die eben gemachte Erfahrung registrieren: es kommt immer einfach, unverzerrt, in natürlichen, alltäglichen Proportionen, was von ferne so groß und geheimnisvoll aussieht. So als ob eine unsichtbare Grenze um den Menschen gezogen wäre. Was sich außerhalb vorbereitet und von ferne herannaht, ist wie ein nebliges Meer von riesenhafter, wechselnder Gestalten; was an ihn herantritt, Handlung wird, an seinem Leben sich stößt, ist klar und klein, von menschlichen Dimensionen und menschlichen Linien. Und zwischen dem Leben, das man lebt, und dem Leben, das man fühlt, ahnt, von ferne sieht, liegt wie ein enges Tor die unsichtbare Grenze, in dem sich die Bilder der Ereignisse zusammendrücken müssen, um in den Menschen einzugehen.

Und doch, so sehr dies seiner Erfahrung entsprach, beugte Törleß nachdenklich den Kopf.

«Ein sonderbarer Gedanke – – – – – –» fühlte er.

Endlich lag er in seinem Bett. Er dachte an gar nichts mehr, denn das Denken fiel so schwer und war so fruchtlos. Was er über die Heimlichkeiten seiner Freunde erfahren hatte, zog ihm zwar durch den Sinn, aber so gleichgültig und leblos wie eine Nachricht, die man in einer fremden Zeitung liest.

Von Basini war nichts mehr zu hoffen. Freilich, sein Problem! – Aber es war so fraglich und er so müde und so zerschlagen. Eine Täuschung vielleicht – das Ganze.

Nur der Anblick Basinis, seiner nackten, leuchtenden Haut, duftete wie ein Fliederstrauch in das Dämmern der Empfindungen, das dem Schlafe vorausging. Sogar aller moralische Abscheu verlor sich. Schließlich schlief Törleß ein.

Kein Traum zog durch seine Ruhe. Aber eine unendlich angenehme Wärme breitete weiche Teppiche unter seinen Leib. Schließlich wachte er darüber auf. Und beinahe hätte er einen Schrei ausgestoßen. An seinem Bette saß Basini! Und mit rasender Behendigkeit löste dieser im nächsten Augenblicke das Hemd von seinem Leibe, schmiegte sich unter die Decke und preßte seinen nackten, zitternden Leib an Törleß an.

Kaum hatte sich Törleß in diesem Überfalle zurechtgefunden, als er Basini von sich stieß.

«Was fällt dir denn ein ... ?!»

Doch Basini bettelte. «Oh, sei nicht wieder so! So wie du ist keiner. Sie verachten mich nicht so wie du; sie tun dies nur scheinbar, damit sie dann desto anders sein können. Aber du? Gerade du ... ?! ... Du bist sogar jünger als ich, wenn du auch stärker bist; ... wir sind beide jünger als die anderen; ... du bist nicht so roh und prahlerisch wie sie; ... du bist sanft; ... ich liebe dich ... !»

«Was – was sagst du? Was soll ich mit dir? Geh – so geh doch weg!« Und Törleß stemmte gequält seinen Arm gegen Basinis Schulter. Aber die heiße Nähe der weichen, fremden Haut verfolgte ihn und umschloß ihn und erstickte ihn. Und in einem fort flüsterte Basini ...: «Doch ... doch ... bitte ... oh, es wäre mir ein Genuß, dir zu dienen.»

Törleß fand keine Antwort. Während Basini sprach, während der Sekunden des Zweifelns und Überlegens, war er wieder wie ein tiefgrünes Meer über seine Sinne gesunken. Nur Basinis bewegliche Worte leuchteten darinnen auf wie das Blinken silberner Fischchen.

Noch immer hielt er seine Arme gegen Basinis Körper gestemmt. Aber auf ihnen lag es wie eine feuchte, schwere Wärme; ihre Muskeln erschlafften; er vergaß ihrer .... Nur wenn ihn ein neues der zuckenden Worte traf, wachte er auf, weil er plötzlich fühlte, – wie etwas schrecklich Unfaßbares, – daß eben – wie im Traum – seine Hände Basini näher gezogen hatten.

Dann wollte er sich aufrütteln, sich zuschreien: Basini betrügt dich; er will dich nur zu sich hinabziehen, damit du ihn nicht mehr verachten kannst. Aber der Schrei erstickte; kein Laut lebte in dem weiten Hause; in allen Gängen schienen die dunklen Fluten des Schweigens unbeweglich zu schlafen.

Er wollte zu sich selbst zurückfinden: aber wie schwarze Wächter lagen sie vor allen Toren.

Da suchte Törleß kein Wort mehr. Die Sinnlichkeit, die sich nach und nach aus den einzelnen Augenblicken der Verzweiflung in ihn gestohlen hatte, war jetzt zu ihrer vollen Größe erwacht. Sie lag nackt neben ihm und deckte ihm mit ihrem weichen schwarzen Mantel das Haupt zu. Und sie raunte ihm süße Worte der Resignation ins Ohr und schob mit ihren warmen Fingern alle Fragen und Aufgaben als vergebens weg. Und sie flüsterte: in der Einsamkeit ist alles erlaubt.

Nur in dem Augenblicke, als es ihn fortriß, wachte er sekundenlang auf und klammerte sich verzweifelt an den einen Gedanken: Das bin nicht ich!... nicht ich!... Morgen erst wieder werde ich es sein!... Morgen....

Dienstag abends kehrten die ersten Zöglinge zurück. Ein anderer Teil kam erst mit den Nachtzügen. Es war eine beständige Unruhe im Hause.

Törleß empfing seine Freunde unwirsch und verdrossen; er hatte nicht vergessen. Und dann brachten sie auch etwas so Frisches und Weltmännisches von außen mit. Das beschämte ihn, der jetzt die drückende Luft enger Stuben liebte.

Er schämte sich jetzt überhaupt häufig. Aber nicht eigentlich deswegen, wozu er sich hatte verführen lassen, – denn dies ist in Instituten nichts so Seltenes, – als weil es sich nun tatsächlich einer Art Zärtlichkeit für Basini nicht erwehren konnte und andererseits eindringlicher denn je empfand, wie verachtet und erniedrigt dieser Mensch war.

Er hatte des öfteren heimliche Zusammenkünfte mit ihm. Er führte ihn in alle Verstecke, die er durch Beineberg kannte, und da er selbst auf solchen Schleichwegen nicht geschickt war, fand sich Basini bald besser zurecht als er und wurde zum Führer.

Des Nachts aber ließ ihn eine Eifersucht, mit der er Beineberg und Reiting bewachte, nicht zur Ruhe kommen.

Die beiden hielten sich jedoch von Basini zurück. Vielleicht langweilte er sie bereits. Jedenfalls schien mit ihnen eine Veränderung vor sich gegangen zu sein. Beineberg war finster und verschlossen; wenn er sprach, so handelte es sich um geheimnisvolle Andeutungen von etwas Bevorstehendem. Reiting hatte sein Interesse scheinbar wieder anderen Dingen zugewandt; er flocht mit gewohnter Geschicklichkeit das Netz zu irgendeiner Intrige, indem er die einen durch kleine Gefälligkeiten zu gewinnen suchte und die andern dadurch schreckte, daß er sich durch heimliche List zum Mitwisser ihrer Geheimnisse machte.

Wenn sie zu dritt beisammen waren, drangen die beiden darauf, daß Basini nächstens wieder in die Kammer oder auf den Boden befohlen werde.

Törleß suchte es durch allerhand Ausflüchte hinauszuschieben, litt dabei aber beständig unter dieser heimlichen Anteilnahme.

Vor wenigen Wochen noch hätte er einen solchen Zustand überhaupt nicht verstanden, denn schon von den Eltern her war er kräftig, gesund und natürlich.

Aber man darf auch wirklich nicht glauben, daß Basini in Törleß ein richtiges und – wenn auch noch so flüchtig und verwirrt – wirkliches Begehren erregte. Es war allerdings etwas wie Leidenschaft in Törleß erwacht, aber Liebe war ganz gewiß nur ein zufälliger, beiläufiger Name dafür, und der Mensch Basini nicht mehr als ein stellvertretendes und vorläufiges Ziel dieses Verlangens. Denn wenn sich Törleß auch mit ihm gemein machte, sein Begehren sättigte sich niemals an ihm, sondern wuchs zu einem neuen, ziellosen Hunger über Basini hinaus.

Vorerst war es überhaupt nur die Nacktheit des schlanken Knabenkörpers gewesen, die ihn geblendet hatte.

Der Eindruck war nicht anders, als wäre er den nur schönen, von allem Geschlechtlichen noch fernen Formen eines ganz jungen Mädchens gegenübergestanden. Eine Überwältigung. Ein Staunen. Und die Reinheit, die unwillkürlich von diesem Zustande ausging, war es, die den Schein einer Neigung – dieses neue wunderbar unruhige Gefühl in sein Verhältnis zu Basini trug. Alles andere aber hatte damit wenig zu tun. Dieses übrige des Begehrens war schon längst, – war schon bei Božena und noch viel früher dagewesen. Es war die heimliche, ziellose, auf niemanden bezogene, melancholische Sinnlichkeit des Heranreifenden, welche wie die feuchte, schwarze, keimtragende Erde im Frühjahr ist und wie dunkle unterirdische Gewässer, die nur eines zufälligen Anlasses bedürfen, um durch ihre Mauern zu brechen.

Der Auftritt, den Törleß erlebt hatte, war zu diesem Anlasse geworden. Durch eine Überraschung, ein Mißverständnis, ein Verkennen des Eindruckes wurden die verschwiegenen Verstecke, in denen sich alles Heimliche, Verbotene, Schwüle, Ungewisse und Einsame von Törleß' Seele gesammelt hatte, aufgestoßen und diesen dunklen Regungen die Richtung gegen Basini erteilt. Denn da stießen sie mit einem Male auf etwas, das warm war, atmete, duftete, Fleisch war, an dem diese unbestimmt schweifenden Träume Gestalt gewannen und Teil seiner Schönheit, statt der ätzenden Häßlichkeit, mit der sie Božena in der Einsamkeit gestäupt hatte. Das riß ihnen mit einem Schlage ein Tor zum Leben auf, und in dem entstehenden Zwielicht mengte sich alles, Wünsche und Wirklichkeit, ausschweifende Phantasien und Eindrücke, die noch die warmen Spuren des Lebens trugen, Empfindungen, die von außen einfielen und Flammen, die ihnen von innen entgegenloderten und sie bis zur Unkenntlichkeit einhüllten.

Aber dies alles war für Törleß selbst nicht mehr unterscheidbar und war für ihn in einem einzigen, unklaren, ungegliederten Gefühl vereint, das er in der ersten Überraschung wohl für Liebe nehmen mochte.

Bald aber lernte er es richtiger schätzen. Eine Unruhe trieb ihn von da an rastlos umher. Er legte jedes Ding, das er berührte, kaum ergriffen wieder weg. Er konnte kein Gespräch mit Kameraden führen, ohne grundlos zu verstummen oder zerstreut mehrmals den Gegenstand zu wechseln. Es kam auch vor, daß ihn mitten im Sprechen eine Welle der Scham überflutete, so daß er rot wurde, zu stottern begann, sich abwenden mußte...

Er mied untertags Basini. Konnte er es nicht vermeiden ihn anzusehen, so packte ihn fast immer eine Ernüchterung. Jede Bewegung Basinis erfüllte ihn mit Ekel, die ungewissen Schatten seiner Illusionen machten einer kalten, stumpfen Helle Platz, seine Seele schien zusammenzuschrumpfen, bis nichts mehr übrig blieb als die Erinnerung an ein früheres Begehren, das ihm unsagbar unverständig und widerwärtig vorkam. Er stieß seinen Fuß gegen die Erde und krümmte seinen Leib zusammen, nur um sich dieser schmerzhaften Scham zu entwinden.

Er fragte sich, was die anderen zu ihm sagen würden, wenn sie sein Geheimnis wüßten, seine Eltern, seine Lehrer?

Mit dieser letzten Verwunderung brachen seine Qualen aber regelmäßig ab. Eine kühle Müdigkeit bemächtigte sich seiner; die heiße und erschlaffte Haut seines Körpers spannte sich in einem wohligen Frösteln wieder an. Er ließ dann still alle Menschen an sich vorbei. Aber eine gewisse Mißachtung erfüllte ihn gegen alle. Im geheimen verdächtigte er jeden, mit dem er sprach, der ärgsten Dinge.

Und überdies glaubte er, bei ihnen die Scham zu vermissen. Er glaubte nicht, daß sie so litten, wie er es von sich wußte. Die Dornenkrone seiner Gewissensbisse schien ihnen zu fehlen.

Er aber fühlte sich wie ein aus einer tiefen Agonie Erwachter. Wie ein von den verschwiegenen Händen der Auflösung Gestreifter. Wie einer, der die stille Weisheit einer langen Krankheit nicht vergessen kann.

In diesem Zustande fühlte er sich glücklich, und die Augenblicke kamen immer wieder, wo er sich nach ihm sehnte.

Sie begannen damit, daß er Basini wieder gleichgültig ansehen konnte und das Abscheuliche und Gemeine mit einem Lächeln aushielt. Dann wußte er, daß er sich erniedrigen werde, aber er unterschob dem einen neuen Sinn. Je häßlicher und unwürdiger das war, was ihm Basini bot, desto größer war der Gegensatz zu dem Gefühl einer leidenden Feinheit, das sich nachher einzustellen pflegte.

Törleß zog sich in irgendeinen Winkel zurück, von dem aus er beobachten konnte, ohne selbst gesehen zu werden. Wenn er die Augen schloß, so stieg ein ungewisses Drängen in ihm auf, und wenn er die Augen öffnete, fand er nichts, was er damit hätte vergleichen können. Und dann wuchs *plötzlich* der Gedanke an Basini und riß alles an sich. Bald verlor er dabei alles Bestimmte. Er schien nicht mehr Törleß anzugehören und schien sich nicht mehr auf Basini zu beziehen. Er war ganz von Gefühlen umrauscht, wie von lüsternen Frauen in hochgeschlossenen Gewändern unter vorgebundenen Masken.

Törleß kannte kein einziges beim Namen, er wußte von keinem, was es barg; aber gerade darin lag die berauschende Verlockung. Er kannte sich selbst nicht mehr; und gerade daraus wuchs seine Lust zu wilder, verachtender Ausschweifung, wie wenn bei einem galanten Feste plötzlich die Lichter verlöschen und niemand mehr weiß, wen er zur Erde zieht und mit Küssen bedeckt.

Törleß wurde später, nachdem er die Ereignisse seiner Jugend überwunden hatte, ein junger Mann von sehr feinem und empfindsamem Geiste. Er zählte dann zu jenen ästhetisch-intellektuellen Naturen, welchen die Beachtung der Gesetze und wohl auch teilweise der öffentlichen Moral eine Beruhigung gewährt, weil sie dadurch enthoben sind, über etwas Grobes, von dem feineren seelischen Geschehen Weitabliegendes nachdenken zu müssen, die aber eine gelangweilte Unempfindlichkeit mit dieser großen äußeren, ein wenig ironischen Korrektheit verbinden, sobald man ein persönlicheres Interesse für deren Gegenstände von ihnen verlangt. Denn dieses wirklich sie selbst ergreifende Interesse sammelt sich bei ihnen einzig auf das Wachstum der Seele, des Geistes, oder wie immer man das benennen mag, was hie und da durch einen Gedanken zwischen den Worten eines Buches oder vor den verschlossenen Lippen eines Bildes in uns gemehrt wird; was manchmal erwacht, wenn irgendeine einsame, eigenwillige Melodie von uns fortgeht und – ins Ferne schreitend – mit fremden Bewegungen an dem dünnen, roten Faden zerrt, unseres Blutes, den sie hinter sich herzieht; das aber immer verschwunden ist, wenn wir Akten schreiben, Maschinen bauen, in den Zirkus gehen oder den hundert anderen ähnlichen Beschäftigungen folgen.–

Diesen Menschen sind also die Gegenstände, welche nur ihre moralische Korrektheit herausfordern, höchst gleichgültig. Törleß bereute daher auch nie in seinem späteren Leben das damals Geschehene. Seine Bedürfnisse waren so einseitig schöngeistig zugeschärft, daß es, wenn man ihm etwa eine ganz ähnliche Geschichte von den Ausschweifungen eines Wüstlings erzählt hätte, gewiß völlig außerhalb seines Gesichtskreises gelegen wäre, seine Entrüstung gegen das Geschehene zu richten. Er hätte einen solchen Menschen gewissermaßen nicht deswegen verachtet, weil er ein Wüstling, sondern weil er nichts Besseres ist; nicht wegen seiner Ausschweifungen, sondern wegen des Seelenzustandes, der ihn diese begehen läßt; weil er dumm ist, oder weil seinem Verstande die seelischen Gegengewichte fehlen...: immer also nur wegen des traurigen, beraubten, entkräfteten Anblicks, den er bietet. Und er hätte ihn gleicherweise verachtet, ob nun sein Laster in geschlechtlichen Ausschweifungen oder in zwanghaft entartetem Zigarettenrauchen oder Alkoholgenuß bestünde.

Und wie allen dermaßen auf die Steigerung ausschließlich ihrer Geistigkeit konzentrierten Menschen bedeutete auch ihm das bloße Vorhandensein schwüler und exzessiver Regungen noch wenig. Er liebte es damit zu rechnen, daß die Fähigkeit zu genießen, die künstlerischen Talente, das ganze verfeinerte Seelenleben ein Zierat sei, an dem man sich leicht verletze. Er betrachtete es als etwas Unumgängliches, daß ein Mensch von reichem und beweglichem Innenleben Augenblicke habe, um die andere nicht wissen dürfen, und Erinnerungen, die er in geheimen Fächern verwahrt. Und er verlangte von ihm nur, daß er nachträglich sich ihrer mit Feinheit zu bedienen verstehe.

So daß, als er einmal von jemandem, dem er die Geschichte seiner Jugend erzählt hatte, gefragt wurde, ob diese Erinnerung nicht doch manchmal beschämend sei, er lächelnd folgende Antwort gab: «Ich leugne ganz gewiß nicht, daß es sich hier um eine Erniedrigung handelte. Warum auch nicht? Sie verging. Aber etwas von ihr blieb für immer zurück: jene kleine Menge Giftes, die nötig ist, um der Seele die allzu sichere und beruhigte Gesundheit zu nehmen und ihr dafür eine feinere, zugeschärfte, verstehende zu geben.

Wollten Sie übrigens die Stunden der Erniedrigung zählen, die überhaupt von jeder großen Leidenschaft der Seele eingebrannt werden? Denken Sie nur an die Stunden der absichtlichen Demütigung in der Liebe! Diese entrückten Stunden, zu denen sich Liebende über gewisse tiefe Brunnen neigen oder einander das Ohr ans Herz legen, ob sie nicht drinnen die Krallen der großen, unruhigen Katzen ungeduldig an den Kerkerwänden hören? Nur um sich zittern zu fühlen! Nur um über ihr Alleinsein oberhalb dieser dunklen, brandmarkenden Tiefen zu erschrecken! Nur um jäh – in der Angst der Einsamkeit mit diesen düsteren Kräften – sich ganz ineinander zu flüchten!

Sehen Sie doch nur jungen Ehepaaren in die Augen. Du glaubst ... ? steht darin, aber du ahnst ja gar nicht, wie tief wir versinken können! – In diesen Augen liegt ein heiterer Spott gegen den, der von so vielem nichts weiß, und der zärtliche Stolz derer, die miteinander durch alle Höllen gegangen sind.

Und wie diese Liebenden miteinander, so bin ich damals mit mir selbst durch all dies hindurchgegangen.»

Dennoch, wenn Törleß auch später so urteilte, damals, als er sich in dem Sturme einsamer, begehrlicher Empfindungen befand, war diese des guten Endes überzeugte Zuversicht durchaus nicht immer in ihm. Von den Rätseln, die ihn erst vor kurzem gequält hatten, war noch eine unbestimmte Nachwirkung geblieben, die wie ein dunkler ferner Ton am Grunde seiner Erlebnisse klang. Gerade daran mochte er jetzt nicht denken.

Aber zeitweilig mußte er es. Und dann befiel ihn tiefste Hoffnungslosigkeit, und eine ganz andere, eine müde, zukunftslose Beschämung konnte ihn bei diesen Erinnerungen ergreifen.

Trotzdem vermochte er aber auch über diese nicht sich Rechenschaft zu geben.

Dies bewirkten die besonderen Verhältnisse im Institute. Dort, wo die jungen aufdrängenden Kräfte hinter grauen Mauern festgehalten wurden, stauten sie die Phantasie voll wahllos wollüstiger Bilder, die manchem die Besinnung raubten.

Ein gewisser Grad von Ausschweifung galt sogar als männlich, als verwegen, als kühnes Inbesitznehmen vorenthaltener Vergnügungen. Zumal wenn man sich mit der ehrbar verkümmerten Erscheinung der meisten Lehrer verglich. Denn dann gewann das Mahnwort Moral einen lächerlichen Zusammenhang mit schmalen Schultern, mit spitzen Bäuchen auf dünnen Beinen und mit Augen, die hinter ihren Brillen harmlos wie Schäfchen weideten, als sei das Leben nichts als ein Feld voll Blumen ernster Erbaulichkeit.

Im Institute endlich hatte man noch keine Kenntnis vom Leben und keine Ahnung von allen jenen Abstufungen von Gemeinheit und Wüstheit bis zu Krankheit und Lächerlichkeit, die den Erwachsenen in erster Linie mit Widerwillen erfüllen, wenn er von solchen Dingen hört.

Alle diese Hemmnisse, deren Wirksamkeit wir gar nicht abzuschätzen vermögen, fehlten ihm. Er war förmlich naiv in seine Vergehen hineingeraten.

Denn auch die ethische Widerstandskraft, dieses empfindliche Fühlvermögen des Geistes, das er später so hoch schätzte, fehlte damals noch. Aber doch kündigte es sich schon an. Törleß irrte, er sah erst die Schatten, die etwas noch Unerkanntes in ihm in sein Bewußtsein warf, und er hielt sie fälschlich für Wirklichkeit: aber er hatte eine Aufgabe an sich selbst zu erfüllen, eine Aufgabe der Seele, – wenn er ihr auch noch nicht gewachsen war.

Er wußte nur, daß er etwas noch Undeutlichem auf einem Wege gefolgt war, der tief in sein Inneres führte; und er war dabei ermüdet. Er hatte sich gewöhnt, auf außerordentliche, verborgene Entdeckungen zu hoffen, und war dabei in die engen, winkligen Gemächer der Sinnlichkeit gelangt. Nicht aus Perversität, sondern infolge einer augenblicklich ziellosen geistigen Situation.

Und gerade diese Untreue gegen etwas Ernstes, Erstrebtes in sich erfüllte ihn mit einem unklaren Bewußtsein von Schuld; ein unbestimmter, versteckter Ekel verließ ihn niemals ganz, und eine ungewisse Angst verfolgte ihn wie einen, der im Dunkel nicht mehr weiß, ob er noch seinen Weg unter den Füßen hat oder wo er ihn verloren.

Er bemühte sich dann überhaupt nichts zu denken. Stumm und betäubt und aller früheren Fragen vergessend, lebte er dahin. Der feine Genuß an seinen Demütigungen wurde immer seltener.

Noch ließ er ihn nicht, aber doch setzte Törleß am Ende dieser Zeit keinen Widerstand mehr entgegen, als über Basinis Schicksal weiter beschlossen wurde.

Dies geschah einige Tage später, als sie zu dritt in der Kammer beisammen waren. Beineberg war sehr ernst.

Reiting fing zu sprechen an: «Beineberg und ich glauben, daß es auf die bisherige Weise mit Basini nicht mehr weiter geht. Er hat sich mit dem Gehorsam, den er uns schuldet, abgefunden und leidet nicht mehr darunter; er ist von einer frechen Vertraulichkeit wie ein Bedienter. Es ist also an der Zeit, mit ihm einen Schritt weiter zu gehen. Bist du einverstanden?»

«Ich weiß doch noch gar nicht, was ihr mit ihm tun wollt.»

«Das ist auch schwer zurechtgelegt. Wir müssen ihn noch weiter demütigen und herunterdrücken. Ich möchte sehen, wie weit das geht. Auf welche Weise, ist freilich eine andere Frage. Ich habe allerdings auch hierüber einige nette Einfälle. Wir könnten ihn zum Beispiel durchpeitschen, und er müßte Dankpsalmen dazu singen; den Ausdruck dieses Gesanges anzuhören wäre nicht übel, – jeder Ton gewissermaßen von einer Gänsehaut überlaufen. Wir könnten ihn die unsaubersten Sachen apportieren lassen. Wir könnten ihn zu Božena mitnehmen, dort die Briefe seiner Mutter vorlesen lassen, und Božena möchte schon den nötigen Spaß dazu liefern. Doch das alles läuft uns nicht davon. Wir können es uns ruhig ausdenken, ausfeilen und Neues dazufinden. Ohne die entsprechenden Details ist es vorderhand noch langweilig. Vielleicht liefern wir ihn überhaupt der Klasse aus. Das wäre das gescheiteste. Wenn von so vielen jeder nur ein wenig beisteuert, so genügt es, um ihn in Stücke zu zerreißen. Überhaupt habe ich diese Massenbewegungen gern. Keiner will Besonderes dazutun, und doch gehen die Wellen immer höher, bis sie über allen Köpfen zusammenschlagen. Ihr werdet sehen, keiner wird sich rühren, und es wird doch einen Riesensturm geben. So etwas in Szene zu setzen, ist für mich ein außerordentliches Vergnügen.»

«Was wollt ihr aber zunächst tun?»

«Wie gesagt, ich möchte mir das für später aufsparen, vorderhand würde es mir genügen, ihn soweit zu bringen, – durch Drohungen oder Prügel, – daß er wieder zu allem ja sagt.»

«Wozu?» entfuhr es Törleß. Sie sahen sich fest in die Augen.

«Ach, verstell dich nicht; ich weiß sehr wohl, daß du davon unterrichtet bist.» Törleß schwieg. Hatte Reiting etwas erfahren? ... Klopfte er nur auf den Strauch?

«... Doch noch von damals her; Beineberg hat dir doch gesagt, wozu sich Basini hergibt.»

Törleß atmete erleichtert auf.

«Na, mach nur nicht so erstaunte Augen. Damals hast du sie auch so aufgerissen, und es handelt sich doch um nichts gar so Arges. Übrigens hat mir Beineberg gestanden, daß er dasselbe mit Basini tut.» Dabei blickte Reiting mit einer ironischen Grimasse zu Beineberg hinüber. Das war so seine Art, einem anderen ganz öffentlich und ungeniert ein Bein zu stellen.

Aber Beineberg erwiderte nichts; er blieb in seiner nachdenklichen Stellung sitzen und schlug kaum die Augen auf.

«Na, möchtest du nicht mit deiner Sache herausrücken?! Er hat nämlich eine verrückte Idee mit Basini vor und will sie durchaus ausführen, ehe wir anderes unternehmen. Aber sie ist ganz amüsant.»

Beineberg blieb ernst; er sah Törleß mit einem nachdrücklichen Blicke an und sagte: «Erinnerst du dich, was wir damals hinter den Mänteln sprachen?»

«Ja.»

«Ich bin niemals mehr darauf zu sprechen gekommen, denn das bloße Reden hat ja doch keinen Zweck. Aber ich habe darüber nachgedacht, – du kannst mir glauben – oft. Auch das, was Reiting dir eben gesagt hat, ist wahr. Ich habe dasselbe mit Basini getan wie er. Vielleicht noch einiges mehr. Deswegen, weil ich, wie ich schon damals sagte, des Glaubens war, daß die Sinnlichkeit vielleicht das richtige Tor sein könnte. Das war so ein Versuch. Ich wußte keinen anderen Weg zu dem, was ich suchte. Aber dieses Planlose hat keinen Sinn. Darüber habe ich nachgedacht, – nächtelang nachgedacht, – wie man etwas Systematisches an seine Stelle setzen könnte.

Jetzt glaube ich es gefunden zu haben, und wir werden den Versuch machen. Jetzt wirst du auch sehen, wie sehr du damals im Unrecht warst. Alles ist unsicher, was von der Welt behauptet wird, alles geht anders zu. Das lernten wir damals gewissermaßen nur von der Kehrseite kennen, indem wir Punkte aufsuchten, bei denen diese ganze natürliche Erklärung über die eigenen Füße stolpert, jetzt hoffe ich aber das Positive zeigen zu können, – das andere!»

Reiting verteilte die Teeschalen; dabei stieß er vergnügt Törleß an. «Gib gut acht. – Das ist sehr fesch, was er sich ausgetiftelt hat.»

Beineberg aber drehte mit einer raschen Bewegung die Lampe aus. In dem Dunkel warf nur die Spiritusflamme des Kochers unruhige, bläuliche Lichter auf die drei Köpfe.

«Ich löschte die Lampe aus, Törleß, weil es sich so von solchen Dingen besser spricht. Und du, Reiting, kannst meinethalben schlafen, wenn du zu dumm bist, um Tieferes zu begreifen.»

Reiting lachte belustigt.

«Du erinnerst dich also noch an unser Gespräch. Du selbst hattest damals jene kleine Sonderbarkeit in der Mathematik herausgefunden. Dieses Beispiel, daß unser Denken keinen gleichmäßig festen, sicheren Boden hat, sondern über Löcher hinweggeht. – Es schließt die Augen, es hört für einen Moment auf zu sein und wird doch sicher auf die andere Seite hinübergetragen. Wir müßten eigentlich längst verzweifelt sein, denn unser Wissen ist auf allen

Gebieten von solchen Abgründen durchzogen, nichts wie Bruchstücke, die in einem unergründlichen Ozean treiben.

Wir verzweifeln aber nicht, wir fühlen uns dennoch so sicher wie auf festem Boden. Wenn wir dieses sichere, gewisse Gefühl nicht hätten, würden wir uns aus Verzweiflung über unseren armen Verstand töten. Dieses Gefühl begleitet uns beständig, es hält uns zusammen, es nimmt unseren Verstand in jedem zweiten Augenblick schützend in den Arm wie ein kleines Kind. So wie wir uns dessen einmal bewußt geworden sind, können wir das Dasein einer Seele nicht mehr leugnen. So wie wir unser geistiges Leben zergliedern und das Unzureichende des Verstandes erkennen, fühlen wir es förmlich. Fühlen es, – verstehst du, – denn wenn dieses Gefühl nicht wäre, würden wir zusammenklappen wie leere Säcke.

Wir haben nur verlernt, auf dieses Gefühl zu achten, aber es ist eines der ältesten. Vor tausenden von Jahren haben schon Völker, die tausende Meilen voneinander wohnten, darum gewußt. Wie man sich einmal damit befaßt, kann man diese Dinge gar nicht leugnen. Doch ich will dich nicht mit Worten überreden; ich werde dir nur das nötigste sagen, damit du nicht ganz unvorbereitet bist. Den Beweis werden die Tatsachen erbringen.

Nimm also an, die Seele existiere, dann ist es doch ganz selbstverständlich, daß wir kein heißeres Bestreben haben können, als den verloren gegangenen Kontakt mit ihr wieder herzustellen, mit ihr wieder vertraut zu werden, ihre Kräfte wieder besser ausnützen zu lernen, Teile der übersinnlichen Kräfte, die in ihrer Tiefe schlummern, für uns zu gewinnen.

Denn das alles ist möglich, es ist schon mehr als einmal gelungen, die Wunder, die Heiligen, die indischen Gottesschauer sind lauter Beglaubigungen für solche Geschehnisse.»

«Hör einmal,» warf Törleß ein, «du redest dich jetzt ein wenig in diesen Glauben hinein. Du hast dazu eigens die Lampe auslöschen müssen. Würdest du aber auch so sprechen, wenn wir jetzt unten zwischen den andern säßen, die Geographie, Geschichte lernen, Briefe nach Hause schreiben, wo die Lampen hell brennen und vielleicht der Präfekt um die Bänke geht? Kämen dir da nicht doch deine Worte etwas abenteuerlich vor, etwas anmaßend, als ob wir gar nicht zu denen gehörten, in einer anderen Welt lebten, achthundert Jahre vorher?»

«Nein, mein lieber Törleß, ich würde dasselbe behaupten. Übrigens ist es ein Fehler von dir, daß du immer nach den andern schielst; du bist zu wenig selbständig. Briefe nach Hause schreiben! Bei solchen Sachen denkst du an deine Eltern! Wer sagt dir, daß sie uns hier überhaupt nur zu folgen vermögen? Wir sind jung, eine Generation später, vielleicht sind uns Dinge vorbehalten, die sie nie in ihrem Leben geahnt haben. Ich wenigstens fühlte es in mir.

Doch wozu lange reden; ich werde es euch ja beweisen.»

Nachdem sie einige Zeit geschwiegen hatten, sagte Törleß: «Wie willst du es denn eigentlich anpacken, deiner Seele habhaft zu werden?»

«Das will ich dir jetzt nicht auseinandersetzen, da ich es ohnedies vor Basini werde tun müssen.»

«Aber beiläufig kannst du es wenigstens sagen.»

«Nun ja. Die Geschichte lehrt, daß es hiezu nur einen Weg gibt: die Versenkung in sich selbst. Nur ist das eben das Schwierige. Die alten Heiligen zum Beispiel, zu der Zeit, wo die Seele sich noch in Wundern äußerte, konnten dieses Ziel durch inbrünstiges Gebet erreichen. Zu jener Zeit war eben die Seele von anderer Art, denn heute versagt dieser Weg. Heute wissen wir nicht, was wir tun sollen; die Seele hat sich verändert, und es liegen leider Zeiten dazwischen, wo man dem nicht die richtige Aufmerksamkeit gewidmet hat und der Zusammenhang unwiederbringlich verloren ging. Einen neuen Weg können wir nur durch sorgfältigste Überlegung finden. Hiemit habe ich mich während der letzten Zeit intensiv beschäftigt. Am nächsten dürfte man wohl mit Hilfe der Hypnose gelangen. Nur ist es noch nie versucht worden. Man macht da immer nur so alltägliche Kunststückchen, weswegen die Methoden noch nicht darauf erprobt sind, ob sie auch zu Höherem führen. Das letzte, was ich hierüber jetzt schon sage, ist, daß ich Basini nicht nach dieser landläufigen Art hypnotisieren werde, sondern nach meiner eigenen, die, wenn ich nicht irre, einer schon im Mittelalter angewandten ähnlich ist.»

«Ist dieser Beineberg nicht kostbar?» lachte Reiting. «Nur hätte er zur Zeit der Weltuntergangsprophezeiungen leben sollen, dann hätte er am Ende wirklich geglaubt, daß es seine Seelenmagie gewesen sei, deretwegen die Welt bestehen blieb.»

Als Törleß auf diesen Spott hin Beineberg ansah, bemerkte er, daß dessen Gesicht ganz starr wie in krampfhafter Aufmerksamkeit verzerrt war. Im nächsten Augenblick fühlte er sich von eiskalten Fingern gefaßt. Törleß erschrak über diese hochgradige Aufregung; dann löste sich die Spannung der ihn umklammernden Hand. «Oh, es war nichts. Nur ein Gedanke. Mir war, als sollte mir etwas Besonderes einfallen, ein Fingerzeit, wie es zu machen sei ....»

«Hörst du, du bist wirklich ein wenig angegriffen,» sagte Reiting in jovialer Weise, «sonst warst du doch ein eiserner Kerl und betriebst so etwas nur als Sport; jetzt aber bist du wie ein Frauenzimmer.»

«Ach was – du hast eben keine Ahnung, was das heißt, solche Dinge in der Nähe zu wissen, jeden Tag schon vor ihrem Besitze zu stehen!»

«Streitet nicht,» sagte Törleß – er war im Laufe der wenigen Wochen weit fester und energischer geworden – «meinetwegen kann jeder machen, was er will; ich glaube an gar nichts. Weder deinen geriebenen Quälereien, Reiting, noch Beinebergs Hoffnungen. Und selbst weiß ich nichts zu sagen. Ich warte ab, was ihr herausbringt.»

«Wann also?»

Es wurde die zweitnächste Nacht bestimmt.

Törleß ließ sie widerstandslos an sich herankommen. In dieser neu entstandenen Situation war auch sein Gefühl für Basini völlig erkaltet. Das war sogar eine ganz glückliche Lösung, weil sie wenigstens mit einem Schlage von dem Schwanken zwischen Beschämung und Begierde befreite, aus dem Törleß durch eigene Kraft nicht herauskam. Jetzt hatte er wenigstens einen geraden, klaren Widerwillen gegen Basini, als ob die diesem zugedachten Demütigungen auch ihn beschmutzen könnten.

Im übrigen war er zerstreut und mochte an nichts ernst denken; am allerwenigsten an das, was ihn einst so beschäftigte.

Erst als er mit Reiting die Treppe zum Boden hinaufstieg, während Beineberg mit Basini schon vorausgegangen war, wurde die Erinnerung an das einst in ihm Gewesene lebhafter. Die selbstbewußten Worte wollten ihm nicht aus dem Kopfe, die er in dieser Angelegenheit Beineberg vorgeworfen hatte, und er sehnte sich, diese Zuversicht wieder zu gewinnen. Zögernd hielt er auf jeder Stufe den Fuß zurück. Aber die alte Gewißheit kehrte nicht wieder. Er erinnerte sich zwar aller Gedanken, die er damals gehabt hatte, aber sie schienen ferne an ihm vorüberzugehen, als seien sie nur die Schattenbilder des einst Gedachten.

Schließlich, da er in sich nichts fand, richtete sich seine Neugierde wieder auf die Ereignisse, die von außen kommen sollten, und trieb ihn vorwärts.

Mit raschen Schritten eilte er hinter Reiting die übrigen Stufen hinauf.

Während sich die eiserne Tür knarrend hinter ihnen schloß, fühlte er seufzend, daß Beinebergs Vorhaben zwar nur ein lächerlicher Hokuspokus sei, aber doch wenigstens etwas Festes und Überlegtes, während in ihm alles in undurchsichtiger Verwirrung lag.

Auf einem querlaufenden Balken nahmen sie Platz, – in erwartungsvoller Spannung wie in einem Theater.

Beineberg war mit Basini schon da.

Die Situation schien seinem Vorhaben günstig. Das Dunkel, die abgestandene Luft, der faule, süßliche Geruch, der den Wasserbottichen entströmte, schufen ein Gefühl des Einschlafens, Nichtmehraufwachenkönnens, eine müde, lässige Trägheit.

Beineberg hieß Basini sich zu entkleiden. Die Nacktheit hatte jetzt in dem Dunkel einen bläulichen, faulen Schimmer und wirkte durchaus nicht erregend.

Plötzlich zog Beineberg den Revolver aus der Tasche und hielt ihn gegen Basini.

Selbst Reiting neigte sich da vor, um jeden Augenblick dazwischenspringen zu können.

Aber Beineberg lächelte. Eigentümlich verzerrt; so als ob er es gar nicht wollte, sondern nur das Heraufdrängen irgendwelcher fanatischer Worte seine Lippen zur Seite geschoben hätte.

Basini war wie gelähmt in die Knie gesunken und starrte mit angstvoll aufgerissenen Augen die Waffe an.

«Steh auf,» sagte Beineberg, «wenn du alles genau befolgst, was ich dir sage, soll dir kein Leid geschehen; wie du mich aber durch den geringsten Widerspruch störst, schieße ich dich nieder. Merk dir das!

Ich werde dich allerdings auch so töten, aber du wirst wieder zum Leben zurückkommen. Das Sterben ist uns nicht so fremd, wie du meinst; wir sterben täglich – im tiefen, traumlosen Schlafe.»

Wieder verzog das wirre Lächeln Beinebergs Mund.

«Knie dich jetzt da oben hin,» – in halber Höhe lief ein breiter, wagrechter Balken, – «so – ganz aufrecht – halte dich völlig gerade – das Kreuz mußt du einziehen. Und jetzt schau fort da drauf; aber ohne zu blinzeln, die Augen mußt du so weit öffnen, als du nur kannst!»

Beineberg stellte eine kleine Spiritusflamme so vor ihn hin, daß er den Kopf ein wenig zurückbeugen mußte, um voll hineinzusehen.

Man konnte nicht viel wahrnehmen, aber nach einiger Zeit schien Basinis Körper zu beginnen, wie ein Pendel hin und her zu schwingen. Die bläulichen Reflexe bewegten sich auf seiner Haut auf und ab. Hie und da glaubte Törleß, Basinis Gesicht mit einem ängstlich verzerrten Ausdrucke wahrzunehmen.

Nach einiger Zeit fragte Beineberg: «Bist du müde?»

Diese Frage war in der gewöhnlichen Weise der Hypnotiseure gestellt.

Dann begann er mit leiser, verschleierter Stimme zu erklären:

«Das Sterben ist nur eine Folge unserer Art zu leben. Wir leben von einem Gedanken zum andern, von einem Gefühl zum nächsten. Denn unsere Gedanken und Gefühle fließen nicht ruhig wie ein Strom, sondern sie ‹fallen uns ein›, fallen in uns hinein wie Steine. Wenn du dich genau beobachtest, fühlst du es, daß die Seele nicht etwas ist, das in allmählichen Übergängen seine Farben wechselt, sondern daß die Gedanken wie Ziffern aus einem schwarzen Loch daraus hervorspringen. Jetzt hast du einen Gedanken oder ein Gefühl, und mit einem Male steht ein anderes da wie aus dem Nichts gesprungen. Wenn du aufmerkst, kannst du sogar zwischen zwei Gedanken den Augenblick spüren, wo alles schwarz ist. Dieser Augenblick ist, – einmal erfaßt, für uns geradezu der Tod.

Denn unser Leben ist nichts anderes als Marksteine setzen und von einem zum anderen hüpfen, täglich über tausend Sterbesekunden hinweg. Wir leben nur gewissermaßen in den Ruhepunkten. Deswegen haben wir auch eine so lächerliche Furcht vor dem unwiderruflichen Sterben, denn es ist das schlechthin Marksteinlose, der unermeßliche Abgrund, in den wir hineinfallen. Für diese Art zu leben ist es wirklich die völlige Verneinung.

Aber auch nur unter der Perspektive dieses Lebens, nur für den, der nicht anders gelernt hat sich zu fühlen als von Augenblick zu Augenblick.

Ich nenne dies das hüpfende Übel, und das Geheimnis besteht darin, es zu überwinden. Man muß das Gefühl seines Lebens als eines ruhig Gleitenden in sich erwecken. In dem Momente, wo dies gelingt, ist man dem Tode ebenso nah wie dem Leben. Man lebt nicht mehr, – nach unseren irdischen Begriffen, – aber man kann auch nicht mehr sterben, denn mit dem Leben hat man auch den Tod aufgehoben. Es ist der Augenblick der Unsterblichkeit, der Augenblick, wo die Seele aus unserem engen Gehirn in die wunderbaren Gärten ihres Lebens tritt.

Folge mir also jetzt genau.

Schläfere alle Gedanken ein, starre in diese kleine Flamme; ... denke nicht von einem zum andern .... Konzentriere alle Aufmerksamkeit nach innen .... Starre die Flamme an ... dein Denken wird wie eine Maschine, die immer langsamer geht ... immer ... langsamer ... geht .... Starre nach innen ... so lange, bis du den Punkt findest, wo du dich fühlst, ohne einen Gedanken oder eine Empfindung zu fühlen ....

Dein Schweigen wird mir die Antwort sein. Wende den Blick nicht von innen weg ...!» Minuten verstrichen ....

«Fühlst du den Punkt ... ?»

Keine Antwort.

«Höre, Basini, ist es dir gelungen?»

Schweigen.

Beineberg stand auf, und sein hagerer Schatten richtete sich neben dem Balken in die Höhe. Oben schwang Basinis Körper, von der Dunkelheit trunken, merkbar hin und her.

«Dreh dich zur Seite,» befahl Beineberg. «Was jetzt gehorcht, ist nur mehr das Gehirn,» murmelte er, «das mechanisch noch eine Weile funktioniert, bis die letzten Spuren verzehrt sind, die ihm die Seele aufdrückte. Sie selbst ist irgendwo – in ihrem nächsten Dasein. Sie trägt nicht mehr die Fesseln der Naturgesetze ...,» er wandte sich jetzt an Törleß, «sie ist nicht mehr zur Strafe verurteilt, einen Körper schwer zu machen, zusammenzuhalten. Neige dich vor, Basini, – so – ganz allmählich ... immer weiter mit dem Körper hinaus .... Sowie die letzte Spur im Gehirn erloschen sein wird, werden die Muskeln nachlassen und der leere Körper in sich zusammenbrechen. Oder er wird schweben bleiben; ich weiß es nicht; die Seele hat eigenmächtig den Körper verlassen, es ist nicht der gewöhnliche Tod, vielleicht bleibt der Körper in der Luft schweben, weil nichts, keine Kraft des Lebens noch des Todes mehr, sich seiner annimmt.... Neige dich vor... mehr noch.»

In diesem Augenblick polterte Basinis Körper, der aus Angst allen Befehlen gefolgt war, schwer aufschlagend Beineberg zu Füßen.

Vor Schmerz schrie Basini auf. Reiting begann laut zu lachen. Beineberg aber, der einen Schritt zurückgewichen war, stieß einen gurgelnden Wutschrei aus, als er den Betrug erfaßt hatte. Mit einer blitzschnellen Bewegung riß er seinen Ledergurt vom Leibe, faßte Basini bei den Haaren und peitschte wie rasend auf ihn ein. Die ganze ungeheure Spannung, unter der er gestanden war, strömte in diesen wütenden Schlägen aus. Und Basini heulte unter ihnen vor Schmerz, daß es wie die Klage eines Hundes in allen Winkeln zitterte.

Törleß war während des ganzen vorangegangenen Auftrittes ruhig geblieben. Er hatte im stillen gehofft, daß sich vielleicht doch etwas ereignen werde, das ihn wieder mitten in seinen verlorenen Empfindungskreis versetzen würde. Es war eine törichte Hoffnung, dessen blieb er sich stets bewußt, aber sie hatte ihn doch festgehalten. Nun schien ihm jedoch, daß alles vorbei sei. Die Szene widerte ihn an. Ganz gedankenlos; stummer, toter Widerwille.

Er erhob sich leise und ging ohne ein Wort zu sagen fort. Ganz mechanisch.

Beineberg schlug sich noch immer an Basini müde.

Als Törleß im Bette lag, fühlte er: ein Abschluß. Etwas ist vorbei.

Während der nächsten Tage oblag er ruhig seinen Arbeiten in der Schule; er kümmerte sich um nichts; Reiting und Beineberg mochten wohl einstweilen ihr Programm Punkt für Punkt in Szene setzen, Törleß ging ihnen aus dem Wege.

Da trat am vierten Tage, als gerade niemand zugegen war, Basini auf ihn zu. Er sah elend aus, sein Gesicht war bleich und abgemagert, in seinen Augen flackerte das Fieber einer beständigen Angst. Mit scheuen Seitenblicken, in hastigen Worten stieß er hervor: «Du mußt mir helfen! Nur du kannst es tun! Ich halte es nicht mehr länger aus, wie sie mich quälen. Alles Frühere habe ich ertragen,... jetzt aber werden sie mich noch totschlagen!»

Törleß war es unangenehm, hierauf eine Antwort zu geben. Endlich sagte er: «Ich kann dir nicht helfen; du selbst bist an allem schuld, was mit dir geschieht.»

«Aber du warst doch vor kurzem noch so lieb zu mir.»

«Niemals.»

«Aber ....»

«Schweig davon. Das war nicht ich .... Ein Traum .... Eine Laune .... Es ist mir sogar recht, daß deine neue Schande dich von mir fortgerissen hat .... Es ist gut so für mich ....»

Basini ließ den Kopf sinken. Er fühlte, daß ein Meer von grauer, nüchterner Enttäuschung sich zwischen ihn und Törleß geschoben hatte .... Törleß war kalt, ein anderer.

Da warf er sich vor ihm in die Knie, schlug mit dem Kopf auf den Boden und schrie: «Hilf mir! Hilf mir! ... Um Gottes willen, hilf mir!»

Törleß zauderte einen Augenblick. In ihm war weder der Wunsch, Basini zu helfen, noch genügend Empörung, um ihn von sich zu stoßen. So folgte er dem erstbesten Gedanken. «Komm heute nacht auf den Boden, ich will noch einmal mit dir darüber sprechen.» Im nächsten Augenblick bereute er aber schon.

«Wozu nochmals daran rühren?» fiel ihm ein und er sagte überlegend: «Doch sie würden dich ja sehen; es geht nicht.»

«O nein, sie blieben die letzte Nacht bis zum Morgen mit mir auf, – sie werden heute schlafen.»

«Also meinetwegen. Aber erwarte nicht, daß ich dir helfen werde.»

Törleß hatte Basini die Zusammenkunft entgegen seiner eigentlichen Überzeugung bestimmt. Denn die war, daß alles innerlich vorbei sei und nichts mehr zu holen. Nur mehr eine Art Pedanterie, eine von vorneherein hoffnungslose, eigensinnige Gewissenhaftigkeit hatte ihm eingeblasen, nochmals an den Ereignissen herumzutasten.

Er hatte das Bedürfnis, es kurz zu machen.

Basini wußte nicht, wie er sich benehmen sollte. Er war so verprügelt, daß er sich kaum zu rühren getraute. Alles Persönliche schien aus ihm gewichen zu sein; nur in den Augen hatte sich ein Rest davon zusammengedrängt und schien sich angstvoll, flehend an Törleß zu klammern.

Er wartete, was dieser tun werde.

Endlich brach Törleß das Schweigen. Er sprach rasch, gelangweilt, so wie wenn man eine längst abgetane Sache der Form halber nochmals erledigen muß.

«Ich werde dir nicht helfen. Ich hatte allerdings eine Zeitlang ein Interesse an dir, aber das ist jetzt vorbei. Du bist wirklich nichts als ein schlechter, feiger Kerl. Gewiß nichts anderes. Was soll mich da noch an dich halten! Früher glaubte ich immer, daß ich für dich ein Wort, eine Empfindung finden müßte, die dich anders bezeichnete; aber es gibt wirklich nichts Bezeichnenderes, als zu sagen, daß du schlecht und feig bist. Das ist so einfach, so nichtssagend und doch alles, was man vermag. Was ich früher anderes von dir wollte, habe ich vergessen, seit du dich mit deinen geilen Bitten dazwischen gedrängt hast. Ich wollte einen Punkt finden, fern von dir, um dich von dort anzusehen ..., das war mein Interesse an dir; du selbst hast es zerstört; ... doch genug, ich bin dir ja keine Erklärung schuldig. Nur eines noch: Wie ist dir jetzt zumute?»

«Wie soll mir zumute sein? Ich kann es nicht länger ertragen.»

«Sie machen jetzt wohl sehr Arges mit dir und es schmerzt dich?»

«Ja.»

«Aber so ganz einfach ein Schmerz? Du fühlst, daß du leidest, und du willst dem entgehen? Ganz einfach und ohne Komplikation?»

Basini fand keine Antwort.

«Nun ja, ich frage nur so nebenher, nicht genau genug. Aber das ist ja gleichgültig. Ich habe nichts mehr mit dir zu tun; ich sagte es schon. Ich vermag in deiner Gesellschaft nicht das geringste mehr zu fühlen. Mach, was du willst ...»

Törleß wollte gehen.

Da riß sich Basini die Kleider vom Leibe und drängte sich an Törleß heran. Sein Körper war von Striemen überzogen, – widerwärtig. Seine Bewegungen elend wie die eines ungeschickten Freudenmädchens. Ekelnd wandte sich Törleß ab.

Er hatte aber kaum die ersten Schritte in das Dunkel hineingetan, als er auf Reiting stieß.

«Was ist das, du hast geheime Zusammenkünfte mit Basini?»

Törleß folgte dem Blicke Reitings und sah auf Basini zurück.

Gerade an der Stelle, wo dieser stand, fiel von einer Dachluke her ein breiter Balken Mondlicht ein. Die bläulich überhauchte Haut mit den wunden Malen sah darin aus wie die eines Aussätzigen. Unwillkürlich suchte sich Törleß für diesen Anblick zu entschuldigen.

«Er hat mich darum gebeten.»

«Was will er?»

«Ich soll ihn beschützen.»

«Na, da ist er ja an den Richtigen gekommen.»

«Vielleicht würde ich es doch tun, aber mir ist die ganze Geschichte langweilig.»

Reiting sah unangenehm betroffen auf, dann fuhr er zornig Basini an.

«Wir werden dich schon lehren, Heimlichkeiten gegen uns anzustiften! Dein Schutzengel Törleß wird selbst zusehen und sein Vergnügen daran haben.»

Törleß hatte sich bereits abgewandt gehabt, aber diese offenbar an seine Adresse gerichtete Bosheit hielt ihn, ohne daß er überlegte, zurück.

«Höre, Reiting, das werde ich nicht tun. Ich will nichts mehr damit zu schaffen haben; mir ist das Ganze zuwider.»

«Auf einmal?»

«Ja, auf einmal. Denn früher suchte ich hinter all dem etwas ....» Warum nur drängte sich ihm dies jetzt wieder beständig auf ...!

«Aha, das zweite Gesicht.»

«Jawohl; jetzt aber sehe ich nur, daß du und Beineberg abgeschmackt roh seid.»

«Oh, du sollst sehen, wie Basini Kot frißt», witzelte Reiting.

«Das interessiert mich jetzt nicht mehr.»

«Hat dich aber doch ...!»

«Ich sagte dir schon, nur solange mir Basinis Zustand dabei ein Rätsel war.»

«Und jetzt?»

«Ich weiß jetzt nichts von Rätseln. Alles geschieht: Das ist die ganze Weisheit.» Törleß wunderte sich, daß ihm auf einmal wieder Gleichnisse einfielen, die sich jenem verloren gegangenen Empfindungskreise näherten. Als Reiting spöttisch erwiderte, «nun, diese Weisheit braucht man wohl nicht erst weither zu holen», schoß daher in ihm ein zorniges Gefühl der Überlegenheit empor und legte ihm harte Worte in den Mund. Für einen Augenblick verachtete er Reiting so sehr, daß er ihn am liebsten mit Füßen getreten hätte.

«Spotten magst du; was aber *ihr* jetzt treibt, ist nichts als eine gedankenlose, öde, ekelhafte Quälerei!»

Reiting warf einen Seitenblick auf den aufhorchenden Basini.

«Halte dich zurück, Törleß!»

«Ekelhaft, schmutzig – du hast es gehört!»

Jetzt brauste auch Reiting auf.

«Ich verbiete dir, uns hier vor Basini zu beschimpfen!»

«Ach was. Du hast nichts zu verbieten! Die Zeit ist vorbei. Ich hatte einmal vor dir und Beineberg Respekt, jetzt sehe ich aber, was ihr gegen mich seid. Stumpfsinnige, widerwärtige, tierische Narren!»

«Halte deinen Mund, oder ...!!» Reiting schien auf Törleß zuspringen zu wollen. Törleß wich einen Schritt zurück und schrie ihn an: «Glaubst du, ich werde mich mit dir prügeln?! Dafür steht mir Basini nicht. Mach mit ihm, was du willst, aber laß mich jetzt vorbei!!»

Reiting schien sich eines Besseren als seines Dreinschlagens besonnen zu haben und trat zur Seite. Nicht einmal Basini rührte er an. Aber Törleß, der ihn kannte, wußte nun, daß hinter seinem Rücken eine bösartige Gefahr drohte.

Schon am zweitnächsten Nachmittage traten Reiting und Beineberg auf Törleß zu.

Dieser bemerkte den bösen Ausdruck ihrer Augen. Offenbar trug Beineberg den lächerlichen Zusammenbruch seiner Prophezeiungen nun ihm nach, und Reiting mochte ihn überdies bearbeitet haben.

«Wie ich hörte, hast du uns beschimpft. Noch dazu vor Basini. Weswegen?»

Törleß gab keine Antwort.

«Du weißt, daß wir uns solches nicht bieten lassen. Weil aber du es bist, dessen launenhafte Einfälle wir ja gewöhnt sind und nicht hoch anschlagen, wollen wir die Sache ruhen lassen. Nur eines mußt du tun.» Trotz dieser freundlichen Worte war etwas böse Wartendes in Beinebergs Augen.

«Basini kommt heute nacht in die Kammer; wir werden ihn dafür züchtigen, daß er dich aufhetzte. Wenn du uns weggehen siehst, komme nach.»

Aber Törleß sagte nein: «... Ihr könnt machen, was ihr wollt; mich müßt ihr dabei aus dem Spiele lassen.»

«Wir werden heute nacht Basini noch genießen, morgen liefern wir ihn der Klasse aus, denn er beginnt sich aufzulehnen.»

«Macht, was ihr wollt.»

«Du wirst aber dabei sein.»

«Nein.»

«Gerade vor dir muß Basini sehen, daß ihm nichts gegen uns helfen kann. Gestern weigerte er sich schon, unsere Befehle auszuführen; wir haben ihn halbtot geschlagen, und er blieb dabei. Wir müssen wieder zu moralischen Mitteln greifen, ihn erst vor dir, dann vor der Klasse demütigen.»

«Ich werde aber nicht dabei sein!»

«Warum?»

«Nein.»

Beineberg schöpfte Atem; er sah aus, als wolle er Gift auf seinen Lippen sammeln, dann trat er ganz nahe an Törleß heran.

«Glaubst du wirklich, daß wir nicht wissen, warum? Denkst du, wir wissen nicht, wie weit du dich mit Basini eingelassen hast?»

«Nicht weiter als ihr.»

«So. Und da würde er gerade dich zu seinem Schutzpatron erwählt haben? Was? – Gerade zu dir würde ihn das große Zutrauen erfaßt haben? Für so dumm wirst du uns doch nicht halten.»

Törleß wurde zornig. «Wißt, was ihr wollt, mich aber laßt jetzt mit euren dreckigen Geschichten in Ruhe.»

«Wirst du schon wieder grob?!»

«Ihr ekelt mich an! Eure Gemeinheit ist ohne Sinn! Das ist das Widerwärtige an euch.»

«So höre. Du solltest uns für so manches zur Dankbarkeit verpflichtet sein. Wenn du glaubst, dich trotzdem jetzt über uns erheben zu können, die wir deine Lehrmeister waren, so irrst du dich arg. Kommst du heute abend mit oder nicht??»

«Nein!»

«Mein lieber Törleß, wenn du dich gegen uns auflehnst und nicht kommst, so wird es dir gerade so gehen wie Basini. Du weißt, in welcher Situation dich Reiting getroffen hat. Das genügt. Ob wir mehr oder weniger getan haben, wird dir wenig nützen. Wir werden alles gegen dich wenden. Du bist in solchen Dingen lange zu dumm und unentschlossen, um dagegen aufkommen zu können.

Wenn du dich also nicht rechtzeitig besinnst, stellen wir dich der Klasse als den Mitschuldigen Basinis hin. Dann mag er dich beschützen. Verstanden?»

Wie ein Unwetter war diese Flut von Drohungen, bald von Beineberg, bald von Reiting, bald von beiden zugleich hervorgestoßen, über Törleß weggerauscht. Als die beiden fort waren, rieb er sich die Augen, als hätte er geträumt. Aber Reiting kannte er; der war im Zorne der größten Niedertracht fähig, und Törleß' Schimpf und Auflehnung schienen ihn tief verletzt zu haben. Und Beineberg? Er hatte ausgesehen, als zitterte er unter einem jahrelang verhaltenen Hasse,... und das doch nur, weil er sich vor Törleß böse blamiert hatte.

Doch je tragischer sich die Ereignisse über seinem Kopfe zusammenzogen, desto gleichgültiger und mechanischer erschienen sie Törleß. Er hatte vor den Drohungen Angst. Das ja; aber weiter nichts. Die Gefahr hatte ihn mitten in das Wirbeln der Wirklichkeit gezogen.

Er legte sich zu Bett. Er sah Beineberg und Reiting weggehen und den müden Schritt Basinis vorbeischlürfen. Aber er ging nicht mit.

Doch marterten ihn schreckliche Vorstellungen. Zum ersten Male dachte er wieder mit einiger Innigkeit an seine Eltern. Er fühlte, daß er diesen ruhigen, gesicherten Boden brauche, um das zu festigen und auszureifen, was ihm bisher nur Verlegenheiten gebracht hatte.

Was aber war das? Er hatte keine Zeit, darüber nachzudenken und über die Ereignisse zu grübeln. Nur eine leidenschaftliche Sehnsucht fühlte er, aus diesen wirren, trubelnden Verhältnissen herauszukommen, eine Sehnsucht nach Stille, nach Büchern war in ihm. Als sei seine Seele schwarze Erde, unter der sich die Keime schon regen, ohne daß man noch weiß, wie sie herausbrechen werden. Das Bild eines Gärtners drängte sich ihm auf, der jeden Morgen seine Beete begießt, mit gleichmäßiger, zuwartender Freundlichkeit. Dieses Bild ließ ihn nicht los, seine zuwartende Sicherheit schien alle Sehnsucht auf sich zu sammeln. Nur so darf es kommen! Nur so! fühlte Törleß, und über alle

Angst und alle Bedenken sprang die Überzeugung hinweg, daß er alles daransetzen müsse, diesen Seelenzustand zu erreichen.

Nur über das, was zunächst zu geschehen habe, war er sich noch nicht klar. Denn vor allen Dingen wurde durch diese Sehnsucht nach friedlicher Vertiefung sein Abscheu vor dem bevorstehenden Intrigenspiel nur noch verstärkt. Auch hatte er wirkliche Angst vor der ihm auflauernden Rache. Sollten die beiden wirklich versuchen, ihn vor der Klasse anzuschwärzen, so würde ihn die Gegenarbeit einen ungeheuren Aufwand an Energie kosten, um den es ihm gerade jetzt leid tat. Und dann, – selbst wenn er nur an diesen Wirrwarr, an dieses jedes höheren Wertes bare Sichstoßen mit fremden Absichten und Willenskräften dachte, überlief ihn ein Ekel.

Da fiel ihm ein Brief ein, den er lange vorher von zu Hause erhalten hatte. Es war die Antwort auf einen von ihm an die Eltern gerichteten, in dem er damals, so gut es gehen mochte, von seinen sonderbaren Seelenzuständen berichtet hatte, bevor noch die Episode mit der Sinnlichkeit eingetreten war. Es war wieder eine recht hausbackene Antwort, voll rechtschaffener, langweiliger Ethik gewesen und riet ihm, Basini zu bewegen, daß er sich selbst stelle, damit dieser unwürdige, gefährliche Zustand seiner Abhängigkeit ein Ende finde.

Diesen Brief hatte Törleß später wieder gelesen, als Basini nackt neben ihm auf den weichen Decken der Kammer lag. Und es hatte ihm eine besondere Lust bereitet, diese schwerfälligen, einfachen, nüchternen Worte auf der Zunge zergehen zu lassen, während er sich dachte, daß seine Eltern wohl durch das allzu Taghelle ihres Daseins blind gegen das Dunkel seien, in dem seine Seele augenblicks wie eine geschmeidige Raubkatze kauerte.

Heute aber langte er ganz anders nach dieser Stelle, als sie ihm wieder einfiel.

Eine angenehme Beruhigung breitete sich über ihn, als hätte er die Berührung einer festen, gütigen Hand gefühlt. Die Entscheidung war in diesem Augenblick gefallen. Ein Gedanke war in ihm aufgeblitzt, und er hatte ihn bedenkenlos ergriffen, gleichsam unter dem Patronate seiner Eltern.

Er blieb wach liegen, bis die drei zurückkamen. Dann wartete er, bis er an den gleichmäßigen Atemzügen hörte, daß sie schliefen. Nun riß er hastig ein Blatt aus seinem Notizbuche und schrieb bei dem ungewissen Lichte der Nachtlampe in großen, schwankenden Buchstaben darauf:

«Sie werden dich morgen der Klasse ausliefern, und es steht dir Fürchterliches bevor. Der einzige Ausweg ist, daß du dich selbst dem Direktor anzeigst. Zu Ohren würde es ihm ja auch ohnedies kommen, nur daß man dich vorher noch halbtot prügeln würde.

Schiebe alles auf R. und B. und schweige von mir.

Du siehst, daß ich dich retten will.»

Diesen Zettel steckte er dem Schlafenden in die Hand.

Dann schlief auch er, von der Aufregung erschöpft, ein.

Den nächsten Tag schienen Beineberg und Reiting noch als Frist Törleß gewähren zu wollen.

Mit Basini wurde es jedoch Ernst.

Törleß sah, wie Beineberg und Reiting zu einzelnen hingingen, und wie sich dort um sie herum Gruppen bildeten, in denen eifrig geflüstert wurde.

Dabei wußte er nicht, ob Basini seinen Zettel gefunden habe, denn ihn zu sprechen fand sich keine Gelegenheit, da sich Törleß beobachtet fühlte.

Anfangs hatte er überhaupt Angst, daß es sich auch schon um ihn handle. Aber er war nunmehr im Angesichte der Gefahr von ihrer Widerwärtigkeit so gelähmt, daß er alles an sich hätte herankommen lassen.

Später erst mischte er sich zaghaft, gefaßt, daß sich augenblicks alle gegen ihn kehren würden, unter eine der Gruppen.

Aber man bemerkte ihn gar nicht. Es galt vorläufig erst Basini.

Die Aufregung wuchs. Törleß konnte es beobachten. Reiting und Beineberg mochten wohl noch Lügen hinzugetan haben ....

Erst lächelte man, dann wurden einige ernst, und böse Blicke glitten an Basini vorbei, endlich brütete es wie ein dunkles, heißes, von finsteren Gelüsten schwangeres Schweigen über der Klasse.

Zufällig war ein freier Nachmittag.

Alle versammelten sich hinten bei den Kästen; dann wurde Basini vorgerufen.

Beineberg und Reiting standen wir zwei Bändiger zu seinen Seiten.

Das probate Mittel des Entkleidens machte, nachdem man die Türen verschlossen und Posten ausgestellt hatte, allgemeinen Spaß.

Reiting hielt ein Päckchen Briefe von Basinis Mutter an diesen in seiner Hand und begann vorzulesen.

«Mein gutes Kind ...»

Allgemeines Gebrülle.

«Du weißt, daß ich von dem wenigen Gelde, über das ich als Witwe verfüge ...»

Unflätiges Lachen, zügellose Scherze flattern aus der Masse auf, Reiting will weiterlesen. Plötzlich stößt einer Basini. Ein anderer, auf den er dabei fällt, stößt ihn halb im Scherze, halb in Entrüstung zurück. Ein dritter gibt ihn weiter. Und plötzlich fliegt Basini, nackt, mit von der Angst aufgerissenem Munde, wie ein wirbelnder Ball, unter Lachen, Jubelrufen, Zugreifen aller im Saale umher, – von einer Seite zur anderen, – stößt sich Wunden an den scharfen Ecken der Bänke, fällt in die Knie, die er sich blutig reißt, – und stürzt endlich blutig, bestaubt, mit tierischen, verglasten Augen zusammen, während augenblicklich Schweigen eintritt und alles vordrängt, um ihn am Boden liegen zu sehen.

Törleß schauderte. Er hatte die Macht der fürchterlichen Drohung vor sich gesehen.

Und immer noch wußte er nicht, was Basini tun werde.

In der nächsten Nacht sollte Basini an ein Bett gebunden werden, und man hatte beschlossen, ihn mit Florettklingen durchzupeitschen.

Aber zur allgemeinen Verwunderung erschien schon am frühen Morgen der Direktor in der Klasse. In seiner Begleitung der Klassenvorstand und zwei Lehrer. Basini wurde von der Klasse entfernt und in ein eigenes Zimmer gebracht.

Der Direktor aber hielt eine zornige Ansprache wegen der zutage getretenen Roheiten und ordnete eine strenge Untersuchung an.

Basini hatte sich selbst gestellt.

Jemand mußte ihn von dem ihm Bevorstehenden verständigt haben.

Gegen Törleß schöpfte niemand Verdacht. Er saß still und in sich gekehrt, als ginge ihn das Ganze gar nichts an.

Nicht einmal Reiting und Beineberg suchten in ihm den Verräter. Ihre Drohungen gegen ihn hatten sie selbst nicht ernst genommen; sie hatten sie, um ihn einzuschüchtern, um ihre Überlegenheit fühlbar zu machen, vielleicht auch aus Ärger hervorgestoßen; jetzt, wo ihr Zorn vorüber war, dachten sie kaum mehr daran. Schon die Verbindlichkeiten gegen seine Eltern würden sie von einem Vorgehen gegen Törleß zurückgehalten haben. Das war ihnen so selbstverständlich, daß sie sich auch von seiner Seite nicht des geringsten versahen.

Törleß empfand über seinen Schritt keine Reue. Das Heimliche, Feige, das diesem anhaftete, kam gegenüber dem Gefühle einer gänzlichen Befreiung nicht zur Geltung. Nach all den Aufregungen war es in ihm wundersam klar und weit geworden.

Er beteiligte sich nicht an den erregten Gesprächen über das zu Erwartende, die allenthalben gepflogen wurden; er lebte den ganzen Tag ruhig vor sich hin.

Als es Abend wurde und die Lampen brannten, setzte er sich auf seinen Platz, und das Heft, in dem jene flüchtigen Aufzeichnungen eingetragen waren, hatte er vor sich hingelegt.

Aber er las lange nicht darin. Er strich mit der Hand über die Seiten und ihm war, daß ein feiner Duft aus ihnen aufsteige, wie Lavendel aus alten Briefen. Es war die mit Wehmut gemischte Zärtlichkeit, die wir einer abgeschlossenen Vergangenheit entgegenbringen, wenn wir in dem zarten, blassen Schatten, der mit Totenblumen in den Händen aus ihr aufsteigt, vergessene Ähnlichkeiten mit uns wiederentdecken.

Und dieser wehmütige feine Schatten, dieser bleiche Duft schien sich in einem breiten, vollen, warmen Strom zu verlieren, – dem Leben, das nun offen vor Törleß lag.

Eine Entwicklung war abgeschlossen, die Seele hatte einen neuen Jahresring angesetzt wie ein junger Baum, – dieses noch wortlose, überwältigende Gefühl entschuldigte alles, was geschehen war.

Nun begann Törleß seine Erinnerungen zu durchblättern. Die Sätze, in denen er hilflos das Geschehene – dieses vielfältige Staunen und Betroffensein vom Leben – konstatiert hatte, wurden wieder lebendig, schienen sich zu regen und gewannen Zusammenhang. Wie ein heller Weg lagen sie vor ihm, in den sich die Spuren seiner tastenden Schritte geprägt hatten. Aber doch schien ihnen etwas zu fehlen; kein neuer Gedanke, oh nein; aber sie packten Törleß noch nicht mit voller Lebendigkeit.

Er fühlte sich unsicher. Und nun kam ihm die Angst, morgen vor seinen Lehrern zu stehen und sich rechtfertigen zu müssen. Womit?! Wie sollte er ihnen das auseinandersetzen? Diesen dunklen, geheimnisvollen Weg, den er gegangen. Wenn sie ihn fragen würden: warum hast du Basini mißhandelt? – so könnte er ihnen doch nicht antworten: weil mich dabei ein Vorgang in meinem Gehirn interessierte, ein Etwas, von dem ich heute trotz allem noch wenig weiß und vor dem alles, was ich darüber denke, mir belanglos erscheint.

Dieser kleine Schritt, der ihn noch von dem Endpunkte des geistigen Prozesses trennte, den er durchzumachen hatte, schreckte ihn wie ein ungeheurer Abgrund.

Und ehe es noch Nacht wurde, befand sich Törleß in einer fieberhaften, ängstlichen Aufregung.

Am nächsten Tage, als man die Zöglinge einzeln zum Verhöre rief, war Törleß verschwunden.

Man hatte ihn zuletzt am Abend, vor einem Hefte sitzend, gesehen, anscheinend lesend.

Man suchte im ganzen Institute, Beineberg sah heimlich in der Kammer nach, Törleß war nicht zu finden.

Da wurde klar, daß er aus dem Institute geflohen war, und man verständigte nach allen Seiten die Behörden, ihn mit Schonung einzubringen.

Die Untersuchung nahm mittlerweile ihren Anfang.

Reiting und Beineberg, welche glaubten, daß Törleß aus Angst vor ihrer Drohung, ihn hineinzulegen, geflohen sei, fühlten sich verpflichtet, nun jeden Verdacht von ihm abzulenken, und traten kräftig für ihn ein.

Sie wälzten alle Schuld auf Basini, und die ganze Klasse bezeugte es Mann für Mann, daß Basini ein diebischer, nichtswürdiger Kerl sei, der den wohlmeinendsten Versuchen, ihn zu bessern, nur mit neuen Rückfällen antworte. Reiting beteuerte, daß sie ja einsähen, gefehlt zu haben, es aber nur deswegen getan hätten, weil ihnen ihr Mitleid sagte, man solle einen Kameraden nicht eher der Strafe ausliefern, als man alle Mittel gütlicher Belehrung erschöpft habe, und wieder schwur die ganze Klasse, daß Basinis Mißhandlung nur ein Überschäumen war, weil Basini den ihn aus den edelsten Empfindungen Schonenden mit größtem, gemeinstem Hohne begegnet war.

Kurz, es war eine wohlverabredete Komödie, von Reiting glänzend inszeniert, und alle ethischen Töne wurden zur Entschuldigung angeschlagen, welche in den Ohren der Erzieher Wert haben.

Basini schwieg stumpfsinnig zu allem. Vom vorgestrigen Tag her lag noch ein tödlicher Schreck auf ihm, und die Einsamkeit seiner Zimmerhaft, der ruhige, geschäftsmäßige Gang der Untersuchung waren für ihn schon eine Erlösung. Er wünschte sich nichts als ein rasches Ende. Überdies hatten Reiting und Beineberg nicht verabsäumt, ihn mit der fürchterlichsten Rache zu bedrohen, falls er gegen sie aussage.

Da wurde Törleß eingebracht. Todmüde und hungrig hatte man ihn in der nächsten Stadt aufgegriffen.

Seine Flucht schien nun das einzig Rätselhafte in der ganzen Angelegenheit zu sein. Aber die Situation war ihm günstig. Beineberg und Reiting hatten gut vorgearbeitet, von der Nervosität gesprochen, die er in der letzten Zeit an den Tag gelegt haben sollte, von seiner moralischen Feinfühligkeit, die es sich schon zum Verbrechen anrechne, daß er, der von Anfang an um alles wußte, nicht gleich die Sache zur Anzeige gebracht habe und auf diese Weise die Katastrophe mit verschuldete.

Törleß wurde also schon mit einem gewissen gerührten Wohlwollen empfangen, und die Kameraden bereiteten ihn rechtzeitig darauf vor.

Dennoch war er fürchterlich aufgeregt, und die Angst, sich nicht verständlich machen zu können, erschöpfte ihn völlig....

Die Untersuchung wurde aus Diskretion, da man doch etwaige Enthüllungen befürchtete, in der Privatwohnung des Direktors geführt. Zugegen waren außer diesem noch der Klassenvorstand, der Religionslehrer und der Mathematikprofessor, welchem es als dem Jüngsten des Lehrerkollegiums zugefallen war, die protokollarischen Notizen zu führen.

Um das Motiv seiner Flucht befragt, schwieg Törleß.

Allseitiges, verständnisvolles Kopfnicken.

«Nun gut,» sagte der Direktor, «wir sind hierüber unterrichtet. Aber sagen Sie uns, was Sie bewog, das Vergehen des Basini zu verheimlichen.»

Törleß hätte nun lügen können. Aber seine Scheu war gewichen. Es reizte ihn förmlich, von sich zu sprechen und seine Gedanken an diesen Köpfen zu versuchen.

«Ich weiß es nicht genau, Herr Direktor. Als ich das erstemal davon hörte, schien es mir etwas ganz Ungeheuerliches zu sein, ... etwas gar nicht Vorstellbares ....»

Der Religionslehrer nickte Törleß befriedigt und aufmunternd zu.

«Ich ... ich dachte an Basinis Seele ....»

Der Religionslehrer strahlte über das ganze Gesicht, der Mathematiker putzte seinen Klemmer, rückte ihn zurecht, kniff die Augen zusammen ....

«Ich konnte mir den Augenblick nicht vorstellen, in dem eine solche Demütigung über Basini hereinbrach, und deswegen trieb es mich immer wieder in dessen Nähe ....»

«Nun ja, – Sie wollen wohl damit sagen, daß Sie einen natürlichen Abscheu vor dem Fehltritte Ihres Kameraden hatten und daß der Anblick des Lasters Sie gewissermaßen bannte, so wie man es von dem Blick der Schlangen ihren Opfern gegenüber behauptet.»

Der Klassenvorstand und der Mathematiker beeilten sich, ihre Zustimmung zu dem Gleichnis durch lebhafte Gesten zu erkennen zu geben.

Aber Törleß sagte: «Nein, es war nicht eigentlich ein Abscheu. Es war so: einmal sagte ich mir, er habe gefehlt und man müsse ihn denen überantworten, die ihn zu bestrafen haben ....»

«So hätten Sie auch handeln sollen.»

«... Dann aber erschien er mir wieder so sonderbar, daß ich gar nicht ans Strafen dachte, mich von einer ganz anderen Seite aus ihm gegenüberbefand; es gab jedesmal in mir einen Sprung, wenn ich so an ihn dachte ....»

«Sie müssen sich deutlicher ausdrücken, mein lieber Törleß.»

«Das kann man nicht anders sagen, Herr Direktor.»

«Doch, doch. Sie sind aufgeregt; wir sehen es ja; verwirrt; – was Sie eben sagten, war sehr dunkel.»

«Nun ja, ich fühle mich verwirrt; ich hatte einmal schon viel bessere Worte dafür. Aber es kommt doch immer auf dasselbe hinaus, daß etwas Wunderliches in mir war ....»

«Gut, – aber das ist doch wohl selbstverständlich bei dieser ganzen Angelegenheit.»

Törleß überlegte einen Augenblick.

«Vielleicht kann man es so sagen: Es gibt gewisse Sachen, die bestimmt sind, gewissermaßen in doppelter Form in unser Leben einzugreifen. Ich fand als solche Personen, Ereignisse, dunkle, verstaubte Winkel, eine hohe, kalte, schweigende, plötzlich lebendig werdende Mauer ...»

«Aber um Himmels willen. Törleß, wohin verirren Sie sich?»

Aber Törleß bereitete es nun einmal Vergnügen, alles aus sich herauszureden.

«... imaginäre Zahlen ....»

Alle sahen bald einander, bald Törleß an. Der Mathematiker hüstelte:

«Ich muß da zu besserem Verständnis dieser dunklen Angaben hinzufügen, daß mich der Zögling Törleß einmal aufgesucht hat, um sich eine Erklärung gewisser Grundbegriffe der Mathematik – so auch des Imaginären – zu erbitten, die der ungeschulten Vernunft tatsächlich Schwierigkeiten bereiten können. Ich muß sogar gestehen, daß er hiebei unleugbaren Scharfsinn entwikkelte, jedoch mit einer wahren Manie nur solche Dinge ausgesucht hatte, welche gewissermaßen eine Lücke in der Kausalität unseres Denkens – für ihn wenigstens – zu bedeuten schienen.

Erinnern Sie sich noch, Törleß, was Sie damals sagten?»

«Ja. Ich sagte, daß es mir an diesen Stellen scheine, wir könnten mit unserem Denken allein nicht hinüberkommen, sondern bedürften einer anderen, innerlicheren Gewißheit, die uns gewissermaßen hinüberträgt. Daß wir mit dem Denken allein nicht auskommen, fühlte ich auch an Basini.»

Der Direktor wurde bei diesem philosophischen Ausbiegen der Untersuchung bereits ungeduldig, aber der Katechet war von Törleß' Antwort sehr befriedigt.

«Sie fühlen sich also», fragte er, «von der Wissenschaft weg zu religiösen Gesichtspunkten gezogen? Offenbar war es wirklich auch Basini gegenüber ähnlich,» wandte er sich an die übrigen, «er scheint ein empfängliches Gemüt für das feinere, ich möchte sagen göttliche und über uns hinausgehende Wesen der Moral zu haben.»

Nun fühlte sich der Direktor doch verpflichtet darauf einzugehen.

«Hören Sie, Törleß, ist es so, wie Seine Hochwürden sagt? Haben Sie einen Hang, hinter den Begebenheiten oder Dingen – wie Sie sich ja ziemlich allgemein ausdrücken – einen religiösen Hintergrund zu suchen?»

Er wäre selbst schon froh gewesen, wenn Törleß endlich bejaht hätte und ein sicherer Boden zu seiner Beurteilung gegeben gewesen wäre; aber Törleß sagte: «Nein, auch das war es nicht.»

«Nun, dann sagen Sie uns doch endlich klipp und klar,» platzte jetzt der Direktor los, «was es gewesen ist. Wir können uns doch unmöglich mit Ihnen hier in eine philosophische Auseinandersetzung einlassen.»

Doch Törleß war nun trotzig. Er fühlte selbst, daß er schlecht gesprochen hatte, aber der Widerspruch sowohl wie die mißverständliche Zustimmung, die er gefunden hatte, gaben ihm das Gefühl einer hochmütigen Überlegenheit über diese älteren Leute, die von den Zuständen des menschlichen Innern so wenig zu wissen schienen.

«Ich kann nicht dafür, daß es all das nicht ist, was Sie meinten. Ich kann aber selbst nicht genau schildern, was ich jedes einzelne Mal empfand; wenn ich aber sage, was ich jetzt davon denke, so werden Sie vielleicht auch verstehen, warum ich so lange nicht davon loskonnte.»

Er hatte sich aufgerichtet, so stolz, als sei er hier Richter, seine Augen gingen geradeaus an den Menschen vorbei; er mochte diese lächerlichen Figuren nicht ansehen.

Draußen vor dem Fenster saß eine Krähe auf einem Ast, sonst war nichts als die weiße, riesige Fläche.

Törleß fühlte, daß der Augenblick gekommen sei, wo er klar, deutlich, siegesbewußt von dem sprechen werde, das erst undeutlich und quälend, dann leblos und ohne Kraft in ihm gewesen war.

Nicht als ob ein neuer Gedanke ihm diese Sicherheit und Helle verschafft hätte, er ganz, wie er hoch aufgerichtet dastand, als sei um ihn nichts als ein leerer Raum, – er, der ganze Mensch, fühlte es, so wie er es damals gefühlt hatte, als er die erstaunten Augen unter den schreibenden, lernenden, emsig schaffenden Kameraden hatte umherwandern lassen.

Denn mit den Gedanken ist es eine eigene Sache. Sie sind oft nicht mehr als Zufälligkeiten, die wieder vergehen, ohne Spuren hinterlassen zu haben, und die Gedanken haben ihre toten und ihre lebendigen Zeiten. Man kann eine geniale Erkenntnis haben, und sie verblüht dennoch, langsam, unter unseren Händen, wie eine Blume. Die Form bleibt, aber die Farben, der Duft fehlen. Das heißt, man erinnert sich ihrer wohl Wort für Wort und der logische Wert des gefundenen Satzes bleibt völlig unangetastet, dennoch aber treibt er haltlos nur auf der Oberfläche unseres Innern umher und wir fühlen uns seinethalben nicht reicher. Bis – nach Jahren vielleicht – mit einem Schlage wieder ein Augenblick da ist, wo wir sehen, daß wir in der Zwischenzeit gar nichts von ihm gewußt haben, obwohl wir logisch alles wußten.

Ja, es gibt tote und lebendige Gedanken. Das Denken, das sich an der beschienenen Oberfläche bewegt, das jederzeit an dem Faden der Kausalität nachgezählt werden kann, braucht noch nicht das lebendige zu sein. Ein Gedanke, den man auf diesem Wege trifft, bleibt gleichgültig wie ein beliebiger Mann in der Kolonne marschierender Soldaten. Ein Gedanke, – er mag schon lange vorher durch unser Hirn gezogen sein, wird erst in dem Momente lebendig, da etwas, das nicht mehr Denken, nicht mehr logisch ist, zu ihm hinzutritt, so daß wir seine Wahrheit fühlen, jenseits von aller Rechtfertigung, wie einen Anker, der von ihm aus ins durchblutete, lebendige Fleisch riß .... Eine große Erkenntnis vollzieht sich nur zur Hälfte im Lichtkreise des Gehirns, zur andern

Hälfte in dem dunklen Boden des Innersten, und sie ist vor allem ein Seelenzustand, auf dessen äußerster Spitze der Gedanke nur wie eine Blüte sitzt.

Nur einer Erschütterung der Seele hatte es für Törleß noch bedurft, um diesen letzten Trieb in die Höhe zu treiben.

Ohne sich um die betroffenen Gesichter ringsum zu kümmern, gleichsam nur für sich, knüpfte er hieran an und sprach, ohne abzusetzen, die Augen geradeaus gerichtet bis zu Ende:

«... Ich habe vielleicht noch zu wenig gelernt, um mich richtig auszudrükken, aber ich will es beschreiben. Eben war es wieder in mir. Ich kann es nicht anders sagen, als daß ich die Dinge in zweierlei Gestalt sehe. Alle Dinge; auch die Gedanken. Heute sind sie dieselben wie gestern, wenn ich mich bemühe, einen Unterschied zu finden, und wie ich die Augen schließe, leben sie unter einem anderen Lichte auf. Vielleicht habe ich mich mit den irrationalen Zahlen geirrt; wenn ich sie gewissermaßen der Mathematik entlang denke, sind sie mir natürlich, wenn ich sie geradeaus in ihrer Sonderbarkeit ansehe, kommen sie mir unmöglich vor. Doch hier mag ich wohl irren, ich weiß zu wenig von ihnen. Ich irrte aber nicht bei Basini, ich irrte nicht, als ich mein Ohr nicht von dem leisen Rieseln in der hohen Mauer, mein Auge nicht von dem schweigenden Leben des Staubes, das eine Lampe plötzlich erhellte, abwenden konnte. Nein, ich irrte mich nicht, wenn ich von einem zweiten, geheimen, unbeachteten Leben der Dinge sprach! Ich – ich meine es nicht wörtlich, – nicht diese Dinge leben, nicht Basini hatte zwei Gesichter, – aber in mir war ein zweites, das dies alles nicht mit den Augen des Verstandes ansah. So wie ich fühle, daß ein Gedanke in mir Leben bekommt, so fühle ich auch, daß etwas in mir beim Anblicke der Dinge lebt, wenn die Gedanken schweigen. Es ist etwas Dunkles in mir, unter allen Gedanken, das ich mit den Gedanken nicht ausmessen kann, ein Leben, das sich nicht in Worten ausdrückt und das doch mein Leben ist ....

Dieses schweigende Leben hat mich bedrückt, umdrängt, das anzustarren trieb es mich immer. Ich litt unter der Angst, daß unser ganzes Leben so sei und ich nur hie und da stückweise darum erfahre,... oh, ich hatte furchtbare Angst,... ich war von Sinnen ....»

Diese Worte und Gleichnisse, die weit über Törleß' Alter hinausgingen, kamen ihm in der riesigen Erregung, in einem Augenblicke beinahe dichterischer Inspiration leicht und selbstverständlich über die Lippen. Jetzt senkte er die Stimme, und, wie von seinem Leide ergriffen, fügte er hinzu:

«... Jetzt ist das vorüber. Ich weiß, daß ich mich doch geirrt habe. Ich fürchte nichts mehr. Ich weiß: die Dinge sind die Dinge und werden es wohl immer bleiben; und ich werde sie wohl immer bald so, bald so ansehen. Bald mit den Augen des Verstandes, bald mit den anderen .... Und ich werde nicht mehr versuchen, dies miteinander zu vergleichen ....»

Er schwieg. Er fand es ganz selbstverständlich, daß er nun gehen könne, und niemand hinderte ihn daran.

Als er draußen war, sahen sich die Zurückgebliebenen verdutzt an.

Der Direktor neigte unschlüssig den Kopf hin und her. Der Klassenvorstand fand als erster das Wort. «Ei, dieser Kleine Prophet wollte uns wohl eine Vorlesung halten. Aber der Kuckuck mag aus ihm klug werden. Diese Erregung! Und dabei dieses Verwirren ganz einfacher Dinge!»

«Rezeptivität und Spontaneität des Denkens,» sekundierte der Mathematiker. «Es scheint, daß er zu großes Augenmerk auf den subjektiven Faktor aller unserer Erlebnisse gelegt hat und daß ihn das verwirrte und zu seinen dunklen Gleichnissen trieb.»

Nur der Religionslehrer schwieg. Er hatte aus den Reden Törleß' so oft das Wort Seele aufgefangen und hätte sich gerne des jungen Menschen angenommen.

Aber er wußte doch nicht recht, wie es gemeint war.

Der Direktor jedoch machte der Situation ein Ende. «Ich weiß nicht, was eigentlich in dem Kopfe dieses Törleß steckt, jedenfalls aber befindet er sich in einer so hochgradigen Überreizung, daß der Aufenthalt in einem Institute für ihn wohl nicht mehr der geeignete ist. Für ihn gehört eine sorgsamere Überwachung seiner geistigen Nahrung, als wir sie durchführen können. Ich glaube nicht, daß wir die Verantwortung weiter tragen können. Törleß gehört in die Privaterziehung; ich werde in diesem Sinne an seinen Vater schreiben.»

Alle beeilten sich, diesem guten Vorschlage des ehrlichen Direktors beizupflichten.

«Er war wirklich so eigentümlich, daß ich beinahe glaube, er hat Anlage zum Hysteriker,» sagte der Mathematiker zu seinem Nachbar.

Zu gleicher Zeit mit dem Briefe des Direktors traf ein solcher von Törleß bei seinen Eltern ein, in welchem er sie um seine Herausnahme bat, weil er sich in dem Institute nicht mehr auf seinem Platze fühle.

Basini war mittlerweile strafweise entlassen worden. In der Schule ging alles den gewohnten Gang.

Es war beschlossen, daß Törleß von seiner Mutter abgeholt werde. Er nahm gleichgültigen Abschied von seinen Kameraden. Beinahe begann er schon ihre Namen zu vergessen.

In die rote Kammer war er nie mehr hinaufgestiegen. Das schien alles weit, weit hinter ihm zu liegen.

Seit Basinis Entfernung war es tot. Fast so, als ob dieser Mensch, der alle diese Beziehungen an sich gekettet hatte, sie nun auch mit sich fortgenommen hätte.

Etwas Stilles, Zweifelndes war über Törleß gekommen, aber die Verzweiflung war weg. «Es waren wohl nur jene heimlichen Sachen mit Basini, die sie so gesteigert hatten,» dachte er sich. Sonst schien ihm gar kein Grund vorzuliegen.

Aber er schämte sich. So wie man sich am Morgen schämt, wenn man in der Nacht – von einem Fieber gepeinigt – aus allen Winkeln des dunklen Zimmers furchtbare Drohungen sich emportürmen sah.

Sein Verhalten vor der Kommission; es kam ihm ungeheuer lächerlich vor. Soviel Aufhebens! Hatten sie nicht recht gehabt? Wegen einer solch kleinen Sache! Jedoch es war etwas in ihm, das dieser Beschämung den Stachel nahm. «Gewiß gebärdete ich mich unvernünftig,» überlegte er, «jedoch scheint das Ganze überhaupt wenig mit meiner Vernunft zu tun gehabt zu haben.» Das war nämlich jetzt sein neues Gefühl. Er hatte die Erinnerung an einen fürchterlichen Sturm in seinem Inneren, zu dessen Erklärung die Gründe, die er jetzt noch in sich dafür vorfand, beiweitem nicht ausreichten. «Also mußte es wohl etwas viel Notwendigeres und Tieferliegendes gewesen sein,» schloß er, «als was sich mit Vernunft und Begriffen beurteilen läßt ....»

Und das, was vor der Leidenschaft dagewesen war, was von ihr nur überwuchert worden war, das Eigentliche, das Problem, saß fest. Diese wechselnde seelische Perspektive je nach Ferne und Nähe, die er erlebt hatte. Dieser unfaßbare Zusammenhang, der den Ereignissen und Dingen je nach unserem Standpunkte plötzliche Werte gibt, die einander ganz unvergleichlich und fremd sind ....

Dies und alles andere, – er sah es merkwürdig klar und rein – und klein. So wie man es eben am Morgen sieht, wenn die ersten reinen Sonnenstrahlen den Angstschweiß gestrocknet haben und Tisch und Schrank und Feind und Schicksal wieder in ihre natürlichen Dimensionen zurückkriechen.

Aber wie da eine leise, grüblerische Müdigkeit zurückbleibt, so war es auch Törleß geschehen. Er wußte nun zwischen Tag und Nacht zu scheiden; – er hatte es eigentlich immer gewußt, und nur ein schwerer Traum war verwischend über diese Grenzen hingeflutet, und er schämte sich dieser Verwirrung: aber die Erinnerung, daß es anders sein kann, daß es feine, leicht verlöschbare Grenzen rings um den Menschen gibt, daß fiebernde Träume um die Seele schleichen, die festen Mauern zernagen und unheimliche Gassen aufreißen, – auch diese Erinnerung hatte sich tief in ihn gesenkt und strahlte blasse Schatten aus.

Er konnte nicht viel davon erklären. Aber diese Wortlosigkeit fühlte sich köstlich an, wie die Gewißheit des befruchteten Leibes, der das leise Ziehen der Zukunft schon in seinem Blute fühlt. Und Zuversicht und Müdigkeit mischten sich in Törleß ...

So kam es, daß er still und nachdenklich auf den Abschied wartete ....

Seiner Mutter, die geglaubt hatte, einen überreizten und verwirrten jungen Menschen zu finden, fiel seine kühle Gelassenheit auf.

Als sie zum Bahnhof hinausfuhren, lag rechts von ihnen der kleine Wald mit dem Hause Boženas. Er sah so unbedeutend und harmlos aus, ein verstaubtes Geranke von Weiden und Erlen.

Törleß erinnerte sich da, wie unvorstellbar ihm damals das Leben seiner Eltern gewesen war. Und er betrachtete verstohlen von der Seite seine Mutter.

«Was willst du, mein Kind?»

«Nichts, Mama, ich dachte nur eben etwas.»

Und er prüfte den leise parfümierten Geruch, der aus der Taille seiner Mutter aufstieg.

Materialien

1. Zur Konzeption der Materialien

Didaktisch-methodische Hinweise

Die Besprechung des Romans sollte möglichst von den ersten Beobachtungen und Fragestellungen der Leser ausgehen. Bei der vertiefenden Diskussion einzelner Probleme werden sich dann Situationen ergeben, in denen weiterführende Informationen wünschenswert sind. Hier ist der Ort der Sekundärtexte. Es ist nicht Sinn des Materialienteils, lehrgangsmäßig von Anfang bis Ende durchgearbeitet zu werden. Er soll vielmehr die Möglichkeit bieten, flexibel auf Fragen einzugehen, die im Unterrichtsgespräch aufgeworfen werden. Wir haben uns daher bemüht, Problemkreise, die mit einer gewissen Wahrscheinlichkeit bei der Behandlung des „Törleß" angesprochen werden, zu antizipieren und Antwortmöglichkeiten bereitzustellen. Mühsame Recherchen, die in der Hektik des Schulalltags oft nicht zu leisten sind, können so bis zu einem bestimmten Grade überflüssig werden. Das schließt nicht aus, daß wir Aspekte nicht oder nur am Rande berührt haben, für die in einer bestimmten Lerngruppe besonders großes Interesse bestehen mag. In solchen Fällen können die Literaturangaben eventuell weiterhelfen. Umgekehrt ist es möglich, daß wir einen Schwerpunkt gesetzt haben, der auf wenig Interesse stößt. Dann ist es bei der vorliegenden Konzeption ohne weiteres möglich, ein Kapitel auszulassen oder per Referat in den gemeinsamen Lernprozeß einzubringen.

Bei der Bearbeitung der Materialien ist das Prinzip der methodischen Variation zu empfehlen. Zentrale Texte wie etwa die „Skizze der Erkenntnis des Dichters" sollten von allen Kursteilnehmern erarbeitet und dann gemeinsam diskutiert werden. Andere Texte oder Themenkomplexe lassen sich gut in arbeitsteiliger Gruppenarbeit behandeln. – Mehrfach beginnen die Unterkapitel mit einem einleitenden Text, in dem die zur Diskussion stehende Thematik im Überblick vorgestellt wird. Die nachstehenden Texte dienen dann der systematischen Vertiefung des Problems. Es kann also jeweils entschieden werden, wie intensiv die Einzelkomplexe behandelt werden sollen. – Wir haben nicht nur Texte aufgenommen, die sich unmittelbar auf den Törleß-Roman beziehen, sondern auch Materialien, die zu bestimmten Themen – z. B. dem der Pubertät oder der Sexualität – Hintergrundinformationen bieten, die in eigenständiger Auseinandersetzung mit dem Roman konfrontiert werden können.

Die Materialien im Überblick

Die ersten Materialien, die sich an das Autorenporträt und die Darstellung des zeitgenössischen Hintergrunds anschließen, beziehen sich auf den

Entstehungszusammenhang des Romans sowie Musils dichtungstheoretische Konzeption. *Karl Corino* hat eine Fülle von autobiographischen Bezügen nachgewiesen, von denen einige hier wiedergegeben werden. *Robert Musil* geht in einer Betrachtung von 1935 rückblickend auf die Art und Weise der Stoffverarbeitung ein und skizziert Unterschiede zwischen Wissenschaft und Dichtung. Dieser Aspekt, der zugleich eine wesentliche Dimension des Romans berührt, wird in dem grundlegenden Essay „Skizze der Erkenntnis des Dichters" (1918), der wegen seiner Bedeutung vollständig abgedruckt ist, zum zentralen Gegenstand der Reflexion: Die Opposition von „Ratioïdem" und „Nichtratioïdem" trifft den Kern von Robert Musils Schaffen.

Um die Rezeption des Romans zu thematisieren, werden zunächst erste Leseeindrücke von Schülerinnen und Schülern wiedergegeben. Damit ergibt sich die Möglichkeit, die eigenen Verstehensansätze vergleichend heranzuziehen und eventuell schon Besprechungsschwerpunkte festzulegen. Die zeitgenössische Rezension von *Alfred Kerr* wurde ausgewählt, weil Kerr zweifellos der wichtigste Kritiker seiner Zeit war und zugleich als Förderer Musils für diesen von allergrößter Bedeutung wurde. (Vgl. hierzu: Karl Corino, Robert Musil und Alfred Kerr – Der Dichter und sein Kritiker. In: Robert Musil. Studien zu seinem Werk, hg. von Karl Dinklage zus. mit Elisabeth Albertsen und Karl Corino, Hamburg-Klagenfurt 1970, S. 236–283.) Die Besprechung von *Walter Jens,* die 1984 in der Frankfurter Allgemeinen Zeitung in der Rubrik „Romane von gestern – heute gelesen" veröffentlicht wurde, geht ihrerseits auf die Rezension von Alfred Kerr ein.

Zur Erschließung der zentralen Thematik des Romans werden zunächst Kurztexte abgedruckt, deren Autoren recht unterschiedliche Schwerpunkte setzen. Dabei sind auch Thesen aus zeitgenössischen Rezensionen wiedergegeben, damit die historische Standortgebundenheit jeglicher Positionsbestimmung deutlich wird. Die Texte sind – ohne systematisierende Zusammenstellung – chronologisch angeordnet.

Das chronologische Prinzip gilt auch für die Abfolge der Briefe und Tagebuchnotizen *Musils.* Bei den vier Briefen handelt es sich sämtlich um Entwürfe. Das Schreiben an einen Verlag, der hier im Konzept nicht genauer angegeben ist, wurde aufgenommen, um deutlich zu machen, wie gezielt auf den jeweiligen Adressaten bezogen Musil schreibt. Dies wird besonders bei einem Vergleich mit dem vermutlich am selben Tag verfaßten Brief an Frau Tyrka deutlich, in dem Musil – anders als im Brief an den Verlag – seine Leistung bewußt herabsetzt. – Die Bemerkungen aus den Tagebüchern lassen unterschiedliche Akzentsetzungen des Autors von 1905 bis 1937 erkennen.

Der zentrale Komplex des Materialienteils thematisiert die „Verwirrungen" des jungen Törleß unter verschiedenen Gesichtspunkten. Untersucht wird die psychische und intellektuelle Krise, die soziale und historische Situation sowie der Zusammenhang zwischen individueller und gesellschaftlicher Krise. Texte zu sprachlichen und strukturellen Aspekten im engeren Sinne bilden den Abschluß.

Bernhard Großmann gibt einen knappen Aufriß der Entwicklungsproblematik im „Törleß". Die Texte von *Schenk-Danzinger* legen die Probleme dar, die sich in der Phase der Pubertät jedem Heranwachsenden stellen. Es kann geprüft werden, inwiefern die Welt des Internats den Jugendlichen bei der Lösung der Probleme hilfreich bzw. hinderlich ist. *Wilfried Gottschalch* stellt die Thematik der Pubertät in umfassendere Bezüge und analysiert die gesellschaftlichen Rahmenbedingungen, die zu einem Gelingen oder auch Mißlingen der Adoleszenz führen können. Im Blick auf den vorliegenden Roman bieten die vier Texte dieses Unterkapitels keine ausformulierten Ergebnisse, sondern Informationen, die zu eigenständigen Nachforschungen anregen können.

Bei den Materialien zum Themenbereich „Krise der Wahrnehmung und der Erkenntnis" wird versucht, Bezüge zur literarischen Situation der Zeit um die Jahrhundertwende sowie zum Gesamtwerk Musils herzustellen, ohne daß die Anbindung an den Törleß-Roman verlorengeht. *Elisabeth Stopp* legt die Problematik der intellektuellen Verwirrungen des Törleß dar und erläutert das Maeterlinck-Zitat, das Musil seinem Roman vorangestellt hat. Sie verweist bereits auf *Hofmannsthals* wichtigen Chandos-Brief, der anschließend im Auszug wiedergegeben wird. *Yvon Desportes* lenkt zurück zum Roman, und der abschließende Text von *Robert Musil* klärt den für ihn und sein gesamtes Lebenswerk zentralen Begriff des „anderen Zustands". Die Auszüge sind dem umfangreichen Essay „Ansätze zu neuer Ästhetik – Bemerkungen über eine Dramaturgie des Films" (1925) entnommen; es wurde versucht das schwierige Phänomen des „anderen Zustands" durch möglichst anschauliche Textpassagen zu verdeutlichen.

In der literaturwissenschaftlichen Diskussion über den „Törleß" ist immer wieder der Zeit- und Gesellschaftsbezug angesprochen worden. Die einleitenden Kurztexte von *Krejci* und *Baur* geben Einblick in den Problemstand. *Ernst Fischer* geht umfassend auf den zeitgenössischen Kontext ein. Uwe Baur hat darauf aufmerksam gemacht, daß sich *Adornos* Rede über „Erziehung nach Auschwitz" als „Interpretation von Musils erstem Roman lesen läßt". Diesem Hinweis folgend, wird die berühmte Rede Adornos von 1966 in Auszügen wiedergegeben.

Trotz klarer Schwerpunktsetzungen haben die drei zuletzt genannten Unterkapitel immer auch Zusammenhänge zwischen den verschiedenen Entwicklungslinien deutlich werden lassen. Dieses Moment wird explizit aufgegriffen von *Hans-Georg Pott*, der auf die Verzahnungen zwischen Krise der

Erkenntnis, der Sprache und der Gesellschaft eingeht. *Gert Mattenklott* bezieht eine zusätzliche Dimension in die Analyse mit ein: Das Bewußtsein des Autors Musil als Vertreter des Bürgertums. Im Motiv der entfremdeten Welt, die sich dem Subjekt verschließt, sieht Mattenklott einen Reflex der Perspektivlosigkeit und gebrochenen Identität des Bürgers der Industriegesellschaft um 1900.

Der Interpretationsteil schließt mit Hinweisen zu sprachlichen, strukturellen und gattungsbezogenen Aspekten. *Yvon Desportes* beschreibt Stil und Metaphorik des Romans als Versuch, die Realität unmittelbar zu erfassen und damit Sprach- und Denkkonventionen zu transzendieren. *Ingrid Winter* vergleicht die Zeitperspektive des Erzählers mit der des Törleß und kommt von daher zu grundlegenden Aussagen über die Zeitstruktur des Romans. Auf der Basis einer Textinterpretation, die sich an Kategorien der Psychoanalyse anlehnt, untersucht *Jaqueline Magnou* die Struktur des Romans. *Bruno Hillebrand* skizziert abschließend die Entwicklung der Gattung und bestimmt seine Situation im 20. Jahrhundert. Die poetologische Konzeption Musils wird dabei besonders hervorgehoben.

Die analytische Auseinandersetzung mit Musils Roman sollte in eine Bilanz der gemeinsamen Arbeit einmünden. Als „Aufhänger" mögen die abgedruckten Schüleräußerungen dienen.

Rückblick und Fazit der Unterrrichtsreihe können zugleich Impulse für weiterführende oder ergänzende Sequenzen bereithalten. So mag es z. B. sein, daß Interesse an der Verfilmung des „Törleß" besteht, daß weitere Hintergrundinformationen gewünscht werden oder daß – zur individuellen oder gemeinsamen Lektüre – ein Text mit affiner Thematik gesucht wird. Wir geben zu den genannten Möglichkeiten einige Anregungen. (→ Literaturhinweise)

Sieht man sich nach der ausführlichen Besprechung eines literarischen Textes den entsprechenden Film an, so kann es zu Enttäuschungen kommen, weil die Verfilmung den reichhaltigen Vorstellungen, die sich im Laufe der Unterrichtsreihe gebildet haben, naturgemäß nicht entsprechen kann. Bei einer Beschäftigung mit Schlöndorffs Verfilmung des „Törleß" empfiehlt sich daher einleitend eine Diskussion der spezifischen und allgemeinen Probleme der Romanverfilmung. – Der Text von *Ernst Wendt* bietet die Möglichkeit, sich mit der Konzeption Schlöndorffs vertraut zu machen. Bei der Auswahl der Drehbuchauszüge wurde zunächst der Filmanfang berücksichtigt, der auch in der Beschreibung von Wendt eingehend gewürdigt wird. Für die Wahl der übrigen Passagen war die Ergiebigkeit eines Vergleichs zwischen Roman und Drehbuch maßgebend (Übereinstimmungen, Abweichungen, Modifikationen). Abschließend kommen zwei Rezensenten des Films zu Wort, wobei sich der Filmkritiker *Uwe Nettelbeck* eher zustimmend, der Literaturwissenschaftler und Musil-Fachmann *Karl Corino* eher ablehnend äußert.

2. Robert Musil – ein Schriftstellerporträt

„Musil war – ohne daß es auffiel – immer zu Abwehr und Angriff gerüstet. Seine Haltung war seine Sicherheit. Man hätte an einen Panzer denken mögen, doch es war eher eine Schale. Was er zwischen sich und die Welt als deutliche Trennung setzte, hatte er sich nicht umgelegt, es war ihm angewachsen. Er erlaubte sich keine Interjektionen. Gefühlsworte mied er, alles Verbindliche war ihm suspekt. Wie um sich selbst zog er zwischen allen Dingen Grenzen. Vermischungen und Verbrüderungen, Überflüssen wie Überschwängen mißtraute er." (Elias Canetti: Das Augenspiel – Lebensgeschichte 1931–1937, München-Wien 1985, S. 179) Mit diesen Worten beginnt Elias Canetti, der Robert Musil persönlich gekannt hat, seinen faszinierenden Essay über den Dichter, der neben James Joyce („Ulysses") und Marcel Proust („Auf der Suche nach der verlorenen Zeit") zu den bedeutendsten Erzählern des 20. Jahrhunderts gehört. Sein Werk, insbesondere der umfangreiche Roman „Der Mann ohne Eigenschaften", gilt als schwierig, doch lohnt der Lesegewinn jede Mühe. Der relativ leicht zugängliche Erstlingsroman „Die Verwirrungen des Zöglings Törleß" bietet die Chance, einen Einstieg zu finden, da die hier erörterte Thematik in den späteren Werken in immer neuen Variationen wieder aufgenommen wird.

Robert Musil wurde am 6. November 1880 in Klagenfurt (Innerösterreich) als einziges überlebendes Kind des Maschinenbauingenieurs Alfred Musil und seiner Frau Hermine, geb. Bergauer, geboren. Seine Schwester Elsa war vier Jahre vorher als Kleinkind gestorben. Musils Kindheit war geprägt durch mehrfachen Ortswechsel: 1881 zog die Familie nach Komotau (Böhmen), 1882 nach Steyr (Oberösterreich), wo Robert die Volksschule und das Realgymnasium besuchte; wiederholt litt er an einer „Nerven- und Gehirnkrankheit". In Brünn, der nächsten Station (1891), besuchte Musil die Realschule. Später schreibt er im Tagebuch[1]: „Nie im Schoße der Familie wohlgefühlt. Eher sie geringgeschätzt." (a.a.O., S. 959)[2] Zur Familie gehörte auch der Geliebte der Mutter, Heinrich Reiter, was der eher weiche und ängstliche Vater tolerierte. Offenbar konnte Alfred Musil, der in seinem Beruf sehr erfolgreich war, zahlreiche wissenschaftliche Untersuchungen veröffentlicht hat und 1917 sogar geadelt wurde, den Erwartungen seiner Frau nicht voll entsprechen. „Sie hat meinen Vater geschätzt, aber er hat nicht ihren Neigungen entsprochen, die anscheinend in der Richtung des männlichen Mannes gegangen sind." (Tagebü-

Robert Musil mit seinen Eltern und Heinrich Reiter (Juli 1888)

cher, a.a.O., S. 935) Zwar ist Robert Musil nach katholischem Ritus getauft worden, doch wuchs er in einem Elternhaus auf, „in dem man nichts glaubt und nichts als Ersatz dafür gibt". (Zit. nach Berghahn, a.a.O., S. 20)

Der häufige Wechsel des Wohnorts und die prekäre Familiensituation dürften mit dazu beigetragen haben, daß für Musil Einsamkeit und Distanz zur Grundbefindlichkeit der Kinderjahre gehörte. Dieses Gefühl hat ihn zeit seines Lebens nicht verlassen; es spiegelt sich immer wieder in literarischen Bildern, deren Grundmuster in einer Skizze von 1903 festgehalten ist: „Das Zimmer war groß, hatte zwei Fenster gegen den Garten und lag infolge der großen Bäume fast stets im Schatten. Über den größten Teil des Parkettfußbodens war ein Linoleumteppich gespannt, mit ganz abgetretenem Muster. Diesen Teppich mit den Fingern zu berühren, sich darauf hinzukauern oder sich zu wälzen, war Robert unmöglich. Ein Gefühl des Unbehagens und Widerwillens sträubte sich dagegen. Er ging nicht einmal gerne darauf hin und her, gleichsam veranlaßt, seine Berührung – selbst mit den Füßen – auf ein Mindestmaß einzuschränken. Öfter stand er lange – eine halbe Stunde, dreiviertel Stunden – an einem Fenster und schaute in den Garten. Aber auch dies war mehr ein unerklärlicher Bann als ein Genuß. Man konnte ohnedies nichts sehen als ein Stückchen der Kieswege und Blätter, Tausende, Zehntausende von Blättern, in den verschiedensten Farben von beschattetem Grün und in den verwickeltsten Durcheinanderschiebungen. Aber auch das sah Robert nicht. Er sah nur eine dunkle Masse, eine langsam bewegte, atmende Masse, etwas Dunkles breitete sich über sein Inneres, etwas ganz Gleichmäßiges, ohne alle Kennzeichen, erfüllte seine Seele. Und wenn er sich endlich vom Fenster losriß, war er stets müde und zum Weinen aufgelegt. Aber ohne alles Heftige wie Schluchzen und Tränen." (Tagebücher, a.a.O., S. 39)

Musil scheint sich im innerfamiliären Spannungsfeld eher mit seinem Vater identifiziert zu haben, während er mit der zu Zornesausbrüchen neigenden Mutter häufig in Streit geriet. Die häusliche Situation spitzte sich so zu, daß Robert bereits 1892, mit zwölf Jahren also, in ein Internat gegeben wurde. Der Beschluß wurde einvernehmlich gefaßt, wobei die einzelnen Mitglieder der Familie von unterschiedlichen Motiven geleitet wurden. „Die entscheidende Wende Eisenstadt: Ich wollte hin, weil ich lange Hosen tragen wollte. Papa wollte es im Gedenken an Onkel Rudolf u. in der Berechnung: Mit 19 1/2 Jahren sei ich Leutnant, ernähre mich selbst u. sei mit einem erschwinglichen Taschengeld ein wohlhabender Mann, dessen Zukunft sicher ist. Mama schien wohl die Idee gefaßt zu haben, daß man mir nicht alles durchlassen dürfe. Vielleicht war sie manchmal streng oder heftig, was meine Knabenwürde verletzte u. eine wütende Reaktion auslöste. Ich ließ mich nicht erziehen, u. schon gar nicht mit Gewalt. So waren wir alle einvernehmlich, uns zu trennen. Aber kaum

Als Militär-Oberrealschüler (Weihnachten 1894)

Nach Absolvierung der Militäroberrealschule (1. 9. 1897)

geschehen, packte mich in E. das leidenschaftliche Heimweh! Leidenschaftliches Kind." (Tagebücher, a.a.O., S. 961)

Musil besuchte 1892-94 die Militär-Unterrealschule in Eisenstadt, anschließend bis 1897 die Militär-Oberrealschule in Mährisch-Weißkirchen (Hranice). Erlebnisse in den beiden Internaten bilden die Grundlage für seinen ersten Roman, die „Verwirrungen des Zöglings Törleß". Zwar kann sich Musil noch vierzig Jahre später im Tagebuch über die Zustände insbesondere in der Kadettenanstalt Weißkirchen empören, die er als „Arschloch des Teufels" bezeichnet, doch geht es ihm nicht so sehr um naturalistische Wiedergabe der Zustände. Er greift vielmehr sein zentrales Problem auf, die Frage nach einer anderen Wirklichkeit, die sich von der empirischen Welt unterscheidet und doch tatsächlich und erfahrbar ist. So wie der junge Törleß ein Vorläufer Ulrichs in Musils Hauptwerk „Der Mann ohne Eigenschaften" ist, so wird die im Erstlingswerk aufgenommene Thematik später als Problem des „Anderen Zustandes" weiterverfolgt.

In den nächsten Jahren setzte Musil die Tradition seiner Familie fort: Er wurde Ingenieur wie sein Vater Alfred und Offizier wie sein Onkel Rudolf. Anders als diese fand er jedoch in diesen Berufsrollen keine volle Zufriedenheit. Er studierte in Brünn an der Hochschule, an der sein Vater als Professor lehrte, Maschinenbau und befaßte sich daneben mit Nietzsche, Dostojewski, Novalis, Maeterlinck, Emerson und Aristoteles. Nach der Ingenieursprüfung, während seiner Zeit als Assistent an der Technischen Hochschule Stuttgart (1902/03), arbeitete er an seinem „Törleß" und las Kant, Mach, Schiller und Husserl. Schließlich brach er die Ingenieurslaufbahn ab und begann, nachdem er das Abitur nachgeholt hatte, in Berlin mit dem Studium der Philosophie und Psychologie, das er 1908 mit einer Doktorarbeit über den Philosophen Ernst Mach abschloß; seine Nebenfächer waren Physik und Mathematik. Musil verzichtete auf die Möglichkeit, sich zu habilitieren und eine Hochschullaufbahn einzuschlagen; er entschied sich für die materiell ungesicherte Existenz eines freien Schriftstellers. Der Entschluß fiel ihm jedoch relativ leicht, da sein 1906 erschienener Roman „Die Verwirrungen des Zöglings Törleß" sehr erfolgreich war. Der berühmte Kritiker Alfred Kerr hatte nicht nur bei den Korrekturen des Romans geholfen, sondern auch eine umfassende, begeisterte Besprechung veröffentlicht.

Der literarische Anfangserfolg sollte sich so schnell nicht wiederholen. Musil arbeitete intensiv und – wie die zahlreichen Überarbeitungen zeigen – äußerst gewissenhaft, von daher aber auch langsam. Auch weigerte er sich, Kompromisse zu schließen und den Erwartungen des literarischen Marktes entgegenzukommen. Er verachtete seine erfolgreicheren Kollegen und unterstellte ihnen Oberflächlichkeit und Konventionalität. Zugleich litt er sehr darunter, selbst nicht die verdiente Anerkennung zu finden.

Erst 1911 erschien das zweite literarische Werk, zwei Erzählungen unter dem Titel „Vereinigungen". Die Kritik zeigte Ablehnung und Unverständnis. Ähnlich erging es dem bedeutenden Schauspiel „Die Schwärmer" (1921; Uraufführung 1929), während die Posse „Vinzenz und die Freundin bedeutender Männer" (1923) erfolgreicher war. Auch die wichtigen Erzählungen „Drei Frauen" (1924) fanden angemessene Beachtung. Dennoch konnte Musil von seinen literarischen Arbeiten nicht leben. Er schrieb daher immer wieder Kritiken und Essays für Zeitungen und Zeitschriften, die ihn der literarisch interessierten Öffentlichkeit bekannt machten. Diese analytischen Betrachtungen gehören zusammen mit den umfangreichen Tagebüchern zu den Grundlagen des „Mann ohne Eigenschaften".

Neben die publizistische und schriftstellerische Arbeit traten zeitweise weitere Tätigkeiten. In den Jahren vor dem Ersten Weltkrieg war Musil Bibliothekar an der Technischen Hochschule Wien; während des Krieges diente er

Im Erscheinungsjahr des „Törleß" (Oktober 1906)

als Offizier an der italienischen Front in Südtirol, anschließend arbeitete er bis 1922 in staatlichen Einrichtungen in Wien.

Inzwischen nahm die Arbeit am Hauptwerk, dem „Mann ohne Eigenschaften", immer mehr Raum ein. Vorüberlegungen gehen bis in die Zeit um 1900 zurück. Der erste Teil des großen Romans erschien 1930 bei Rowohlt und wurde begeistert aufgenommen. Um die Weiterarbeit am Roman zu sichern, wurde 1932 in Berlin eine Musil-Gesellschaft gegründet, die nach der Auflösung zu Beginn der Nazizeit – viele Mitglieder waren Juden – 1934 in Wien eine Fortsetzung fand. Thomas Mann schreibt in einem Gründungsaufruf: „Man muß die Öffentlichkeit aufrufen und sie ermahnen, daß sie sich nicht durch Teilnahmslosigkeit schuldig mache an der Verkümmerung eines dichterischen Unternehmens, dessen Außerordentlichkeit, dessen einschneidende Bedeutung für die Entwicklung, Erhöhung, Vergeistigung des deutschen Romans außer Zweifel steht." (Zit. nach Berghahn, a. a. o., S. 163) Obwohl Musil äußerst empfindlich war, fühlte er sich durch die monatlichen Beitragszahlungen, von denen er seinen Lebensunterhalt bestritt, nicht beschämt. „Ich hatte immer den Verdacht, daß er diese Musil-Gesellschaft als eine Art von Orden betrachtete. Es war eine hohe Ehre, in ihn aufgenommen zu werden und ich fragte mich, ob er minderwertige Kreaturen davon ausgeschlossen hätte." (Canetti, a.a.O., S. 186)

1933 kehrte Musil von Berlin nach Wien zurück und emigrierte 1938, nach der Okkupation Österreichs durch Hitler-Deutschland, über Italien in die Schweiz. 1933 war Band 2 des „Mann ohne Eigenschaften" erschienen, 1935 als letztes Buch eine Sammlung älterer Prosaarbeiten unter dem bitter-ironischen Titel „Nachlaß zu Lebzeiten". Weitere Kapitel des Hauptwerks konnten wegen des Eingreifens der Nazis nicht mehr erscheinen. Später – während der Emigration in der Schweiz – fand sich kein Verleger mehr. Musil starb am 15. April 1942 nahezu vergessen in Genf. Erst zehn Jahre später wurde er durch die von Adolf Frisé edierte erste Gesamtausgabe wieder in Deutschland bekannt.

Musil hätte die letzten, schweren Jahren seines Lebens, in denen er fast mittellos war, kaum durchgestanden ohne seine Frau Martha, die er 1911 geheiratet hatte. Er war ohne seine Frau hilflos, besonders in materiellen Dingen. „Es war bekannt, daß Musil mit Geld nicht umzugehen verstand, ja mehr noch, eine Abneigung dagegen hatte, Geld in die Hand zu nehmen. Er ging nirgends gern allein hin, beinahe immer war seine Frau dabei, die in der Elektrischen die Tramkarten für ihn löste und im Café für ihn bezahlte. Er hatte kein Geld bei sich, ich habe nie eine Münze oder einen Schein in seiner Hand gesehen." (Canetti, a.a.O., S. 185) Musils Frau Martha sowie die unbekannte Schwester, die vor Musils Geburt mit zehn Monaten gestorben war, gehen ein in die Figur der Agathe, der Zwillingsschwester des Romanhelden Ulrich im „Mann ohne Eigenschaften“. Mit ihr zusammen will Ulrich den „Anderen Zustand“ erproben.

Worum geht es im Hauptwerk Robert Musils? In einem Interview sagt er: „Ich möchte Beiträge zur geistigen Bewältigung der Welt geben.“ (GW Bd. 7, a.a.O., S. 942) Diese Intention bedingt zugleich die Kritik an den ideologischen Positionen der Zeit, wie sie der „Wirklichkeitssinn“ hervorbringt, und den utopischen Entwurf einer neuen Lebensform, den der „Möglichkeitssinn“ evoziert. Dabei geht es nicht um völlige Abwertung und Abkehr von der empirischen Welt, der der „Andere Zustand“ als Alternative gegenübergestellt würde. Musil betont vielmehr die Notwendigkeit einer Synthese von Vernunft und Gefühl, kausalem Denken und ganzheitlich-intuitivem Erfassen, Rationalität und Mystik, von vita activa und vita contemplativa. Ulrich, die zentrale Figur des Romans, findet seine Erfüllung nicht in den von der Gesellschaft angebotenen Rollen. Er macht keine kontinuierliche Entwicklung durch, wie der Held des traditionellen Bildungsromans, sondern bildet eine Art Reflexionszentrum, von dem aus die wichtigsten zeitgenössischen Probleme und Erscheinungen analysiert werden. Diese Konzeption verlangt eine neue literarische Form: An die Stelle eines linearen narrativen Berichts tritt die essayistische und kommentierende Betrachtung. „An die Stelle der Zeit tritt als Ordnungsprinzip die Ironie des Erzählers, mit deren Hilfe die Verfestigungen der Wirklichkeit aufgebrochen werden.“ (Horst Strittmatter in Kindlers Literatur Lexikon)

Diese Auffassung erklärt zugleich die prinzipielle Unabschließbarkeit des Romans selbst, der Fragment geblieben ist: Auch der Autor ist immer wieder vor unterschiedliche Möglichkeiten gestellt, wobei es keine eindeutigen Kriterien für die Wahl bzw. Ausgrenzung des ein oder anderen Weges gibt. Das Schreiben wurde so zu einem Prozeß ständiger Korrekturen und Veränderungen, der nicht zu einem Ende kommen konnte. „Musil erkennt, daß er sich zu viel vorgenommen hat. Er weiß, daß er keine endgültige Antwort finden kann, weil es endgültige Lösungen nicht gibt. Natürlich hat er nach einer „Erlösung“ für Ulrich gesucht, wie alle Figuren des Buches „Erlösung“ suchen, aber nur Ideologien finden. Hätte er es nicht getan, wäre er ebenso unglaubwürdig wie im umgekehrten Falle, wenn er eine der Erlösungstheorien akzeptierte. Die objektive Situation macht es nicht möglich, stehen zu bleiben.“ (Berghahn, a.a.O., S. 144)

[1] → Literaturhinweise (3. Abschnitt)

[2] Die Abkürzung a.a.O. (= am angeführten Ort) wird jeweils dann benutzt, wenn der volle Titel des Buches in den Literaturhinweisen zu finden ist.

3. Kultur und Politik um 1900 – Die Zeit des jungen Musil[1]

Musils Grunderfahrung, daß keine gesicherten Ordnungsvorstellungen existieren, läßt sich nicht allein auf individuelle – z. B. familiäre und schulische – Erlebnisse und Konstellationen zurückführen, sondern muß auch vor dem Hintergrund der Zeitsituation gesehen werden. Der Übergang vom 19. zum 20. Jahrhundert ist gekennzeichnet durch grundlegende Umwälzungen im Bereich der Politik, der Wissenschaften und der Kunst. Dabei blieben die Krisensymptome teils verdeckt durch eine scheinbar heile Fassade, teils traten sie offen zutage.

Das Deutsche Kaiserreich (1871-1918) machte einen raschen Wandel vom Agrarland zum Industrieland durch und stieg zur stärksten europäischen Industrienation auf. In krassem Gegensatz zu den modernen und fortschrittlichen Verhältnissen in Industrie und Wirtschaft standen die dominierenden politischen und gesellschaftlichen Zustände. Die Vertreter der Landwirtschaft setzten sich gegen die Gefährdung ihrer Vormachtstellung zur Wehr. Die Macht des Parlaments war gegenüber der Position von Kaiser, Bürokratie und Militär sehr begrenzt. Die Entwicklung einer Demokratie, die einem modernen Industriestaat angemessen gewesen wäre, wurde überall unterdrückt. Die Sozialdemokratie wurde den bürgerlichen Schichten als Feindbild angeboten und nicht in die etablierten Strukturen integriert. „Vorindustrielle Wertsysteme von unverändert großem Einfluß haben die Defensive des kaiserlichen Establishments unterstützt. Die deutsche Staatsideologie mystifizierte weiter Interessenpolitik als Überparteilichkeit, nährte falsche Vorbehalte gegen Parteien, schirmte die Bürokratie gegen Kritik ab. Die Sozialromantik von Mittelstand und Wandervogel, Neothomismus und völkischen Radikalen lenkte von Konflikten ab, die als unnatürlich denunziert, statt offen und politisch ausgetragen wurden. Der Borussismus rechtfertigte die Auswüchse preußischer Politik als erquickliche Beweise für die Lebenskraft der Militärmonarchie. Sie alle verstellten den Blick auf die Realität, begünstigten aber mächtige Interessen, die sie von Katheder und Kanzel, in Lehrbuch und Presse energisch und geschickt für Deutschlands „wahre Werte“ wirken ließen. Ein Blick auf die Lehrpläne für die „gesinnungsbildenden“ Fächer der Volksschulen und Gymnasien zeigt, wie sehr die dort herrschenden Gedanken die Gedanken der Herrschenden widerspiegelten. – Es bleibt daher der Gesamteindruck, daß die soziopolitische Machtstruktur des Kaiserreichs mitsamt den sie stützenden Ideologien stabil genug blieb, um ihre restriktiven Bedingungen der deutschen Gesellschaft bis zum Herbst 1918 auferlegen zu können, jedoch um den Preis wachsender politischer und sozialer Disparitäten, denen das Krisenmanagement immer weniger mit dauerhaften Lösungen begegnen konnte.“ (Wehler, a.a.O., S. 232f.)

Die innere Unsicherheit und Brüchigkeit des in Selbstgefälligkeit erstarrten Systems zeigte sich daran, daß es sich bereits von recht harmlosen Begebenheiten irritieren ließ. Ein Ereignis wie die Aufführung von Gerhard Hauptmanns sozialkritischem Schauspiel „Die Weber“ (1894) genügte, um die „heiligsten Güter der Nation“ in Gefahr zu sehen. Das Stück wurde als „Umsturzdrama“ bezeichnet und den öffentlichen Bühnen polizeilich verboten.

Das Bürgertum engagierte sich vorwiegend im Bereich der Wirtschaft oder in den Wissenschaften. Es profitierte von der industriellen Entwicklung und unterstützte den konservativen Obrigkeitsstaat, indem es entweder unpolitisch blieb oder sich direkt an den gesellschaftlichen Normen des Adels orientierte. Dies gilt in gleicher Weise für das Deutsche Reich wie für die Donaumonarchie. Musils Vater wurde noch 1917, wenige Monate vor dem Ende der Monarchie, geadelt; da der Adel erblich ist, lautet der Name des Sohnes eigentlich Robert Matthias Alfred Edler von Musil.

Überhaupt gibt es zahlreiche Parallelen zwischen der Situation in Deutschland und Österreich. „Die Entwicklung der Donaumonarchie im letzten Jahrzehnt vor 1914 glich in mancher Hinsicht jener des Deutschen Reiches. In Österreich-Ungarn setzte 1906 ebenfalls eine Periode der inneren Politik ein, die eine Liberalisierung der Verfassungsverhältnisse verhieß; am Ende aber nahm man hier gleichfalls Zuflucht zu einem bürokratischen Regime oberhalb der Parteien, das den großen politischen Fragen möglichst aus dem Wege ging. Auch in Österreich-Ungarn ließ sich der Eintritt breiterer Volksschichten in die Politik nicht aufhalten, sondern nur verzögern.“ (Mommsen, a.a.O., S. 204) Die Lage im Vielvölkerstaat wurde zusätzlich verschärft durch die ungelöste nationale Frage, die schließlich zum Ausbruch des Ersten Weltkriegs führte. Die außenpolitische Situation des Deutschen Kaiserreichs war durch die unberechenbare Politik Wilhelms II. destabilisiert worden, der im Konzert der imperialistischen Mächte mitspielen wollte.

Zusammenfassend läßt sich festhalten: Die Lage im Deutschen Kaiserreich und in der Donaumonarchie um die Jahrhundertwende ist gekennzeichnet durch ein anachronistisches Festhalten an überholten, halb-absolutistischen Strukturen bei gleichzeitiger Unterdrückung der demokratischen Kräfte. Da viele Defizite im politisch-gesellschaftlichen Bereich durch eine rasante wirtschaftliche Entwicklung kompensiert werden konnten, kam es zu einer vorläufigen Scheinstabilität. Sie zeigte ihren „wahren Charakter“ erst mit Ausbruch des Ersten Weltkriegs und endete 1918 mit dem Zusammenbruch des

Deutschen Kaiserreichs wie der Donaumonarchie. Die Handlung von Musils Roman „Der Mann ohne Eigenschaften" setzt im August 1913 ein, ist stofflich in Wien und in der Donaumonarchie angesiedelt, doch ist dieser Hintergrund für Musil nur ein „besonders deutlicher Fall der modernen Welt".

Die wirtschaftliche und technische Entwicklung wurde im wesentlichen getragen von den Fortschritten der Naturwissenschaften. Zugleich aber geriet der unbegrenzte Glaube an den wissenschaftlichen Fortschritt bereits um die Jahrhundertwende in eine bis heute nicht überwundene Krise. Zwar gelangten die Naturwissenschaften mit Plancks Quantentheorie (1900) und Einsteins Relativitätstheorie (seit 1905) zu neuen Dimensionen der Naturerkenntnis, doch wurde damit auch die Gültigkeit des traditionellen Denkens in Kausalzusammenhängen in Frage gestellt, ja es zeigten sich die Grenzen objektiver Erkenntnismöglichkeiten überhaupt. Der bedeutende Physiker und Philosoph Ernst Mach, über den Musil promoviert hat, bezog die Position eines erkenntnistheoretischen Skeptizismus und riet der Wissenschaft, auf alle metaphysisch-religiösen Spekulationen zu verzichten. Real sind für ihn nur die Empfindungen und ihre funktionalen, nicht kausalen Abhängigkeiten und Zusammenhänge. Während die Breitenwirkung Freuds, der 1900 seine „Traumdeutung" veröffentlicht hatte, noch bevorstand, befand sich die Lebensphilosophie Nietzsches in voller Blüte. Nietzsches umfassende Kulturkritik richtete sich gegen das seiner Ansicht nach lebensfeindliche Christentum und die verlogene Moral der bürgerlichen Gesellschaft. Auf der Basis einer „Umwertung aller Werte" wollte Nietzsche eine neue Ethik aufbauen, die sich im Gegensatz zur christlichen „Sklavenmoral" an einer „Herrenmoral" orientierte.

Wie sehr Musil von der „geistigen Bewegung seiner Zeit" erfaßt war, zeigen Äußerungen seines Jugendfreundes, des Kunsthistorikers und Gestaltpsychologen Johannes von Allesch: „Er [= Musil] zeigt uns Parallelitäten, Kontraste, Ergänzungen und immer wieder und in allen Bezirken führt er uns vor das unausgesprochene, leere Nichts; nirgends zeigt er uns eine klare Entscheidung; überall sind die festen Pfeiler, die Richtgerüste des Tuns und Denkens, die Grundwahrheiten und die sich selbst steuernden Handlungsfolgen, die Automatismen der Jahrhunderte und Jahrtausende im Zerbersten oder gar schon als Staub im Weggeblasenwerden. – [...] Die alten Bindungen, das heißt vor allem die religiösen Bindungen und auch das, was von ihnen noch übriggeblieben war, die Humanitas, in der das „Gut und Böse" der Religion noch ein Nachleben ohne festen Boden unter den Füßen führt, ist Musil im höchsten Grade suspekt. Seine immer wieder zu Wort kommende Skepsis, die sich sowohl uralter wie moderner Argumente bedient, die es unternimmt, auch das Gutsein in den Verdacht paradoxer Sinnlosigkeit zu bringen, führt zum Ergebnis, daß es überhaupt nichts mehr gibt, was ein bestimmtes Ding, ein Wesen, ein bestimmter Gedanke wäre, was man ernst und direkt nehmen könnte, und schließlich verfällt auch die eigene Person dem Mißtrauen und der Ironie." (Johannes von Allesch, Robert Musil in der geistigen Bewegung seiner Zeit. In: Robert Musil. Leben, Werk, Wirkung, hg. von Karl Dinklage, Wien 1960, S. 138f.)

Sicher dürfen die Künste, von denen abschließend die Rede sein soll, nicht nur als Ausdruck allgemeiner Zeittendenzen gesehen werden, wie sie sich in den dargelegten politischen und wissenschaftlichen Verhältnissen zeigten. Fest steht jedoch, daß sie auch Reaktion auf die geschilderte Zeitsituation sind. Es verwundert daher nicht, wenn sich gleichfalls im Bereich der Künste um 1900 ein uneinheitliches Bild bietet, das durch eine verwirrende Vielfalt unterschiedlicher Stilrichtungen gekennzeichnet ist. Avantgardistische Versuche standen neben rückwärtsgewandten, an vorindustriellen Werten orientierten Richtungen. Das romantischem Kunststreben verpflichtete Musikdrama Richard Wagners stand neben der neuen Zwölftontechnik Arnold Schönbergs. Die Anfänge der abstrakten Malerei fielen in die Zeit von Impressionismus, Symbolismus und Jugendstil. Im Bereich der Literatur kamen neue Richtungen wie Symbolismus, Neuromantik, Neuklassik und Impressionismus auf, die als Gegenströmungen gegen den dominierenden Naturalismus verstanden werden können. Als bewußte politische Reaktion auf die „dekadente Großstadtliteratur" des Naturalismus sah sich die Heimatkunstbewegung, die den agrarisch-konservativen, nationalistischen und antisemitischen Tendenzen der Zeit verpflichtet war. Die Nationalsozialisten knüpften mit ihrer „Blut- und Bodendichtung" hier an.

Die innovativen Ansätze gehen auf eine Fülle von Autoren zurück, die sich allerdings häufig nur mit Teilen ihres Werks einer bestimmten Tendenz zuordnen lassen. Walter Jens nennt wichtige Gestalten und Texte. „Die Revolution der deutschen Literatur, eine radikale Veränderung in Thema und Stil, beginnt um 1900 und erreicht bereits 12 Jahre später, 1912, ihren Höhepunkt. Rilkes «Malte» und Heyms «Dieb», Musils «Vereinigungen» und Kafkas «Urteil», Barlachs «Toter Tag» und Sorges «Bettler», die Gedichte Stadlers, Heyms und Trakls, Sternheims frühe Dramen und Edschmids «Sechs Mündungen», Herwarth Waldens «Sturm», dessen Nummer Eins am 3. März 1910 erschien, und «Der blaue Reiter» bezeichnen eine Entwicklung, die im ersten Dezennium unseres Jahrhunderts, mit Kafkas «Hochzeitsvorbereitungen» und der «Beschreibung eines Kampfes», Musils „Törless" und, 1901, Hofmannsthals «Brief des Lord Chandos» begann – eine Umwertung aller Werte, die durch den frühen Tod der Protagonisten, Heyms und Trakls, Stadlers und Marcs, schon in den Anfängen unterbrochen wurde. – Ausgangspunkt jeder Analyse der neuen Revolution, man kann es nicht oft genug sagen, ist Hofmannsthals «Brief des Lord Chandos»[2] – ein Dokument, das, an Konsequenz und Bedeutung, die Thesen des Naturalismus weit übertrifft." (Walter Jens: Statt einer Literaturgeschichte, Pfullingen 1962, S. 109)

Eine Synthese der vielfältigen Formen war nicht in Sicht, und so wurde von den einen die allgemeine Entwicklung als Zerfall gesehen, als Dekadenz, der man allenfalls in melancholischer Fin-de-siècle-Stimmung etwas abgewinnen konnte, während die anderen die Neuansätze als Aufbruch ins 20. Jahrhundert euphorisch begrüßten. Im Blick auf die Nachwirkungen bis in die Gegenwart hinein muß gerade auf die Fülle und den Reichtum der unterschiedlichen Strömungen hingewiesen werden. Die Jahrhundertwende ist die Inkubationszeit, in der all das angelegt wurde, was sich im weiteren Verlauf des 20. Jahrhunderts entfaltete. Hugo von Hofmannsthal charakterisiert den Zustand der Zeit um 1900 folgendermaßen: „Aber das Wesen unserer Epoche ist die Vieldeutigkeit und Unbestimmtheit. Sie kann nur auf Gleitendem ausruhen und ist sich bewußt, daß es Gleitendes ist, wo andere Generationen an das Feste glaubten." (Der Dichter und diese Zeit, 1906)

[1] → Literaturhinweise (4. Abschnitt)
[2] → **25**

4. Der Stoff des „Törleß" und Musils dichterische Konzeption

Karl Corino: Törleß ignotus – Zu den biographischen Hintergründen von Robert Musils Roman „Die Verwirrungen des Zöglings Törleß"

1 Im Jahre 1906 hätte Musil juristisch in prekäre Situationen kommen können, wenn er unverblümt Details über den wirklichen Ort, die Vorfälle und die beteiligten Personen preisgegeben hätte. Die Eingeweihten hätten sich ohnehin, schon durch den Roman, diffamiert fühlen können; Musil war unvorsichtig genug, wie er in einem Brief an Wiegler[1] zugibt, die Namen der Personen nur geringfügig zu ändern – vielleicht war es sein Glück, daß zwei der Hauptakteure schon tot waren, als der Roman erschien. [...]
Wie also sieht die *wahre Geschichte des Zöglings Törleß* aus, soweit wir sie noch eruieren können? Wie kam es zunächst einmal dazu, daß der kleine Robert in die Militärerziehung gesteckt wurde, er, der einzige Sohn bürgerlich-wohlhabender Eltern, in eine Umgebung, die so furchtbar gewesen sein muß, daß er sich noch ein halbes Jahrundert später fragt: *Warum haben meine Eltern nicht protestiert? Heute noch unverständlich. Mensch!* Illusionen, Bequemlichkeit, Mißverständnisse scheinen die Gründe zu sein. Man kann diese Vorgeschichte, schon öfters dargestellt, vielleicht kürzer fassen: um sein 10. Jahr wollte Robert lange Hosen tragen – und seine geistige Unabhängigkeit

behaupten. Da sein Eigensinn und Temperament des öfteren mit dem seiner Mutter zusammenstießen und die Familienverhältnisse durch den Hausfreund Heinrich Reiter ohnehin nicht einfach waren, wurde der Junge *im Einvernehmen aller drei in ein Institut gegeben* – dies meint den Konsensus des gütigen und etwas ängstlichen Vaters, bei dem auch wirtschaftliche Erwägungen mitspielen, der sehr starrköpfigen, nervösen Mutter und des freiheitsdurstigen, schwierigen Sohnes. Der vierte im Bunde, Heinrich Reiter, wird auch nichts dagegen gehabt haben, daß der wachsame und eifersüchtige Beobachter aus dem Hause verschwand. Wer das Familienbild vom Ausflug zum Achensee betrachtet, wo der kleine Robert mit finstrem Blick und einem langen Stock neben *Onkel Balduin* steht[2], wird sehen, daß dem angehenden Militärschüler der Abschied vom Elternhaus wohl nicht allzu schwer gefallen sein mag. Und in puncto Psychoanalyse, die trotz ihrer mangelnden Verifizierbarkeit manchmal den Nagel verblüffend auf den Kopf trifft – sagte da Musil nicht einmal: *im Hause des Gehenkten spricht man nicht vom Strick.*

In Eisenstadt kam die Ernüchterung wahrscheinlich sehr schnell über den neuen Zögling, der bei aller Seltsamkeit der Familienverhältnisse doch eine behütete Kindheit genossen hatte. Wir haben keinen Grund an Musils *leidenschaftliche[m] Heimweh* zu zweifeln und auch daran, daß er beinahe, wie der kleine Törleß, Tag für Tag nach Hause schrieb. Leider scheinen sich diese Briefe nicht erhalten zu haben.

Die Atmosphäre in Eisenstadt, das im Roman mit Mährisch-Weißkirchen verschmolzen wird, scheint auch in der Tat alles andere als anheimelnd gewesen zu sein. Musil erinnert sich um 1940 noch an *die Lehrgehilfen* und den *Klassenfeldwebel,* die vor allem der Ausbildung etwas ganz *Unteroffiziersmäßiges* gegeben haben müssen, er denkt an seine Opposition gegen diesen Spieß und an die *Monturen und das Schuhwerk. Die bloß nicht passende Paradeuniform und die aller Beschreibung spottenden Schulmonturen.... Die Waschgelegenheiten und ‚Globusterbeeren'. Die Abtritte. Dabei ein Bild der Schulwiese in Eisenstadt mit den überall turnenden Zöglingen. Ärger als Sträflinge* seien sie behandelt worden. Es ist bemerkenswert, daß nichts von dieser *wahre[n] Geschichte des „Törleß"* in den Roman eingegangen ist, nichts von den *Fußlappen, alte[n] Stiefel[n]* Gamaschen und Ärmelschonern, stinkenden Schlafsälen und schmutzigen Aborten. An solchem Naturalismus lag dem Autor des „Törleß" nichts, er wird – paradoxerweise – erst wieder für den Verfasser des „Mann ohne Eigenschaften" interessant, der Reminiszenzen für eine imaginäre Autobiographie niederschreibt.

Der Autor des „Törleß" idealisiert und stilisiert. Das berühmte und feudale Konvikt zu W., das angeblich im *vorigen Jahrhundert ... auf dem Boden einer frommen Stiftung errichtet worden war*[3], ist in Wirklichkeit eine höchst weltliche Gründung aus dem Jahre 1855, über der von Anfang an der ‚Geist Spartas' – für Heloten – schwebt. Wer Näheres über diese Anstalt wissen will, lese das Buch von Gotthold Krebs, „Die k. u. k. Militär-Oberrealschule zu Mährisch-Weißkirchen. Ein Beitrag zur Geschichte des Militärbildungswesens während der letzten fünfzig Jahre" (Wien und Leipzig 1906). Es ist Ironie des Schicksals, daß diese Eloge, verfaßt von einem Deutschlehrer der Anstalt, im gleichen Jahr erschien wie der „Törleß". [...]

Nun zu den übrigen Hauptakteuren: neben Törleß alias Musil. Musil selbst gab uns den Schlüssel für die Identifizierung seiner Figuren in die Hand, als er schrieb: *Immerhin sind viele solche [Äußerlichkeiten] nur wenig verändert, besonders Namen.*[4]

Beginnen wir mit Reiting alias Reising.

In Mezzolombardo/Tirol, am 8. XI. 1878,

wurde Jarto Reising von Reisinger geboren, Sohn eines Privatiers[5]. Nach zwei Realschulklassen in Graz, zwei Klassen in Eisenstadt (der dritten und vierten) ist Reising auch in Weißkirchen 3 Jahre lang Schulkamerad Musils. Sein Vater stirbt frühzeitig, seine Mutter Maria lebt in Wien wie sein Vormund, Dr. Anton Pergelt. Reising war Allerhöchster Privat-Stiftling, das Kostgeld für ihn wurde vom ‚Allerhöchsten Privat- und Familienhaus' bezahlt. Reitings Behauptungen, *daß sein Vater eine merkwürdig unstete, später verschollene Person gewesen sei. Sein Name sollte überhaupt nur ein Inkognito für den eines sehr hohen Geschlechtes sein,* erscheinen demnach gar nicht so absurd. Nur seine Erwartungen und Wünsche *(Er dachte von seiner Mutter noch einmal in weitgehende Ansprüche eingeweiht zu werden, rechnete mit Staatsstreichen und großer Politik und wollte demzufolge Offizier werden.)*[6] gingen nicht mehr in Erfüllung.

Laut Klassenbuch ist er kräftig entwickelt, vor der Ausmusterung 1,79 m groß, hat eine skrofulöse[7] Anlage, die sich erst 1896/97 bessert. Seine Klassenplätze schwanken zwischen dem 7. und dem 22., er gilt als ernst, ehrliebend (was ein Euphemismus[8] für ehrgeizig ist: dieses Attribut bekommt Musil!), strebsam, auch als empfindlich, zum Widerspruch geneigt, kameradschaftlich, anständig und nett.

Was ist hier Oberflächlichkeit der Lehrer, ‚Humanität', die dem jungen Menschen durch eine ungünstige Beurteilung nicht die Karriere verderben will, und was Schauspielerei, die sich meisterhaft zu tarnen versteht?

Und schließlich Beineberg: Richard Freiherr von Boineburg-Lengsfeld, geboren am 20. X. 1878 als Sohn des Rittmeisters im Ulanenregiment Nr. 6, Moritz Freiherr von Boineburg. Richard von Boineburg sitzt zunächst 5 Volksschulklassen in Wien, dann 5 Jahre in Eisenstadt ab (1889-1894). Das kommt daher, daß er den dritten Jahrgang wiederholen muß. Seine Leistungen sind sehr unterschiedlich, das eine Mal ist er Primus, ein anderes Mal kommt er mit knapper Not am Repetieren vorbei; so ist er etwa im ersten Halbjahr 1895/96 nur der 40. unter 44, was bei dem sicherlich begabten jungen Mann zweifellos auf starke *außerschulische Interessen* schließen läßt. Verdächtig ist auch, daß er im Jahr 1895/96 chronisch heiser ist — auf dem Dachboden scheint es doch recht kalt und zugig gewesen zu sein. Schon Karl Dinklage hatte anhand der Musilschen Zeugnisse, die sich damals auffällig verschlechterten, dafür optiert, daß sich um diese Zeit die *wahre Geschichte des Zöglings Törleß* abspielte.

Laut Signalement war Beineberg ein brünetter Typ, hatte anfangs ein rundes Gesicht und Kinn, Mund und Nase waren proportioniert, später ist das Gesicht länglich, das Kinn breit. Zuletzt mißt er 1,79 m und wiegt 60 kg. An der rechten Hand prangt ein Schmiß, die linke Seite des Unterkiefers ziert eine bewegliche Hautnarbe. Einige dieser Charakteristika tauchen auch im Roman auf. *Die Magerkeit des Körpers — Beineberg selbst pflegte die stahlschlanken Beine homerischer Wettläufer als sein Vorbild zu preisen. — Diese schmalen dunklen Hände, die eben geschickt den Tabak in das Papier rollten, waren doch eigentlich schön. Magere Finger, ovale, schön gewölbte Nägel: es lag eine gewisse Vornehmheit in ihnen. Auch in den dunkelbraunen Augen. Auch in der gestreckten Magerkeit des ganzen Körpers lag eine solche. Freilich — die Ohren standen mächtig ab, das Gesicht war klein und unregelmäßig, und der Gesamteindruck des Kopfes erinnerte an den einer Fledermaus*[9]. Ein Detail wie die bewegliche Hautnarbe hätte sich Thomas Mann bestimmt nicht entgehen lassen, er hätte sie mit aller Sorgfalt beschrieben. Musil zieht es vor, die häßlichen Züge seiner Figur in einem nicht gerade schmeichelhaften ‚Bild' zusammenzuziehen. Die *Beschaffenheit des Geistes und Gemütes* ist bei Boineburg so: 1890/91 bescheinigt man ihm, er habe eine rasche, aber flüchtige Auffassung, gutes Gedächtnis, sei heiter, lebhaft, reizbar, artig, im Jahr darauf hat er plötzlich eine gründliche Auffassungsgabe, ist etwas empfindlich, sehr strebsam, artig und nett; wieder ein Jahr später erscheint er als ernst, etwas empfindlich, sehr ehrliebend, artig und rein. Schließlich stellt man fest, er habe eine rasche Auffassung, sei heiter, ehrliebend, sehr artig, ein guter Kamerad. Man lese und staune. Entweder handelt es sich hier um eine einzige Liste von Verlegenheiten, oder dieser Boineburg ist schon ein kleiner Mann ohne Eigenschaften.

Schließlich Basini. Er ist die schillernste Figur, wahrscheinlich deswegen, weil er synthetisch, d. h. aus Zügen verschiedener realer Personen zusammengesetzt ist. Da ist, quasi als ‚Namengeber', Alexander Baksy von Szent Istav-Baksa, Sohn eines Pfarrers, geboren am 13. 3. 1879 in Szendrö, Ungarn. Nach Absolvierung der Militär-Unterrealschule Kaschau trat er in Mährisch-Weißkirchen ein (Herbst 1894). Er hatte einen *Preißschen Stiftungsplatz* und bekam 4 Gulden Monatszulage. Unbegabt scheint er nicht gewesen zu sein, sein bester Platz in den drei Jahren bis 1897 ist der fünfte, sein schlechtester der zehnte bei rund 50 Schülern. Nach den Beschreibungen der Klassenbücher muß Baksy ein sehr schöner Ephebe[10] gewesen sein: blond, blauäugig, mit rundem Kinn und ovalem Gesicht. Er ist kräftig, gesund, mittelgroß, gilt als heiter, gutmütig, strebsam, pflichtgetreu und hilfsbereit, als sehr anständig, zuvorkommend, rein und nett. Diese Qualitäten machen ihn – vorausgesetzt, die Charakteristik trifft diesmal einigermaßen zu – eventuell zum attraktiven päderastischen[11] Sexualobjekt –, ein Dieb war Baksy nicht. Anders ein gewisser Hugo Hoinkes. Als Zögling des II. Jahrgangs (Klasse c) beging Hoinkes am 13. 2. 1896 einen Diebstahl, indem er „ein Paket Cigaretten-Tabak im Werte von 17 kr. und einen Silbergulden aus der Spiel- respektive Schulbanklade anderer Zöglinge heimlich entwendete". Hoinkes war geständig und wurde daraufhin über Antrag des Klassenvorstandes an die Lehrerkonferenz dem Reichskriegsministerium zur Entfernung aus der Militärerziehung vorgeschlagen. Dem Antrag des Anstaltskommandos wurde am 20. 2. 1896 stattgegeben. Hoinkes, am 25. 2. 1879 in Klagenfurt geboren, Halbwaise mit einem „ganzfreien Ärarialplatz", wird in den Klassenbüchern als schlechter Schüler geführt (45. unter 50, 48. unter 49). 1894/95 hat man ihn mehrmals wegen „mangelhafter Conduite"[12] bestraft und verwarnt, zuletzt am 27. 11. 1895 mit einer Besserungsfrist bis Ende Februar 1896: eine Negativ-Figur also auch für die Lehrer. Musil konstruiert aus seinem Vergehen das Motiv für Baksy-Basinis sexuelle Unterjochung – Freiheit der dichterischen Psychologie.

[1] → 17
[2] → S. 141 (Der Name „Onkel Balduin" für Heinrich Reiter taucht in Entwürfen zur Erzählung „Tonka" auf.)
[3] → S. 8 [4] → 17 [5] Privatier: Rentner [6] → S. 38/39
[7] Skrofulose: tuberkulöse Haut- und Lymphknotenerkrankung
[8] Euphemismus: beschönigender Begriff
[9] → S. 20
[10] Ephebe: In der Antike Bezeichnung für den mannbaren Jüngling
[11] Päderastie: Knabenliebe, männl. Homosexualität
[12] Conduite: Führung, Betragen

*Robert Musil: Rückblick auf die Entstehung des „Törleß" (1935)**

2 Mein erster Erfolg ist mit meiner ersten Veröffentlichung „DV. d. Z T" zusammengetroffen. Er hat sogar bis heute ausgedauert, aber in jenen Jahren galt der kleine Roman, den ich geschrieben hatte, dreifach: als das starke Wort einer neuen „Generation", als ein Schlüsselwerk des Erziehungswesens, und als Gesellen-, wenn nicht Meisterstück/ Antritt / erstes Auftreten / Antrittsrede / *Probestück/* eines jungen Dichters, in den man die größten Erwartungen setzte. Ich bekam kritische Zustimmung u. eifrige Anfragen aus aller Welt.

Abgesehen von dem Gewinn der Freundschaft einiger bedeutender Kritiker, die größtenteils auch vorgehalten hat, schien dieser Erfolg aus einer Reihe von Mißverständnissen zu bestehen. Man rühmte an mir die „Psychologie" und den „Realismus", u. viele glaubten ein „Erlebnis-", wenn nicht gar „Bekenntnisbuch" vor sich zu haben; namentlich Pädagogen wollten von mir „Genaueres" erfahren, worin ich sie in meinen Antworten dann nach Kräften enttäuschte.

Die Wahrheit war, daß ich auf den vorgezeigten „Stoff" selbst gar keinen Wert legte. Natürlich hatte ich Ähnliches mit eigenen Augen einmal gesehn, aber es bewegte mich persönlich so wenig, daß ich es zwei Jahre, bevor ich es selbst benutzte, einem anderen jungen Schriftsteller erzählte, dessen krasser Realismus mir für diesen Stoff viel geeigneter erschien, u. ihm fest versicherte, daß dies ein Stoff für ihn wäre, aber nicht für mich. (Ich selbst versuchte mich damals in einer Art lyrischer Meditationen) Soviel über das „Erlebnis- u. Bekenntnisbuch". Warum ich dann (1902/1903) doch den Stoff selbst anpackte, weiß ich nicht mehr zu sagen; ich glaube es geschah in einer besonderen Lebenslage aus Langweile und auch, weil ich mich, nachdem ich für meine Gedankenpoesie keinen Verleger gefunden hatte, etwas fester auf die Erde stellen wollte.

Länger haftete mir der Ruf des Psychologen an. Ich habe mich von Anfang an gegen ihn gewehrt (u. konnte es tun, weil ich wirklich Psychologie studiert hatte u. damals sogar auf ein Haar an einer Universität für sie habilitiert worden wäre). Denn was an einer Dichtung für Psychologie gilt, ist etwas anderes als Psychologie, so wie eben Dichtung etwas anderes als Wissenschaft ist, und die unterschiedslose Anwendung des Worts hat wie jede wichtige Äquivokation[1] schon viele verwirrende Folgen gehabt. Ich glaube, die Unterscheidung wird sogar heute noch nicht genug beachtet und zb. fast jedesmal außer acht gelassen, wenn sich Forscher auf Dichter berufen, als sollten ihnen diese das Material oder eine fertige Vorstufe liefern.

Die Unterscheidung selbst ist einfach: Dichtung vermittelt nicht Wissen und Erkenntnis.

Aber: Dichtung benutzt Wissen u. Erkenntnis. Uzw. von der inneren Welt natürlich genau so wie von der äußeren.

[1] Äquivokation: Doppelsinnigkeit, Wortgleichheit bei unterschiedlicher Bedeutung

Robert Musil: Skizze der Erkenntnis des Dichters (1918)

3 In dem Maße wie das von der Zeit der Paulskirche und Bismarcks her beschädigte Ansehen der Professoren im Gemeinschaftsleben gestiegen ist, ist das der Dichter gesunken; heute wo der Professorenverstand die höchste praktische

Geltung seit Bestehen der Welt erreicht hat, ist der Dichter bei dem gebräuchlichen Namen Literat angelangt, worunter einer verstanden wird, den unerforschte Gebrechen hindern, ein brauchbarer Journalist zu werden. Die soziale Wichtigkeit dieser Erscheinung ist nicht gering zu schätzen und rechtfertigt wohl, ihr einige Überlegung zu widmen. Daß diese sich auf die Betrachtung der Intellektualität beschränkt und im kleinen wie der Versuch einer erkenntnis-theoretischen Prüfung ausfällt, indem sie den Dichter nur als den in einer bestimmten Weise und auf bestimmtem Gebiete Erkennenden betrachtet, ist gewollte Einschränkung, die sich natürlich nur durch ihr Ergebnis rechtfertigen läßt. So oft aber hierbei vom Dichter, als einer besonderen Gattung Mensch, die Rede sein wird, sei vorausbemerkt, daß damit nicht nur die gemeint sind, die schreiben; es gehören viele dazu, welche die Tätigkeit scheuen, sie bilden das reaktive Seitenstück zu dem aktiven Teil des Typus.

Man könnte ihn beschreiben als den Menschen, dem die rettungslose Einsamkeit des Ich in der Welt und zwischen den Menschen am stärksten zu Bewußtsein kommt. Als den Empfindlichen, für den nie Recht gesprochen zu werden vermag. Dessen Gemüt auf die imponderabeln[1] Gründe viel mehr reagiert als auf gewichtige. Der die Charaktere verabscheut, mit jener furchtsamen Überlegenheit, die ein Kind von den ein halbes Menschenalter früher sterbenden Erwachsenen voraus hat. Der noch in der Freundschaft und in der Liebe den Hauch von Antipathie empfindet, der jedes Wesen von den andern fernhält und das schmerzlich-nichtige Geheimnis der Individualität ausmacht. Der selbst seine eigenen Ideale zu hassen vermag, weil sie ihm nicht als die Ziele, sondern als die Verwesungsprodukte seines Idealismus erscheinen. Dies sind nur einzelne Beispiele und Einzelbeispiele. Ihnen allen entspricht aber oder vielmehr liegt zugrunde eine bestimmte Erkenntnishaltung und Erkenntniserfahrung wie auch die dieser entsprechende Objektswelt.

Man versteht das Verständnis des Dichters zur Welt am besten, wenn man von seinem Gegenteil ausgeht: Das ist der Mensch mit dem festen Punkte *a,* der rationale Mensch auf ratioïdem Gebiet. Man verzeihe die Scheußlichkeit des Wortversuchs wie auch die ihm zugrunde liegende historische Vertäuschung, denn nicht hat sich die Natur nach der ratio gerichtet, sondern diese nach der Natur; aber ich finde kein Wort, das nicht nur die Methode, sondern auch das Gelingen gebührend ausdrückte, nicht bloß die Unterwerfung, sondern auch die Unterwürfigkeit der Tatsachen, dieses unverdiente Entgegenkommen der Natur in bestimmten Fällen, das in allen Fällen zu verlangen dann freilich eine menschliche Taktlosigkeit war. Dieses ratioïde Gebiet umfaßt – roh umgrenzt – alles wissenschaftlich Systematisierbare, in Gesetze und Regeln zusammenfaßbare, vor allem also die physische Natur; die moralische aber nur in wenigen Ausnahmsfällen des Gelingens. Es ist gekennzeichnet durch eine gewisse Monotonie der Tatsachen, durch das Vorwiegen der Wiederholung, durch eine relative Unabhängigkeit der Tatsachen voneinander, sodaß sie sich auch in schon früher ausgebildeten Gruppen von Gesetzen, Regeln und Begriffen gewöhnlich einfügen, in welcher Reihenfolge immer sie entdeckt worden seien. Vor allen Dingen aber schon dadurch, daß sich die Tatsachen auf diesem Gebiet eindeutig beschreiben und vermitteln lassen. Eine Zahl, eine Helligkeit, Farbe, Gewicht, Geschwindigkeit, das sind Vorstellungen, deren subjektiver Anteil ihre objektive, universal übertragbare Bedeutung nicht mindert. (Von einer Tatsache des nicht ratioïden Gebiets dagegen, z. B. dem Inhalt der einfachen Aussage „er wollte es“ kann man sich niemals ohne unendliche Zusätze eine hinreichend bestimmte Vorstellung machen.) Man kann sagen, das ratioïde Gebiet ist beherrscht vom Begriff des Festen und der nicht in Betracht kommenden Abweichung; vom Begriff des Festen als einer fictio cum fundamento in re[2]. Zu unterst schwankt auch hier der Boden, die tiefsten Grundlagen der Mathematik sind logisch ungesichert, die Gesetze der Physik gelten nur angenähert, und die Gestirne bewegen sich in einem Koordinatensystem, das nirgends einen Ort hat. Aber man hofft, – nicht ohne Grund – das alles noch in Ordnung zu bringen, und Archimedes, der vor mehr als 2000 Jahren gesagt hat „gebt mir *einen festen* Punkt, und ich hebe die Welt aus den Angeln", ist heute noch der Ausdruck für unser hoffnungsfreudiges Gehaben.

Bei diesem Tun ist die geistige Solidarität der Menschheit entstanden und besser gediehen als je unter dem Einfluß eines Glaubens und einer Kirche. Nichts ist daher begreiflicher, als daß die Menschen versuchen, das gleiche Vorgehn auch in den – im weitesten Sinn – moralischen Beziehungen einzuhalten, obgleich es dort täglich schwieriger wird. Auch auf moralischem Gebiet wird heute nach dem Prinzip der Pilotierung[3] vorgegangen und werden in das Unbestimmte die erstarrenden Caissons[4] der Begriffe gesenkt, zwischen denen sich ein Raster von Gesetzen, Regeln und Formeln spannt. Der Charakter, das Recht, die Norm, das Gute, der Imperativ, das Feste in jeder Hinsicht sind solche Pfähle, auf deren Versteintheit gehalten wird, um daran das Netz der hunderte moralischen Einzelentscheidungen, die jeder Tag fordert, befestigen zu können. Die heute noch herrschende Ethik ist ihrer Methode nach eine statische, mit dem Festen als Grundbegriff. Aber da man auf dem Weg von der Natur zum Geiste gleichsam aus einem starren Mineralienkabinett in ein Treibhaus voll unausgesprochener Bewegung getreten ist, erfordert ihre Anwendung eine sehr komische Technik der Einschränkung und des Widerrufs, deren Kompliziertheit allein schon unsre Moral zum Untergang reif erscheinen läßt. Man denke an das populäre Beispiel der Abwandlung des Gebotes „Du sollst nicht töten", von Mord über Totschlag, Tötung des Ehebrechers, Duell, Hinrichtung bis zum Krieg, und sucht man die einheitliche rationale Formel dafür, so wird man finden, daß sie einem Sieb gleicht, bei dessen Anwendung die Löcher nicht weniger wichtig sind als das feste Geflecht.

Denn hier hat man längst nicht-ratioïdes Gebiet betreten, für das uns die Moral bloß ein Hauptbeispiel abgibt, wie die Naturwissenschaft eines für das andre Gebiet gewesen ist. War das ratioïde Gebiet das der Herrschaft der „Regel mit Ausnahmen", so ist das nicht-ratioïde Gebiet das der Herrschaft der Ausnahmen über die Regel. Vielleicht ist das nur ein gradueller Unterschied, aber jedenfalls ist er so polar, daß er eine vollkommene Umkehrung der Einstellung des Erkennenden verlangt. Die Tatsachen unterwerfen sich nicht auf diesem Gebiet, die Gesetze sind Siebe, die Geschehnisse wiederholen sich nicht, sondern sind unbeschränkt variabel und individuell. Es gelingt mir nicht, dieses Gebiet besser zu kennzeichnen als darauf hinweisend, daß es das Gebiet der Reaktivität des Individuums gegen die Welt und die anderen Individuen ist, das Gebiet der Werte und Bewertungen, das der ethischen und ästhetischen Beziehungen, das Gebiet der Idee. Ein Begriff, ein Urteil sind im hohen Grade unabhängig von der Art ihrer Anwendung und von der Person; eine Idee ist in ihrer Bedeutung in hohem Grade von beiden abhängig, sie hat immer eine nur occasionell[5] bestimmte Bedeutung und erlischt, wenn man sie aus ihren Umständen loslöst. Ich greife eine beliebige ethische Behauptung heraus: „es gibt keine Meinung, für die man sich opfern und in die Versuchung des Todes begeben darf –" und jeder von den Spuren ethischer Erlebnisse Beschlagene und Behauchte wird wissen, daß man ebenso leicht das Gegenteil behaupten kann und daß es einer langen Abhandlung bedarf, bloß um zu zeigen, in welchem Sinn man es meint, bloß um Erfahrungen in einer Wegweiserrichtung aneinanderzureihen, die dann doch irgendwo sich unübersehbar verästelt, aber doch irgendwie ihren Zweck erfüllt hat. Auf diesem Gebiet ist das Verständnis jedes Urteils, der Sinn jedes Begriffs von einer zarteren Erfahrungshülle umgeben als Äther, von einer persönlichen Willkür und nach Sekunden wechselnden persönlichen Unwillkür. Die Tatsachen dieses Gebiets und darum ihre Beziehungen sind unendlich und unberechenbar.

Dieses ist das Heimatgebiet des Dichters, das Herrschaftsgebiet seiner Vernunft. Während sein Widerpart das Feste sucht und zufrieden ist, wenn er zu seiner Berechnung so viel Gleichungen aufstellen kann, als er Unbekannte vorfindet, ist hier von vornherein der Unbekannten, der Gleichungen und der Lösungsmöglichkeiten kein Ende. Die Aufgabe ist: immer neue Lösungen, Zusammenhänge, Konstellationen, Variable zu entdecken, Prototypen von Geschehensabläufen hinzustellen, lockende Vorbilder, wie man Mensch sein kann, den inneren Menschen *erfinden.* Ich hoffe, diese Beispiele sind deutlich genug, um jeden Gedanken an „psychologisches" Verstehen, Erfassen u. dgl. auszuschließen. Psychologie gehört in das ratioïde Gebiet und die Mannigfaltigkeit ihrer Tatsachen ist auch gar nicht unendlich, wie die Existenzmöglichkeit der Psychologie als Erfahrungswissenschaft lehrt. Was unberechenbar mannigfaltig ist, sind nur die seelischen *Motive* und mit ihnen hat die Psychologie nichts zu tun.

Der Mangel an Erkenntnis, daß es sich überhaupt um zwei ihrer Wesenheit nach verschiedene Gebiete handelt, verschuldet die bürgerliche Betrachtung des Dichters als eines Ausnahmsmenschen (von wo es zum Unzurechnungsfähigen nicht weit ist). In Wahrheit ist er nur insofern Ausnahmsmensch als er der Mensch ist, der auf die Ausnahmen achtet. Er ist weder der „Rasende", noch der „Seher", noch „das Kind", noch irgend eine Verwachsenheit der Vernunft. Er verwendet auch gar keine andre Art und Fähigkeit des Erkennens als der rationale Mensch. Der bedeutende Mensch ist der, welcher über die größte Tatsachenkenntnis *und* die größte ratio zu ihrer Verbindung verfügt: auf dem einen Gebiet wie auf dem andern. Nur findet der eine die Tatsachen außer sich und der andre in sich, der eine findet sich zusammenschließende Erfahrungsreihen vor und der andre nicht.

Ich bin gewiß nicht sicher, ob es nicht Pedanterie sei, so umständlich auseinanderzulegen, was vielleicht nur Binsenwahrheit ist, und möchte zur Entschuldigung anführen, was hiebei ungesagt blieb, trotzdem es ebenso wichtig: vor allem die Abgrenzung von den sogenannten Geistes- und historischen Wissenschaften, die nicht einfach ist, aber das bisher Gesagte bestätigt. Ob solche Untersuchungen aber als Pedanterie zu bewerten sind oder als unerläßlich, wird sich letzten Endes nur nach der Wichtigkeit richten, die man dem Nachweis zumißt, daß die Struktur *der Welt* und *nicht die seiner Anlagen dem Dichter seine Aufgabe zuweist, daß* er eine *Sendung hat!*

Man hat öfters dem Dichter die Aufgabe zugewiesen, der Sänger, der Verklärer seiner Zeit zu sein und sie, so wie sie ist, in die überglänzte Sphäre der Worte zu ekstasieren; man hat von ihm Triumphpforten für den „guten" Menschen verlangt und Verherrlichung der Ideale; man hat „Gefühl" (das heißt natürlich nur bestimmte Gefühle) von ihm verlangt, und Absage an den kritischen Verstand, der die Welt verkleinert, indem er ihr die Form nimmt, so wie der Steinhügel eines zusammengestürzten Hauses kleiner ist als das einstige Haus. Man hat zuletzt (in der Praxis des Expressionismus, die das gemeinsam hat mit dem alten Neo-Idealismus) von ihm verlangt, daß er die Unendlichkeit des Gegenstandes verwechsle mit der Unendlichkeit der Gegenstandsbeziehungen, wodurch ein ganz falsches metaphysisches Pathos entstand: All das sind Konzessionen an das „Statische", ihre Forderung widerspricht den Kräften des moralischen Gebiets, ist materialwidrig. Man wird einwenden, daß alles hier Gesagte nur eine rein intellektualistische Auffassung widerspiegelt. Nun, es gibt Dichtungen, die von allem hier als Hauptaufgabe Betrachteten wenig haben und dennoch erschütternde Kunstwerke sind; sie haben ihr schönes Fleisch und das des Homerischen leuchtet durch Jahrtausende bis zu uns. Im Grunde kommt das doch nur von gewissen konstant gebliebenen oder wieder zurückgekehrten geistigen Einstellungen. Die Bewegung der Menschheit, die sich inzwischen vollzogen hat, kam aber von den Variationen. Und es bleibt bloß die Frage, ob der Dichter ein Kind seiner Zeit sein soll oder ein Erzeuger der Zeiten.

[1] imponderabel: unwägbar, unfaßbar
[2] fictio cum fundamento in re: Annahme mit einer Grundlage in der Sache
[3] pilotieren: Grundpfähle einrammen
[4] Caisson: Senkkasten für Bauarbeiten unter Wasser
[5] occasionell: auf den jeweiligen Fall bezogen

5. Die Aufnahme des Romans gestern und heute

5.1 Stellungnahmen von Schülerinnen und Schülern zum „Törleß" (1985)

Die Äußerungen der Schülerinnen und Schüler der Stufe 13 wurden im Anschluß an eine erste Lektüre des Romans festgehalten. Dabei wird die Wiedergabe der Leseeindrücke bisweilen mit Vorschlägen zur Besprechung des „Törleß" verbunden.

4 1) Es hat mir wirklich Spaß gemacht, dieses Buch zu lesen. Mir gefällt vor allem die sensible Art und Weise Musils, das Geschehen und die Gedanken zu beschreiben. Mir erscheint es, als würde der Erzähler hier ein eigenständigeres Wesen besitzen, als würde er das Ganze aus einer gewissen Distanz heraus betrachten und – besonders am Anfang – auch ein wenig erklärend und führend zur Seite stehen. So wird fast nie eine Handlung oder eine Person „einfach so" beschrieben. Es geht hier, was wohl auch im Thema des Buches begründet ist, vielmehr darum, Törleß' Gefühle und Eindrücke innerhalb des Geschehens darzustellen. Viele einzelne Gedanken haben mir reale Denkanstöße gegeben, und deshalb erscheint mir der Roman irgendwie nah und „modern".

2) Der Einstieg in dieses Buch ist mir eigentlich nicht sehr schwer gefallen. Das mag daher kommen, daß dieser Roman meinen herkömmlichen Erzählerwartungen entspricht, da er eine fortlaufende

Handlung besitzt, da die Hauptperson eine ständige Entwicklung durchmacht und ihre Gedanken und Gefühle ziemlich genau beschrieben werden. Ich habe mich auch an vielen Stellen des Romans wiedergefunden, wenn auch natürlich nicht genauso, wie es beschrieben ist. Es ist vielmehr eine Grundstimmung, ein plötzlicher Wechsel der Perspektive, den ich selbst sehr oft an mir wahrnehme und dem ich auch relativ hilflos gegenüberstehe. Erstaunlich empfand ich die unheimlich sensible und differenzierte Beschreibung der Stimmung des Törleß. Interessant wäre eine Gegenüberstellung seiner Empfindungen und Gedanken mit denen seiner Kameraden Beineberg und Reiting, speziell natürlich im Falle Basini. Ein Thema der Besprechung sollte Törleß' Beziehung zu seinen Eltern sein, dann seine Beziehung zu Beineberg und Reiting, schließlich sein Verhältnis zu Basini. Auch seine Einstellung zur sog. Realität wäre besprechenswert. Schließlich möchte ich als letzten Punkt die Untersuchung von Törleß' Entwicklung anführen. – Mir hat das Buch ziemlich gut gefallen, und ich freue mich auf die Besprechung.

3) Wenn ich über das Romangeschehen nachdenke, fällt mir eine Identifikation mit Törleß sehr schwer, da ich nicht verstehe, warum Basini eine derart große Rolle in Törleß' Leben spielt und diesen veranlaßt, zeitweise genauso grausam wie Reiting und Beineberg zu handeln. Deswegen sollten wir die Bedeutung Basinis erörtern. Was meiner Meinung nach im Roman nicht so sehr deutlich wird, sind die Erziehungsmethoden oder der Tagesablauf in der Kadettenanstalt. Sie tragen wesentlich zum rücksichtslosen Verhalten der Zöglinge untereinander bei und sollten genauer beschrieben werden, da ich von ihnen nur eine vage Vorstellung habe; Robert Musil beschreibt ja nur die subjektiven Empfindungen und Reaktionen des Törleß auf diese Umwelt, die für mein Empfinden nicht mehr menschlich ist. Trotzdem meine ich, daß man nicht nur die Anstaltswirklichkeit für die Brutalität verantwortlich machen kann, sondern ebenso sehen muß, daß die Grundvoraussetzung für derartige Auswüchse der Gewalt schon in Törleß angelegt sind. Die Kadettenanstalt, in der jeder Zögling auf sich allein gestellt ist, bringt diese Triebe lediglich zum Ausbruch. Bei der Besprechung sollten wir daher das Verhältnis zwischen Wirklichkeit und subjektivem Ich noch genauer ausdeuten und zugleich einen Bezug zum Verhältnis des Autors zur Wirklichkeit seiner Zeit suchen.

5.2 Stellungnahmen der Literaturkritik (1906–1984)

Alfred Kerr: Robert Musil (1906)

5 I.

Robert Musil ist in Südösterreich geboren, fünfundzwanzig Jahre alt, und hat ein Buch geschrieben, das bleiben wird.

Er nennt es: „Die Verwirrungen des Zöglings Törleß". Der Wiener Verlag bringt es heraus.

In diesem jungen und wohl bald verrufenen, verzeterten, bespienen Werk, das auf den Index ornatloser Pfaffen gesetzt wird, wenn ein halbes Dutzend Menschen es nur erst gelesen hat, sind Meisterstrecken. Das Starke seines Werkes liegt in der ruhigen, verinnerlichten Gestaltung abseitiger Dinge dieses Lebens, – die eben doch in diesem Leben sind. Die unser Hexenprozeßverfahren heute straft. „Nachtseiten" sagt der Feuillitonist; also Nachtseiten. Für jeden sind sie nicht vorhanden: insofern sein Leib oder die Konjunktur seines Schicksals es mit sich brachten, daß er in keine dieser Nebenwelten je geriet; aber vorhanden sind sie.

Und als Episoden im Gesamtschauspiel der Menschenexistenz haben sie dargestellt zu werden ein Recht, das Kinder oder Kaffern durch Stimmkraft und Faustgewalt nicht ernsthaft erschüttern können. Mögen sie beim Lesen des Buches umfallen (ich höre bereits ihr Gemecker), – es zeigt neue Stufungen im Seelischen.

Was ihr da erblickt, sind dämmernde Zwischengrade: vom Aug' eines Unterscheiders umrissen, mit den Nerven eines Beteiligten empfunden, in der Handschrift eines Dichters nacherzählt. Ich erinnere mich des Friedrich Schlegelschen Satzes: „Wenn man einmal aus Psychologie Romane schreibt oder liest, so ist es sehr inkonsequent und klein, auch die langsamste und ausführlichste Zergliederung unnatürlicher Lüste, gräßlicher Marter, empörender Infamie ... scheuen zu wollen.“ Hundert Jahre vergingen, seit er das schrieb. Indessen war Dostojewski da ... Aber ihr werdet trotzdem zetern, meckern und schäumen.

II.

Musils Erzählung ist ohne Weichlichkeit. Es steckt darin keine, sozusagen, Lyrik. Er ist ein Mensch, der in Tatsachen sieht, – nur aus ihrer Sachgestaltung erwächst ihm dasjenige Maß von „Lyrik“, das in den Dingen etwa steckt. Man bemerkt Lichter und Dunkles. Das Buch gibt, was mir wertvoll erscheint, die Luftstimmung zwischen dem Räumlichen und dem Seelischen ... Bei der Erinnerung an das Buch hat man die Erinnerung an Dinge, die visionär aufleben und doch Wirklichkeit sind. Einzelheiten haften im visuellen Gedächtnis. (Das ist vielleicht der Prüfstein für die Gestaltungsart eines Schriftstellers; ob seine Szenen in visuellem Gedächtnis wiederkehren oder in einer abstrakteren Gedächtniserscheinung.)

Ein kleiner Wald etwa, mit einem Haus darin; das Atmosphärische darum; alles verflochten mit einer Seelenstimmung ... nein: so gemalt, daß die Vorgänge, die Bäume, das Wetter, die Beleuchtung, der Inhalt des Hauses und die zeitweiligen Gäste darin, eine Dirne Božena, die Schüler eines mährischen Konvikts in ihrer Uniform, die niedlichen Degen an der Seite, die Gerätschaften des Zimmers, und das Eckchen Gewölk, das von oben hereinsieht, – daß alles wie ein Bestandteil der Seele des Zöglings Törleß wirkt ... und dämmerig sichtbar bleibt. Frei von Empfindsamkeit. Tatsachendarstellung. Nicht „gemalt“ ist die Stimmung, sondern das Dargestellte wirft sie ab. Alles wird nach längerer Zeit im Gedächtnis bleiben mit der Tönung der Umwelt, mit der Beleuchtung von Außendingen und, nicht zuletzt, mit den Bewußtseinszuständen eines Menschen: des Zöglings Törleß. Alles das wirkt real und, beim Erinnern, visionär – ein Vorgang, wie ihn Törleß ähnlich selber an seiner Art zu sehen beobachtet. ... Oder man nehme zuvor einen inneren Zustand am Sonntagnachmittag in der Konditorei einer kleinen Stadt; oder auf einem Gang bei den ersten kleinen Häusern des Orts, vorüber an Kindern, Schmutz, Höfen, slawischen Weibern....

Visionär und real wirken dann absonderlich-furchtbare Geschehnisse zur Nachtzeit in einem Bodenraum des Konvikts. In einem Helldunkel sind sie gemalt, daß neben den wirklichen Dingen etwas Unwägbares, Entgleitendes durch sie hindurchschwingt, auch über ihnen wegtönt, man fühlt über allen Greueln und Barbareien, die sich dort zutragen, etwas Verströmendes wie den Gang der Zeit. Die Beleuchtung drückt sich wieder dem Gedächtnis ein, gibt den Greueln und Tierheitsaufritten etwas Unwirkliches. Bei aller Körperlichkeit. Und sie bleiben körperlich bei allem Visionären. „Nachtseiten“, – ja; aber Nachtseiten muß einer malen können.

Die Darstellung immer frei von Empfindsamkeit. Nur aus Tatsachen quillt, was an erschütternden Empfindungsmöglichkeiten in ihnen steckt. Und die Hauptgestalt, der junge Törleß, ist sogar allzu frei von entscheidendem Mitfühlen, von zupakkendem Anteil: denn vor dem Furchtbarsten, das ein anderer mitmacht, steht er, ... nicht wie vor einer ethischen Angelegenheit; sondern bloß wie vor einer Angelegenheit seines Bewußtseins. Vor einer Frage nach dem inneren Geschehen, – „weil mich dabei ein Vorgang in meinem Gehirn interessiert, ein Etwas, von dem ich heute trotz allem noch wenig weiß, und vor dem alles, was ich darüber denke, mir belanglos erscheint".

III.

Diese junge Zentralperson, welche durch ein Hinnom[1] von Abscheulichkeiten wandelt, – um dann halb gefestigt, halb erinnerungsvoll auf der Erde zu stehen, mit der Kenntnis von ihren rätseläugigen Nebengebieten: die Kernperson führt einen Kampf um das Festhalten des Entgleitenden. Der Zögling möchte beleuchten, was ihm dämmrig heranwittert. Er möchte manches, was in uns lebt, emporreißen, packen, es stellen. Deinen Namen will ich wissen, deine Sippschaft, so ruft er zu Dingen, nicht zu Menschen. Auch zu Menschen: zu Etlichem, das um sie geistert, das in ihnen schwebt, schwillt, schwindet. Leblose Sachen befremden ihn zunächst; er ist „in der Aufregung eines Menschen, der einem Gelähmten die Worte von den Verzerrungen des Mundes ablesen soll und es nicht zuwege bringt". So, als ob er „einen Sinn mehr hätte als die andern, aber einen nicht fertig entwickelten, einen Sinn, der da ist, sich bemerkbar macht, aber nicht funktioniert". Und die Menschen wirken auf ihn ebenso zweifelerregend wie das Leblose. Basini heißt ein Mitzögling, an dem Gräßliches vollzogen wird. Törleß sitzt ihm spät und still einmal gegenüber. Wie Törleß ihn von anderen durch nichts unterschieden erblickt, „wurden die Erniedrigungen in ihm lebendig, die Basini erlitten hatte. Wurden in ihm lebendig: d. h., daß er gar nicht daran dachte, mit jener gewissen Jovialität, die die moralische Überlegung im Gefolge hat, sich zu sagen, daß es in jedem Menschen liege, nach erduldeten Erniedrigungen möglichst schnell wenigstens nach der äußeren Haltung des Unbefangenen wieder zu trachten", sondern Törleß spürt einen Schwindel; dazwischen „wie stiebende Farbenpunkte" allerlei, was er in auseinanderliegenden Zeitabständen über Basini gefühlt. „Eigentlich war es ja immer nur ein und dasselbe Gefühl gewesen. Und ganz eigentlich überhaupt kein Gefühl, sondern mehr ein Erbeben ganz tief am Grunde, das gar keine merklichen Wellen warf und vor dem doch die ganze Seele so verhalten mächtig erzitterte, daß die Wellen selbst der stürmischsten Gefühle daneben wie harmlose Kräuselungen der Oberfläche erscheinen. Wenn ihm dieses eine Gefühl zu verschiedenen Zeiten dennoch verschieden zu Bewußtsein gekommen war, so hatte dies darin seinen Grund, daß er zur Ausdeutung dieser Woge, die den ganzen Organismus überflutete, nur über die Bilder verfügte, welche davon in seine Sinne fielen – so, wie wenn von einer unendlich sich in die Finsternis hinein erstreckenden Dünung nur einzelne losgelöste Teilchen an den Felsen eines beleuchteten Ufers in die Höhe spritzen, um gleich darauf hilflos aus dem Kreise des Lichtes wieder zu versinken." In welcher Beziehung steht Törleß zu einem neben ihm Lebenden? „Nie ‚sah' er Basini irgendwie in körperlicher Plastik und Lebendigkeit irgend einer Pose, nie hatte er eine wirkliche Vision: immer nur die Illusion einer solchen, gewissermaßen nur die Vision seiner Visionen. Denn immer war es in ihm, als sei soeben ein Bild über die geheimnisvolle Fläche gehuscht, und nie gelang es ihm, im Augenblicke des Vorganges selbst, diesen zu erhaschen. Daher war beständig eine rastlose Unruhe in ihm, wie man sie vor einem Kinematographen empfindet, wenn man neben der Illusion des Ganzen doch eine vage Wahrnehmung nicht loswerden kann, daß hinter dem Bilde, das man empfängt, Hunderte von – für sich betrachtet ganz anderen – Bildern vorbeihuschen....“ Die Erkenntnisnot des Helden wird erzeugt von der Unvergleichbarkeit des Erlebens und des Erfassens. Von der Unvergleichbarkeit, die herrscht zwischen Erleben und Erfassen. Und wie er gleichsam nach einer unbekannten Insel schwimmt, zu der ihn das Geheimnis zieht, verwirrt er sich im Tang der Geschlechtlichkeiten ... der besonderen Greuel, die ebenso abseits vom hellerlichten Tage des Lebens scheinen wie anderes Verborgenes ...

Und am Schluß liegen diese Dinge hinter ihm wie etwas, das niemals war (und doch gegenwärtig ist). Die bürgerliche Sonne leuchtet über die bürgerliche Welt. Das Acherontische[2] schweigt. Doch es war einmal, es war einmal in seinem Leben.

IV.

Ein Konvikt.... Ferne Beziehungen zu den Eltern (etwa einem Draht ohne Strom ähnlich). Ein Suchen in erkenntnisloser Einsamkeit. Irgend eine Annäherung zu einem auftauchenden Menschen, der Schatten einer inneren Beziehung – ein Verbleichen. Zwischendurch Episoden bei einem Frauenzimmer a. D. Dann: Ein Zögling, Basini, begeht Diebstähle; kommt hierdurch in die Gewalt, auf Gnad' und Ungnade, zweier festen Mitschüler, Reiting und Beineberg. Der junge Törleß, anfangs Zuschauer, geht nachtwandlerisch, seinen Rätseln folgend, ins unabgesteckte Reich des Scheuelvollen[3], des Brauchlosen ... wird hineingezogen ... und gewahrt in der vollziehenden Sekunde: „Das bin nicht ich! ... nicht ich!“

Nicht alles kann ich nachprüfen. Der Schwerpunkt dieser Dinge liegt mir so fern wie die Menschenesserei der Südsee: aber ich weiß doch, daß es Menschen mit diesem Drange gibt. Ich hab' es bisher nicht geglaubt; jetzt glaub' ich es. Ecco[4]. Das Bild ist schlecht gewählt: Es handelt sich um Leute, die nicht, gleich Kannibalen, tiefer stehen als wir. Sondern die vielleicht, da sie in anderen Teilen ihres Lebens oft zu unseren gesetzlich anerkannten Empfindungen kommen, einen Zug mehr besitzen als wir; die so fühlen können wie wir, aber zugleich noch anders fühlen können; die um eine Gliederung reicher sind, vor der wir erschauern. Oder doch die Augen aufreißen. Oder auch nicht mehr die Augen aufreißen. Musil, der den Törleß gemalt hat und sein Erlebnis, hat zum erstenmal in Fleisch und Blut und Nerven einen hingestellt, bei dem die Fremdheit aufhört. Das alles ist also keine Sage, bisher hielt man es doch immer dafür, wenn man sich scharf beobachtet: sondern es ist gar nicht mehr zu bezweifeln. Die Fremdheit wird gemindert, weil der Blick Zusammenhänge fühlt. Weil triebmäßig eine Erkenntnis wächst, die keine Wissenschaft, aber die ein Dichter geben kann.

Törleß leugnet später nicht, durch eine Erniedrigung (er braucht dieses Wort, nicht am Ende sein Autor) hindurchgegangen zu sein. Doch er fügt hinzu – der spätere Törleß, indem er mit Recht betont, daß die anderen doch auch Dinge durchleben, die von der Qualität jener Erlebnisse wirklich nicht so sehr abweichen, – er fügt mit nachdenklicher Klugheit hinzu: „Wollten Sie übrigens die Stunden der Erniedrigung zählen, die überhaupt von jeder großen Leidenschaft der Seele eingebrannt werden? Denken Sie nur an die Stunden der absichtlichen Demütigung in der Liebe! Diese entrückten Stunden, zu denen sich Liebende über gewisse tiefe Brunnen neigen oder einander das Ohr ans Herz legen, ob sie nicht drinnen die Krallen der großen unruhigen Katzen ungeduldig an den Kerkerwänden hören? Nur um sich zittern zu fühlen! Nur um über ihr Alleinsein oberhalb dieser dunklen, brandmarkendenTiefen zu erschrekken! Nur um jäh – in der Angst der Einsamkeit mit diesen düsteren Kräften – sich ganz ineinander zu flüchten!" Und er spricht ein blitzhelles Wort; von schlagender Kraft, wie es kein Anwalt geben, sondern wieder nur ein Künstler in dieser Prägung finden kann, – das ernste Wort, welches die Verwandtheit auch des Nichtüblichen erleuchtet: „Sehen Sie doch nur jungen Ehepaaren in die Augen. Du glaubst …? steht darin, aber du ahnst ja gar nicht, wie tief wir versinken können! – In diesen Augen liegt ein heiterer Spott gegen den, der von so vielem nichts weiß, und der zärtliche Stolz derer, die miteinander durch alle Höllen gegangen sind."

… Törleß versucht von dem einen Teil seiner Erlebnisse, nämlich vom Kampf um das Sehen der Erscheinungen, der Lehrerschaft einen Begriff zu geben. Ohne den geringsten Erfolg. Von dem anderen Teil, dem scheuelvollen, träumen sie nichts. Wegen Diebstahls wird Basini, der Entwürdigte, zwangsweise entfernt. Törleß kehrt zu den Eltern zurück. Er weiß mehr als viele; hinter seinem Schweigen steht ein seltsam einmaliges Gelernthaben. Und das Leben liegt vor ihm.

V.

In seinem Bezirk ist dieses Buch ein Lebensbuch. Geschrieben von einem selbständigen, nach Einsicht grabenden, tapferen Geist, dem Niedriges und Widriges darum fernliegt, weil es ihm, alles in allem, um das Bedeutungsvolle zu tun ist.

Kontrastierende Richtungen gibt es immer auf engem Raum; doch nicht immer ist die Scheidung so bequem wie etwa dazumal in Frankreich, als es hieß: Die Fresser für Balzac, die Schmecker für Musset – Les gloutons pour Balzac, les délicats pour Musset. Da aber Gustav Freytag tot ist, wird wohl Frenssen[5] als der Gegenpol solcher schürfenden, entschlossenen Versuche zu betrachten sein, wie Robert Musil einen mutig hinstellt. Jörn Uhl ist gewiß anders: aber Werke dieser Art sind nicht reiner, weil sie Sonne geben und Blauäugigkeit.

Ich liebe Schöpfer, die sich nicht kindlicher stellen, als sie sind; und denen sich mit dem Mut, nach jedem für Menschen ernsten Stoff zu greifen, die Kraft verbindet, Odem hineinzuwehn.

[1] Hinnom: Tal im Südosten von Jerusalem; unter den abgöttischen Königen von Juda der Schauplatz unmenschlicher Kinderopfer, die dem Moloch zu Ehren verbrannt wurden (Altes Testament)
[2] acherontisch: unterweltlich (nach dem Fluß Acheron in der Unterwelt des griech. Mythos)
[3] Scheuel: veraltet für Scheusal
[4] Ecco: bekräftigende Interjektion (ital. Form zu lat. ecce: siehe da!).
[5] Der Pastor und Erzähler Gustav Frenssen (1863–1945) schrieb 1901 den Bauernroman „Jörn Uhl".

Walter Jens: Sadistische Spiele auf dem Dachboden (1984)

6 „Robert Musil ist in Südösterreich geboren, fünfundzwanzig Jahre alt und hat ein Buch geschrieben, das bleiben wird. Er nennt es: ‚Die Verwirrungen des Zöglings Törleß'. Der Wiener Verlag bringt es heraus." Mit diesen Sätzen begann Alfred Kerr am 21. Dezember 1906 die Analyse eines Buchs, dem er Ruhm und Haß, literarisches Renommee und außerordentliche Gefährdung auf dem Gebiet der Moral voraussagte: „In diesem jungen und wohl bald verrufenen, verzeterten, bespienen Werk, das auf den Index ornatloser Pfaffen gesetzt wird, wenn ein halbes Dutzend Menschen es nur erst gelesen hat, sind Meisterstrecken. Das Starke seines Werkes liegt in der ruhigen, verinnerlichten Gestaltung abseitiger Dinge dieses Lebens, die eben doch in diesem Leben sind. Die unser Hexenprozeßverfahren heute straft. ‚Nachtseiten' sagt der Feuilletonist; also Nachtseiten."

Kein Zweifel, da redet ein Kritiker, der sich mit den Intentionen des jungen Talents Robert Musil rückhaltlos identifiziert: Bewunderswert sei es, so Kerr, mit welcher Hellsicht und Kälte der Autor das „unabgesteckte Reich des Schauervollen und Brauchlosen" mit den dazugehörenden Schreckens-Ritualen, dem Sadismus und Seelen-Terror, veranschaulicht habe: „Nicht alles kann ich nachprüfen. Der Schwerpunkt dieser Dinge liegt mir so fern wie die Menschenfresserei der Südsee: aber ich weiß doch, daß es Menschen in diesem Drange gibt. Ich hab' es bisher nicht geglaubt: jetzt glaub' ich es. *Ecco*."

Der Schwerpunkt dieser Dinge: Gemeint ist damit die Zerstörung einer scheinbar geordneten, unverrückbaren moralischen Normen folgenden Bürgerwelt, gespiegelt in den sadistischen Spielen einer Reihe von Internatszöglingen aus den oberen Schichten, die sich einem der Ihren gegenüber (einem sozial schlechter Gestellten, der zum Dieb wird) wie Experimentatoren in einem Konzentrationslager aufführen – anno 1906, wohlgemerkt!

„Die Verwirrungen des Zöglings Törleß" – das ist keine Pubertätsgeschichte, kein Pendant zu Wedekinds „Frühlings Erwachen", Emil Straußens „Freund Hein", Hesses „Unterm Rad"; hier wird vielmehr, am Beispiel von vier jungen Menschen, des charmanten Sadisten Reiting, des Mystagogen und eleganten Folterers Beineberg, des erniedrigten Opfers Basini und des Registrators Törleß, der sich auf die Folterungen einläßt, um, in der Rolle des Musilschen „Monsieur le vivisecteur"[1], neue, ungeahnte, bis dahin verbotene Erkenntnisse auszukosten ..., hier wird die Geschichte eines Quasi-Mords aus der Perspektive des Ästheten geschildert, dem gerade das Grauenhafteste zur Beförderung seines Fühl- und Erkenntnisvermögens zu dienen hat.

Nicht die Faktizität, das krude „Was", sondern das „Wie", die gedankliche Bewältigung der sadistischen Spiele auf dem Dachboden, ist für Musil entscheidend: wobei es charakteristisch ist, daß die wirklichen Geschehnisse in der Vorstellung des Helden auf der gleichen Realitätsebene wie Philosopheme[2] oder mathematische Gleichungen liegen. Das Auspeitschen eines Menschen, Kants Philosophie, imaginäre Zahlen: alles hat für den jungen Törleß ein und dieselbe Deutung. Wirklichkeit und Traum, die Sache und das Nachdenken über die Sache gehören untrennbar zusammen: Nicht nur Reiting und Beineberg – auch Törleß ließen sich, vierzig Jahre nach seiner Präsentation durch Robert Musil, auf der Seite philosophierender Scharfrichter denken: angeekelt war von einfallslosen Brutalitäten, aber zu gleicher Zeit erfüllt vom Lustgefühl des Ästheten, dem Hochverrat des Geistes am Geist Tribut gezollt zu haben.

Eine hellsichtige Geschichte, der „Törleß", und eine sehr persönliche dazu. Musil kannte sich aus in der von ihm beschriebenen Welt, hatte die Militär-Unterrealschule in Eisenstadt, später die Oberrealschule in Mährisch-Weißkirchen besucht, auch sie eine Militäranstalt: Das Entsetzen der Eingeweihten über die kecke Preisgabe pädagogischer Interna (und familiärer dazu) muß gewaltig gewesen sein, um 1906. Sadomasochistische Exzesse an einer kaiserlich-königlichen Unterrichtsanstalt; die Familie des Autors durch geheime Bezüge zwischen einer Hure namens Božena und Törleß' Mutter verunglimpft, und das um so mehr, als der Lebenswandel Hermine Musils in der Tat zu mancherlei Bedenken Anlaß gab, da neben Vater Alfred auch Hausfreund Heinrich, ganz zu schweigen von einem gewissen Matthias oder Eduard, im Domizil der Dichtereltern ein und aus ging.

Die Musil-Forschung, akkurat und detailfroh, wie sie ist, hat manches zutage gefördert, was mit bürgerlichen Moralvorstellungen um 1900 gewiß nicht in Einklang zu bringen ist: Musil, der wegen etlicher Affären der Frau Mama in die Kadettenanstalt geschickt werden mußte, übte subtile Rache, könnte man denken, als er sein erstes Buch mit den Worten abschloß: „Und er prüfte den leise parfümierten Geruch, der aus der Taille seiner Mutter aufstieg."

Nein, realitätsfern sind die „Verwirrungen des Zöglings Törleß" gewiß nicht; es verrät auch einigen Mut, mit welcher Unbekümmertheit Musil, wie Karl Corino gezeigt hat, aus der Wirklichkeit genommene Figuren in den Roman übertrug. Vieles, ließ der Autor wissen, sei nur wenig verändert, besonders Namen: Beineberg hieß in Wahrheit Richard Freiherr von Boineburg-Lengsfeld, Basini hieß Alexander Baksy von Szent Istvan-Baksa, Reiting hieß Jarto Reising von Reisinger, und Törleß hieß – Musil.

Und trotzdem, ungeachtet so vieler nachlässiger Verschlüsselungen, kein Skandal. Warum? Nun, der Autor wußte sich zu tarnen und war sorgsam darauf bedacht, nicht, in der Weise Thomas Manns, literarische Porträts zu schaffen, deren Urbilder jedermann schon dank ihres Äußeren auf der Straße erkannte. Aussehen, Gehabe, naturalistische Stimmigkeit des Geschilderten: für Musil ohne Belang!

„Kurze Zeit ehe ich die *Verwirrungen des Zöglings Törleß* zu schreiben begann" heißt es in einer autobiographischen Skizze, „etwa ein Jahr vorher, habe ich diesen ‚Stoff verschenkt', d. h. alles, was in der Geschichte an ‚Milieu', an ‚Realität', an ‚Realismus' vorkam. Ich war damals bekannt mit zwei begabten ‚naturalistischen' Dichtern, die heute vergessen sind, weil sie beide sehr jung starben. Ihnen erzählte ich das Ganze, das ich mit angesehen (es war in entscheidenden Dingen anders, als ich es später darstellte), und trug ihnen an, damit zu machen, was sie wollten. Ich selbst war damals ganz unbestimmt ... Als ich ein Jahr später selbst nach dem Stoff griff, geschah es buchstäblich aus Langeweile. Ich war 22 Jahre alt, trotz meiner Jugend schon Ingenieur und fühlte mich in meinem Beruf unzufrieden." *Dichtung und Wahrheit,* wie häufig bei Musil, bunt durcheinandergemischt: Es stimmt, daß der Autor den Stoff an zwei Schriftsteller verschenkte, und es stimmt auch, daß er die Atmosphäre von Eisenstadt und Mährisch-Weißkirchen konsequent verfremdet hat, indem er aus des „Teufels Arschloch" mit seinem Unteroffiziersdrill, seinen widerwärtigen Abtritten und dem ganzen österreichischen Spartaner-Drill („Fußlappen, alte Stiefel") eine eher aristokratische Anstalt machte, wo unter den sich blasiert und weltmännisch gebenden Reinen und Feinen der oberen Zehntausend Schöngeisterei, gepaart mit dem ausgeklügelten Reglement der *exercitia terroris,* immerhin in gewissem Ansehen stand.

Musil hatte also recht, wenn er 1906, am Tag des Erscheinens von Kerrs Kritik, in einem Brief verlauten ließ: „Der Zusammenhang mit dem Institut (von Mährisch-Weißkirchen), in dem ich aufwuchs, ist ein äußerlicher. Die Erinnerung lieferte mir nur das Motiv, und ich bemühte mich, möglichst zu verschleiern. Tatsächlich stimmen auch Äußerlichkeiten nicht überein." Trotzdem blieb, von dem Namen angefangen, Befremdliches genug in dieser Seelenschilderung einer „Anormalität und Abnormität". Kein Wunder, daß Musil, der übrigens – hier beginnt die *Dichtung* – zur Zeit der Niederschrift seines „Törleß" keineswegs so gelangweilt gewesen sein wird, wie er den Leser glauben machen will; schließlich schrieb er damals nicht nur über „Die Beheizung der Wohnräume" oder „Die Kraftmaschinen des Kleingewerbes", sondern las auch in den Werken zweier Schriftsteller, ohne die der „Törleß" nicht denkbar ist: Ernst Machs und Maurice Maeterlincks – kein Wunder bei so viel Befremdlichkeit in Stoff und Stoffbehandlung, daß die Verlage zögerten, den Erstling (dessen mühevolle

Geburt Musil übrigens, wie wir heute wissen, gewaltig übertrieben hat: der „dumme Roman“ kam rascher voran, als sein Autor später zugeben wollte) – kein Wunder, ein letztes Mal, daß alle angeschriebenen Verlage zögerten, das Buch in ihr Programm aufzunehmen ..., und da kam der unbekannte Schriftsteller, Ingenieur, Doktorrand und Belletrist auf einen verwegenen Einfall: er schickte sein Opus 1 an den ersten Kritiker der Nation – und der las, akzeptierte, verbesserte und brachte derart das Buch unter die Leute.

Freilich, ob Alfred Kerr das Manuskript wirklich Zeile für Zeile durchgearbeitet hat, erscheint selbst dann ein wenig zweifelhaft, wenn man in Rechnung stellt, daß der Rezensent, was das Vermeiden von Sentimentalitäten angeht, nicht gerade ein Meister war. Aber Sätze wie die folgenden hätte er, bei penibler Zeile-für-Zeile-Korrektur, gewiß nicht durchgehen lassen: „In (Törleß') Innern war eine Heiterkeit, die er sonst nicht an sich gekannt hatte ... Das mußte sich wohl unter den Einflüssen der letzten Zeit in aller Stille entwickelt haben und pochte nun plötzlich mit gebieterischem Finger an. Ihm war zumute wie einer Mutter, die zum ersten Mal die herrischen Bewegungen ihrer Leibesfrucht fühlt.“ Oder auch: „Es war die heimliche, ziellose, auf niemanden bezogene, melancholische Sinnlichkeit des Heranreifenden, welche wie die feuchte, schwarze, keimtragende Erde im Frühjahr ist und wie dunkle unterirdische Gewässer, die nur eines zufälligen Anlasses bedürfen, um durch ihre Mauern zu brechen.“

Ja, es gibt sprachlich viel Mißlungenes in diesem Erstling (und nicht nur dort: Stilsicherheit à la Thomas Mann ist nie Musils Stärke gewesen): pathetisch vorgetragene Klischees, ein Gemengsel von Poesie und Amtssprache, vages Drumherumreden statt exakter Benennung. Musil selbst kannte die sprachlichen Ungeschicklichkeiten des „Törleß“ genau – und auch über den oft unbeholfenen Wechsel der Perspektive, übers räsonierende Dreinreden des Autors, über die mangelnde Integration der Szenen „Im Café“ oder „Bei Božena“ wird er sich – so gut wie Alfred Kerr – im klaren gewesen sein: geschenkt, verehrte Rezensenten, vergessen wir das.

Und, tatsächlich, man *kann* sie vergessen, jene Fülle notierbarer Unstimmigkeiten, wenn man sie mit den Qualitäten des Buches konfrontiert: der ringkompositorischen Struktur (am Anfang und Ende die Bahnhofsszene), der leitmotivischen Handhabung der Schlüsselbegriffe (Garten, Uhr, Spiegel), der exakten, zugleich realistischen und symbolträchtigen Beschreibung der Lokalität: unten die Klassenzimmer, in der Mitte die Schlafräume, oben die geheimnisträchtige Bodenkammer: Aufstieg vom Alltäglich-Normalen in die Zonen des Verboten-Exzentrischen. Der Acheron: angesiedelt in witziger Paradoxie hoch oben auf dem Olymp!

Und dann das Eigentliche: Zum ersten Mal in der Weltliteratur gelingt es einem Schriftsteller – im Alter von fünfundzwanzig Jahren –, nicht nur den Seelenhaushalt von Jugendlichen zu beschreiben, die bis um 1900 immer nur als halbe Erwachsene dargestellt werden konnten, sondern, was weit schwerer ist, die Denkweise junger Menschen zu analysieren ..., und das nicht in gelehrter Prosa, der Weise Ernst Machs zum Beispiel, der Musils eigentlicher, ihm das Problem „Wie kommen Erkenntnisprozesse zustande?“ eröffnender Lehrer gewesen ist, sondern sinnlich, anschaulich und konkret.

Intellektuelle Zustände sehen sich durch eine Prosa „vivifiziert“, vergegenwärtigt, fühlbar gemacht, die das Ziel verfolgt, am Beispiel des Weltverständnisses von Jugendlichen ein dichterisches Modell des Denkens schlechthin zu entwickeln: „Der Sechzehnjährige“, heißt es in Musils Tagebüchern, „ist eine List. Verhältnismäßig einfaches und darum bildsames Material für die Gestaltung von seelischen Zusammenhängen, die im Erwachsenen durch zuviel anderes kompliziert sind, was hier ausgeschaltet bleibt."

Das lebendige Denken und das gedankenträchtige Fühlen: das Wechselspiel von Un-, Vor- und Halbbewußtem hier und hoher Rationalität dort auf den poetischen Begriff gebracht zu haben ist die eigentliche Leistung des Schriftstellers Musil, der sich im „Törleß" als genuiner und eigenständiger Partner Sigmund Freuds erwies: nicht, das wäre denn doch zuwenig, wegen der Schilderung des Sadomasochismus in der Adoleszenz, auch nicht allein wegen der Fähigkeit, „die Triebgrundlage des Dritten Reichs" – so Musil im Gespräch – visionär vorauszubeschreiben, sondern wegen der exemplarischen Verdeutlichung von Denkvorgängen, die, in direkter Beschreibung, unmittelbar und, durch die Darstellung korrelierender Vorgänge, Naturereignisse und Stimmungen, mittelbar dargestellt werden.

Der junge Törleß, ein janusgesichtiges, von verwegenen Erfahrungen und tollkühnen Gedankenaufschwüngen gezeichnetes Ich: Er ist für mich der erste moderne Mensch in der deutschen Literatur: dem Hofmannsthalschen Lord Chandos oder dem Rilkeschen Malte Laurids Brigge oder Thomas Manns Hanno Buddenbrook um ein halbes Jahrhundert voraus. Weshalb? Weil sich bei Musil die unheilige Allianz von Ästhetizismus und Terror, gedanklicher Unbedingtheit und moralischer Neutralität am Beispiel eines Menschen beschrieben sieht, dem jedes Mittel recht ist, das tauglich sein könnte, ihm, dem aus allen Zusammenhängen Herausgenommenen, zu neuer Natürlichkeit und neuem Vertrauen in eine Weltordnung zu verhelfen, in der die Dinge, anders, als er es erfährt, wieder vernünftig und verläßlich benannt werden können. Eine Weltordnung, die, in ihren Tag- und, mehr noch, ihren von Alfred Kerr beschworenen Nachtseiten nur von jenen erfahren werden kann, die „einen Sinn mehr als andere haben": den Ästheten vom Schlage Törleß', wie ihn Robert Musil beschrieb.

Törleß, aus dem alles werden kann, ein hellsichtiger Aufklärer am Rande des Abgrunds, aber auch ein Faschist – beides ist möglich, je nachdem, wie die „auf die Schärfe eines Nadelstichs konzentrierte Inkubation", die bis zur Perversion des Humanen ins Unmenschliche gehen kann, ihren Niederschlag findet. Wo hätte dieser Törleß wohl gestanden, 1933 – auf seiten Klaus Manns, als Emigrant in Paris, oder Seit an Seit mit Gottfried Benn in Berlin? Törleß – einer, der zu sich selbst gekommen wäre („Eine Entwicklung war abgeschlossen"), ein für allemal gefeit? Oder einer, der bedroht bliebe, jederzeit bereit, den Teufelspakt (wenn auch mit der gebotenen *reservatio mentalis*[3]) zu erneuern? („Die Erinnerung, daß ... fiebernde Träume um die Seele schleichen, die festen Mauern zernagen und unheimliche Gassen aufreißen – auch diese Erinnerung hatte sich tief in ihn gesenkt.")

So oder so: Er bleibt Zeitgenosse, der Sechzehnjährige, von einem fünfundzwanzigjährigen Schriftsteller beschriebene Zögling. „Das Leben liegt vor ihm", hat Alfred Kerr 1906 geschrieben – und das gilt auch heute noch von diesem Möglichkeitsmenschen, der in seiner Vielschichtigkeit, seiner Widersprüchlichkeit, seinem Hermaphroditen-Wesen wirklichkeitsmächtiger als seine Zeitgenossen bleibt, die tatsächlich gelebt haben. „Es schien damals, daß er überhaupt keinen Charakter habe": und trotzdem, achtzig Jahre danach, quicklebendig!

[1] Vgl. Vivisektion: Eingriff am lebenden Tier (zu wissenschaftlichen Zwecken)
[2] Philosophem: Ergebnis philosophischer Lehre oder Nachforschung
[3] reservatio mentalis: nur in Gedanken gemachter Vorbehalt

6. Intention und Interpretation – Unterschiedliche Ansätze zur Deutung von Musils Roman „Die Verwirrungen des Zöglings Törleß“

6.1 Was ist das Thema des „Törleß“? – Thesen zur Diskussion

Die nachfolgend abgedruckten Thesen beziehen sich auf Teilaspekte des Romans oder auf die Gesamtthematik. Sie können Anstoß sein, die eigenen Eindrücke zu diskutieren und erste Deutungshypothesen zu entwickeln.

7 Das kürzlich erschienene Erstlingsbuch eines jungen österreichischen Autors behandelt das gleiche Thema wie Frank Wedekinds „Frühlingserwachen“, die Wirren der zum Durchbruch gelangenden Pubertät. Mit einem doppelten Unterschied jedoch: gegenüber dem Durchschnittsmäßigen und Typischen bei Wedekind wird hier ein individueller Fall bis in seine letzten Finessen dargelegt; und ferner, der Verfasser beschränkt sich nicht auf die Phänomene des physisch-geschlechtlichen Lebens, sondern er zieht auch jene Krisen in Betracht, die das Erkennen, die Moralität und das Sozialempfinden erschüttern. Musil wählt also seinen Betrachtungskreis enger, weiß ihn jedoch wesentlich zu vertiefen.

[Franz Servaes, 1906]

8 Das Buch ist mit einer beabsichtigten Trockenheit und Zurückhaltung geschrieben, es wird darin mehr berichtet als erzählt. Nur an einigen wenigen Stellen leuchtet es hastig poetisch auf, gleichsam wider den Willen des Dichters, als den man Robert Musil bezeichnen darf. Denn wer solche zügellose Begebenheiten so herb darzustellen vermag, wer inmitten all dieser Verwirrtheit nicht die literarische Besonnenheit verliert, der besitzt über den Durchschnitt ragende Fähigkeiten, mögen an seinem Buche auch Mängel der Zeichnung und Komposition und noch allerhand Untugenden zu rügen sein. Eine bloße ästhetische Wertung dieses Erstlingswerkes würde uns jedoch an seiner eigentlichen Bedeutung blind vorübergehen lassen. Auch über die oft ans Widersinnige grenzenden Anschauungen soll man mit dem Autor nicht rechten. Das untersteht so wenig der Kritik, wie die Erzählung eines Menschen von seinem wirren Traume. Doch wie ein Traum im Zusammenhang mit den Erlebnissen und Eindrücken, die ihn auslösten, tiefe Bedeutung gewinnen kann, so wird auch dieses Buch unversehens und unbeabsichtigt zu einem Dokument der Zeit – wider die Zeit. Wider gedankenlose Eltern, die an ihren Kindern bloß sehen, ob sie rote Backen und einen sauber gewaschenen Hals haben; wider gedankenlose Lehrer, die das Kindergehirn als einen bloßen

Trichter für Wissen und Disziplin betrachten; wider alle die dilettierenden und berufsmäßigen Pädagogen, welche die ihnen ausgelieferte Jugend nicht verstehen, weil sie ihre eigene vergessen oder weil sie überhaupt niemals eine gehabt haben.

[Ludwig Hirschfeld, 1906]

9 Musil hat hier mit feinem, nicht aufdrückendem Stift die Wünsche, die Begehrlichkeiten, den Hunger junger, tiefer Seelen gezeichnet. Sie dürfen ihrer Anlage, ihrer Entwicklung nach, die sie so begierig, so emotionssüchtig macht, die sie nach neuen, unwahrscheinlichen, tiefen Erlebnissen verlangen läßt, die dürfen nach ihrem ganzen inneren Sein mit Recht sich selbst viel bedeuten und sind doch noch unfertig, um wirklich etwas zu sein, um auch nach außen ihr Wesen schon geltend machen zu können. – Dieses Nichtbeachtetwerden demütigt sie. Und aus ihrem Nicht-Leben, Nichts-Erleben entsteht bei solchen empfindsamen künstlerischen Naturen eine ausschweifende Unzucht der Phantasie. – Eine Unzucht, die immer voll neuer, unbekannter Reize sein kann, und deren Verlockungen diese jungen Menschen erliegen, in dem unbewußten Gefühl, einen Ersatz für das Leben, für das nicht gelebte Leben haben zu müssen. Diese Art von Phantasie gewährt ihnen alles, viel mehr als die Wirklichkeit ihnen geben könnte; viel intensivere, raffiniertere Genüsse und ganz unbegrenzte Möglichkeiten der Lust und des Schmerzes. – In sinnliche und sexuelle Verirrungen und Verwirrungen gerät der junge Törleß, er wohnt ihnen bei, er erlebt sie, und erlebt sie doch mit jenem anderen Gesicht, mit jenem anderen Bewußtsein, das auch ein Teil seines Ichs ist, aber nicht sein Ich ausmacht. „Er fühlte, daß ihm alles, was er tat, nur ein Spiel war. Nur etwas, das ihm half, über die Zeit dieser Larvenexistenz im Institute hinwegzukommen. Ohne Bezug auf sein eigentliches Wesen, das erst dahinter, in noch unbestimmter zeitlicher Entfernung kommen werde."

[Wilhelm Herzog, 1907]

10 Wenn man nur auf den Vorgang im Vordergrund sieht: die mannigfachen Spielungen des Sexualerwachens, gezeigt an ein paar Gymnasiasten in einem österreichischen Konvikt. Die Weise, in der Geistiges und Sinnliches merkwürdig ineinandergreifen, eins vom andern die Farbe bekommt, wie sich oft rein geistige Absichten und intellektuelle Dinge im Verfolg und unvermerkt vom Sinnlichen ablösen lassen und umgekehrt – das hat der Verfasser mit allerfeinsten Mitteln der erlebenden Beobachtung dargestellt. Aber diese Schrift ist noch mehr als eine Studie über die Pubertätssexualität; sie ist ein Versuch, eine bestimmte Form des heutigen Intellektualismus der Fünfundzwanzigjährigen genetisch aufzuweisen.

[Franz Blei, 1907]

11 Musil stellt mit erwählten und zugleich einfachen Sprachmitteln Vorgänge und Verirrungen, Verwirrungen des jungen Mannes im Pubertäts-Zwickel, dar. Es ist sein Verdienst und sein Wissen, nicht allein beim sexuellen Moment stehen zu bleiben, sondern gerade davon aus und weiter zu gehen zu jenen mystischen, halbirren und hysterischen Schwingungen, in die die Erschütterungen der physischen Revolution die junge männliche Psyche versetzt.

[Jakob Schaffner, 1911]

12 Musil schreibt, ohne es zu wissen, die Vorgeschichte der Diktaturen des 20. Jahrhunderts. Er durchleuchtet die psychologischen Spannungen und sexuellen Aggressionen einiger Halbwüchsiger in der Verborgenheit einer Militärschule und findet in ihnen das komplette Arsenal der Roheit, die später Geschichte macht. Die Kruste bürgerlicher Wohlanständigkeit zerspringt, es knistert im Gebälk, das heimliche, lange unterdrückte Verlangen nach Demütigung und Vernichtung der rationalen Selbstsicherheit der Epoche feiert seine ersten Triumphe. Unter der Oberfläche gewöhnlicher Schülertorheiten und Internatspsychosen bricht die Barbarei hervor. In jugendlicher Grausamkeit enthüllt sich schließlich die Methodik der Konzentrationslager. [Wilfried Berghahn, 1963]

13 Reiting erzählt von seinem Gespräch mit Basini, in dem er ihn des Diebstahls überführt hatte, er erzählt von der Bereitschaft Basinis, sich ihm zu unterwerfen. Nicht das Unmittelbare der Erpressung und der Unterwerfung berührt Törleß aber, sondern die persönliche Konfrontation mit dem, was sich ihm überhaupt zum ersten Mal als Wirklichkeit zeigt, als Wirklichkeit im Sinne unerwarteten und nicht harmonisierbaren Geschehens, im Sinne eines Immer-schon-anders-Seins, anders nämlich, als es der Zugriff üblicher Reflexion, gängigen Sprechens annimmt, der von bestimmten normativen Vorstellungen ausgeht. – Der Roman handelt von diesem Einbruch dualistischer Wirklichkeit als von einer für einen Menschen völlig neuen, ihn verändernden Erfahrung. Nur insofern diese Erfahrung das zentrale Thema ist, wird verständlich, warum weder Basini noch Beineberg noch Reiting die für den Roman wichtigsten Figuren sind, sondern eben Törleß. Ginge es wesentlich um die Pubertät und ihre Schwierigkeiten, so wäre Basini am ehesten die Hauptgestalt. Aber Basini, das Opfer, wird von Anfang an als das Pendant zu seinen Quälern dargestellt, insofern er, psychologisch gesprochen, deren Sadismus mit masochistischen Bedürfnissen entgegenkommt.

[Helmut Arntzen, 1980]

14 Mit dem Roman ‚Die Verwirrungen des Zöglings Törleß' tritt Robert Musil 1906 an die literarische Öffentlichkeit. Er gehört zu den Schülerromanen der Jahrhundertwende, die die Krise der Erziehung und die Krise des jungen Menschen schildern.

[Hans-Georg Pott, 1984]

6.2 Interpretationshinweise Musils in Briefen und Tagebucheintragungen

Brief an Frau Stefanie Tyrka[1] (22. 3. 1905)

15 Verehrte gnädige Frau.
Ja denken Sie nur: an meinem alten kleinen Schreibtisch sitze ich wieder, zur Linken das Fenster und die grauen Schieferdächer jenseits der Gärten. Immer die Dächer, die gleichen, immer mein müder Blick usw. Die alten Töne der sehnsüchtigen Leier des Heranreifenden werden wach. Doch nicht davon heute. Ich muß an die Zukunft denken: Sie etwas fragen:

Nämlich mein Roman ... Sie gähnen? Ja, also, er ist fertig. Schon seit Wochen. Natürlich ist er schlecht. Er hat alle meine Untugenden und keinen meiner Vorzüge (an die ich halb und halb noch glaube). Er behandelt ein psychologisches Sujet: und genügt nicht einmal der einfachsten Psychologie. Sechzehnjährige Knaben reden darinnen wie Bücher. Und da mir doch davor bange wurde, wie schlechtgeschriebene Bücher.

Er sieht anfänglich aus, als wollte er einen etwas perversen Knaben seccieren, der von der aufdrängenden Pubertät zerrissen wurde. Wie gesagt anfänglich!

Schickt man sich aber in Gottes Namen in das Sujet und gedenkt es zu tolerieren, wenn nur die Zeichnung geistreich ist: ja da zerfließt es auf einmal, zerflattert, verflaut.

Das gute, tolerante, literarische Publikum wird enttäuscht sein. Man wird sagen, es gebricht hier an der Fähigkeit, ein zwar gewagtes aber immerhin einiges versprechendes Thema auch durchzuführen.

Überdies wird man Dinge finden, „die doch gar nicht in einen Roman gehören." Einen Exkurs über irrationale Zahlen u. dgl.

Mit einem Wort: Dieser Roman, der sich nur an ein geistreiches Publikum wenden kann, wird gerade in den Augen dieses geistreichen Publikums verfehlt erscheinen.

Andere Leute hatten die Dummen gegen sich. Das ist ein Vergnügen. Geistreichen zu mißfallen ist mißlich, ja gefährlich. Denn geistreich sein ist schwer und ist man es einmal in irgend einer Weise, so ist man doppelt konservativ gegenüber neuartigen Zumutungen.

Was soll man nun tun, wenn man das gar nicht angestrebt hat, was man verfehlt zu haben scheint?

Die Zeichnung der Charaktere ist stilisiert, alles auf die kürzeste Linie zusammengefaßt, keine vollen Menschen dargestellt sondern jeweils nur deren Schwerlinie.

Das würde noch gut zum „psychologischen Roman" stimmen. Gleich aber geht es um einen Schritt weiter. Es findet sich keine reale Psychologie, wenigstens ist sie ganz ohne Interesse, willkürlich, dilettantisch behandelt. Es finden sich höchstens psychologische Elemente und diese werden nach Gutdünken kombiniert. Die psychologischen Schwerlinien gehören mehr oder minder konstruierten Figuren an. Nur kam mir der Gedanke, ist dieser Mensch so auch möglich? Im Gegenteil: ich frug, ist dieser Mensch konsequent? Und ist er es, so ist es mir desto lieber, je unmöglicher er ist.

Reine Kombinatorik, sich verwirren durch unwirkliche Gestalten, deren innerer Konsequenz man sich aber doch nicht entziehen kann: Das schwebte mir zu Zeiten als eine, phantastische (natürlich nur als eine neben anderen) Form des Romans vor, als ein Genuß für Menschen mit intellektuellen Neigungen (und andere zählen ja doch nicht) usw.

Daneben nun das doch wieder Realpsychologische (und doch auch wieder ungewohnt Psychologische) des Romans.

Eine Tatsache: Die Welt der Gefühle und die des Verstandes sind inkommensurabel. Kronbeispiel: die Musik (Wie verkennend, Musik durch Worte und Gedanken verdeutlichen zu wollen!) Im Übrigen: alle Kunst. Erst wo wir vor einem Bilde fühlen, daß wir das nicht ausdrücken u. nicht denken können, was wir empfinden, fängt sie an. M. a. W. Ich weiß, daß ich jetzt als der einzige Mensch in diesem Saale das Bild erfasse und ich weiß nicht wie und womit. Ich kann meinen Eindruck nur mit ganz uneigentlichen Worten mitteilen. Und doch ist die Sicherheit des Erfassens ganz unbeschreiblich stark. Wieder m. a. W, es ist, als ob ein Mensch in mir wäre, mit dem dieses Bild spricht, den es augenblicklich in seine Kreise zieht usw. und daß mein eigentlicher Mensch, als den ich mich

besitze, (und zu besitzen glauben wir uns eben nur, soweit wir uns verständlich fassen können) gerade nur den Schatten davon erfaßte.
Das Ich wird förmlich zerspalten, es gewinnt einen doppelten Boden und durch die trüben Gläser des ersten und bisher alleinigen sieht man geheimnisvolle Bewegungen ohne sie sich deuten zu können.
Ich finde darin Tragik. Ich machte sie zum eigentlichen Vorwurf meines Buches und nannte es „Die Verwirrungen des Zöglings Törless"
Einen Roman nicht ganz gewöhnlicher Art – Mit Fehlern behaftet, aber einer neuen Weise zu schreiben zustrebend – teilweise Fehler mit Absicht nicht vermeidend, als gegenüber dem Ziele belanglose.

[1] Stefanie Tyrka hielt in Graz einen kleinen Salon; Musil gehörte zu ihren Gästen.

Brief an einen Verlag (22. 3. 1905 oder später)

16 E. W.[1]
Ich frage höflichst an, ob Sie in ein Manuskript Einsicht nehmen wollen. Es handelt sich um einen Roman von abweichender Art; gewiß, wie ich mir sage, mit Fehlern der Hast und Ungeduld behaftet; aber einer neuen Weise zu schreiben zustrebend; unter welchem Gesichtspunkte sich manche scheinbare Fehler als gewollte darstellen. Ein Buch, das einen Verleger braucht, der seine Unternehmungen nach dem Kurse von übermorgen richtet. Weswegen Sie mir schon verzeihen müssen, daß ich in dieser Anfrage die große Trompete blase, was mir zwar durchaus gegen den Geschmack geht.
Es handelt sich um einen Roman von abweichender Art, der einer neuen Weise zu schreiben zustrebt.
Es handelt sich auch um das Buch eines noch Unbekannten, der sich erst von seinem zweiten oder dritten Buche Erfolg verspricht u. mit diesem ersten durchaus nicht zufrieden ist. Woraus folgt, daß dieses Buch als Wechsel für die Zukunft gebracht werden soll, was, wie ich meine, auch für den Verleger nicht zu den Ungereimtheiten zählt.
Ihre Antwort ob Sie Einsicht nehmen wollen, bitte ich an meine augenblickliche Adresse Br. Augg. 10[2] zu richten.

In-
RM.

[1] E. W.: Euer Wohlgeboren
[2] Brünn, Augustinergasse 10

Brief an den Redakteur Paul Wiegler[1] (21. 12. 1906)

17 L. H. W.[2]... die heute erschienene Kritik Kerrs lege ich bei: Ich fühle mich ihm unendlich zu Dank verpflichtet. Und Vieles scheint mir in seiner Kritik weit besser als in meinem Buche. Aber jedenfalls waren auch für mich die Vorstellungen des Helldunkels, des dämmernden Hineintreibens usw. bestimmend. Das war die Atmosphäre, in der ich das Geschehene sah, seine Stimmung.
Daneben das Problem der intellectuell moralischen Verwirrung. Ein Zusammenhang zw. Moralischem u. Intellectuellem. Eine Vivificirung[3] intellectueller Zustände usw. Ob ich das deutlich machte oder nicht, ist eine Sache des Könnens; darin will ich Sie nicht beeinflußen.
Aber eines liegt mir sehr am Herzen. Ich will nicht die Päddherastie[4] begreiflich machen. Sie liegt mir von allen Abnormi-

täten vielleicht am fernsten. Zumindest in ihrer heutigen Form.
Daß ich gerade sie wählte, ist Zufall, liegt an der Handlung, die ich gerade im Gedächtnis hatte. Statt Basini könnte ein Weib stehen u. statt der Bisexualität Sadism. Masochism. Fetischism – was immer, das noch einen Zusammenhang mit Regungen, die auch nur streifen, erkennen läßt, einen Zusammenhang, der durch das Pathologische noch nicht so überdeckt ist, wie in schweren Fällen.
Meine Meinung ist es, daß aus dem gezeichneten intellectuellen Problem u. aus der Stimmung, in die es hineingestellt ist, das Verschiedenste entstehen könne, je nach den zufälligen Umständen.
Wie Sie wissen, beschäftige ich mich auch wissenschaftlich mit Psychologie (allerdings noch nicht zu der Zeit, da ich das Buch schrieb) und ich muß sagen, daß ich etwa in den schönen Berichten der französischen Psychiater *jede* Abnormität ebensogut nachempfinden kann, u. darstellen zu können glaube, wie die gerade von mir gewählte, verhältnismäßig landläufige. Darin liegt allerdings ein psychologisches Problem, aber jedenfalls ist es so, daß ich ganz mich in solchen Gefühlskreis hineinversetzen kann, ohne in meinem Wollen ernstlich davon berührt zu werden.
Wenn Sie diese – für das Schaffen wie ich glaube charakteristische – Tatsache stark unterstrichen, wäre ich Ihnen sehr dankbar.
Ein zweites ist, daß ich nicht Psychologie in allen ihren Finessen geben will. Davon fehlt viel in dem Buche. Ich will nicht begreiflich sondern fühlbar machen. Das ist glaube ich im Keim der Unterschied zwischen psychologischer Wissenschaft u. psychologischer Kunst.
Letztlich noch die Bitte, daß Sie nichts von Weißkirchen erwähnen. Der Zusammenhang mit diesem Institut, in dem ich aufwuchs, ist ein äußerlicher. Die Erinnerung lieferte mir nur das Motiv u. ich bemühte mich möglichst zu verschleiern. Tatsächlich stimmen auch selbst Äußerlichkeiten nicht überein. Immerhin sind viele solche nur wenig verändert, besonders Namen, und es ist mir sehr unangenehm, daß man real interpretirt, weil gerade das Kompromittirende zum großen Teil erfunden ist.
Die Rundschau[5] ist leider bis Febr. komplet usw …

Musil

Als persönliche Bemerkung: Ich bin leider nicht 25 sondern schon 26 vorbei. Dies die einzige Berichtigung, die ich zu Kerrs Aufsatze zu machen habe. Alles sonst Gesagte ist nur Zusatz. Auch das mit der Päddherastie. Kerr hat ganz Recht; was ich Ihnen sagte, soll ihn nicht desavouiren, sondern nur ergänzen.

[1] Paul Wiegler (1878–1949) war Erzähler, Journalist und Literaturhistoriker.
[2] L. H. W.: Lieber Herr Wiegler
[3] Heutige Schreibweise = Vivifizierung: Verlebendigung
[4] Heutige Schreibweise = Päderastie: Knabenliebe, männl. Homosexualität
[5] Die Neue Rundschau, lit. Zeitschrift des S. Fischer Verlags

Brief an Matthias di Gaspero[1] (Ende Juli 1907 oder später)

18 Lieber Onkel Mattia.
Du erlaubst gewiß, daß ich mich verteidige. Und dazu möchte ich vorläufig einmal das Moralische vom Klassen-Moralischen trennen, d. h. die Moral als ein Werdendes, als ein Gegenstand beständigen Fragens und Bildens von der Moral als einem Gewordenen, Festen, bürgerlichen Wohnhaus.
Denn alle große Kunst ist meiner Meinung nach moralisch im ersten Sinne, sie schafft Werte, sie sucht. Und sie ist ebenso sehr

amoralisch im zweiten Sinne. Sie setzt schon in der griechischen Tragödie bei Sophokles u. Euripides mit Inzucht ein und der zweite Teil des Nibelungenliedes ist von der Gewittergröße des Mörders von Tronje[2] beherrscht (fast wider Willen) Don Quichote ist ein Narr, ein pathologischer Fall, Hamlet ein Mörder schon beim Aufgehen des Vorhangs, Richard 2; Richard III! Faust u Gretchen? Man kann sagen, die Tragödie lebt vom Morde.

Man darf keinen tragischen Helden mit den Maßstäben der Vernunft werten, weil man sonst vor Abscheu noch vor den Toren der Kunst umkehren würde. Erster Teil.

Zweiter Teil: Man muß jeden tragischen Helden u. alles am Kunstwerk mit den Maßstäben der Vernunft werten! Aber die Maßstäbe haben sich zu ändern!! Kurz gesagt: seine Mutter zu lieben, bei seiner Schwester zu schlafen, ein Mädchen zu schwängern u. in Stich zu lassen, zu morden usw. usw. ist schlecht. Schlecht nach dem corpus juris[3], der der gröbste der Maßstäbe ist, schlecht noch nach der gesellschaftlichen Sitte, die als Maß für Alle der zweitgröbste ist. Es kann gut sein nach einer individuellen, nüancenreicheren Moral – Abraham opfert seinen Sohn um einem Gott zu dienen, Faust tötet moralisch ein Mädchen um seinen höhern Typ zu realisieren. Das sind Fragen der Moral, die nicht kurz zu entscheiden gehen. Es ist die Aufgabe von Kunstwerken auf solche Fragen zu weisen. Lösen können sie sie meist nicht. (Mit Verlaub: darf Törless so einfach über Basini hinweggehen, ist eine solche Frage. Ich sage ja.)

Dritter Teil: Man muß jedem Kunstwerk die Amoral gestatten, damit es darauf erst seine Moral aufbaue. Das moralische Problem kann sehr verschieden ausgedrückt werden. zb. kann einer Menschen miteinander streiten lassen, untergehen lassen usw. ohne zu sagen, der hat Recht, jener hat Unrecht, die Moral liegt nicht in den Charakteren, sie liegt darin, daß uns einer den Kampf der Menschen, den Mechanismus, das Tierische, Kosmische usw. zeigt einer gerade einmal nicht sagt, der hat Recht, der Unrecht. Das Schicksal, der Weltlauf, das Unbegreifliche – irgendetwas Abstraktes kann das eigentliche Sujet sein, dessen Somatik[4] u Psychologie entwickelt wird. Dichter mit dieser eigentümlichen Technik ihre Moral auszudrükken, nennt man gewöhnlich cynisch. Allgemein: symbolisch.

Damit hätte ich das Wichtigste beisammen. Um auf den T. zu kommen: das Buch ist nicht naturalistisch. Es gibt nicht Pubertätspsychologie wie viele andere, es ist symbolisch, es illustriert eine Idee. Um nicht mißverstanden zu werden, habe ich ein Wort von Maeterlinck, das ihr am nächsten kommt, vorangesetzt. Das Buch ist unmoralisch, weil diese besondere Form der Unmoral mir am geeignetsten schien, die Idee daran heraus zu arbeiten. – Das Buch ist im doppelten Sinne moralisch. Einmal weil es eine Idee hat, sodann, weil es zeigt, daß es auf die gewöhnliche Unmoral in gewissen Fällen gar nicht ankommt (eine zweite Idee).

Allerdings verletzt nichts darin auch mein bürgerliches Moralempfinden. (Man müßte sich auch darüber hinwegsetzen, wie ich es tue, wenn Dostoj[5]. Spießer schildert die meine Moral verletzen). Aber ich finde in diesen Dingen nichts für u. wider. Wir haben hier ja jetzt den großen Abscheu über den M-H.prozeß[6] gehabt. Mir sind solche Dinge so gleichgültig u so lieb wie Sonne u. Wiesen. Ohne Atavismen[7] zu werten, – das ist eine Moral, die sich erst durchsetzen muß.

[1] Matthias di Gaspero (1858–1937) war ein Freund der Familie Musil in Klagenfurt.
[2] Tronje: Hagen von Tronje
[3] Corpus juris: Gesetzbuch

[4] Somatik: Körperlichkeit
[5] Dostojewski
[6] M-H.prozeß: In Frage kommt entweder der Molitor-Hau-Prozeß (17.–22. Juli 1907) oder der Moltke-Harden-Prozeß (24.–29. Oktober 1907). Im ersten Fall ging es um einen sich nur auf Indizien stützenden Mordprozeß mit umstrittenem Urteil (erst Todesstrafe, dann Lebenslänglich); im zweiten Fall ging es um den Vorwurf der Homosexualität, der gegenüber engen Vertrauten Wilhelms II. erhoben wurde.
[7] Atavismus: Rückfall in urtümliche oder primitive Zustände

Hinweise zum „Törleß" in Musils Tagebüchern

19 Weiters mache ich folgende Notiz über Stil: Die Seele der Menschen soll durch deren Handlungen und Worte nur durchschimmern und nie deutlicher als im wirklichen Leben.
Man muß sich also gewisse Beschränkungen auferlegen, ebenso wie ein Maler nicht alles in sein Bild hineinzeichnen darf, was er sieht.
Für die Durchführung muß man natürlich die nötigen Griffe «lernen». Ein solcher ist etwa Folgender: In den Verwirrungen sagt Törless freundlich zu Basini: Du wirst jetzt sagen, daß Du ein Schuft bist. Viel später erzählt ihm Basini, daß Beineberg die gewissen Erniedrigungen von ihm nicht herrisch sondern «freundlich» verlange. An dieser Stelle streift man den Gedanken, daß Bbg von T. beeinflußt würde, was bei dem zwischen ihnen herrschenden Verhältnis sehr merkwürdig wäre. Man hat gewissermaßen das Gefühl: in der Zwischenzeit geschieht auch etwas. Die Personen sind nicht nur das, was von ihnen gesagt wird, sondern sie leben auch dort wo sie nicht erscheinen, selbständig, sie kommen und gehen, und stets etwas verändert. Man würde sich um die Wirkung bringen, wenn man etwa eigens auf die Beeinflußung hinweisen würde.

[10. 5. 1905]

Im Törless ist das vereinheitlichende Moment der Wunsch, eine bestimmte, vorher ausgedachte Geschichte zu erzählen. Das ist das Rückrat um das alles andere – meine Interpretation u Auffassung der Geschichte – gruppiert ist.
Das Gefühl von diesem Menschen Törless ist hier auch erst etwas Sekundäres.

[20. 1. 1911]

Hätten wir damals gedacht, daß der putschierende Offizier führender Typus in der Welt werden wird?! Boineburg hat es gedacht. [Frühjahr 1936]

Reising, Boineburg: die heutigen Diktatoren in nucleo. Auch die Auffassung der «Masse» als zu zwingendes Wesen.

[1937]

6.3 Einzelne Themenkreise in der Diskussion

6.3.1 Die Krise der individuellen Entwicklung: Pubertät und Sexualität

*Bernhard Großmann: Die Entwicklung des Törleß**

20 Obwohl Musil nicht die Schilderung einer typischen Pubertätskrise beabsichtigt hat, weist die Darstellung der Hauptfigur charakteristische Wesenszüge dieses schwierigen Lebensabschnitts auf. Törleß ist ein sensibler, überdurchschnittlich begabter und psychisch differenzierter junger Mensch. Dem Autor kam es vor allem darauf an, an ihm modellhaft aufzuzeigen, welche

Erlebnisse und Erfahrungen auf seinen Besußtseins- und Erkenntnisprozeß einwirken, ihn beunruhigen, erschüttern und gefährden. Diese von Krisen beherrschte Lebensphase, in der Törleß sich sowohl eigenem als auch fremdem Seelenleben fragend und reflektierend zuwendet, wird vom Autor mit Anteilnahme und großer psychologischer Einfühlung, aber auch mit objektiver Distanz dargestellt. Musils Schilderung enthält alle Implikationen des Ausgeliefertseins seines Helden an Gefühl, Phantasie, an triebhafte Sinnlichkeit und Leidenschaft, an Rätselhaftes und schwer zu Bewältigendes.

Im Alter von zwölf Jahren ist Törleß in das angesehene Institut aufgenommen worden. In einem kurzen Rückblick auf diese frühe Zeit hebt der Autor einige Episoden hervor, die für die innere Entwicklung des Jungen von Bedeutung waren: Leiden unter Heimweh als eine erste Regung seelischer Kräfte, Briefschreiben an seine Eltern in erhöhter Gemütsstimmung, wodurch er der trüben Gleichförmigkeit des Schullebens zeitweilig entflieht, und die Freundschaft mit einem jungen Fürsten, die eine tiefere Menschenkenntnis in ihm anbahnt. Das Gefühl innerer Leere, beginnende Geschlechtsreife und Rollenunsicherheit kennzeichnen dann einen Entwicklungsabschnitt, in dem er sich freundschaftlich an zwei ältere, männlichere Kameraden anschließt, eine Bindung, die später von großer Wichtigkeit werden sollte. Die Besuche bei einer Prostituierten können als eine Art Initiation[1] in den Bereich des Geschlechtlichen angesehen werden. Schon früh hat sich in ihm eine besondere Art der sinnlichen Veranlagung bemerkbar gemacht. Sie erstreckt sich nicht nur auf den Bereich des Triebhaften, sondern auch auf die Phantasie und eine spezifische Wirklichkeitswahrnehmung. Zugleich wird ihm eine starke Bindung an seine Mutter bewußt. In den dann beginnenden Verwirrungen, ausgelöst durch die Entdeckung eines Kameradendiebstahls und dessen Konsequenzen, ist Törleß verschiedenartigen Erfahrungen ausgesetzt, die sich auf zwei Ebenen beziehen, nämlich auf die triebhaft-erotische und die des Geistigen: Er wird Zeuge sadistischer Handlungen, verstrickt sich in eine homoerotische Beziehung, nimmt die Wirklichkeit doppelsinnig wahr und erfährt Momente mystischer Entrückung. Musil spricht von einer „Vivifizierung moralischer und intellectueller Zustände“[2]. Hierin besteht der eigentliche, von Törleß in angespannter Gefühlslage und oft schmerzvoll durchlebte Reifeprozeß. Während er sich aus der gleichgeschlechtlichen Bindung zu befreien vermag, bleibt das Problem einer über die Grenzen des Rationalen hinausdringenden Erkenntnis noch ungelöst. Er hat den Übergang von der Welt der Kindheit in die Lebenswelt der Erwachsenen vollzogen. Am Schluß ist er sich seines personalen Ichs bewußt und sieht auch deutlich, daß die Erkenntnisproblematik auf dem für ihn noch „unfaßbaren Zusammenhang“[3] zwischen rationalem und intuitivem Erfassen beruht.

[1] Initiation: Einweihung, Aufnahme in die Gemeinschaft der Erwachsenen
[2] → **17**
[3] → S. 132

Lotte Schenk-Danzinger: Die Pubertät, ein biopsychisches und soziologisches Phänomen

21 Wenn auch die körperlichen Veränderungen zur Reife ein biologisches Phänomen sind, so ist die Pubertät selbst mit ihren *psychischen Erscheinun-*

gen ein *biopsychisches und ein soziologisches Phänomen.*

Im Übergang von der Kindheit zum Erwachsensein muß der junge Mensch jeder Gesellschaft die folgenden Aufgaben bewältigen:

1. die Selbst-Findung,
2. die erste Orientierung in der Wertehierarchie der Gesellschaft,
3. die Skizzierung der ersten Lebenspläne, die Berufsfindung und die Anbahnung der wirtschaftlichen Selbständigkeit,
4. Ablösung von der Ursprungsfamilie,
5. die Anbahnung von heterosexuellen Kontakten und die Bewältigung der genitalen Sexualität.

In welcher Art diese Aufgaben gelöst werden und welche Probleme dabei auftauchen, hängt von der Kultur ab, in der ein Jugendlicher aufwächst. Dauer und psychische Erscheinungen der Pubertät und Adoleszenz sind von der *jeweiligen Gesellschaftsform,* ja sogar von der *Zugehörigkeit zu einer bestimmten sozialen Schicht* abhängig.

In den Primitivkulturen gibt es keine Pubertätsprobleme. Mit der biologischen Reifung wird der Jugendliche nach Absolvierung von Initialriten[1] in die Gemeinschaft der Erwachsenen aufgenommen. Dies aus folgenden Gründen:

1. In primitiven Kulturen wird alles, was zur Lebenserhaltung notwendig ist, in der späteren Kindheit erlernt. Schon vom 6. Lebensjahr an sind die Kinder in die Ernstbezüge der Erwachsenenwelt einbezogen, die Handlungsabläufe sind für sie überschaubar, die Techniken erlernbar.
2. Das Wertesystem der geschlossenen Gesellschaft wird schon während der Kindheit weitgehend vermittelt, vor allem durch die Teilnahme an den traditionellen Bräuchen. In den Initialriten wird die Wertorientierung ergänzt und vertieft.
3. Die Gründung der Familie ist sofort möglich. Damit erledigt sich das Problem der Ablösung von der Ursprungsfmilie sowie das der genitalen Sexualität.

Je höher die Kultur und die Zivilisationsstufe, auf der sich eine Gesellschaft befindet, desto länger wird die Zeit zwischen der erreichten sexuellen Reife und der emotionalen und wirtschaftlichen Selbständigkeit, desto später kann der junge Mensch die Rolle des voll Erwachsenen übernehmen. Durch die Akzeleration[2] einerseits, die die Kindheit verkürzt, und durch die immer länger werdenden Ausbildungszeiten andererseits wird die Jugendzeit für diejenigen, die eine über das Handwerkliche hinausgehende Ausbildung anstreben, z. T. über das notwendige Maß verlängert.

In unserer komplizierten technischen Welt ist der junge Mensch zur Zeit der Geschlechtsreife tatsächlich weit entfernt von der emotionalen Reife sowie von den Kenntnissen und Fertigkeiten, die zur Bewältigung der Lebenssituation notwendig sind. Die Pubertät ist somit eine *Zeit des Lernens.* Dabei geht es nicht nur um den Erwerb von praktischen Fähigkeiten und lexikalem Wissen, sondern um die Weiterentwicklung auf *geistigem, seelischem* und *kulturellem* Gebiet. Die Pubertät ist somit eine *pädagogische Aufgabe,* die über die Vermittlung von Kenntnissen und Fertigkeiten hinausgeht.

[1] Initialriten bzw. Initiationsriten: Bräuche bei der Aufnahme von Jugendlichen in den Bereich der Erwachsenen

[2] Akzeleration: Beschleunigung und Vorverlegung der Entwicklung bei Jugendlichen

22 Der *individuelle Verlauf der Pubertät,* vor allem das Ausmaß an *emotionaler Stabilität* oder *Instabilität,* der *positiven oder negativen Affekte* sowie *das Gelingen der Anpassung* oder das *Mißlingen* im Sinne von *Neurose*[1] oder *Verwahrlosung,* hängt von vielen Faktoren ab. An sich sind in der Zeit des Übergangs vom Kind zum Erwachsenen wahrscheinlich in jedem Individuum sehr *viele Verhaltens- und Erlebnisformen als Möglichkeiten angelegt,* deren Realisierung außer von schwer definierbaren konstitutionellen Faktoren (etwa der *Vitalität* oder der *Kontaktfähigkeit*) von *äußeren Umständen* bestimmt wird.

Der Verlauf der Pubertät kann beeinflußt werden:

1. Vom *Grad des Autoritätsdruckes* der Familie, der sich den Autonomiebestrebungen entgegensetzt. Gesteigerter Druck kann ähnliche Erscheinungen hervorrufen, wie wir sie in der Bündischen Jugend fanden. Dagegen kann Mangel an Steuerung und echter Autorität zu Verwahrlosung führen.
2. Von *der sexuellen Erziehung* während der ganzen Kindheit, von Art und Ausmaß der *Aufklärung* über die körperlichen Veränderungen und den Zeugungsvorgang und von *Aussprachemöglichkeiten* über sexuelle Probleme in Familie und Freundeskreis. Hier liegt, was die Familie betrifft, vieles im argen.
3. Von *der Tiefenbindung an die Eltern,* dem Ausmaß an *Sicherheit und Geborgenheit* in der Familie, der *Zufriedenheit mit dem Status,* den man als Heranwachsender einnimmt.
4. Von *Erfolgen oder Mißerfolgen* in *Berufsausbildung* oder *Schulbahn* und von den *Hilfen,* die man bei der Überwindung von Schwierigkeiten erhält.
5. Von *Erfolgen oder Mißerfolgen* bei der *Anbahnung von Kontakten zu Gleichaltrigen* und dem *Ansehen,* das man bei Burschen und Mädchen genießt.
6. Von der Art, wie der *Knabe* das *Problem der genitalen Sexualität* lösen kann, und den damit verbundenen *Schuld-* oder *Erfolgserlebnissen* sowie vom Gelingen der *Identifikation mit der männlichen Rolle,* die schon in der Kindheit durch die Beziehung zum Vater vorbereitet wurde.
7. *Beim Mädchen* von der Art, in der ihm die *Geschlechtsrolle von der Mutter vorgelebt* wurde. Der Selbstfindungsprozeß besteht z. T. auch in der Bejahung des eigenen Geschlechts und der eigenen Geschlechtsrolle. Mädchen, die die Mutter vom Vater oder von Brüdern schlecht behandelt sehen, die sie als Märtyrerin oder als Haussklavin erleben müssen oder die selbst unter der Überlastung der Mutter durch Beruf und Haushalt zu leiden hatten, können sich nicht leicht mit der weiblichen Rolle identifizieren. Sie finden, daß es die Männer im Leben viel leichter haben, und nehmen gegenüber ihrer eigenen Weiblichkeit eine Haltung ein, die die Tiefenpsychologie als „männlichen Protest“ bezeichnet.

Es gibt sehr dramatisch verlaufende Pubertätsentwicklungen, von denen manche sich in der Adoleszenz völlig normalisieren. In anderen derartigen Fällen erkennt der Jugendpsychiater eine Neurose oder die Vorstufe einer psychotischen[2] Entwicklung. In der Regel werden jedoch *Jugendliche aus intakten Familien,* in denen das *nötige Verständnis für ihre Autonomiebestrebungen, für ihre Sorgen und Probleme* vorhanden ist, die Reifejahre ohne besondere Schwierigkeiten durchlaufen können und den Weg zur Mündigkeit finden.

[1] Neurose: seelische Gleichgewichtsstörung
[2] Psychose: Geisteskrankheit

Wilfried Gottschalch: Die Chance der Adoleszenz und ihre gesellschaftliche Vereitelung

23 In den „Drei Abhandlungen zur Sexualtheorie" (1905) spricht Freud von zwei Phasen, in denen sich die sexuelle Entwicklung des Menschen beschleunigt vollzieht: einmal ein erster Schub zwischen dem zweiten und dem fünften Lebensjahr und dann ein zweiter Schub während der Pubertät. Die Latenzzeit zwischen diesen beiden Schüben ermöglicht nach Freud die Kulturfähigkeit des Menschen, aber auch seine Neigung zur Neurose. Auf die Latenzzeit folgt dann die Pubertät oder, anders ausgesprochen: die Adoleszenz. Sie wird von vielen Psychoanalytikern als eine Chance für eine Änderung der Persönlichkeit angesehen. Noch einmal lockert sich die Triebstruktur. Damit, so können wir folgern, bietet sich die Gelegenheit, die Dialektik zwischen Narzißmus und Triebleben so zu verändern, daß nach einem günstigen Verlauf der Adoleszenz von einem integrierten Narzißmus gesprochen werden kann.
Kurt Eissler bemerkt hierzu:
„Die Pubertät gewährt dem Menschen eine zweite (und in den meisten Fällen letzte) Chance. Sie gewährt ihm eine Frist, die Lösungen, die er während der Latenzzeit in direkter Reaktion auf den ödipalen Konflikt gefunden hat, zu revidieren. Vielleicht kann man diesen Prozeß mit einer Verflüssigung vergleichen. Gewiß sind beim Pubertierenden auch regressive Züge zu beobachten, ich ziehe es aber vor, das Freiwerden von Kräften, die an Strukturen gebunden waren, und die darauffolgende Reorganisation in der Form neuer Identifizierungen und der Besetzung neuer Objekte hervorzuheben."[1]
Das ist eine relativ optimistische Aussage, in der möglicherweise die Tatsache, daß die Menschen als Erwachsene in ihrer Liebeswahl meist doch die alten Identifizierungen mit Vater und Mutter wiederholen, ein wenig vernachlässigt wird.
Als besonders wichtige Voraussetzung dafür, daß die Pubertät eine Chance für den Menschen sein kann, erscheint mir das Vorhandensein einer entsprechenden gesellschaftlichen Zukunftsperspektive. Ich weiß beispielsweise nicht, wie mein weiteres Schicksal verlaufen wäre, wenn Deutschland 1945 nicht besiegt worden wäre. Ich bin sicher, daß unter der Naziherrschaft meine Adoleszenz einen unglücklichen Ausgang genommen hätte. Meine Mutter fürchtete zum Beispiel, daß ich mir während einer längeren Militärzeit das Leben hätte nehmen können. Meine ganze Persönlichkeitsstruktur stand im Widerspruch zu dem blinden Gehorsam, der seinerzeit im faschistischen Deutschland von heranwachsenden Männern erwartet wurde. Ohne damals überhaupt bewußter Antifaschist gewesen zu sein, empfand ich den 8. Mai 1945 als einen Tag, an dem ich eine fast erdrückende Belastung los wurde. Was sind das aber für gesellschaftliche Verhältnisse, die zerstört werden müssen, damit die Pubertät als eine zweite Chance erfahren und benutzt werden kann? Und in vielen Ländern sind ähnliche Verhältnisse auch heute noch über junge Menschen verhängt!
Was Eissler in seinem zitierten Aufsatz angemerkt hat, wird übrigens bei Erik Erikson als psychosoziales Moratorium beschrieben, „währenddessen der Mensch durch freies Rollenexperimentieren sich in irgendeinem Sektor der Gesellschaft seinen Platz sucht, eine Nische, die fest umrissen und doch wie einzig für ihn gemacht ist. Dadurch gewinnt der junge

Erwachsene das sichere Gefühl innerer und sozialer Kontinuität, das die Brücke bildet zwischen dem, was er als Kind war, und dem, was er nun im Begriff ist zu werden; eine Brücke, die zugleich das Bild, in dem er sich wahrnimmt, mit dem Bild verbindet, unter dem er von seiner Gruppe, seiner Sozietät erkannt wird."[2]

Es stellt sich die Frage, unter welchen Umständen und wem in gegebenen Gesellschaften ein derartiges psychosoziales Moratorium zugestanden oder verweigert wird. In seinem Buch „Die gesellschaftliche Produktion von Unbewußtheit" schreibt der Ethnopsychoanalytiker Mario Erdheim:

„Der erste Triebschub, der von der ödipalen Phase aufgefangen wird, führt zur Anpassung an die stabile konservative Triebstruktur. Der zweite, der in der Pubertät anfängt, zur Anpasung an die dynamische expansive Kulturstruktur."[3]

Was aber, wenn die Kultur, in der wir leben, von den Adoleszenten gar nicht mehr als dynamisch und expansiv, sondern als erstarrt und einengend erlebt wird? Mit Hilfe einer historisch-materialistischen Analyse kann man zu dem Ergebnis kommen, daß sich in den entfalteten Industriegesellschaften, die eben nicht mehr wie in der Hochzeit des Imperialismus expandieren können, eher Zeichen innerer Erstarrung als gesellschaftlicher Dynamik nachweisen lassen. Freie Energie muß in nicht mehr veränderungsfähigen Gesellschaften gebunden werden. Das erfahren heute viele junge Menschen. Daher ihr tiefer Pessimismus. Sie ahnen: „Es ist die totale Umwandlung freier Energie in gebundene Energie, die zum Tode führt."[4] Dagegen wehren sie sich zu Recht – leider oft mit unzureichenden Mitteln.

[1] Eissler, Kurt R.: Bemerkungen zur Technik der psychoanalytischen Behandlung Pubertierender nebst einigen Überlegungen zum Problem der Perversion. In: Psyche, Jg. XX, 1966, S. 869

[2] Erikson, Erik: Identität und Lebenszyklus. Frankfurt a. M., 1966, S. 137 f.

[3] Erdheim, Mario: Die gesellschaftliche Produktion von Unbewußtheit: Eine Einführung in den ethnopsychoanalytischen Prozeß. Frankfurt a. M., 1982, S. 277

[4] Eissler, Kurt R.: Der Sündenfall des Menschen. In: K. E.: Todestrieb, Ambivalenz, Narzismus. München, 1980, S. 15

6.3.2 Die Krise der Wahrnehmung und der Erkenntnis: Sprachkrise und „anderer Zustand"

*Elisabeth Stopp: Die intellektuellen Verwirrungen des Törleß und das Motto des Romans (Maeterlinck)**

24 Die Schule steht in einem ausgedehnten Park, umgeben von hohen, grauen, gefängnisartigen Mauern, die schon von weitem, über die Ebene hinweg, von der Bahnstation aus zu erkennen sind. Außer in dem roten Schlupfwinkel, von dem es keinen Ausblick gibt und wo alles auf eine bedrückende Weise nach innen gerichtet ist, das Bewußtsein in sich verschließend, stellt sich für Törleß die Szenerie stets doppelt dar, als Raum drinnen und als das durchs Fenster Sichtbare oder auch Hörbare, wie im Falle seiner Erinnerung an die nachts in Italien gehörte Musik. Dies verleiht allem, was im Hause geschieht, Weite, gibt ihm eine zweite Dimension; Törleß versucht, sein doppeltes Bewußtsein zu koordinieren, es dadurch zu erweitern und zu einem Ganzen zusammenzuschließen. An wesentlichen Punkten der Handlung schaut er bewußt aus dem Fenster, und was er sieht – einen Garten im Dämmerlicht mit langsam im Schein der Lampe vorübertreibenden Blättern, rings um den Mond reglose Wolken, eine Krähe, deren Silhouette sich gegen die weißen Winterfelder abhebt – hilft ihm, seinen Gedanken und Gefühlen feste Form zu geben, sie oftmals in einer neuen und befriedigend formulierten Erkenntnis zusammenzufassen. Denn sein ständiges Ziel, während er sich einen Weg durch seine Verwirrungen erkämpft, ist größere Bewußtheit, was für ihn bedeutet, Worte von größerer Angemessenheit und genauerer Entsprechung zur Beschreibung seiner Erfahrungen zu finden. Er hat den unbezähmbaren Drang, jedes erneute Gewahrwerden zu formulieren, es durch Worte deutlich zu machen und womöglich schriftlich zu fixieren, um es schwarz auf weiß vor sich zu sehen, objektiv, in seinem richtigen Verhältnis und seiner wahren Form. Es ist dies im Grunde ein Gestaltungswille, ein künstlerischer Impuls.

[...]

Es quält Törleß, wenn Erfahrung und Worte nicht mehr zusammenstimmen, wenn er, wie es ihm vorkommt, lügen muß; so etwa als er in einem Museum bei der Betrachtung einer Landschaft zu seinem Vater sagt: „O es ist schön!“ und er das Gefühl hat, er hätte ebensogut sagen können: „Es ist schrecklich traurig“.

„Es war ein Versagen der Worte, das ihn da quälte, ein halbes Bewußtsein, daß die Worte nur zufällige Ausflüchte für das Empfundene waren.“[1]

Dennoch sind die Vergleiche und Erklärungen, bei deren Formulierung wir Törleß auf jeder Seite des Romans antreffen (oft in Form eines erzählten Monologs), ein schlüssiger Beweis zum einen dafür, daß es die Intention des Erzählers war, zu zeigen, daß ihm die Worte nie lange ausblieben, sondern daß Törleß bloß unter dem subjektiven Eindruck stand, sie würden es oder könnten es einmal tun; zum andern, daß – obwohl ihm selbst (im Gegensatz zum Erzähler) diese Tatsache nicht deutlich bewußt war – seine Beschäftigung mit Worten und Bildern ebenso ein künstlerisches wie ein psychologisches Problem bildete.

In diesem Zusammenhang können wir auf das Motto des ‚Törleß‘ verweisen, das der deutschen Übersetzung von Maeterlincks ‚Le trésor des humbles‘ (1898) entstammt, und zwar dem Kapitel ‚La morale des mystiques‘. Der Kontext trägt zur Aufhellung der Sache bei und verdient, in der Originalsprache wiedergegeben zu werden. Maeterlinck spricht hier über die Gesetze des „Universums in uns“ und erörtert die intuitive moralische Gewißheit, die das Handeln des Mystikers leitet, die „mouvements invisibles des royaumes intérieures“; diese bieten einen prächtigen Anblick, solange sie ins mystische Dunkel der Seele gehüllt sind, sehen aber erbärmlich und unbedeutend aus, wenn man sie ans Tageslicht bringt. Novalis folgend ist der Autor freilich voller Optimismus, daß die Seele wirkliches Bewußtsein erreichen kann und eines Tages auch erreichen wird und so imstande sein wird, ihre Erfahrungen und inneren Überzeugungen zum Ausdruck zu bringen – so als zeigte sich die Seite des Mondes, die sich jetzt noch vor der Erde verbirgt. Das Motto legt den Akzent nicht auf Wörter, sondern auf Einstellungen, und selbst (wie bei Musil) aus dem Zusammehang gerissen betont es nicht so sehr das Versagen der Wörter im allgemeinen, sondern die Unvergleichbarkeit von verbalem und präverbalem Bereich, von hell und dunkel (Musils „Helldunkel“).

„Dès que nous exprimons quelque-chose, nous le diminuons étrangement. Nous croyons avoir plongé jusqu'au fond des abîmes et quand nous remontons à la surface, la goutte d'eau qui scintille au bout de nos doigts pales ne ressemble plus à la mer d'où elle sort. Nous croyons avoir découvert une grotte aux trésors merveilleux; et quand nous revenons au jour, nous n'avons emporté que des pierreries fausses et des morceaux de verre; et cependant le trésor brille invariablement dans les ténèbres. Il y a quelque-chose d'imperméable entre nous-mêmes et notre âme ..." (Le trésor des humbles, Paris 1906, 65-66)

(Der letzte Satz findet sich bei Musil nicht.) Die Textstelle enthält zwei unterschiedliche Bilder, erstens das Bild eines farblosen Wassertropfens, der mit dem dunklen Geheimnis des vom Hinabtauchenden erblickten weiten Meeresgrundes verglichen wird, zweitens das Bild eines in einer Höhle verborgenen Schatzes – wobei der Schatz nicht – wie von einigen angenommen – auf dem Boden des Meeres liegt. Das Motto schließt in einem optimistischeren Ton als es der von Musil zitierte Anfang nahelegen könnte, dadurch den tatsächlichen Ausgang des Romans widerspiegelnd: der Schatz ist unversehrt, er schimmert weiter im Dunkeln, sein wahrer Ort liegt – nun erkannt und bestätigt – jenseits der Reichweite von Worten.

Das zweite Bild ist ein bekannter Topos der romantischen Literatur, vornehmlich bei denjenigen Autoren (Novalis, Tieck, Hoffmann), die die weniger greifbaren Aspekte des unbewußten Bereichs tatsächlich mit größtem Erfolg darstellten. Ernst Jüngers Variante des Topos lautet: „Man ist in der Höhle des Ali Baba gewesen und hat nur eine lumpige Handvoll Silber zutage gebracht" (Das abenteuerliche Herz, Hamburg 1938,7). Das Problem der Ausdrückbarkeit in Worten liegt hier – wie im ‚Törleß' – auf einer einfacheren Ebene im Vergleich etwa mit dem, was man als echtes Sprachversagen und schwerwiegende psychische Hemmung bezeichnen könnte, wovon in Hofmannsthals ‚Ein Brief' die Rede ist.[2] Während Törleß von „diesem plötzlichen Schweigen" spricht, „das wie eine Sprache ist, *die wir nicht hören*"[3] (Hervorhebung von mir), berichtet Lord Chandos von „eine(r) Sprache, von deren Worten mir auch nicht eines bekannt ist, eine Sprache in welcher die stummen Dinge *zu mir sprechen*; und in welcher ich vielleicht einst im Grabe vor einem unbekannten Richter mich verantworten werde." Sein Anliegen ist ein ernsthaft metaphysisches und moralisches, das von Törleß dagegen hat den Charakter einer vorübergehenden Schwierigkeit, die seinen Persönlichkeitskern nicht dauerhaft berührt. In seinem verwirrten Zustand entdeckt er, daß Worte und Gefühle nicht notwendigerweise übereinstimmen und daß die schweigende, vorrationale „Sprache" der Dinge nicht in menschliche Begriffe übersetzbar ist.

[1] → S. 62 [2] → **25** [3] → S. 23

*Hugo von Hofmannsthal: Der Brief des Lord Chandos**

25 Dies ist der Brief, den Philipp Lord Chandos, jüngerer Sohn des Earl of Bath, an Francis Bacon[1], später Lord Verulam und Viscount St. Albans, schrieb, um sich bei diesem Freunde wegen des gänzlichen Verzichtes auf literarische Betätigung zu entschuldigen. [...]

Aber, mein verehrter Freund, auch die irdischen Begriffe entziehen sich mir in der gleichen Weise. Wie soll ich es versuchen, Ihnen diese seltsamen geistigen Qualen zu schildern, dies Emporschnellen der Fruchtzweige über meinen ausgereckten Händen, dies Zurückweichen des murmelnden Wassers vor meinen dürstenden Lippen?

Mein Fall ist, in Kürze, dieser: Es ist mir völlig die Fähigkeit abhanden gekommen,

über irgend etwas zusammenhängend zu denken oder zu sprechen.
Zuerst wurde es mir allmählich unmöglich, ein höheres oder allgemeineres Thema zu besprechen und dabei jene Worte in den Mund zu nehmen, deren sich doch alle Menschen ohne Bedenken geläufig zu bedienen pflegen. Ich empfand ein unerklärliches Unbehagen, die Worte „Geist“, „Seele“ oder „Körper“ nur auszusprechen. Ich fand es innerlich unmöglich, über die Angelegenheiten des Hofes, die Vorkommnisse im Parlament oder was Sie sonst wollen ein Urteil herauszubringen. Und dies nicht etwa aus Rücksichten irgendwelcher Art, denn Sie kennen meinen bis zur Leichtfertigkeit gehenden Freimut: sondern die abstrakten Worte, deren sich doch die Zunge naturgemäß bedienen muß, um irgendwelches Urteil an den Tag zu geben, zerfielen mir im Munde wie modrige Pilze. Es begegnete mir, daß ich meiner vierjährigen Tochter Katharina Pompilia eine kindische Lüge, deren sie sich schuldig gemacht hatte, verweisen und sie auf die Notwendigkeit, immer wahr zu sein, hinführen wollte, und dabei die mir im Munde zuströmenden Begriffe plötzlich eine solche schillernde Färbung annahmen und so ineinander überflossen, daß ich den Satz, so gut es ging, zu Ende haspelnd, so wie wenn mir unwohl geworden wäre und auch tatsächlich bleich im Gesicht und mit einem heftigen Druck auf der Stirn, das Kind allein ließ, die Tür hinter mir zuschlug und mich erst zu Pferde, auf der einsamen Hutweide einen guten Galopp nehmend, wieder einigermaßen herstellte.
Allmählich aber breitete sich diese Anfechtung aus wie ein um sich fressender Rost. Es wurden mir auch im familiären und hausbackenen Gespräch alle die Urteile, die leichthin und mit schlafwandelnder Sicherheit abgegeben zu werden pflegen, so bedenklich, daß ich aufhören mußte, an solchen Gesprächen irgend teilzunehmen. Mit einem unerklärlichen Zorn, den ich nur mit Mühe notdürftig verbarg, erfüllt es mich, dergleichen zu hören, wie: diese Sache ist für den oder jenen gut oder schlecht ausgegangen; Sheriff N. ist ein böser, Prediger T. ein guter Mensch; Pächter M. ist zu bedauern, seine Söhne sind Verschwender; ein anderer ist zu beneiden, weil seine Töchter haushälterisch sind; eine Familie kommt in die Höhe, eine andere ist im Hinabsinken. Dies alles erschien mir so unbeweisbar, so lügenhaft, so löcherig wie nur möglich. Mein Geist zwang mich, alle Dinge, die in einem solchen Gespräch vorkamen, in einer unheimlichen Nähe zu sehen: so wie ich einmal in einem Vergrößerungsglas ein Stück von der Haut meines kleinen Fingers gesehen hatte, das einem Blachfeld[2] mit Furchen und Höhen glich, so ging es mir nun mit den Menschen und ihren Handlungen. Es gelang mir nicht mehr, sie mit dem vereinfachenden Blick der Gewohnheit zu erfassen. Es zerfiel mir alles in Teile, die Teile wieder in Teile, und nichts mehr ließ sich mit einem Begriff umspannen. Die einzelnen Worte schwammen um mich; sie gerannen zu Augen, die mich anstarrten und in die ich wieder hineinstarren muß: Wirbel sind sie, in die hinabzusehen mich schwindelt, die sich unaufhaltsam drehen und durch die hindurch man ins Leere kommt.
Ich machte einen Versuch, mich aus diesem Zustand in die geistige Welt der Alten hinüberzuretten. Platon vermied ich; denn mir graute vor der Gefährlichkeit seines bildlichen Fluges. Am meisten gedachte ich mich an Seneca und Cicero zu halten. An dieser Harmonie begrenzter und geordneter Begriffe hoffte ich zu gesunden. Aber ich konnte nicht zu ihnen hinüber. Diese Begriffe, ich verstand sie wohl: ich sah ihr wundervolles Verhältnisspiel vor mir aufsteigen wie herrliche Wasserkünste, die mit goldenen Bällen spielen. Ich konnte sie umschweben und sehen, wie sie zueinander spielten; aber sie hatten es nur miteinander zu tun, und das Tiefste,

das Persönliche meines Denkens, blieb von ihrem Reigen ausgeschlossen. Es überkam mich unter ihnen das Gefühl furchtbarer Einsamkeit: mir war zumut wie einem, der in einem Garten mit lauter augenlosen Statuen eingesperrt wäre; ich flüchtete wieder ins Freie.

Seither führe ich ein Dasein, das Sie, fürchte ich, kaum begreifen können, so geistlos, so gedankenlos fließt es dahin; ein Dasein, das sich freilich von dem meiner Nachbarn, meiner Verwandten und der meisten landbesitzenden Edelleute dieses Königsreiches kaum unterscheidet und das nicht ganz ohne freudige und belebende Augenblicke ist. Es wird mir nicht leicht, Ihnen anzudeuten, worin diese guten Augenblicke bestehen; die Worte lassen mich wiederum im Stich. Denn es ist ja etwas völlig Unbenanntes und auch wohl kaum Benennbares, das, in solchen Augenblicken, irgendeine Erscheinung meiner alltäglichen Umwelt mit einer überschwellenden Flut höheren Lebens wie ein Gefäß erfüllend, mir sich ankündet. Ich kann nicht erwarten, daß Sie mich ohne Beispiel verstehen, und ich muß Sie um Nachsicht für die Albernheit meiner Beispiele bitten. Eine Gießkanne, eine auf dem Felde verlassene Egge, ein Hund in der Sonne, ein ärmlicher Kirchhof, ein Krüppel, ein kleines Bauernhaus, alles dies kann das Gefäß meiner Offenbarung werden. Jeder dieser Gegenstände und die tausend anderen ähnlichen, über die sonst ein Auge mit selbstverständlicher Gleichgültigkeit hinweggleitet, kann für mich plötzlich in irgendeinem Moment, den herbeizuführen auf keine Weise in meiner Gewalt steht, ein erhabenes und rührendes Gepräge annehmen, das auszudrücken mir alle Worte zu arm scheinen. Ja, es kann auch die bestimmte Vorstellung eines abwesenden Gegenstandes sein, dem die unbegreifliche Auserwählung zuteil wird, mit jener sanft und jäh steigenden Flut göttlichen Gefühles bis an den Rand gefüllt zu werden. So hatte ich unlängst den Auftrag gegeben, den Ratten in den Milchkellern eines meiner Meierhöfe ausgiebig Gift zu streuen. Ich ritt gegen Abend aus und dachte, wie Sie vermuten können, nicht weiter an die Sache. Da, wie ich im tiefen, aufgeworfenen Ackerboden Schritt reite, nichts Schlimmeres in meiner Nähe als eine aufgescheuchte Wachtelbrut und in der Ferne über den welligen Feldern die große sinkende Sonne, tut sich mir im Innern plötzlich dieser Keller auf, erfüllt mit dem Todeskampf dieses Volks von Ratten. Alles war in mir: die mit dem süßlich scharfen Geruch des Giftes angefüllte kühl-dumpfe Kellerluft und das Gellen der Todesschreie, die sich an modrigen Mauern brachen; diese ineinander geknäulten Krämpfe der Ohnmacht, durcheinander hinjagenden Verzweiflungen; das wahnwitzige Suchen der Ausgänge; der kalte Blick der Wut, wenn zwei einander an der verstopften Ritze begegnen. Aber was versuche ich wiederum Worte, die ich verschworen habe! Sie entsinnen sich, mein Freund, der wundervollen Schilderung von den Stunden, die der Zerstörung von Alba Longa vorhergehen, aus dem Livius? Wie sie die Straßen durchirren, die sie nicht mehr sehen sollen ... wie sie von den Steinen des Bodens Abschied nehmen. Ich sage Ihnen, mein Freund, dieses trug ich in mir und das brennende Karthago zugleich; aber es war mehr, es war göttlicher, tierischer; und es war Gegenwart, die vollste erhabenste Gegenwart. Da war eine Mutter, die ihre sterbenden Jungen um sich zucken hatte und nicht auf die Verendenden, nicht auf die unerbittlichen steinernen Mauern, sondern in die leere Luft, oder durch die Luft ins Unendliche hin Blicke schickte und diese Blicke mit einem Knirschen begleitete! – Wenn ein dienender Sklave voll ohnmächtigen Schauders in der Nähe der erstarrenden Niobe[3] stand, der muß das durchgemacht haben, was ich durchmachte, als in mir die Seele dieses Tieres

gegen das ungeheure Verhängnis die Zähne bleckte.
Vergeben Sie mir diese Schilderung, denken Sie aber nicht, daß es Mitleid war, was mich erfüllte. Das dürfen Sie ja nicht denken, sonst hätte ich mein Beispiel sehr ungeschickt gewählt. Es war viel mehr und viel weniger als Mitleid: ein ungeheures Anteilnehmen, ein Hinüberfließen in jene Geschöpfe oder ein Fühlen, daß ein Fluidum des Lebens und Todes, des Traumes und Wachens für einen Augenblick in sie hinübergeflossen ist – von woher? Denn was hätte es mit Mitleid zu tun, was mit begreiflicher menschlicher Gedankenverknüpfung, wenn ich an einem anderen Abend unter einem Nußbaum eine halbvolle Gießkanne finde, die ein Gärtnerbursche dort vergessen hat, und wenn mich diese Gießkanne und das Wasser in ihr, das vom Schatten des Baumes finster ist, und ein Schwimmkäfer, der auf dem Spiegel dieses Wassers von einem dunklen Ufer zum andern rudert, wenn diese Zusammensetzung von Nichtigkeiten mich mit einer solchen Gegenwart des Unendlichen durchschauert, von den Wurzeln der Haare bis ins Mark der Fersen mich durchschauert, daß ich in Worte ausbrechen möchte, von denen ich weiß, fände ich sie, so würden sie jene Cherubim, an die ich nicht glaube, niederzwingen, und daß ich dann von jener Stelle schweigend mich wegkehre und nach Wochen, wenn ich dieses Nußbaumes ansichtig werde, mit scheuem seitlichem Blick daran vorübergehe, weil ich das Nachgefühl des Wundervollen, das dort um den Stamm weht, nicht verscheuchen will, nicht vertreiben die mehr als irdischen Schauer, die um das Buschwerk in jener Nähe immer noch nachwogen. In diesen Augenblicken wird eine nichtige Kreatur, ein Hund, eine Ratte, ein Käfer, ein verkümmerter Apfelbaum, ein sich über den Hügel schlängelnder Karrenweg, ein moosbewachsener Stein mir mehr, als die schönste, hingebendste Geliebte der glücklichsten Nacht mir je gewesen ist. Diese stummen und manchmal unbelebten Kreaturen heben sich mir mit einer solchen Fülle, einer solchen Gegenwart der Liebe entgegen, daß mein beglücktes Auge auch ringsum auf keinen toten Fleck zu fallen vermag. Es erscheint mir alles, alles, was es gibt, alles, dessen ich mich entsinne, alles, was meine verworrensten Gedanken berühren, etwas zu sein. Auch die eigene Schwere, die sonstige Dumpfheit meines Hirnes erscheint mir als etwas; ich fühle ein entzückendes, schlechthin unendliches Widerspiel in mir und um mich, und es gibt unter den gegeneinanderspielenden Materien keine, in die ich nicht hinüberzufließen vermöchte. Es ist mir dann, als bestünde mein Körper aus lauter Chiffern, die mir alles aufschließen. Oder als könnten wir in ein neues, ahnungsvolles Verhältnis zum ganzen Dasein treten, wenn wir anfingen, mit dem Herzen zu denken. Fällt aber diese sonderbare Bezauberung von mir ab, so weiß ich nichts darüber auszusagen; ich könnte dann ebensowenig in vernünftigen Worten darstellen, worin diese mich und die ganze Welt durchwebende Harmonie bestanden und wie sie sich mir fühlbar gemacht habe, als ich ein Genaueres über die inneren Bewegungen meiner Eingeweide oder die Stauungen meines Blutes anzugeben vermöchte.
Von diesen sonderbaren Zufällen abgesehen, von denen ich übrigens kaum weiß, ob ich sie dem Geist oder dem Körper zurechnen soll, lebe ich ein Leben von kaum glaublicher Leere und habe Mühe, die Starre meines Innern vor meiner Frau und vor meinen Leuten die Gleichgültigkeit zu verbergen, welche mir die Angelegenheiten des Besitzes einflößen. Die gute und strenge Erziehung, welche ich meinem seligen Vater verdanke, und die frühzeitige Gewöhnung, keine Stunde des Tages unausgefüllt zu lassen, sind es, scheint mir, allein, welche meinem Leben nach außen hin einen genügenden Halt

und den meinem Stande und meiner Person angemessenen Anschein bewahren.
Ich baue einen Flügel meines Hauses um und bringe es zustande, mich mit dem Architekten hie und da über die Fortschritte seiner Arbeit zu unterhalten; ich bewirtschafte meine Güter, und meine Pächter und Beamten werden mich wohl etwas wortkarger, aber nicht ungütiger als früher finden. Keiner von ihnen, der mit abgezogener Mütze vor seiner Haustür steht, wenn ich abends vorüberreite, wird eine Ahnung haben, daß mein Blick, den er respektvoll aufzufangen gewohnt ist, mit stiller Sehnsucht über die morschen Bretter hinstreicht, unter denen er nach den Regenwürmern zum Angeln zu suchen pflegt, durchs enge, vergitterte Fenster in die dumpfe Stube taucht, wo in der Ecke das niedrige Bett mit bunten Laken immer auf einen zu warten scheint, der sterben will, oder auf einen, der geboren werden soll; daß mein Auge lange an den häßlichen jungen Hunden hängt oder an der Katze, die geschmeidig zwischen Blumenscherben durchkriecht, und daß es unter all den ärmlichen und plumpen Gegenständen einer bäurischen Lebensweise nach jenem einem sucht, dessen unscheinbare Form, dessen von niemand beachtetes Daliegen oder -lehnen, dessen stumme Wesenheit zur Quelle jenes rätselhaften, wortlosen, schrankenlosen Entzückens werden kann. Denn mein unbenanntes seliges Gefühl wird eher aus einem fernen, einsamen Hirtenfeuer mir hervorbrechen als aus dem Anblick des gestirnten Himmels; eher aus dem Zirpen einer letzten, dem Tode nahen Grille, wenn schon der Herbstwind winterliche Wolken über die öden Felder hintreibt als aus dem majestätischen Dröhnen der Orgel. Und ich vergleiche mich manchmal in Gedanken mit jenem Crassus, dem Redner, von dem berichtet wird, daß er eine zahme Muräne,[4] einen dumpfen, rotäugigen, stummen Fisch seines Zierteiches, so über alle Maßen lieb gewann, daß es zum Stadtgespräch wurde; und als ihm einmal im Senat Domitius vorwarf, er habe über den Tod dieses Fisches Tränen vergossen, und ihn dadurch als einen halben Narren hinstellen wollte, gab ihm Crassus zur Antwort: „So habe ich beim Tode meines Fisches getan, was Ihr weder bei Eurer ersten noch Eurer zweiten Frau Tod getan habt."
Ich weiß nicht, wie oft mir dieser Crassus mit seiner Muräne als ein Spiegelbild meines Selbst, über den Abgrund der Jahrhunderte hergeworfen, in den Sinn kommt. Nicht aber wegen dieser Antwort, die er dem Domitius gab. Die Antwort brachte die Lacher auf seine Seite, so daß die Sache in einen Witz aufgelöst war. Mir aber geht die Sache nahe, die Sache, welche dieselbe geblieben wäre, auch wenn Domitius um seine Frauen blutige Tränen des aufrichtigsten Schmerzes geweint hätte. Dann stünde ihm noch immer Crassus gegenüber, mit seinen Tränen um seine Muräne. Und über diese Figur, deren Lächerlichkeit und Verächtlichkeit mitten in einem die erhabensten Dinge beratenden, weltbeherrschenden Senat so ganz ins Auge springt, über diese Figur zwingt mich ein unnennbares Etwas in einer Weise zu denken, die mir vollkommen töricht erscheint, im Augenblick, wo ich versuche, sie in Worten auszudrücken.
Das Bild dieses Crassus ist zuweilen nachts in meinem Hirn, wie ein Splitter, um den herum alles schwärt, pulst und kocht. Es ist mir dann, als geriete ich selber in Gärung, würfe Blasen auf, wallte und funkelte. Und das Ganze ist eine Art fieberisches Denken, aber Denken in einem Material, das unmittelbarer, flüssiger, glühender ist als Worte. Es sind gleichfalls Wirbel, aber solche, die nicht wie die Wirbel der Sprache ins Bodenlose zu führen scheinen, sondern irgendwie in mich selber und in den tiefsten Schoß des Friedens.
Ich habe Sie, mein verehrter Freund, mit dieser ausgebreiteten Schilderung eines

unerklärlichen Zustandes, der gewöhnlich in mir verschlossen bleibt, über Gebühr belästigt.
Sie waren so gütig, Ihre Unzufriedenheit darüber zu äußern, daß kein von mir verfaßtes Buch mehr zu Ihnen kommt, „Sie für das Entbehren meines Umganges zu entschädigen“. Ich fühlte in diesem Augenblick mit einer Bestimmtheit, die nicht ganz ohne ein schmerzliches Beigefühl war, daß ich auch im kommenden und im folgenden und in allen Jahren dieses meines Lebens kein englisches und kein lateinisches Buch schreiben werde: und dies aus dem einen Grund, dessen mir peinliche Seltsamkeit mit ungeblendetem Blick dem vor Ihnen harmonisch ausgebreiteten Reiche der geistigen und leiblichen Erscheinungen an seiner Stelle einzuordnen ich Ihrer unendlichen geistigen Überlegenheit überlasse: nämlich weil die Sprache, in welcher nicht nur zu schreiben, sondern auch zu denken mir vielleicht gegeben wäre, weder die lateinische noch die englische noch die italienische und spanische ist, sondern eine Sprache, von deren Worten mir auch nicht eines bekannt ist, eine Sprache, in welcher die stummen Dinge zu mir sprechen, und in welcher ich vielleicht einst im Grabe vor einem unbekannten Richter mich verantworten werde.
Ich wollte, es wäre mir gegeben, in die letzten Worte dieses voraussichtlich letzten Briefes, den ich an Francis Bacon schreibe, alle die Liebe und Dankbarkeit, alle die ungemessene Bewunderung zusammenzupressen, die ich für den größten Wohltäter meines Geistes, für den ersten Engländer meiner Zeit im Herzen hege und darin hegen werde, bis der Tod es bersten macht.
A. D. 1603, diesen 22. August.

Phi. Chandos

[1] Francis Bacon (1561–1626), engl. Philosoph und Staatsmann, wurde 1618 Lordkanzler und Baron von Verulam, 1621 Viscount of St. Albans
[2] Blachfeld: flaches Feld, Ebene
[3] Niobe: In der griech. Mythologie die Tochter des Tantalos, die als Strafe für ihren Hochmut zu Stein erstarrte.
[4] Muräne: räuberischer, aalartiger Fisch ohne Brust- und Bauchflossen

*Yvon Desportes: Realität und Sprache in Musils „Törleß“**

26 Beineberg ist einer der Jünglinge, die einsehen, daß Wissenschaft Grenzen hat und daß es etwas anderes gibt, etwas Wesentliches, worüber sie keine Rechenschaft ablegt. Doch er, der nicht gelernt hat, den Wert seiner Ideen in der Begegnung mit der Natur zu kontrollieren, ist – unter dem Vorwand, die Wissenschaft abzulehnen –, bereit, im Namen einer höheren, aber konfusen Wahrheit alle Arten von Barbarei zu begehen. Das ist eine Karikatur der bürgerlichen Welt, aber eine Karikatur, die – Musil hat es sehr wohl gespürt – leider Realität werden kann. Es ist zugleich eine Karikatur dessen, was Törleß sucht. Beinebergs Bemerkungen indes helfen ihm, den Ausweg aus seinen Verwirrungen zu finden: „Unser Denken [geht] ... über Löcher hinweg ..., ... unser Wissen ist auf allen Gebieten von solchen Abgründen durchzogen, nichts wie Bruchstücke, die in einem unergründlichen Ozean treiben.“[1] Wissenschaft und Sprache verbergen als ganze einen Abgrund, in dem das Verständnis verlorengeht, in dem der Geist ohnmächtig ist und in dem Mensch und Natur elementaren Mächten ausgesetzt sind. Hinter dem Schleier von Wissenschaft und Gesellschaft, hinter den künstlichen Gesetzen unseres Geistes gibt es eine andere Realität als das Bild, das wir uns von ihr gemacht haben; sie allein ist allmächtig. Diese Realität, Quelle unendlicher Möglichkeiten, entdeckt Törleß, als er zur Prostituierten Božena geht (die eine gewisse Ähnlichkeit mit Törleß' Mutter haben könnte!); diese Realität entdeckt er in seinem Innersten beim Betrachten des Himmels, diese Realität sucht er bei Beineberg. Doch die Erfahrung „Beineberg" führt Törleß zu einer neuen Enttäuschung: beide suchen nicht das gleiche: Törleß sucht „das Natürliche"[2], Beineberg nur Macht.

So gelingt es Törleß in der Tat nur nach einer wahrhaften Offenbarung ethischer Art, die Gründe seiner Verwirrung zu entdecken und das, was er empfindet, einzukreisen: wenn Sprache, Begriffe und allgemeine Ideen nicht in der Lage sind, ihm zu helfen, und wenn das, was er empfindet, ihn von Niederlage zu Niederlage führt, dann muß es zwei Arten geben, die Dinge, die Ereignisse und die Menschen zu sehen und zu betrachten. Törleß erklärt das folgendermaßen: „Ich kann es nicht anders sagen, als daß ich die Dinge in zweierlei Gestalt sehe … Nein, ich irrte mich nicht, wenn ich von einem zweiten, geheimen, unbeachteten Leben der Dinge sprach! Ich – ich meine das nicht wörtlich –, nicht diese Dinge leben …, – aber in mir war ein zweites, das dies alles nicht mit den Augen des Verstandes ansah … Ich weiß: die Dinge sind die Dinge und werden es wohl immer bleiben; und ich werde sie wohl immer bald so, bald so ansehen. Bald mit den Augen des Verstandes, bald mit den anderen … Und ich werde nicht mehr versuchen, dies miteinander zu vergleichen …"[3]

Die endgültige Lösung, für die sich Törleß und der Verfasser des Romans entscheiden, besteht daher weder in einer Verneinung oder Ablehnung der Wissenschaft und der von ihr bestimmten Gesellschaft, noch in einer unmöglichen Synthese dessen, was die Wissenschaft erfassen kann, mit dieser anderen Welt, die für sie nicht erfaßbar ist: Wissenschaft ist nowendig, doch man darf darüber nicht vergessen, daß sie nur künstlich ist, und daß es trotz aller Bequemlichkeiten, die sie bietet, eine Natur gibt, die kein Produkt von Denkprozessen ist und die sich jenseits aller „wissenschaftlichen" Gesetze unserer Kontrolle entzieht. Man darf über der Abstraktion nicht das Leben und über der Sprache nicht die Realität vergessen. Im gesellschaftlichen Sinn rettet Törleß die Wissenschaft, aber er weiß in seinem Innersten, daß Natur und menschliche Natur frei bleiben, daß sie anders sind als das Bild, das die Wissenschaft von ihnen vermittelt, und daß allein dieser wahre Blick auf die Welt eine Ethik hervorbringen kann, d.h. eine auf die Realität – so wie sie ist – anwendbare Moral; ebenso vermag allein ein solcher Blick eine Ästhetik hervorzubringen, d. h. eine über die Grenzen der Wissenschaft und die Endlichkeit unseres Verstehens hinausgehende Art, die Welt zu sehen und zu zeigen. Wissenschaft und soziale Ordnung werden unter der Bedingung rehabilitiert, daß sie wahrhafte Werkzeuge der Befreiung sind und daß die Menschen auch „anders" zu denken, „anders" zu sehen und auch diese andere Welt zu erforschen lernen, die nichts anderes als die Realität ist. Eine Ästhetik, die solchen Grundsätzen folgt, setzt Musil in seinem Roman ins Werk.

[1] → S. 110/111   [2] → S. 79   [3] → S. 130

*Robert Musil: Der „andere Zustand"**

27 Man sieht die Kunst lieber als einen Schnörkel, denn eine Verneinung des wirklichen Lebens an. Die Begriffe der zwecklosen Schönheit oder des schönen Scheins, die in unserer Kunstauffassung immer noch eine große Rolle spielen, haben etwas von Erholung an sich; wenn ich nicht irre, liegt die Wurzel davon im Herrschaftsbeginn des Christentums, wo die Kunst unter der Eifersucht der Glaubensstrengen litt und von ihren Verteidigern gleichsam in ein Leben zweiten Ranges geflüchtet wurde, während die Ästhetik unserer klassischen Zeit, [...] ihre Bemühungen mehr darauf richtete, diesem „zwecklosen Schein" wieder einen bürgerlichen Platz und Würdigung zu sichern, als daß sie seinen lebensverneinenden Charakter betont hätte.

Dennoch zeigen diesen Gegensatz zur normalen Welthaltung offenkundig, wenn auch als harmlos hingestellt, schon die Mittel, deren sich die Künste bedienen. Von Verdichtung und Verschiebung abgesehn, die beide einer vorzivilisatorischen Phase der Menschheit entspringen, zielen zum Beispiel Rhythmik und Monotonie, die eine so große Rolle spielen, auf eine Einengung des Bewußtseins, die der leichten Hypnose ähnlich ist, mit dem gleichen Ziel, die präsentierte Suggestion durch Herabdrücken der seelischen Umgebung überwertig zu machen. Ihre letzte Wurzel haben alle diese Mittel in sehr alten Kulturzuständen und insgesamt bedeuten sie eine außerbegriffliche Korrespondenz des Menschen mit der Welt und abnormale Mitbewegung, deren man übrigens in jedem Augenblick inne werden kann, wenn man, vertieft in ein Kunstwerk, plötzlich kontrollierendes Normalbewußtsein einschaltet. [...]

Zitiere leise für dich ein Gedicht in der Generalversammlung einer Aktiengesellschaft, und diese wird augenblicklich ebenso sinnlos werden, wie es das Gedicht in ihr ist. [...]

[Diese] Grenze zweier Welten [...] ist leider noch niemals frei von Vorurteilen — sei es von vernünftelnden, sei es von glaubenssüchtigen — verfolgt und dargestellt worden; es scheint aber, daß sich durch die ganze Geschichte der Menschheit eine Zweiteilung zieht, in zwei Geisteszustände, die einander zwar mannigfach beeinflußt haben und Kompromisse eingegangen sind, sich jedoch nie recht gemischt haben. Den einen der beiden kennt man als den Normalzustand unserer Beziehungen zu Welt, Menschen und eigenem Ich. Wir haben uns — wenn man ihn gleich mit Rücksicht auf den andren beschreibt — durch die *Schärfe* unsres Geistes zu dem entwickelt, was wir sind, Herren einer Erde, auf der wir ursprünglich ein Nichts zwischen Ungeheurem waren; Aktivität, Tapferkeit, List, Falschheit, Ruhelosigkeit, Böses, Jägerhaftigkeit, Kriegslust und dergleichen sind die moralischen Eigenschaften, denen wir diesen Aufstieg verdanken. Wir haben sie heute zwar, sobald sie innerhalb unserer Interessengemeinschaften im Übermaß auftreten, zu Untugenden herabgesetzt, aber sie beherrschen nicht nur den Verkehr der Interessenverbände untereinander noch immer (Krieg, Ausbeutung und dergleichen), sondern — was viel schwerer zu ändern ist — sie durchdringen auch die geistige Haltung des Menschen unserer Zivilisation bis ins letzte. Das Messen, Rechnen, Spüren, das positive, kausale, mechanische Denken, das an Menschen unsrer Tage so oft beklagt wird, ist der gleiche Ausdruck urverwurzelten Mißtrauens und Daseinskampfes wie die beherrschende Rolle des Geldes als Regulator einer Welt, in der nur die niederen Eigenschaften des Menschen für fest und berechenbar gelten, sozusagen als das einzige solide soziale Baumaterial verwendet werden. Die beliebte Aufgabe, den Menschen zu „verbessern", ist weit schwieriger, als man es gemeinhin voraussetzt, und keinesfalls nur mit jener guten Gesinnung zu lösen, die das Böse meiden will, denn ohne seine bösen Eigenschaften bleibt vom Menschen, der wir sind, nichts übrig als ein gestaltloser Haufe. Sogar die Moral selbst ist in ihrer eigensten Natur völlig durchsetzt und kompromittiert von den scharfen und bösen Grundeigenschaften unseres Geistes; schon ihre Gestalt als Regel, Norm, Befehl, Drohung, Gesetz und Gut wie Böse quantifizierende Abwägung zeigt den formenden Einfluß des metrischen, rechnenden, mißtrauischen, vernichtungswilligen Geistes.

Diesem Geisteszustand steht jedoch ein andrer gegenüber, der historisch nicht minder nachweisbar ist, wenn er sich auch unsrer Geschichte weniger stark aufgeprägt hat; er ist mit vielen Namen bezeichnet worden, die alle eine unklare Übereinstimmung tragen. Man hat ihn den Zustand der Liebe genannt, der Güte, der Weltabgekehrtheit, der Kontemplation, des Schauens, der Annäherung an Gott, der Entrückung, der Willenlosigkeit, der Einkehr und vieler andrer Seiten eines Grunderlebnisses, das in Religion, Mystik und Ethik aller historischen Völker ebenso übereinstimmend wiederkehrt, wie es merkwürdig entwicklungslos geblieben ist. Dieser andere Geisteszustand wird immer mit ebenso großer Leidenschaft wie Ungenauigkeit beschrieben, und man könnte versucht sein, in diesem schattenhaften Doppelgänger unsrer Welt nur einen Tagtraum zu sehn, wenn er nicht seine Spuren in unzähligen Einzelheiten unseres gewöhnlichen Lebens hinterlassen hätte und das Mark unsrer Moral und Idealität bilden würde, das zwischen den harten Fasern des Bösen liegt. Man muß es sich, wenn man nicht eigene eingehende Forschungen zur Grundlage hat, heute versagen, mehr über Bedeutung und Wesen dieses anderen Zustands sagen zu wollen, denn unser Wissen von ihm war bis vor kurzem noch so, wie unser übriges Weltwissen ungefähr im zehnten Jahrhundert war; hebt man aber aus den reinen Beschreibungen in seiner Jahrtausende alten Literatur einige übereinstimmende Hauptkennzeichen heraus, so findet man immer wieder das Dastehn einer andern Welt, wie ein fester Meeresboden, von dem die unruhigen Fluten der gewöhnlichen zurückgetreten sind, und im Bilde dieser Welt gibt es weder Maß noch Genauigkeit, weder Zweck noch Ursache, gut und böse fallen einfach weg, ohne daß man sich ihrer zu überheben brauchte, und an Stelle aller dieser Beziehungen tritt ein geheimnisvoll schwellendes und ebbendes Zusammenfließen unseres Wesens mit dem der Dinge und anderen Menschen.

Dieser Zustand ist es, in dem das Bild jedes Gegenstandes nicht zum praktischen Ziel, sondern zu einem wortlosen Erlebnis wird, und die Beschreibungen vom symbolischen Gesicht der Dinge und ihrem Erwachen in der Stille des Bilds, die vorhin zitiert worden sind, gehören zweifellos in seinen Umkreis. Es ist ungemein interessant, auf dem Terrain des Films, das doch noch ein Spekulationsterrain im gemeinsten Sinn ist, schon die flüchtige Spur dieser Erlebnisse entdeckt zu sehn. Man würde sich irren, wollte man in der plötzlich erblickten Physiognomik[1] der Dinge bloß die Überraschung durch das isolierte optische Erlebnis bemerken; die ist nur Mittel, es handelt sich auch da um die Sprengung des normalen Totalerlebnisses. Und diese ist ein Grundvermögen jeder Kunst.

Diese Betrachtung, scheinbar weit abliegend, berührt ein gefährliches Feld von heute allgemein verbreiteten Irrlehren; es ist das Versuchsfeld der zeitgenössischen Anstrengungen, im Tanz, auf der Bühne, durch Gegenstandsfreiheit der Darstellung in Malerei, Skulptur, Lyrik, durch intuitives Besinnen, Erziehung der Sinne, religiöse Renaissance und dergleichen mehr den Geist des Menschen vom Verstand zu befrein und wieder in ein unmittelbares Verhältnis zur Schöpfung einzusetzen. Heute scheinen diese Bemühungen eine Sehnsucht auszudrücken, die erst zusammen mit verwandten Bestrebungen des Expressionismus groß geworden ist. Blickt man aber einige Jahrzehnte weiter zurück, so erkennt man, daß dieser gegen den „Verstand" gerichtete Ausbruchsversuch der „Seele", der ihr zu unmittelbarerem Ausdruck verhelfen möchte, als es das entleerte und von Begrifflichkeit vergitterte Wort erlaubt, und den menschlichen Geist auf allen Nebenwegen, nur nicht auf dem Hauptweg ins Freie führt, auch zu jener Zeit schon da war. Die eigentlichen Wurzeln dieser Emanzipationsbestrebungen liegen schon im sogenannten Impressionismus, wenigstens soweit er Literatur ist, und wurden von den Einwirkungen der deutschen Romantik, Emersons und des mystischen Eklektikers Maeterlinck gepflanzt. Auch die religiöse Renaissance, deren Welle ihren Höhepunkt heute wahrscheinlich überschritten hat, war damals im Anstieg. Eingestandenermaßen handelte es sich um eine Auflehnung gegen die zunehmende Mechanisierung des Daseins, die Krisis einer Midasexistenz,[2] der jedes, wenn nicht zu Geld, so zu Eisenbeton wurde; aber der fernere, uneinbekannte Sinn davon war nichts als einer der immer wiederkehrenden Versuche, größere Annäherung an den „anderen Zustand" zu suchen, der in seinen Abformen als Kirche, Kunst, Ethik, Erotik mit ungeheuerer Mächtigkeit in unser Dasein hereinragt, aber völlig verworren und korrupt geworden ist.

Nur wurde – und wird heute noch – der entscheidende Irrtum begangen, daß man als das, was es zu verdrängen gilt, das „Denken" ansah; vor allem im Kunstbereich ist das bis heute ein lebendiges Vorurteil geblieben. Das ist aber eine schiefe, nicht auf die Mitte des Problems zielende Angriffsrichtung, es hängt viel davon ab, die richtigen Gegensätze zu bestimmen, und da diese Schwierigkeiten noch in die geistige Diskussion unserer Tage verflochten sind, erscheint es mir erlaubt, sie etwas zu erörtern.

Vor allem muß festgehalten werden, daß nicht nur unser Verstand, sondern auch schon unsere Sinne „intellektuell" sind. Bekanntlich sehen wir, was wir wissen: Chiffren, Sigel, Abkürzungen, Zusammenfassungen, die Hauptattribute des Begriffs; durchdrungen und getragen bloß von einzelnen dominanten sinnlichen Eindrücken und einer vagen Fülle der übrigen. Beim Hören geschieht ähnliches; wenn unser Verständnis nicht dem Klang voraus ist wie der Souffleur dem Schauspieler, macht uns der Sinn Mühe, in einer uns nicht geläufigen Sprache zum Beispiel auch dann, wenn uns die Worte einzeln bekannt sind. Auch an Bewegungen nimmt man allgemeine Kennzeichen wahr, aber das Untypische erfaßt man so schlecht, daß z. B. nichts größere Mühe macht, als Gebärden so zu beschreiben, daß andre ein Bild davon haben. Selbst Gerüche und Geschmäcke unterscheidet man ohne Hilfe einer Gegenstandsbeziehung schlecht, wenn sie nicht sehr penetrant sind, und erst recht gilt ähnliches von wirklich seelischen Erlebnissen, von denen man durchwegs behaupten kann, daß die Gestalt, welche sie in verschiedenen Menschen annehmen, die der Vorstellungen ist, die sich diese vorher von ihnen gemacht haben. Dies geht so weit, daß ohne präformierte stabile Vorstellungen, und das sind Begriffe, eigentlich nur ein Chaos bleibt, und da anderseits die Begriffe wieder von der Erfahrung abhängen, entsteht ein Zustand des gegenseitigen Sichformens wie zwischen Flüssigkeit und elastischem Gefäß, ein Gleichgewicht ohne festen Widerhalt, für das wir noch keine rechte Beschreibung gefunden haben, so daß es im Grunde so unheimlich ist wie die Decke eines Sumpfes.

Wir befinden uns also in einem zwiespältigen Verhältnis. Es ist nicht das Denken, sondern einfach schon die Notwendigkeit praktischer Orientierung, was zur Formelhaftigkeit treibt, und zwar zur Formelhaftigkeit der Begriffe nicht mehr als zu der unsrer Gebärden und Sinneseindrücke, die sich nach ein paar Wiederholungen genau so einschleifen wie die an Worte geknüpften Vorstellungsabläufe. Dann aber darf sich auch die Gegnerschaft nicht gegen das Denken richten, wie es in solchen Zusammenhängen fast immer geschieht, sondern muß sich von dem praktischen und faktistischen[3] Normalzustand des Menschen zu befreien versuchen. Geschieht jedoch dies, so bleibt nichts als das dunkle Gebiet des „anderen Zustands", in dem vorläufig alles aufhört. Dies ist die wahre und anscheinend unentrinnbare Antithese.

[...]

Wer sich mit seinen [= des „anderen Zustands"] Erscheinungen befaßt hat, weiß, daß ihm das Wort Erfahrung fremd ist. Läßt man, wie es sich hier gebührt, jede mystische Auslegung beiseite, so wird man allerdings kaum behaupten können, daß es darin Erfahrung überhaupt nicht gebe, denn dies würde schon physiologischen Vorstellungen widersprechen, dagegen kann man wohl sagen, daß in diesem Zustand Erfahrung als etwas Wesensfremdes und Feindliches empfunden wird; ursächliche und zweckmäßige Verknüpfung der Erlebnisse bauen ihn nicht auf, sondern zerstören ihn. (Beispiel: der flüchtigste profane Gedanke zerstört augenblicklich die Kontemplation.) Gleichzeitig kennzeichnet ihn eine einzigartige Erregtheit durch das Leben. Der gewöhnliche Affekt oder die gewöhnliche Aktualität erlebter Zustände erscheinen im Vergleich mit ihr als etwas Peripheres, was nicht ans Innere reicht; die Empfindungen weisen nicht auf Dinge außerhalb des Ichs, sondern bedeuten innere Zustände; die Welt wird nicht als ein Zusammenhang dinglicher Beziehungen erlebt, sondern als eine Folge ichhafter Erlebnisse. Der Vektor, der Richtungsanzeiger, von dem vorhin die Rede war, hat sich umgekehrt und ist nach innen gerichtet. Man braucht, um sich eine Vorstellung davon zu verschaffen, nicht einmal die mystische Literatur zu bemühn, denn fast jeder Mensch erlebt das irgendwann als „Liebesglut" (zum Unterschied von der Liebes„flamme" des Begehrens), wenn er es auch später für eine vorübergehende Anomalie hält. Nimmt man die Kunst zum Vergleich, so muß man die tiefere künstlerische Erregung ganz ähnlich kennzeichnen; so oft ein Gegenstand aus der Sphäre weltlicher Betrachtung in die des schöpferischen Verhaltens tritt, verändert er sich, ohne sich zu verändern, und man kann scheinbar auch nicht sagen, daß er das Gefühl verändere, sondern das Gefühl verändert ihn; den Unterschied kann man besonders deutlich an Kunstgattungen sehen, die beide Verhaltungsweisen vereinen, wie zum Beispiel der Roman.

So weist das zweite Extrem möglicher Auffassung der Kunst in die Richtung des „andern" Zustands, und es enthält ihre Bewertung als reine Aktualität und Erregung eine über die sinnlich-gefühlhafte Improvisation hinausweisende Komponente, die allem Anschein nach ihm angehört. Bekanntlich ist dieser Zustand, außer in krankhafter Form, niemals von Dauer; ein hypothetischer Grenzfall, dem man sich annähert, um immer wieder in den Normalzustand zurückzufallen, und eben dies unterscheidet die Kunst von der Mystik, daß sie den Anschluß an das gewöhnliche Verhalten nie ganz verliert, sie erscheint dann als ein unselbständiger Zustand, als eine Brücke, die vom festen Boden sich so wegwölbt, als besäß sie im Imaginären[4] ein Widerlager.

[1] Physiognomik: innere Eigenschaft hinter der äußeren Erscheinung

[2] Midas: In der griech. Mythologie ein König, dem Dionysos den Wunsch gewährte, daß alles, was er berühre, sich in Gold verwandele

[3] faktistisch: tatsächlich

[4] imaginär: nicht wirklich, sondern nur in der Vorstellung vorhanden

6.3.3 Die Krise der Gesellschaft: Dorf und Internat als Spiegel der Gesellschaft

*Michael Krejci: Erziehung und Gesellschaft im „Törleß"**

28 In der Institution des Konvikts werden von den Zöglingen ausschließlich Reproduktionsakte und Anpassung an herrschende Normen verlangt. Das Ergebnis ist Nivellierung und Unterdrückung individuellen Denkens und Empfindens, Gewöhnung an Heteronomie[1]. Wenn die so erzogenen Menschen dann selbst Macht erlangen, praktizieren sie das an sich selbst erfahrene Erziehungsprinzip an Schwächeren, wie es seitens Reitings und Beinebergs, aber auch seitens der Lehrerschaft an Basini geschieht, der nicht als autonomes Individuum, sondern als Sache betrachtet wird. Die Darstellung der Versklavung und die Relegation[2] Basinis werden also als Kritik an einer Gesellschaftsform verstanden, die den Menschen den Dingen gleichmacht und die auftretende soziale Konflikte nicht als positive Elemente auffaßt, welche Fortgang und Erneuerung ermöglichen, sondern als individuelle Konflikte begreift und damit privatisiert und abschiebt. Auch der Schluß des Romans mit der individuellen Lösung der „Verwirrungen" bedeutet also nicht, daß die in ihm enthaltene Kritik gegenstandslos würde: in der Schule geht weiterhin „alles den gewohnten Gang"[3]. Der behandelte „Fall" wird für das Konvikt nicht zum Anlaß einer Revision pädagogischer Positionen, und die Gesellschaft, die Welt der Erwachsenen, bleibt, wie sie war. Ein Ende ohne Hoffnung, das in seiner Provokation von Kritik selbst als kritisch zu verstehen ist.

[1] Heteronomie: Fremdbestimmung (Gegensatz zu Autonomie)
[2] Relegation: Verweisung von der Schule
[3] → S. 131

Uwe Baur: Zeit- und Gesellschaftskritik in Robert Musils Roman „Die Verwirrungen des Zöglings Törleß"

29 [Es wäre] verfehlt, den Roman auf die Dimension der Gesellschaftskritik zu reduzieren, sie zu übersehen hingegen führt zu Fehldeutungen. Zu Beginn des Zweiten Weltkrieges erkannte Musil in Beineberg und Reiting die Diktatoren seiner Zeit, und es überrascht nicht, daß sich Theodor W. Andornos Rede über „Erziehung nach Auschwitz" von 1966 als Interpretation von Musils erstem Roman lesen läßt.[1] Musils Engagement war nicht parteipolitisch, es war damals auch noch nicht mit politischer Praxis verbunden; es ist als etwas Grundsätzliches, als ein Aufdecken gesellschaftlicher Widersprüche mittels eines Modells zu verstehen. Das Politische liegt daher nicht im Stoff, der Roman ist kein Schülerroman, sondern in dem, was durch ihn fühl- und erkennbar gemacht wird: ein Leiden des Individuums unter der gesellschaftlichen Wirklichkeit, das zwar psychologisch-philosophisch durchdacht erscheint, dessen Kern aber jenseits des begrifflich Statischen nur ästhetisch mitteilbar ist. Der Impuls, der vom „Törleß" ausgeht, ist damit nur in zweiter Linie an die konkrete historische Situation gebunden, in die hinein er geschrieben wurde. In erster Linie geht es hier um den Widerspruch von statischer und dynamischer Lebensform des Menschen – und damit um einen Widerspruch, der uns heute nicht minder betrifft als die Monarchie Kakanien, von der Musil sagt, sie sei der Staat, „der sich selbst irgendwie nur noch mitmachte“ (MoE35) und in dem die Menschen alles tun durften, „nur nicht das eine; das ernst zu nehmen, … was mit ihnen geschieht“ (MoE34).[2]

[1] → **31**
[2] Hinweise auf Musils Roman „Der Mann ohne Eigenschaften“

Ernst Fischer: „Die Verwirrungen des Zöglings Törleß“

30 Im Jahre 1906, als Sechsundzwanzigjähriger, brachte Musil seinen ersten Roman heraus: „Die Verwirrungen des Zöglings Törleß“. Es war die knapp und mit großer Zucht erzählte Geschichte eines jungen Menschen, der in einem Erziehungsheim von den Problemen der Sexualität und der Seele, der Einsamkeit und der Erniedrigung überwältigt wird. Solcher Berichte über die beunruhigende Atmosphäre in Erziehungsheimen und die Exzesse in einer Gemeinschaft von Halbwüchsigen hat es nicht wenige gegeben – aber Musils Roman ist von ungleich tieferer Hintergründigkeit. Hier wird das Unterirdische, Fragwürdige, Barbarische aufgedeckt, das von einer Kruste bürgerlicher Zivilisation notdürftig Niedergehaltene, die Wildnis, die aus den Fugen einer nicht mehr festen Ordnung dringt, die Vorbereitung eines Zeitalters, das die Humanität in Fetzen auseinanderfliegen läßt.

In dem vornehmen Institut gibt es eine verborgene Kammer, die niemand kennt außer den Zöglingen Törleß, Reiting und Beineberg. „Die Wände waren vollständig mit einem blutroten Fahnenstoff ausgekleidet, den Reiting und Beineberg aus einem der Bodenräume entwendet hatten, und der Fußboden war mit einer doppelten Lage dicker wolliger Kotzen bedeckt … An der Wand hing neben der Türe ein geladener Revolver …“[1] In dieser Kammer geschieht Entsetzliches. Einer der Schüler, Basini, ein mädchenhaft hübscher Junge von haltlos unbestimmtem Charakter, bestiehlt Kameraden und wird von Reiting und Beineberg ertappt.

Reiting ist ein kalter Tyrann; er „kannte kein größeres Vergnügen, als Menschen gegeneinander zu hetzen, den einen mit Hilfe des anderen unterzukriegen und sich an abgezwungenen Gefälligkeiten und Schmeicheleien zu weiden, hinter deren Hülle er noch das Widerstreben des Hasses fühlen konnte … Sein Anhang wechselte von Tag zu Tag, aber immer war die Majorität auf seiner Seite. Darin bestand sein Talent.“[2] Sein Gegenspieler und späterer Bundesgenosse Beineberg ist komplizierter; seine Grausamkeit, seine Lust, Menschen bis zum Äußersten zu entwürdigen, finden ihren Rückhalt in einer Philosophie des Irrationalismus, in einem Vernunft und Humanität abtötenden Mystizismus. In beiden sind ahnungsvoll die Typen vorweggenommenen, die Jahrzehnte später im Faschismus das ihnen gemäße System hervorbrachten. In seinen Nachkriegs-Tagebüchern hat Musil rückblickend konstatiert: „Reiting, Beineberg: Die heutigen Diktatoren in nucleo.“[3] Sie in der satten Bürgerwelt von 1906 als typisch zu erkennen, war eine ungewöhnliche literarische Leistung. Die beiden gehn nun daran, Basini zu ihrem Geschöpf zu machen, über ihn eine fürchterliche Macht auszuüben, ihn sexuell zu mißbrauchen, ihn zu mißhandeln, jegliche Menschenwürde aus ihm herauszupeitschen. Sie zwingen ihn, auf dem Boden zu kriechen und zu sagen: „Ich bin ein Tier, ein diebisches Tier, *euer* diebisches, schweinisches Tier!“[4] In einer scheinbar noch ungebrochenen Zivilisation kündigt sich das

Grauen der Konzentrationslager an, der perverse Genuß an einer Macht, die den Menschen total zerbricht.

Törleß wird in dieses finstre Geschehn hineingezogen. Er spürt, daß dieser bestürzende Einzelfall weit über sich hinausweist, daß hier der Untergang einer Welt seinen Schatten vorauswirft. Wenn diese Kammer möglich ist, dann ist auch alles andre möglich … „Dann war es auch möglich, daß von der hellen, täglichen Welt, die er bisher allein gekannt hatte, ein Tor zu einer anderen, dumpfen, brandenden, leidenschaftlichen, nackten, vernichtenden führe. Daß zwischen jenen Menschen, deren Leben sich wie in einem durchsichtigen und festen Bau von Glas und Eisen geregelt zwischen Bureau und Familie bewegt, und anderen, Herabgestoßenen, Blutigen, ausschweifend Schmutzigen, in verwirrten Gängen voll brüllender Stimmen Irrenden, nicht nur ein Übergang besteht, sondern ihre Grenzen heimlich und nahe und jeden Augenblick überschreitbar aneinanderstoßen …“[5] Und später wird von Törleß gesagt: „Damals, als er so eigens wegen der Kammer erschrocken war, die wie ein vergessenes Mittelalter abseits von dem warmen und hellen Leben der Lehrsäle lag, über Beineberg und Reiting, weil sie aus den Menschen, die sie dort waren, plötzlich etwas anderes, Düsteres, Blutgieriges, Personen in einem ganz anderen Leben geworden zu sein schienen. Damals war dies eine Verwandlung, ein Sprung für Törleß, als ob das Bild seiner Umgebung plötzlich in andere, aus hundertjährigem Schlafe erwachte Augen fiele …“[6]

In der Gestalt des Zöglings Törleß wird ein zweites Zentralproblem der verfallenden, wenn auch nach außen hin noch wohlgeordneten Bürgerwelt deutlich gemacht: das Problem der zunehmenden individuellen Einsamkeit. Mitten in einem Gespräch blickt er zum Fenster ins Dunkel hinaus: „Dann war wieder jenes Gefühl des Allein- und Verlassenseins über ihn gekommen … Er fühlte: Hierin liegt etwas, das jetzt noch zu schwer für mich ist, und seine Gedanken flüchteten zu etwas anderem, das auch darin lag, aber gewissermaßen nur im Hintergrunde und auf der Lauer: Die Einsamkeit … Die Welt erschien ihm danach wie ein leeres, finsteres Haus und in seiner Brust war ein Schauer, als sollte er nun von Zimmer zu Zimmer suchen – dunkle Zimmer, von denen man nicht wußte, was ihre Ecken bargen …“[7] In einer besonderen Art der sinnlichen Veranlagung, „welche verborgener, mächtiger und dunkler gefärbt war als die seiner Freunde“,[8] empfindet er die Einsamkeit „als eine Frau, aber ihr Atem war nur ein Würgen in seiner Brust, ihr Gesicht ein wirbelndes Vergessen aller menschlichen Gesichter und die Bewegungen ihrer Hände Schauer, die ihm über den Leib jagten …“[9] Es ist nicht nur das beklemmende Erlebnis der Pubertät, das Musil darstellt, sondern weit mehr: diese Welt mit ihren ehrbaren Fassaden und schmutzigen Geheimkammern, diese gesittete Verlogenheit, hinter der eine Hölle sich auftut, ist unheimlich geworden. Was als tägliche Wirklichkeit sich spreizt, ist gar nicht so wirklich, wie es vortäuscht, sondern birgt in sich eine andre, abgründige, tief verwirrende Wirklichkeit. Gefühl und Realität, Ich und Außenwelt stimmen nicht mehr überein, die echte Ordnung, die Einheit von Einzelwesen und Gesamtheit ist verlorengegangen.

Törleß erlebt die Entfremdung des Menschen, ohne zu wissen, was es ist: „Zwischen den Ereignissen und seinem Ich, ja zwischen seinen eigenen Gefühlen und irgendeinem innersten Ich, das nach ihrem Verständnis begehrte, blieb immer eine Scheidewand, die wie ein Horizont vor seinem Verlangen zurückwich, je näher er ihr kam.“[10] … „Er fühlte sich gewissermaßen zwischen zwei Welten zerrissen: Einer solid bürgerlichen, in der schließlich doch alles geregelt und vernünftig zuging, wie er es von zu Hause her gewohnt war, und einer abenteuerlichen, voll Dunkelheit, Geheimnis, Blut und ungeahnter Überraschungen."[11] Er meint nun, in der Mathematik, in den „imaginären Zahlen" etwas Ähnliches zu entdecken, und sucht bei Beineberg Verständnis für das Problem: „In solch einer Rechnung sind am Anfang ganz solide Zahlen, die Meter oder Gewichte, oder irgend etwas anderes Greifbares darstellen können und wenigstens wirkliche Zahlen sind. Am Ende der Rechnung stehen ebensolche. Aber diese beiden hängen miteinander durch etwas zusammen, das es gar nicht gibt. Ist das nicht wie eine Brücke, von der nur Anfangs- und Endpfeiler vorhanden sind und die man dennoch so sicher überschreitet, als ob sie ganz dastünde …?"[12] Beineberg spottet über ihn und seinen Wunsch, alles möge natürlich zugehn; man müsse das Übernatürliche, das Irrationale zur Kenntnis nehmen – womit er nur sagt, was wir seither hundertmal gehört haben, die moderne Wissenschaft habe das Naturgesetz, die Kausalität usw. widerlegt, und die Vernunft müsse vor dem Unbegreiflichen, vor dem Walten Gottes im Atom wie in der imaginären Zahl kapitulieren. Törleß ist nicht dazu bereit: „Wenn mich die Mathematik quält, so suche ich dahinter ganz etwas anderes als du, gar nichts Übernatürliches, gerade das Natürliche suche ich – verstehst du" …?[13]

Diese Ablehnung des Irrationalismus, obwohl er die Wirklichkeit als nicht geheuer und maskenhaft empfindet und hinter ihr eine Fülle des umgestaltet Möglichen ahnt, ist für Musil ungemein charakteristisch: ins Dunkle geneigt, verzichtet er nicht auf Vernunft, versucht er die „imaginären Zahlen" in das Natürliche einzubeziehen. Der Zögling Törleß ist ernsthaft bemüht, den erlebten Widerspruch zwischen der unbestimmten, ungeformten Unendlichkeit des Möglichen, das sich in Ahnung und Gefühl, Sehnsucht und Vision, Erschütterung und Utopie reflektiert, und der enttäuschenden, weil immer fragmentarischen Tat und Wirklichkeit aufzulösen. Es ist ihm, „als ob eine unsichtbare Grenze um den Menschen gezogen wäre. Was sich außerhalb vorbereitet und von ferne herannaht, ist wie ein nebliges Meer voll riesenhafter, wechselnder Gestalten; was an ihn herantritt, Handlung wird, an seinem Leben sich stößt, ist klar und klein, von menschlichen Dimensionen und menschlichen Linien. Und zwischen dem Leben, das man lebt, und dem Leben, das man fühlt, ahnt, von ferne sieht, liegt wie ein enges Tor die unsichtbare Grenze, in der sich die Bilder der Ereignisse zusammendrücken müssen, um in den Menschen einzugehen."[14] Es ist in dichterischer und ungenauer Sprache das Erlebnis der Vereinzelung und Zerstücktheit des Menschen in einer individualistisch gewordenen Welt, was hier ausgedrückt wird – aber auch die allgemeine Erkenntnis, daß die Werke der Menschheit stets nur ein Bruchteil ihrer Träume sind.

In dem ersten Roman Musils sind alle Leitmotive seines Gesamtwerks vernehmbar: der Niedergang, die Dekadenz der Bürgerwelt, die Ordnung, die keine mehr ist, und die aus ihr ausbrechende Grausamkeit und Barbarei, das Auseinanderklaffen von Gefühl und Tat, die Einsamkeit des Menschen in einer verdorrenden Gesellschaft, die brüchig gewordene Wirklichkeit, die Sehnsucht nach einem andren Zustand, nach einer neuen Einheit und Fülle des Lebens.

1 → S. 37
2 → S. 38/39
3 → **19**
4 → S. 69
5 → S. 44
6 → S. 100
7 → S. 23/24
8 → S. 17
9 → S. 24
10 → S. 25
11 → S. 40
12 → S. 70
13 → S. 79
14 → S. 101

Theodor W. Adorno: Erziehung nach Auschwitz

31 Spreche ich von der Erziehung nach Auschwitz, so meine ich zwei Bereiche: einmal Erziehung in der Kindheit, zumal der frühen; dann allgemeine Aufklärung, die ein geistiges, kulturelles und gesellschaftliches Klima schafft, das eine Wiederholung nicht zuläßt, ein Klima also, in dem die Motive, die zu dem Grauen geführt haben, einigermaßen bewußt werden. Ich kann mir selbstverständlich nicht anmaßen, den Plan einer solchen Erziehung auch nur im Umriß zu entwerfen. Aber ich möchte wenigstens einige Nervenpunkte bezeichnen. Vielfach hat man – etwa in Amerika – den autoritätsgläubigen deutschen Geist für den Nationalsozialismus und auch für Auschwitz verantwortlich gemacht. Ich halte diese Erklärung für zu oberflächlich, obwohl bei uns, wie in vielen anderen europäischen Ländern, autoritäre Verhaltensweisen und blinde Autorität viel zäher überdauern, als man es unter Bedingungen formaler Demokratie gern Wort hat. Eher ist anzunehmen, daß der Faschismus und das Entsetzen, das er bereitete, damit zusammenhängen, daß die alten, etablierten Autoritäten des Kaiserreichs zerfallen, gestürzt waren, nicht aber die Menschen psychologisch schon bereit, sich selbst zu bestimmen. Sie zeigten der Freiheit, die ihnen in den Schoß fiel, nicht sich gewachsen. Darum haben dann die Autoritätsstrukturen jene destruktive und – wenn ich so sagen darf – irre Dimension angenommen, die sie vorher nicht hatten, jedenfalls nicht offenbarten. Denkt man daran, wie Besuche irgendwelcher Potentaten, die politisch gar keine reale Funktion mehr haben, zu ekstatischen Ausbrüchen ganzer Bevölkerungen führen, so ist der Verdacht wohl begründet, daß das autoritäte Potential nach wie vor weit stärker ist, als man denken sollte. Ich möchte aber nachdrücklich betonen, daß die Wiederkehr oder Nichtwiederkehr des Faschismus im Entscheidenden keine psychologische, sondern eine gesellschaftliche Frage ist. Vom Psychologischen rede ich nur deshalb soviel, weil die anderen, wesentlicheren Momente dem Willen gerade der Erziehung weitgehend entrückt sind, wenn nicht dem Eingriff der Einzelnen überhaupt.

Vielfach wird von Wohlmeinenden, die nicht möchten, daß es noch einmal so komme, der Begriff der Bindung zitiert. Daß die Menschen keine Bindung mehr hätten, sei verantwortlich für das, was da vorging. Tatsächlich hängt der Autoritätsverlust, eine der Bedingungen des sadistisch-autoritären Grauens, damit zusammen. Für den gesunden Menschenverstand ist es plausibel, Bindungen anzurufen, die dem Sadistischen, Destruktiven, Zerstörerischen Einhalt tun durch ein nachdrückliches „Du sollst nicht". Trotzdem halte ich es für eine Illusion, daß die Berufung auf Bindungen oder gar die Forderung, man solle wieder Bindungen eingehen, damit es besser in der Welt und in den Menschen ausschaue, im Ernst frommt. Die Unwahrheit von Bindungen, die man fordert, nur damit sie irgend etwas – sei es auch Gutes – bewirken, ohne daß sie in sich selbst von den Menschen noch als substantiell erfahren werden, wird sehr rasch gefühlt. Erstaunlich, wie prompt selbst die törichtesten und naivsten Menschen reagieren, wenn es ums Aufspüren von Schwächen des Besseren geht. Leicht werden die sogenannten Bindungen entweder zum Gesinnungspaß – man nimmt sie an, um sich als ein zuverlässiger Bürger auszuweisen – oder sie produzieren gehässige Rancune, psychologisch das Gegenteil dessen, wofür sie aufgeboten werden. Sie bedeuten Heteronomie, ein Sichabhängigmachen von Geboten, von Normen, die sich nicht vor der eigenen Vernunft des Individuums verantworten. Was die Psychologie Über-

Ich nennt, das Gewissen, wird im Namen von Bindung durch äußere, unverbindliche, auswechselbare Autoritäten ersetzt, so wie man es nach dem Zusammenbruch des Dritten Reichs auch in Deutschland recht deutlich hat beobachten können. Gerade die Bereitschaft, mit der Macht es zu halten und äußerlich dem, was stärker ist, als Norm sich zu beugen, ist aber die Sinnesart der Quälgeister, die nicht mehr aufkommen soll. Deswegen ist die Empfehlung der Bindungen so fatal. Menschen, die sie mehr oder minder freiwillig annehmen, werden in eine Art von permanentem Befehlsnotstand versetzt. Die einzig wahrhafte Kraft gegen das Prinzip von Auschwitz wäre Autonomie, wenn ich den Kantischen Ausdruck verwenden darf; die Kraft zur Reflexion, zur Selbstbestimmung, zum Nicht-Mitmachen.

[...]

Menschen, die blind in Kollektive sich einordnen, machen sich selber schon zu etwas wie Material, löschen sich als selbstbestimmte Wesen aus. Dazu paßt die Bereitschaft, andere als amorphe Masse zu behandeln. Ich habe die, welche sich so verhalten, in der ‚Authoritarian Personality' den manipulativen Charakter genannt, und zwar zu einer Zeit, als das Tagebuch von Höss oder die Aufzeichnungen von Eichmann noch gar nicht bekannt waren. Meine Beschreibungen des manipulativen Charakters datieren auf die letzten Jahre des zweiten Weltkrieges zurück. Manchmal vermögen Sozialpsychologie und Soziologie Begriffe zu konstruieren, die erst später empirisch ganz sich bewahrheiten. Der manipulative Charakter – jeder kann das an den Quellen kontrollieren, die über jene Naziführer zur Verfügung stehen – zeichnet sich aus durch Organisationswut, durch Unfähigkeit, überhaupt unmittelbare menschliche Erfahrungen zu machen, durch eine gewisse Art von Emotionslosigkeit, durch überwertigen Realismus. Er will um jeden Preis angebliche, wenn auch wahnhafte Realpolitik betreiben. Er denkt oder wünscht nicht eine Sekunde lang die Welt anders, als sie ist, besessen vom Willen *of doing things,* Dinge zu tun, gleichgültig gegen den Inhalt solchen Tuns. Er macht aus der Tätigkeit, der Aktivität, der sogenannten *efficiency* als solcher einen Kultus, der in der Reklame für den aktiven Menschen anklingt. Dieser Typ ist unterdessen – wenn meine Beobachtungen mich nicht trügen und manche soziologische Untersuchungen Verallgemeinerung gestatten – viel weiter verbreitet, als man denken könnte. Was damals nur einige Nazimonstren exemplifizierten, wird man heute feststellen können an sehr zahlreichen Menschen, etwa jugendlichen Verbrechern, Bandenführern und ähnlichen, von denen man jeden Tag in der Zeitung liest. Hätte ich diesen Typus des manipulativen Charakters auf eine Formel zu bringen – vielleicht soll man es nicht, aber zur Verständigung mag es doch gut sein –, so würde ich ihn den Typus des *verdinglichten Bewußtseins* nennen. Erst haben die Menschen, die so geartet sind, sich selber gewissermaßen den Dingen gleichgemacht. Dann machen sie, wenn es ihnen möglich ist, die anderen den Dingen gleich. Der Ausdruck „fertigmachen", ebenso populär in der Welt jugendlicher Rowdies wie in der der Nazis, drückt das sehr genau aus. Menschen definiert dieser Ausdruck „fertigmachen" als im doppelten Sinn zugerichtete Dinge. Die Folter ist nach der Einsicht von Max Horkheimer die in Regie genommene und gewissermaßen beschleunigte Anpassung der Menschen an die Kollektive. Etwas davon liegt im Geist der Zeit, sowenig es auch mit Geist zu tun hat. Ich zitiere bloß das vor dem letzten Krieg gesprochene Wort von Paul Valéry, die Unmenschlichkeit habe eine große Zukunft. Besonders schwer ist es, dagegen anzugehen, weil jene manipulativen Menschen, die zu Erfahrungen eigentlich nicht fähig sind, eben deshalb

Züge von Unansprechbarkeit aufweisen, die sie mit gewissen Geisteskranken oder psychotischen Charakteren, den Schizoiden, verbinden.

6.3.4 Zusammenhänge zwischen individueller und gesellschaftlicher Krise

Hans-Georg Pott: Das Trauma des Leibes und der Rede im „Törleß"

32 Es kommt zu einer Untersuchung, alle Schuld wird – insbesondere wieder von Reiting – auf Basini geschoben; so weit scheint alles in Ordnung. Nicht die Täter sind schuldig, sondern das Opfer. Von nun an wird es aber zum Fall des jungen Törleß. Als man die Zöglinge betreffs Basini verhört, ist er verschwunden. Er wird in der nächsten Stadt aufgefunden und zurückgebracht. Mit dem Fall Basini hat er offiziell nichts zu tun, weder Beineberg noch Reiting schwärzen ihn an. „Seine Flucht schien nun das einzig Rätselhafte in der ganzen Angelegenheit zu sein."[1] Törleß, nach dem Motiv seiner Flucht befragt, schweigt. Und auf die Frage, warum er das Vergehen Basinis verschwiegen habe, die er leicht mit einer Ausrede zur Zufriedenheit der Lehrer hätte beantworten können, produziert er vor den versammelten Lehrern eine Rede, die als verwirrt eingestuft wird. Zunächst auf fast unmerkliche Art verletzt er die Regeln, die den Normaldiskurs bestimmen. Sich ereifernd überschreitet er nun wirklich eine Grenze. Zwar ist es nur die Grenze, die den lizensierten Reden gezogen ist, aber bezeichnenderweise ist die Strafe nicht geringer als die, die Basini für den Diebstahl erleidet. Er antwortet zum Beispiel so:

„Vielleicht kann man es so sagen: Es gibt gewisse Sachen, die bestimmt sind, gewissermaßen in doppelter Form in unser Leben einzugreifen. Ich fand als solche Personen, Ereignisse, dunkle, verstaubte Winkel, eine hohe, kalte, schweigende, plötzlich lebendig werdende Mauer ..."[2]

Man kann sein Vergehen darin sehen, daß er in eine poetische Rede verfällt, an einem Ort, der der eines Tribunals ist. Möglicherweise wäre er gerettet, hätte man seine Rede als poetische erkannt; man hätte sie immerhin einordnen und sie als deplaziert abtun können. Auch der rettende Versuch, seine Rede als religiös inspiriert zu deuten, mißlingt. Er leugnet nämlich, daß die Doppelbödigkeit der Dinge, daß sie zweierlei Wesen haben, daß es ein geheimes, unbeachtetes Leben der Dinge gibt[3], daß dies alles auf einen religiösen Hintergrund zielt, etwa auf das „göttliche und über uns hinausgehende Wesen der Moral"[4] – wie der Religionslehrer sich ausdrückt, der ihm aber derart auch nicht helfen kann. Er wird als Hysteriker eingestuft, der den „subjektiven Faktor"[5] zu sehr betont. Der tiefere Grund für seine Relegation liegt aber in etwas anderem: er schlüpft durch das Netz der Kontrollinstanzen, das die Erzieher in die Köpfe der Zöglinge hineinpraktizieren müssen, er entzieht sich der symbolischen Ordnung der erlaubten Reden, denn auch der ‚subjektive Faktor' muß z. B. im Religionsunterricht in ein System eingeordnet werden. Basini verletzt die Norm, indem er ein Eigentumsdelikt begeht. Die Sache ist ein klarer Fall. Die sexuellen Abirrungen und Praktiken kommen gar nicht erst zur Sprache, weil sie sich unterhalb dessen abspielen (in dem unentdeckten Schlupfwinkel der roten Kammer), was in das Bewußtsein der Erzieher zu treten vermag. Törleß aber bedrängt seine Erzieher (zunächst – ganz privat – den Mathematiklehrer) und bedroht die Normen gelingender Sozialisation, die für die Integration sorgen. Dies bestätigt auch der Grund, den der Direktor für seine Entlassung anführt: „Für ihn gehört eine sorgsamere Überwachung seiner geistigen Nahrung, als wir sie durchführen können."[6] Darin unterscheidet er sich von Reiting, der ja der Repräsentant technokratischer Disziplinierung ist und bleibt und auch Beineberg, der sich zwar allerlei mystischen und irrationalen Spekulationen hingibt, aber so klug ist, diese nicht vor den Lehrern zu äußern. Sie verletzen nicht das geistige Überwachungssystem.

Was Törleß artikuliert, ist aber auch eine Krise der Erkenntnis. Er stolpert nicht nur über Basini (in einem persönlichen Sinn, denn Probleme der Sexualität dringen nicht bis zu den Erziehern vor), sondern auch – und dies ist der Indikator der Erkenntniskrise, die sich zum Schluß als Sprachkrise äußert – über die imaginären Zahlen.

Törleß verwundert sich darüber, daß es in einem so strengen und rationalen Gedankengebäude wie der Mathematik etwas Irrationales gibt wie die imaginären Zahlen oder die Behauptung, daß parallele Linien sich im Unendlichen schneiden. „Ich glaube, wenn man allzu gewissenhaft wäre, so gäbe es keine Mathematik."[7] Musil zeigt – wie schon auf der Ebene der Sexualität – nicht den Einbruch des Irrationalen in die Ordnungssysteme, sondern den Bruch innerhalb der Ordnung, nun der der Rationalität selbst.

[...]

Wenn man – wie Thomas Mann – vom Irrationalismus der Jahrhundertwende spricht, so muß man hinzufügen, daß es der Rationalismus selbst ist, der mit seinen eigenen Mitteln geschlagen ist.

Der Mathematiklehrer, den Törleß aufsucht, um mit ihm über die imaginären Zahlen zu diskutieren, ist von dieser Einsicht in sein Metier weit entfernt, obgleich dieser „der Akademie schon einige wichtige Abhandlungen eingereicht hatte."[8] Der Lehrer erklärt Törleß, daß er noch nicht alles verstehe, was er später nach gründlichem Studium einmal verstehen werde. Bezeichnenderweise erblickt Törleß bei seinem Besuch auf einem Tisch einen ‚Renommierband Kant'[9]. Dieser Band kann als ein Symbol für diejenigen Vernunftsprinzipien betrachtet werden, nach denen die Schule, in und an der Törleß scheitert, organisiert ist. Was für die Organisation der Schule gilt, das gilt seit dem 18. Jahrhundert gleichermaßen für das Gefängnis, die Fabrik, die Schule, die Kaserne. Dies läßt sich an der Architektur ablesen; die Bauweisen der wilhelminischen Neugotik und des technokratischen Funktionalismus lassen von außen nicht erkennen, ob wir vor einer Fabrik, einem Gefängnis, einer Kaserne oder einer Schule stehen. Foucault hat in ‚Überwachen und Strafen' in aller Akribie den Wandel beschrieben, der hier seit dem 18. Jahrhundert einsetzt. Das wichtigste Ziel aller Organisation heißt Kontrolle. Es läßt sich an einem so scheinbar beiläufigen Eingriff demonstrieren wie dem Verbot, in französischen Fabriken Rotwein zu trinken, aber auch an der Organisation des Klassenraums:

„Die Organisation eines seriellen Raumes war eine der großen technischen Mutationen des Elementarunterrichts, der das traditionelle System (ein Schüler arbeitet einige Minuten lang mit dem Lehrer, während die ungeordnete Masse der anderen ohne Aufsicht müßig ist und wartet) abgelöst hat. Indem er individuelle Plätze zuwies, hat er die Kontrolle eines jeden und die gleichzeitige Arbeit aller möglich gemacht. Er hat eine neue Ökonomie der Lernzeit organisiert."[10]

Schaut man sich nur den Tagesablauf eines Internats aus dem Jahre 1910 an, der um 5.50 Uhr beginnt und bis 10 Uhr abends auf das genaueste durchgegliedert ist, so wird klar, daß nicht nur der Raum, sondern auch die Zeit der kontrollierten Organisation unterliegen.

Der Entwurf einer vollkommenen technokratischen Organisation bildet den Anfang des Romans.

„Eine kleine Station an der Strecke, welche nach Rußland führt. Endlos gerade liefen vier parallele Eisenstränge nach beiden Seiten zwischen dem gelben Kies des breiten Fahrdamms; neben jedem wie ein schmutziger Schatten der dunkle, vom Abdampfe in den Boden gebrannte Strich. Hinter dem niederen, ölgestrichenen Stationsgebäude führt eine breite, ausgefahrene Straße zur Bahnhofsrampe herauf. Ihre Ränder verloren sich in dem ringsum zertretenen Boden und waren nur an zwei Reihen Akazienbäumen kenntlich, die traurig mit verdursteten, von Staub und Ruß erdrosselten Blättern zu beiden Seiten standen. Machten es diese traurigen Farben, machte es das bleiche, kraftlose, durch den Dunst ermüdete Licht der Nachmittagssonne: Gegenstände und Menschen hatten etwas Gleichgültiges, Lebloses, Mechanisches an sich, als seien sie aus der Szene eines Puppentheaters genommen. Von Zeit zu Zeit, in gleichen Intervallen, trat der Bahnhofsvorstand aus seinem Amtszimmer heraus, sah mit der gleichen Wendung des Kopfes die weite Strecke hinauf nach den Signalen der Wächterhäuschen, die immer noch nicht das Nahen des Eilzuges anzeigen wollten, der an der Grenze große Verspätung erlitten hatte; mit ein und derselben Bewegung des Armes zog er sodann seine Taschenuhr hervor, schüttelte den Kopf und verschwand wieder; so wie die Figuren kommen und gehen, die aus alten Turmuhren treten, wenn die Stunde voll ist.“[11]

Dieser Bahnhofsvorstand demonstriert eine Disziplinierung des Körpers, die – im Falle der Zöglinge auch auf den Geist ausgedehnt – das erzieherische Ideal bildet: die körperliche Rhetorik einer Maschine, die Automatik der Gewohnheiten. Aber auch an der Landschaft und der Natur sind Spuren der technokratischen Organisation und die Verletzungen, die sie hervorruft, erkennbar (an den Akazienbäumen).

Törleß scheitert, weil die „Überwachung seiner geistigen Nahrung" nicht gewährleistet werden kann. Er hat Erfahrungen gemacht, für die es keine Sprache gibt, d. h. die in ordentlichen Reden nicht ausdrückbar sind. Die Krise der körperlichen Entwicklung und die der Erkenntnis hängen derart zusammen. Sein Zustand bleibt – in dieser Phase seines Lebens – in der Schwebe. Seine Mutter holt ihn ab. Er kehrt zu ihr, d. h. vorerst der ödipalen[12] Ordnung der Familie zurück.

1 → S. 126
2 → S. 127/128
3 → S. 130
4 → S. 128
5 → S. 131
6 → S. 131
7 → S. 70
8 → S. 72
9 → S. 74
10 Michel Foucault: Überwachen und Strafen. Frankfurt a. M. 1979, S. 188f.
11 → S. 7
12 Vgl. Ödipuskomplex: frühkindliche Bindung an den andersgeschlechtigen Elternteil

Gert Mattenklott: Der „subjektive Faktor“ in Musils ‚Törleß‘

33 „Es scheint, daß er zu großes Augenmerk auf den subjektiven Faktor aller unserer Erlebnisse gelegt hat und daß ihn das verwirrte und zu seinen dunklen Gleichnissen trieb.“[1] Diese Worte seines Mathematiklehrers resümieren die Ursachen der Verwirrungen des Zöglings Törleß kurz vor seiner Verweisung aus dem Internat. Sie könnten ebensowohl sich auf den Autor Musil beziehen, dessen Beziehung zur Titelfigur des Romans und seinem Milieu deutliche Parallelen zu Törleß' Verhältnis zu seiner Umwelt aufweist. Von diesen Parallelen ist hier die am wichtigsten, daß der Autor so wenig wie sein Held Interesse am „objektiven Faktor“

von Erlebnissen (im Idiom des Mathematiklehrers) zu zeigen scheint. So hat er die Gelegenheit nicht genutzt, die psychologische Entwicklung des Törleß und seiner Freunde durch die Zwänge des Internats zu motivieren, geschweige denn, jene als durch diese bedingt darzustellen, die er doch aus eigener Erfahrung von der k. u. k. Militär-, Erziehungs- und Bildungsanstalt in Mährisch-Weißkirchen nur zu gut kannte; hat er gerade nur die Umstände dieser Internatserziehung namhaft gemacht, die als Minimalbedingungen für die Möglichkeit der ‚Verwirrung' des Törleß gelten können: die Isolierung und Einsamkeit eines aus seiner Familie gerissenen Pubertierenden. Von den Tagesläufen erfahren wir nur, daß sie ‚eintönig' sind, von den Inhalten und Formen der Lehre in der Internatsschule kaum mehr. – Dieser Roman ist sicherlich nicht „realistisch" im Sinne charakteristischer Milieu- und Typenschilderung, soziologischer, ja selbst psychologischer Prägnanz. Sein Autor glaubt zwar im Rückblick, die Triebgrundlagen des Dritten Reiches dargestellt zu haben und in „Reiting und Beineberg: Die heutigen Diktatoren in nucleo"[2], doch weder benennt das 1906 erschienene Frühwerk die sozialen Ursachen der psychischen Fehlentwicklungen in der ‚objektiven', gegenständlichen Welt von Ökonomie und Politik, noch stellen diese Entwicklungen das eigentliche Thema des Romans dar, wie einige seiner Rezipienten nach 1945 das nahelegen.

[...]

Musils Interesse gilt in der Tat primär weder Reiting noch Beineberg als ‚Diktatoren in nucleo' noch ihren sadistischen Praktiken der Selbstjustiz, weder dem Erziehungswesen in Österreich noch der latenten Homosexualität des Pubertätsalters, sondern der Form, in der Törleß Erfahrungen macht: in engerem Sinne der besonderen Form, in der er die ihn umgebende Wirklichkeit wahrnimmt. Das Endprodukt des Entwicklungsprozesses dieser Wahrnehmung führt der Autor gelegentlich antizipierend vor Augen: „ein junger Mann von sehr feinem und empfindsamen Geiste", der ‚ästhetisch-intellektuell' und ironisch sich zur Wirklichkeit verhält, vor allem, wenn sie ihn nötigt, „über etwas Grobes, von dem feineren seelischen Geschehen Weitabliegendes nachdenken zu müssen".[3] Der Erzähler des Romans nennt einige Episoden, die für die spätere Entwicklung des Helden als besonders bedeutsam bezeichnet werden. Sie sind Schaltstellen in der Ökonomie der Romangestalt. Es sind dies der Abschied von den Eltern, der Umgang mit einem Prinzen und die Besuche bei der Dirne Božena.

In der ersten Episode ist die Gewöhnung an die Ferne der Eltern durch den Eintritt ins Internat Anlaß für eine eigenartige Erfahrung des jungen Törleß. Mit der Entfernung von den Eltern entsteht in ihm eine „verzehrende Hinneigung" zu ihnen,[4] die er zuvor nicht gekannt hatte. Diese Neigung gilt aber in Wahrheit nicht so sehr ihnen, die vielmehr bald als eine bloße „Gelegenheitsursache" bezeichnet werden, sondern einem ‚Unbestimmten'. Nicht eigentlich den Eltern opfere Törleß in seiner inneren Einsamkeit wie in der „Abgeschiedenheit einer Kapelle" – so deutet es der Erzähler –, sondern der eigenen schmerzlichen Sehnsucht, deren Gegenstände austauschbar sind. Daß sie gegeneinander austauschbar, heißt aber nicht, daß sie ihrem Inhalt nach bedeutungslos sind. Die Entwurzelung aus dem Elternhaus ist es ja erst, die diese Sehnsucht entzündet, die dann freilich durch die Eltern nicht mehr zu stillen ist. Auslösend ist nicht ein dramatischer Bruch zwischen den Generationen, wie er zum immer stärker bevorzugten Thema der zeitgenössischen Erzählkunst wird, sondern ein typisches Ereignis in der Bildungsbiographie eines großbürgerlichen Kindes: der Eintritt ins Internat. Damit scheint ein gewissermaßen natürliches Geschehen des bürgerlichen Lebens den

Anfang von Törleß' ‚Verwirrungen' zu machen. In den nächsten Episoden wird immer deutlicher werden, welche sozialen Inhalte, die im Lebensbereich der Eltern beschlossen lagen, durch den Abschied von ihnen in Gefahr sind. Doch deutet sich hier bereits an, wie der Verlust des elterlichen Bildes zu der spezifischen Form von Wirklichkeitsaneignung, der besonderen Weise der Wahrnehmung führt, deren Differenzierung Musils Thema ist. Sie resultiert erst aus dem Verlust und sie entfernt sich von ihrem Gegenstand um so weiter, je intensiver sie ihn sich anzueignen sehnt.

Hatte diese Episode als der Loslösung von den Eltern zugleich dem Abschied vom Bilde der bürgerlichen Familie gegolten, so verabschiedet die zweite – gelegentlich des Bruchs mit dem Prinzen – das feudale Bild der Einheit von Wesen und Erscheinung. Deutlicher als bei der ersten markiert Musil beim Erzählen die zweite Episode, beim Darstellen des Verhältnisses, das Törleß zu dem Fürsten H. gewinnt, „der aus einem der einflußreichsten, ältesten und konservativsten Adelsgeschlechter des Reiches stammte"[5], sowohl die Beziehung der Handlung auf die Entwicklung von Törleß' Wahrnehmungsweise als auch auf den sozialen Inhalt dieser Entwicklungsstufe. Törleß, von dem es heißt, daß er „aus einem bürgerlich-freidenkenden Hause stammte"[6], verehrt das Bild dieses Prinzen „etwa wie in einer abseits des Weges liegenden Kapelle"; von der „Abgeschiedenheit einer Kapelle" war gelegentlich der Konzentration auf die Erinnerung an die Eltern schon die Rede gewesen, Hinweis auf die auratische[7] Ferne von Kultobjekten, in der großbürgerliche Vergangenheit und feudalstaatliche Tradition in derselben Optik wahrgenommen werden. Hier wie da deutet das Bild auf die Unwirklichkeit der von Törleß verehrten Idole. „Abseits des Weges" liegt die „Idylle" mit dem Fürsten und vor der Wirklichkeit durch die Imaginationskraft des Törleß bewahrt, weil der Fürst nur mehr ein Bild der Geschichte seiner Klasse darstellt, ohne daß diesem Bild noch eine Wirklichkeit entspräche, wie der Spott seiner Kameraden es verdeutlicht. Nur Törleß' Imagination beseelt das „Skelett" der seltsamen prinzlichen Erscheinung mit ‚Seelisch-Menschlichem', mit ‚geistiger Persönlichkeit', weil er als die der äußeren Erscheinung des Prinzen angemessene Welt die feudale „eines alten Landedelschlosses und frommer Übungen" erkennt. Sein ‚etwas schüchternes Sichzusammenziehen und Schmalmachen' ordnet er etwa der Gewohnheit zu, „aufrecht durch die Flucht leerer Säle zu schreiten". Die Erscheinung des Prinzen lehrt ihn, „einen anderen nach dem Fall der Stimme, nach der Art, wie er etwas in die Hand nimmt, ja selbst nach dem Timbre seines Schweigens und dem Ausdruck der körperlichen Haltung, mit der er sich in einen Raum fügt, zu beurteilen". Der Erscheinung des Aristokraten entspricht eine Form der Wahrnehmung, die ihre Sicherheit aus der vermeintlichen Identität von Wesen und Erscheinung ihres Gegenstandes ableitet. ‚Seelich-Menschliches' sowie das ‚Greif- und Besprechbare' bilden eine zuverlässige Einheit, die es erlaubt, im Sinnlichen das Sein zu erkennen. Die Episode reflektiert in tiefsinniger Weise auf die Einheit von Öffentlichem und Privatem wie zugleich auf die von Bedeutendem und Bedeutetem, die Norbert Elias als ein Charakteristikum der feudalen Repräsentation benannt hat. Die höfische Etikette, „die entsprechend den Wertmaßstäben bürgerlich-industrieller Gesellschaften als etwas recht Unwichtiges, bloß ‚Äußerliches' und vielleicht als etwas Lächerliches erscheint", erweist sich, Elias zufolge, nicht bloß als ein „höchst sensitiver Anzeiger" zur Markierung gesellschaftlicher Machtpositionen, sondern in ihr behaupten sich zugleich diese Positionen, gewinnen einen Teil ihrer Realität.[8]

Bei Musil wird ihrer nur noch in der „Kapelle“ des Törleß gedacht. Nur noch im Kirchendunkel von Törleß’ Verehrung behält der Prinz seine Aura. Sie fällt von ihm ab, als Törleß die archaische Religiosität des Prinzen „mit dem Spotte des Vernünftigen“ überschüttet.[9] Dieser Spott macht der „Idylle“ ein Ende, weil er mit der religiösen ‚Unvernünftigkeit‘ des Prinzen dessen geschichtliche Überholtheit deutlich macht. Von Törleß aber heißt es nach dem Bruch zwischen beiden: „Eine Art Sehnsucht nach dem Früheren war wohl für immer in ihm zurückgeblieben, aber er schien in einen anderen Strom geraten zu sein, der ihn immer weiter davon entfernte.“ Was die Spontaneität seiner Wahrnehmung, die Gediegenheit seiner Erfahrung zu gewährleisten schien: die prätendierte[10] Einheit von Erscheinung und Wesen bleibt zurück als unwirklich gewordene historische Figur der Feudalzeit. Vorausweisend ist die Sehnsucht nach dieser Einheit, die ihre Kraft „für immer“ aus der Erinnerung an diese historische Figur bezieht.

Ich hätte bei dieser Episode nicht so lange verweilt, wenn sie nicht auf charakteristische Weise die Disposition insbesondere gerade auch des österreichischen bürgerlichen Mittelstandes um 1900 erkennen lassen würde: im Bewußtsein zwar über den Feudalismus hinaus zu sein und seine Repräsentation als bloße Fassade wahrzunehmen, doch andererseits die Erinnerung an die feudale Idylle – und nur das Idyllische bleibt in der Erinnerung – als gestaltlose Sehnsucht zu verinnerlichen. Das Bewußtsein der Uneinlösbarkeit dieser Sehnsucht, die – so legt die folgende Formulierung von Maeterlinck nahe, die Musil dem Roman als Motto vorangestellt hat, – objektlos ist und nicht einmal Sprache werden darf, ohne sich zu verraten, verleiht ihr den Charakter einer sentimentalen Fixierung: „Sobald wir etwas aussprechen, entwerten wir es seltsam. Wir glauben in die Tiefe der Abgründe hinabgetaucht zu sein, und wenn wir wieder an die Oberfläche kommen, gleicht der Wassertropfen an unseren bleichen Fingerspitzen nicht mehr dem Meere, dem er entstammt.“[11] Diese Worte, in denen Maeterlinck einen Hiatus[12] zwischen Sprache und Ding, Erkenntnis und Gegenstand, Wahrnehmung und Realität behauptet, der nur durch Sehnsucht überbrückt wird, interpretieren die Perspektive des Törleß, wie sie von nun an sich immer deutlicher artikuliert. Die sentimentale Fixierung gibt der Wahrnehmung den Charakter einer apriorischen[13] Einstellung auf die gegenständliche Welt. Dieser wird nicht zugetraut, daß sie die Wahrnehmung verändern könnte, sondern eher, daß sie sie verfälsche; die ideologische Begründung für ihre angeblich prinzipielle Fremdheit der Welt gegenüber. Indem Musil diese Perspektive dem Roman als Motto voranstellt, beglaubigt er sie als die eigene.

Dem Abschied von der Familie und der Trennung vom feudalen Idyll – beides nicht nur literarische Episoden, sondern zugleich Marksteine für die Soziologie des bürgerlichen Bewußtseins – folgt im Verlauf des Romans die beginnende Geschlechtsreife des Helden, folgt die Episode mit der Dirne Božena aus der sozialen Unterschicht. Musil hat sie durch einige Reflexionen über die innere Verfassung seines Helden vorbereitet, die mir die These zu bestätigen scheinen, daß primär nicht die Entfaltung pubertärer Sexualität in einer k. u. k.[14] Internatsschule sein Thema ist, sondern die Entwicklung einer in dem skizzierten Sinne sentimental-ästhetisierenden Form der Wahrnehmung, deren sozialen Inhalt – entgegen der Ideologie des Autors, der im Motto gerade den apriorischen Charakter pointiert – die Exempel erkennen lassen, an denen sie sich konkretisiert.

[…]

Die Verwirrung der Wahrnehmung, ja der Zerfall der Identität des Bewußtseins, den Musil an Törleß darstellt, ist der Zerfall des bürgerlichen Bewußtseins, das weder in den privaten Formen der Familie noch in den öffentlich-repräsentativen des feudalen Staates mehr bei sich selbst ist. Bürgerliches Bewußtsein bleibt es trotzdem, nur gleichsam schielendes.

[...]

Auf die geschichtliche Perspektivlosigkeit des Teils der bürgerlichen Klasse, vor dessen Augen sich durch die Monopolisierung einerseits und das Erstarken des Proletariats andererseits die Zerlösung der Bedingungen seines ökonomischen Seins wie seines Bewußtseins vollzog, auf diese Perspektivlosigkeit, die auch an den Bildern der feudalen Ordnung keine Orientierung mehr fand, antwortet die Entfremdungsphilosophie, die als Erkenntnistheorie die Dingwelt verdoppelt in eine sichtbare und eine hinter den Dingen, die als Ästhetik das „bewußte Schauen", das Auge zum Organ der Sinnerkenntnis macht, nicht nur als Philosophie desorientierter Intellektueller. Ja, ihrem Anspruch nach bescheidet sie sich selbst nicht einmal als Philosophie der bürgerlichen Mittelschichten. Wie das Bürgertum zum Zeitpunkt seiner Emanzipation als Klasse, behaupten diese Schichten auch bei seiner Auflösung noch die Fiktion, daß wie einst seine offensive nun auch seine defensive Ideologie nicht nur Theorie des Bewußtseins der eigenen Klasse, sondern des Menschen schlechthin sei.

1 → S. 131
2 → **19**
3 → S. 106
4 → S. 9
5 → S. 10
6 → S. 11
7 Aura: geheimnisvolle Ausstrahlung
8 Elias, Norbert: Die höfische Gesellschaft. Berlin und Neuwied 1970, S. 84f
9 → S. 11
10 prätendieren: fordern
11 → S. 7
12 Hiatus: Kluft, Lücke
13 apriorisch: allein durch Denken gewonnen
14 k. u. k.: kaiserlich und königlich (auf die ganze österreichisch-ungarische Monarchie bezogen)

6.3.5 Sprache und Struktur des „Törleß"

*Yvon Desportes: Sprache gegen den Strich**

34 Dieser Roman ist ganz nach stilistischen und ästhetischen Prinzipien geschrieben, die Törleß' endgültige Entdeckung erhellen: da die Sprache bzw. die Worte immer nur ständig wiederkehrende Gedankenassoziationen hervorrufen und der Kontrolle des Individuums entgehende Denkgewohnheiten aufkommen lassen, da diese uns nur das Getriebe unseres Geistes zeigende Sprache die Realität, den Anblick der wahren Natur verschleiert, verwendet Musil das, was man die ‚Sprache gegen den Strich' nennen könnte. Es gibt in diesem Roman ca. 185 Bilder, Vergleiche, Symbole und Metaphern: nur selten wird ein Wort, Quelle und Ergebnis der Abstraktion, um seiner selbst willen benutzt. Musil versucht, im Umkreis jedes Wortes die vielfältigen Empfindungen und die Möglichkeiten, die die Gewohnheit und die Wissenschaft eliminiert hatten, wiederaufleben zu lassen. Es geht darum, den diskursiven Rhythmus der Sprache zu durchbrechen und das Wort allen seinen Möglichkeiten zurückzugeben, von denen es nur die gemeinsamen Aspekte bezeichnet. Da man mit Hilfe der einfachen Sprache kein Bild der Realität vermitteln kann, geht es auch darum, Realität mit Hilfe von Bildern, die die Sprache ermöglicht, zu suggerieren. Je mehr diese Bilder voneinander weitent-

fernte Begriffe verbinden, je überraschender die Vergleiche sind, um so mehr sind sie formal der Realität treu, um so mehr tragen sie dazu bei, die Denkgewohnheiten zu zerstören, um so mehr erfordern sie eine wirkliche Bekehrung. Was Musil sucht, ist die Herausforderung zu einer vollständigen ‚Umstülpung' unserer Sehweise, die es erlaubt, unsere Gewohnheiten zu nuancieren, ohne sie zu zerstören, und die vor allem bewußt macht, daß es sich nur um Gewohnheiten handelt.
Was die in allen diesen Bildern und Vergleichen nahegelegte Realität betrifft, so kann sie lediglich suggeriert werden; sie ist undefinierbar und kann nur anläßlich quasimystischer Enthüllungen – Musil hat in seinem ‚Nachlaß zu Lebzeiten' und in seinen Erzählungen einige beschrieben – erfaßt werden. Jedesmal, wenn von der Realität die Rede ist, kehrt das Wort „etwas" wieder, dem im allgemeinen ein substantiviertes Adjektiv folgt, das zweifellos zeigen soll, daß wir diese Realität nur aufgrund von Empfindungsmomenten kennen. Diese „etwas" wird darüber hinaus meistens mit „er fühlte ..." oder „es schien ihm, als ob ..." eingeführt. Es ist dieser Sieg über die Trägheit des Denkens und die Schwerfälligkeit unserer Sensibilität, es ist das Erwachen dieses anderen Blicks, die der „taghellen Mystik" zugrunde liegen, von der Musil spricht; sie ist nichts anderes als der geistige Kontakt nicht mehr mit einem Bild der Realität, sondern mit der Realität selbst. So Musils Werk.

Ingrid Winter: Zeitperspektiven in Robert Musils „Die Verwirrungen des Zöglings Törleß"

Die Zeitperspektive des Erzählers

35 Indem der Erzähler das Geschehen von einem „späteren" Zeitpunkt aus überblickt, zwingt er den Leser, Törleß' Verwirrungen als eine *vorübergehende,* wenn auch kritische Phase seines Lebens zu betrachten. Die umfassende Zeitperspektive, die Törleß' Vergangenheit, Gegenwart und Zukunft einschließt, ermöglicht dem Erzähler nicht nur, immer wieder erklärend einzugreifen und Törleß' Verhalten dem Leser gegenüber zu verteidigen, sondern läßt auch die Zeitspanne der Geschehnisse im Konvikt unter einer „perspektivischen Verkürzung" erscheinen. Dies bedeutet einerseits, daß die Vorgänge an Dynamik und Lebendigkeit verlieren, da sie nicht im Prozeß des Werdens, sondern sozusagen in stabilisierter, „erstarrter" Gestalt erscheinen; andererseits bestimmt aber auch die große Zeitdistanz zwischen Geschehen und Erzählung dieses Geschehen qualitativ. Wie Ingarden[1] betont, ist ein vergangenes Ereignis nicht ein für alle Mal unveränderlich, sondern kann bestimmten Wandlungen unterliegen, die sich z. B. daraus ergeben, daß dank einer größeren Zeitdistanz neue Aspekte des Geschehens auftreten, deren man sich nicht bewußt war, als man dieses Geschehen direkt miterlebte. Auf *Törleß* bezogen bedeutet dies, daß der Erzähler aus Törleß' Erlebnissen jene auswählt und betont, die für die spätere Entwicklung des Helden wichtig sind und sie unter dem Aspekt dieser weiteren Entwicklung darstellt. Sein Wissen um Törleß' Zukunft bleibt daher nicht ohne Einfluß auf seine Darstellung und Bewertung von Törleß' „Verwirrungen", und diese Darstellung wiederum beeinflußt die Vorstellung des Lesers, dessen zeitliches Orientierungszentrum in den auktorialen[2] Passagen des Romans im Hier und Jetzt des Erzählers liegt.

Törleß' Zeitperspektive

Neben den Berichten, Beschreibungen und Kommentaren des Erzählers gibt es in *Törleß* jedoch auch Passagen, in denen das Geschehen „direkt" dargestellt wird, und zwar häufig durch Dialog, erlebte Rede und inneren Monolog. Hier wird die Zeitferne zugunsten einer *Zeitnähe* aufgegeben, und die Ereignisse erscheinen so, als spielten sie sich „gegenwärtig" ab. Im Gegensatz zu der des Erzählers wird Törleß' Gegenwart in einer Reihe aufeinanderfolgender Jetztphasen ausführlich dargestellt. Gerade weil seine Gegenwart den Inhalt der Erzählung ausmacht, wird sie in ihrer Individualität und konkreten Fülle gezeigt. Dies ermöglicht dem Leser, sich in Törleß' Jetzt hineinzuversetzen und sich als Zeuge des Geschehens zu fühlen; zugleich wird dadurch aber nicht nur Törleß' Zeitperspektive, sondern auch sein Zeitempfinden dargestellt: Für Törleß ist nur das, was sich im jeweiligen Jetzt abspielt, wirklich aktuell, während die Vergangenheit sich immer weiter von ihm entfernt und nur in Erinnerungsakten hin und wieder heraufbeschworen werden kann. Sein verzweifelter Versuch, *beide* Zeitperspektiven – distanzierte Betrachtung und unmittelbares Erleben – miteinander zu vereinen, bildet eine der Hauptursachen für seine „Verwirrungen".

Äußerlich ist der Ablauf der Zeit in dem Konvikt durch Routine und Monotonie gekennzeichnet. In der Eingangsszene weist schon der Erzähler auf diese Monotonie hin; später kehren auch Törleß' Gedanken häufig darauf zurück. Im Gespräch mit Beineberg sagt er: „,Man weiß am Abend, daß man wieder einen Tag gelebt hat, daß man soundsoviel gelernt hat, man hat dem Studenplan genügt, aber man ist dabei leer geblieben ... ein ewiges Warten auf etwas, von dem man nichts anderes weiß, als daß man darauf wartet. Das ist so langweilig'"[3].

Diese Monotonie wird jedoch für Törleß immer wieder durch Augenblicke unterbrochen, die ihn zutiefst erschüttern und schließlich zu seinen Verwirrungen führen. Es handelt sich hier hauptsächlich um Erlebnisse, in denen sich Törleß der „Doppeldeutigkeit" eines Menschen oder auch eines Gegenstandes bewußt wird, d. h. den Kontrast zwischen der alltäglichen, gewohnten, durch vertraute Begriffe etikettierten Oberfläche der Dinge und jener geheimnisvollen, irrationalen Sphäre, die sich dahinter auftut, erkennt oder zumindest ahnt.

Gleich am Anfang des Romans, als Törleß mit seinen Freunden zur Stadt zurückkehrt, findet sich ein solcher Augenblick:

„Er wartete auf irgend etwas ... auf ein Erlebnis, das in irgendeiner noch ganz unklaren Weise mit den schmutzigen Kitteln der Weiber, mit ihren rauhen Händen, mit der Niedrigkeit ihrer Stuben, mit ... mit einer Beschmutzung an dem Kot der Höfe ... zusammenhängen müsse ... Nein, nein; ... er fühlte jetzt nur mehr das feurige Netz vor den Augen; die Worte sagten es nicht; so arg, wie es die Worte machen, ist es gar nicht; es ist etwas ganz Stummes – ein Würgen in der Kehle, ein kaum merkbarer Gedanke, und nur dann, wenn man es durchaus mit Worten sagen wollte, käme es so heraus; aber dann ist es auch nur mehr entfernt ähnlich."[4]

An dieser Stelle läßt sich deutlich Törleß' charakteristische Erlebnisweise der Welt um ihn und damit auch indirekt sein Zeitempfinden aufzeigen. Die Satzstruktur ist fragmentarisch und stockend, mit häufigen Pausen und Neuansätzen; die Gegenstände sind oft ohne augenscheinliche Verbindung aneinandergereiht. Viele Eindrücke stürmen gleichzeitig auf ihn ein, ohne daß sich daraus ein klares Bild, ein klarer Gedanke ergäbe. Es ist, als ob der Fluß der Zeit für einen Augenblick anhalte und das Nacheinander sich in Gleichzeitigkeit auflöse – ein Augenblick, der keine Verbindung zu Vergangenem oder Zukünftigem hat und gerade dadurch an Intensität gewinnt. Der Eindruck der Unmittelbarkeit, der unredigierten Wiedergabe einander widersprechender Emotionen wird durch den Wechsel in das Präsens noch verstärkt. Diese Satzstruktur kontrastiert deutlich mit der des Erzählers, dessen Sätze keine Unterbrechungen aufweisen und klare, sozusagen „geradlinige“ Sachverhalte entwerfen sowie untereinander zu einem harmonischen Ganzen verbunden sind, das immer auf ein bestimmtes Ziel gerichtet ist.

[...]

Vergleich der beiden Zeitperspektiven*

Die beiden konträren Zeitperspektiven des Erzählers und Törleß' lassen sich am deutlichsten an zwei verschiedenen Stellen des Romans nachweisen: „Eine kleine Station an der Strecke, welche nach Rußland führt“[5]; und: „Wenn das alles geordnet, Faktum für Faktum aufgezeichnet sein werde, hoffte er, werde sich auch die richtige, verstandesgesetzmäßige Fassung von selbst ergeben, wie die Form einer umhüllenden Linie aus dem wirren Bilde sich hundertfältig schneidender Kurven heraustritt“[6]. Der Erzähler betrachtet die Zeit als ein geradliniges, geordnetes Kontinuum, in dem Törleß' Verwirrungen nur eine, wenn auch wichtige „Station“ bilden, eine Phase, die von einer Vorbereitung zu einem Höhepunkt bis zur endgültigen Überwindung führt. Da der zeitliche Standpunkt des Erzählers von Törleß' Gegenwart weit entfernt ist, wird für ihn die dargestellte Gegenwart nie so überwältigend, daß er die Vergangenheit und Zukunft aus den Augen verlieren würde. Törleß dagegen ist eine distanzierte Betrachtung seiner Erlebnisse unmöglich; die Gegenwart reißt ihn immer wieder mit sich fort und selbst als er versucht, seine Erlebnisse zu analysieren („De natura hominum“), gelingt es ihm nicht, sie mit dem Vergangenen in Beziehung zu setzen. Die Gegenwart ist für ihn ein verwirrendes Geflecht von Linien, aus dem sich „von selbst“ keine Ordnung ergibt.

1 Ingarden, Roman: Vom Erkennen des literarischen Kunstwerks. Tübingen 1968, S. 121 ff.
2 auktorial: durch einen kommentierenden Erzähler vermittelt
3 → S. 22 4 → S. 17 5 → S. 7 6 → S. 84

Jaqueline Magnou: „Törleß“ – Eine Variation über den Ödipus-Komplex? – Einige Bemerkungen zur Struktur des Romans

36 Beim Lesen drängt sich der Eindruck auf, daß sich der Roman nach einer doppelten Bewegung organisiert: nach einer Wiederholung und einem Fortschreiten. Diese doppelte Bewegung, die auf den ersten Anhieb gegensätzlich scheint, erinnert uns an ein wendeltreppenähnliches Fortschreiten oder an eine Spirale: die Bewegung ist immer die gleiche, kommt auf die selben Spuren zurück, aber mit einer Verschiebung des Ganzen bei jeder Etappe. Wir können im Roman vier aufeinanderfolgende Sequenzen erkennen, die alle mit einer Begegnung zwischen Törleß und einem neuen Partner einsetzen. (Ausgenommen die erste – wir werden jedoch zeigen, daß es sich um eine „Begegnung“ mit der Abwesenheit der Eltern handelt, also um eine Art negativer Begegnung):

I. Ankunft im Internat, der das Erlebnis der Sehnsucht nach den Eltern folgt (Heimweh).
II. Begegnung mit dem Fürsten H., auf welche eine Periode folgt, die Törleß selbst als „Idylle“ bezeichnet.
III. Besuch bei der Božena, der Törleß wegen der Erinnerung an seine Mutter, die mit der Dirne kontrastiert, und wegen neu erweckter Empfindungen verwirrt.
IV. Entdeckung Basinis und dessen Diebstahls sowie die Folge von Ereignissen, die zu dem – übrigens sehr beschränkten – Erlebnis der Homosexualität führen.

Diese vier Sequenzen sind – entsprechend ihrem unterschiedlichen Gewicht im Roman – von sehr ungleicher Länge,[1] aber ihre gemeinsame Struktur belegt die Identität ihrer Funktionen, die sich auf jeder Stufe der Entwicklung Törleß' wiederholt. Jede Sequenz hebt mit demselben Motiv an, und alle weisen die gleichen Stadien auf: durch eine neue Begegnung (A) entdeckt Törleß „etwas Neues", das einer ihm bis dahin unbekannten Wirklichkeit angehört (B), dann verschwindet (im eigentlichen Sinne des Wortes) der Partner, der ihm dieses Erlebnis vermittelt hat, nachdem er seine Rolle gespielt hat (C). Die nächste Sequenz kann in Gang gesetzt werden. Ein einfaches Schema kann dies klarer zeigen:

Sequenzen \ Episoden	A	B	C
I	Ankunft im Internat	Heimweh	Dahinschwinden mit der Zeit
II	Begegnung mit dem Fürsten H.	Idylle Psychologischer Genuß	Bruch
III	Besuch bei Božena	Sinnlichkeit Gegensatz zu der Mutter	Nach der Erscheinung Basinis durch Törleß vergessen
IV	Basinis Diebstahl	Entdeckung der Sexualität „Alles ist möglich"	Törleß gibt auf (Flucht)

Wir erkennen in diesem Schema die doppelte Bewegung wieder, von der auf den beiden vorangegangenen Seiten die Rede war: liest man es von links nach rechts, so hat man ein Bild des Fortschreitens, durch das Aufeinanderfolgen von verschiedenen Momenten (Episoden), liest man es dagegen von oben nach unten, so sieht man in jeder Sequenz die Wiederholung von Episoden, die in ihrer Struktur und Funktion eine analoge Rolle spielen.

Diese Analyse bedarf der Vervollständigung durch ein bis jetzt noch nicht erwähntes Element: die Struktur des Romans, so wie sie uns auf dem vorangegangenen Schema erscheint, wird am Anfang und am Ende durch Bahnhofsszenen eingerahmt. Beide Male vollzieht sich ein Abschied: Am Anfang derjenige der Eltern, Törleß bleibt im Internat allein; am Ende derjenige Törleß', der das Internat mit seiner Mutter verläßt. Bemerkenswert ist die umgekehrte Einordnung der Erzählungselemente: die Einführungsordnung der Begriffe „Bahnhof" und „Abschied" ist am Ende im Verhältnis zum Anfang umgekehrt, genauso wie die Haltung Törleß' gegenüber seiner Mutter: während *sie* ihn am Anfang verläßt, kann sich Törleß von ihr (psychologisch) nicht trennen – ein Beweis dafür sollen die Erinnerungen und Abschweifungen während des Besuchs bei Božena sein. Am Ende dagegen, während sie ihn *abholt*, scheint Törleß schon von ihr weit weg zu sein: er sieht in ihr eine hübsche Frau, deren Parfüm er wahrnimmt, und nicht mehr die Mutter. Am Anfang schon ist die Lage gegeben: „Es galt Abschied zu nehmen" – aber dieser Abschied wird im Grunde erst am Ende des Romans genommen, nach den vier erwähnten Sequenzen: der Umweg über sie und die Erfahrungen, die sie bedeuten, waren unerläßlich, damit Törleß tatsächlich von seinen Eltern Abschied nimmt, d.h. damit er aus der Kindheit austritt.

[...]

Durch die homosexuelle Episode erfüllt Törleß auf symbolischer Ebene seinen Wunsch nach dem Inzest, indem er Basini „besitzt", der hier die Stelle der Mutter in der Ödipusstruktur einnimmt. Diese Interpretation wird durch die Rivalität und Eifersucht bekräftigt, die sich zwischen Törleß und Reiting/Beineberg einstellen, und die durch den Eintritt Törleß' in das homosexuelle Spiel verursacht werden.

Es ist also keinesweg verwunderlich, wenn Törleß am Ende des Romans zugleich mit Basini und Reiting/Beineberg seine Beziehungen abbricht. Der Abgang Törleß' zeigt uns, daß er seinen Platz seiner Mutter gegenüber gefunden hat, und noch genauer, daß er in ihr nicht mehr die Mutter sieht, sondern die Frau. Dafür mußte er durch das Erlebnis hindurchgehen, das die homosexuelle Episode symbolisch bedeutet (Wunscherfüllung des Inzests), und die Bande lösen, die ihn in diesem Ödipuskomplex hielten. Der Roman zeigt uns zuerst den symbolischen Bruch mit Basini und Reiting/Beineberg, und dann erst den wirklichen „Bruch" mit der Mutter. Anders gesehen, endet das von Musil inszenierte Experiment durch Törleß' Flucht. Dieses weiterzuführen hätte keinen Sinn mehr, Törleß kann – im eigentlichen Sinne – den Versuchsraum verlassen.

Törleß hat also seinen Platz *neben* der Mutter gefunden, aber dieser wurde nicht ohne Schwierigkeiten erobert. Die Sequenzen III und IV, die ihm ermöglichen werden, sich zu definieren, bilden tatsächlich eine Krise – eine Krise, die sich um das Mutterbild kristallisiert, nach einigen Vorankündigungen bei der Gegenüberstellung von Mutter und Dirne offen ausbricht und schließlich ihren Höhepunkt erreicht. Man kann also sagen, daß die Infragestellung des Mutterbildes, der Verlust seiner Evidenz und seine Problematisierung die Ursachen der Krise sind. Und diese Krise bedeutet auch die Umstürzung aller Werte, die die Mutter – und sogar die Eltern – verkörperte, die sie Törleß übergeben hatte und die der Konfrontierung mit der Wirklichkeit nicht standhalten. Der Ödipuskomplex, der Konflikt, der daraus entsteht, und seine Überwindung bilden für Törleß hier, wie auch nach Auffassung der Psychoanalyse für jedes Individuum, den unausweichlichen Übergang für die Integration des Kindes in die Erwachsenenwelt, d. h. die Erkenntnis einer gewissen Wirklichkeit der sozialen Welt, die mit der Phantasie des einzelnen nicht gänzlich übereinstimmt. Man kann fast sagen, Törleß kommt dahin, indem er bis zum Ende seiner Phantasien vordringt und (symbolisch) seinen Wunsch nach Inzest erfüllt, bevor er das Netz der Beziehungen abbricht, das diese Erfüllung ermöglicht hat.

[...]

Musil, das kann man mit fast absoluter Sicherheit behaupten, wollte die damals neuen Freudschen Theorien der Psychoanalyse nicht durch ein literarisches Werk illustrieren. Auch ein direkter Einfluß ist nicht zu spüren. Jedoch führt uns eine Interpretation der Romanstruktur, die sich an die Psychoanalyse anlehnt, zu interessanten Feststellungen: sie erlaubt uns, in dem Buch einen Kern um den Ödipuskomplex aufzudecken, bei dem Törleß seinen Wunsch nach dem Inzest symbolisch erfüllt. Seine schwere Krise überwindet er, indem er das Ödipus-Dreieck durchbricht, in das er eingeschlossen ist. Törleß tritt in die Welt der Erwachsenen ein nach dem Erlebnis eines großen Umsturzes, der ihn dazu zwingt, sein vorheriges Weltbild gründlich in Frage zu stellen. Mit anderen Worten wohnen wir einem Übergang vom Kindes- zum Erwachsenenalter bei, der sich dann vollzieht, wenn der einzelne seinen Platz im Verhältnis zur Welt seiner Eltern findet. Dieser Ödipuskomplex, wie er uns hier erscheint, trägt zur Herausbildung der Person bei und hat nach Freud entscheidenden Einfluß auf die Strukturierung der Persönlichkeit. Dies gilt ebenso für die Krise, die Törleß durchmacht.

1 Weniger als zwei Seiten für die erste Sequenz, etwa zehn für die Božena-Sequenz, fast der gesamte Roman für Basini. [Originalanm.]

*Bruno Hillebrand: Zur Situation des Romans im 20. Jahrhundert**

37 Nun läßt sich das Gesamtphänomen Roman einfacher deuten, wenn man auf seine Herkunft aus dem Abenteuergenre eingeht. Der spätgriechische Abenteuerroman ist das Produkt einer Zeit, die ihre feste Wertordnung verloren hatte; der griechische Götterkosmos war seit langem untergegangen, die christliche Hierarchie noch nicht aufgebaut – der vagierende Romanheld wird zu einer typischen Figur der literarischen Szene. Die Welt ist jetzt offen für Abenteuer, Reisen, Unvorhersehbares, aber auch schon für Individualproblematik im Sinne von Initiative und Selbstverwirklichung. Die Neuzeit hat in dieser Richtung die Gattung weiterentwickelt zu einer der komplexesten Ausdrucksweisen menschlichen Suchens in soziologischer wie personaler Hinsicht. Nicht Ordnung und Geborgenheit, sondern Offensein für die Welt und ihre Möglichkeiten zum jeweiligen Zeitpunkt kennzeichnen den Roman. Sein Thema ist das Schwanken des Individuums in immer neuer Auseinandersetzung mit der Umwelt, ist die Fluktuation von Idealität und Realität im diskrepanten Spannungsbogen zwischen Denken und Handeln. Planen und Vollzug sind nicht kausal und in sukzessiver Ordnung da, beide resultieren aus dem Wechselspiel des Lebens, immer neu und überraschend konstelliert. Die Geschichte des Romans ist die Geschichte einer Menschheit, die sich nicht angekommen fühlt, die unterwegs ist zu immer neuen Zielen. Der Roman ist die Gattung des historischen Bewußtseins im Gegensatz zum Epos als der Form eines gesamtmythischen Weltgefühls. Die homerischen Epen wie das höfische Epos des Hochmittelalters sind Ausdruck der Ordo-Struktur ihrer Zeit.

Wenn die Poetologen des 20. Jahrhunderts von der mythenschaffenden Funktion des Romans sprechen, so ist das kein Trugschluß, als ob der Roman ein universal-einheitliches Weltgefühl inaugurieren[1] könnte. Dieses Weltgefühl ergibt sich aus der Beschaffenheit der jeweiligen Weltverhältnisse insgesamt. Der moderne Roman geht von dieser Lage aus, aber er akzeptiert sie nicht. Selbst über den analytischen Standort der Wissenschaft geht er hinaus – wie Musil sagt: mit utopischen Intentionen. Die utopische Tangente des Romans ist die Erweiterung der Wirklichkeitsstruktur auf das Mythische hin. Musil fordert jenen „bewußten Utopismus, der die Wirklichkeit nicht scheut, wohl aber als Aufgabe und Erfindung behandelt". Der Möglichkeitssinn wird einer positivistischen Tatsachengläubigkeit entgegengesetzt. Musil weiß, daß die Wirklichkeit irreal geworden ist, nicht mehr greifbar, daß Integration in diese Schein-Realität undenkbar ist. Von einer verbindlichen Wirklichkeitsauffassung kann nicht mehr die Rede sein. Völlig sinnlos wäre es, die Scheinrealität durch das Medium des Kunstwerks, das selbst Schein ist, noch einmal reproduzieren zu wollen. Sinnvoll kann nur die Aufgabe sein, das Mögliche zu entwerfen, das Nochnichteingetretene zu schaffen, um damit über das Nichtmehrmögliche hinauszugelangen. „Dieses ist das Heimatgebiet des Dichters, das Herrschaftsgebiet seiner Vernunft. Während sein Widerpart das Feste sucht und zufrieden ist, wenn er zu seiner Berechnung so viel Gleichungen aufstellen kann, als er Unbekannte vorfindet, ist hier von vornherein der Unbekannten, der Gleichungen und der Lösungsmöglichkeiten kein Ende. Die Aufgabe ist: immer neue Lösungen, Zusammenhänge, Konstellationen, Variable zu entdecken, Prototypen von Geschehnisabläufen hinzustellen, lokkende Vorbilder, wie man Mensch sein kann, den inneren Menschen *erfinden.*“[2]

Musil geht es darum, die Formelhaftigkeit des Daseins zu sprengen, den rationalen Anspruch zu brechen, und er weiß, daß dies nur unter Einbeziehung eines kritischen Irrationalismusbegriffs möglich ist. Ratio und Mystik sind die Pole dieses Denkmodells. Das Mystische, Kontemplative, Irrationale werde heute noch auf dem Stand der geographischen Wissensstufe des 10. Jahrhunderts behandelt. Der Roman hat gerade hier seine Aufgabe: Er soll mittels einer komplexen Weltdarstellung den Ausgleich der geistigen Kräfte bewirken. Der Zustand des heutigen Bewußtseins kann nur in einer rationalirrationalen Dialektik angemessen Ausdruck finden. Konsequent gehört dazu aber auch „jener ‚andere Zustand‘ jenseits jener ‚Grenze zweier Welten‘“[3]– Musil sagt, daß dieser Zustand „ursprünglicher ist als alle Religionen“. Aus der polaren Substanz des Romans resultiert die mythische Komponente, wobei der neue Mythos vom alten statischen sich durch seine Dynamik unterscheidet, durch den bewußten Schaffensprozeß: „Utopie ist ... kein Ziel, sondern eine Richtung.“

Wenn Thomas Mann vom *Wilhelm Meister* sagte, er sei nichts anderes als die „Verinnerlichung und Sublimierung des Abenteuer-Romans“, dann stimmt das insofern, als das Unterwegssein zu sich selbst mit Irrtümern und Täuschungen durch die äußere Welt führt. Der Barockroman war als Staats- wie als Schelmenroman schon so konzipiert, und der *Grüne Heinrich* ist rein äußerlich zunächst einmal ein Vagabund mit Bohème-Illusionen. Und ist Ulrich, der *Mann ohne Eigenschaften,* nicht der Abenteurer des Denkens, auch er unterwegs, auf der Suche nach der eigenen Identität und damit zugleich nach der verbindlichen Formel des Geistes?

Denken, Reflektieren, Explizieren von Denkexperimenten tritt hier an die Stelle tatsächlichen Handelns. Der Roman ist sich seiner eigenen Abenteuerlichkeit bewußt geworden. Das Bewußtsein selbst wird zum inhaltlichen Vorgang – angebahnt wurde das durch Henry James und Virginia Woolf, geplanter ‚point of view‘ und ‚stream of consciousness‘ hatten vom perspektivischen Erzählvorgang Besitz ergriffen. Darin lag ein Gefahrenmoment, das sich zunehmend konkretisieren sollte: die Typisierung der Romanfiguren und die Elimination der Erzählerfigur. Im ‚nouveau roman‘ wurden die Konsequenzen sichtbar. Die Menschen im Roman verlieren ihre Eigenschaften in dem Maße wie die gesellschaftliche Szene ihre humane Kontur vollends verlor. Das vielbesprochene Phänomen der Entfremdung, das heißt der Abspaltung des Ich-Bewußtseins von den Dingen und Prozessen der Natur und der vom Menschen durchtechnisierten und verwalteten Umwelt, die Aktualisierung also der alten Subjekt-Objekt-Spaltung, dieses Phänomen einer totalen Unbehaustheit steht am Ende jenes abenteuernden Unterwegsseins zu neuen Zielen, letztlich zu immer demselben Ziel: der Wiederfindung jener Identität, die einmal Ich und Welt zu einer Einheit verband. Die Geschichten des Romans erzählen die Geschichte dieses Weges bis an die Grenze des Verstummens. Aber selbst die Helden Becketts geben nicht auf, so verstümmelt sie sind. Daß in unseren Tagen der Roman die psychologische Struktur mit der Bewußtseinsstruktur in Einklang zu bringen versucht, setzt neue Zeichen. Die Romane Handkes weisen in diese Richtung. Aber der Weltentwurf als Versuch einer gesamtheitlichen Deutung ist endgültig dahin.

[1] inaugurieren: feierlich einsetzen
[2] → **3**
[3] → **27**

7. Rückblick auf eine Unterrichtsreihe zu Musils „Törleß" (Schüleräußerungen)

38 1) Mir hat der Roman von Anfang an gut gefallen, so daß ich ohne viel Skepsis der Unterrichtsbesprechung entgegensah. So fand ich es sehr gut, daß die Ideen, Fragen und Wünsche, die wir in unseren Eingangsberichten stellten, zu einer Art „Themen-Fahrplan" zusammengestellt wurden. Damit hatten wir eine klare Übersicht über die Gesichtspunkte und konnten „geordneter" vorgehen. Ich finde, daß uns das auch einigermaßen gelungen ist.
2) Meine Einstellung zum Buch „Die Verwirrungen des Zöglings Törleß" hat sich während der Besprechung nicht geändert. Ich empfinde das Buch auch jetzt noch als sehr aussagekräftig und besprechenswert. Viele Fragen, die ich am Anfang hatte, sind geklärt worden. Allerdings hatte ich bei der Besprechung einige Schwierigkeiten, meine Gedanken und Gefühle auszudrücken. Bei der Besprechung haben mir folgende Aspekte besonders gefallen: Verhältnis der einzelnen Gruppenmitglieder zueinander; Entwicklung des Törleß; Sprachkrise.
3) Ich stelle fest, daß ich gegenüber dem Buch eine immer ablehnendere Haltung eingenommen habe. Dies liegt zu einem großen Teil am Erzählstil, den ich – besonders wegen der Erzählerkommentare – für mich als Leser als zu einengend empfinde. Geärgert habe ich mich auch über Rechtfertigungen des Autors für Törleß' Verhalten. Der interessanteste Aspekt war für mich die Beschäftigung mit der Sprachkrise (Motto Maeterlincks, Brief des Lord Chandos), sowie in diesem Zusammenhang die intensivere „Wirlichkeitserfahrung" des Törleß.
4) Mir hat die Besprechung des Buches gut gefallen, denn sie brachte mir die Situation des Törleß näher; aber identifizieren kann ich mich mit ihm in keiner Weise. So kann ich jetzt die Entwicklung von Törleß einigermaßen übersehen und verstehe nun auch die Funktion Basinis für ihn, Reiting und Beineberg. Allerdings muß ich sagen, daß mir das Buch selbst trotz der gewonnenen Erkenntnisse immer noch nicht besonders gefällt, was ich aber rational nicht erklären kann.
5) Ich halte das Buch nach wie vor für besprechenswert. Allerdings ist mir aufgefallen, daß für mich der größte Gewinn der Besprechung nicht den inhaltlichen Bereich des Buches betrifft, denn hier hat sich mein Eindruck im wesentlichen nur bestätigen lassen, sondern vor allem die Entstehungsgeschichte des Romans sowie seine Einschätzung durch den Autor selbst und durch andere.

8. Volker Schlöndorffs Musil-Verfilmung „Der junge Törleß“

8.1 Probleme der Romanverfilmung

Der Film „Der junge Törleß“ von Volker Schlöndorff (1966) wird bisweilen in Programmkinos gezeigt, die im übrigen oft auch Wünsche des Publikums berücksichtigen. Er kann aber auch als Video-Kassette ausgeliehen werden über VPS (Video-Programm-Service) Best.-Nr. 5102. Die Spieldauer beträgt 87 Minuten.

Bevor man sich den Film ansieht, sollte man über die Probleme einer solchen Literaturverfilmung sprechen, um eine dem Medium angemessene Erwartungshaltung aufzubauen. Welche Gesichtspunkte müssen von einem Regisseur bzw. Drehbuchautor bedacht werden, wenn er einen Roman wie den „Törleß“ zur Grundlage einer Verfilmung wählt? Diese Frage kann zunächst anhand der folgenden Textstelle andiskutiert werden, die eine zentrale Dimension des Romans repräsentiert:

„Törleß vermochte nichts zu denken; er sah .... Er sah hinter seinen geschlossenen Augen wie mit einem Schlage ein tolles Wirbeln von Vorgängen, ... Menschen; Menschen in einer grellen Beleuchtung, mit hellen Lichtern und beweglichen, tief eingegrabenen Schatten; Gesichter, ... ein Gesicht; ein Lächeln, ... einen Augenaufschlag, ... ein Zittern der Haut; er sah Menschen in einer Weise, wie er sie noch nie gesehen, noch nie gefühlt hatte: Aber er sah sie, ohne zu sehen, ohne Vorstellungen, ohne Bilder; so als ob nur seine Seele sie sähe; sie waren so deutlich, daß er von ihrer Eindringlichkeit tausendfach durchbohrt wurde, aber, als ob sie an einer Schwelle Halt machten, die sie nicht überschreiten konnten, wichen sie zurück, sobald er nach Worten suchte, um ihrer Herr zu werden.“ (S. 52/53)

Anhaltspunkte zur Besprechung allgemeiner Aspekte einer Romanverfilmung bietet der folgende Text.

James Monaco: Film und Roman

39 Das narrative Potential des Films ist so ausgeprägt, daß er seine engste Verbindung mit dem Roman geknüpft hat und nicht mit der Malerei und nicht einmal mit dem Drama. Film und Roman erzählen beide lange Geschichten mit einer Fülle von Details, und sie tun dies aus der Perspektive des Erzählers, der oft eine gewisse Ironie zwischen Geschichte und Betrachter schiebt. Was immer gedruckt im Roman erzählt werden kann, kann im Film annähernd verbildlicht oder erzählt werden (obwohl die wildesten Phantasien eines Jorge Luis Borges oder eines Lewis Carroll „Spezialeffekte" erfordern mögen). Die Unterschiede zwischen den beiden Künsten, von dem offensichtlichen und großen Unterschied zwischen visueller und linguistischer Erzählweise abgesehen, sind leicht zu entdecken.

Zunächst einmal ist der Film begrenzter, da er in tatsächlicher Zeit stattfindet. Erfolgreiche Romane sind in den letzten Jahren ein riesiges Reservoir an Material für kommerzielle Filme gewesen. Tatsächlich ist für die Verlage die Möglichkeit, das Material eines erfolgreichen Romans als Film wiederzuverwenden, ein wesentlicher Faktor. Manchmal scheint es fast so, als existiere der populäre Roman (im Gegensatz zur elitären Prosakunst) nur als erster Entwurf für den Film. Aber der kommerzielle Film kann die zeitliche Spanne eines Romans nicht reproduzieren. Ein Drehbuch hat durchschnittlich 125–150 Seiten, ein Roman meist mehr als das Doppelte. Handlungsdetails gehen fast regelmäßig bei der Übertragung von Buch in den Film verloren. Nur die Fernsehserie kann diesen Mangel ausgleichen. Sie vermittelt noch ein wenig die gleiche Vorstellung von Dauer, die zum großen Roman gehört. Unter allen Verfilmungen von *Krieg und Frieden* zum Beispiel scheint mir die bei weitem erfolgreichste die zwanzigteilige Serie der BBC in den frühen siebziger Jahren gewesen zu sein; nicht unbedingt, weil die schauspielerischen Leistungen oder die Regie besser waren als in den zwei- oder sechsstündigen Filmversionen (obwohl man darüber streiten könnte), sondern nur deshalb, weil die Serie die wesentliche Eigenschaft der Saga reproduzieren konnte – die Dauer.

Muß der Film sich auf der einen Seite auf eine kürzere Erzählung beschränken, hat er andererseits visuelle Möglichkeiten, die der Roman nicht hat. Was durch Beschreibung nicht vermittelt werden kann, läßt sich ins Bild übertragen. Und hier stoßen wir auf den grundlegendsten Unterschied zwischen den beiden Erzählformen.

Romane werden vom Autor erzählt. Wir sehen und hören nur, was er uns sehen und hören lassen möchte. Filme werden in gewissem Sinne auch von ihren Autoren erzählt, aber wir sehen und hören sehr viel mehr als das, was ein Regisseur notwendigerweise möchte. Es wäre eine absurde Aufgabe für einen Schriftsteller zu versuchen, eine Szene genauso detailliert zu beschreiben, wie sie im Kino vermittelt wird. (Der Romancier Alain Robbe-Grillet hat in Romanen wie *La Jalousie* und *Dans le Labyrinthe* genau auf diese Art experimentiert). Wichtiger noch: Was auch immer der Romancier beschreibt, es wird durch seine Sprache, seine Vorurteile und seinen Blickwinkel gefiltert. Beim Film haben wir ein gewisses Maß an Freiheit auszuwählen, unsere Aufmerksamkeit eher auf diese Detail und nicht auf ein anderes zu lenken.

Die treibende Kraft im Roman ist die Beziehung zwischen den Materialien der Geschichte (Handlung, Personen, Milieu, Thema und so weiter) und deren Umsetzung in Sprache; in anderen Worten: die Beziehung zwischen der Geschichte und dem Erzähler. Der Film dagegen gewinnt seine treibende Kraft aus den Materialien der Geschichte und der objektiven Natur des Bildes. Es ist, als sei der Autor/Regisseur in ständigem Konflikt mit der Szene, die er gerade filmt. Der Zufall spielt eine weitaus größere Rolle, und das Endresultat ist, daß der Betrachter sehr viel mehr Möglichkeiten hat, aktiv an der Erfahrung teilzunehmen. Die Worte auf der Buchseite sind immer dieselben, aber das Bild auf der Leinwand ändert sich ständig, je nachdem, wohin wir unsere Aufmerksamkeit lenken. Der Film ist, so gesehen, eine sehr viel reichere Erfahrung.

Aber er ist gleichzeitig ärmer, da die Person des Erzählers so viel schwächer ist. Es hat zum Beispiel nur einen wichtigen Film gegeben, der versucht hat, die für den Roman so nützliche Ich-Erzählung nachzuahmen, Robert Montgomerys *Lady in the Lake* (1946). Das Ergebnis war eine verkrampfte, klaustrophobische[1] Erfahrung: Wir sahen nur, was der Held sah. Um uns den Helden zu zeigen, mußte Montgomery auf eine Reihe von Spiegeltricks zurückgreifen. Der Film kann sich den Ironien, die der Roman in seiner Erzählform entwickelt, annähern, aber er kann sie niemals nachahmen.

Verständlicherweise begegnete der Roman der Herausforderung des Films dadurch, daß er sich auf gerade diesem Gebiet weiterentwickelt hat: den subtilen, komplexen Ironien der Sprache. Wie die Malerei hat sich die Prosa im zwanzigsten Jahrhundert von der Nachahmung abgewandt und der Selbsterforschung zugewandt. Auf dem Weg dorthin hat sie sich geteilt. Das, was im neunzehnten Jahrhundert eine gemeinsame Erfahrung war, die Hauptform des sozialen und kulturellen Ausdrucks und die beliebteste Kunstform des neuen Lesepublikums aus dem Mittelstand, hat sich im zwanzigsten Jahrhundert in zwei Formen gespalten: den Unterhaltungsroman, der inzwischen so eng mit dem Film verknüpft ist, daß er manchmal sogar zuerst als Drehbuch entsteht; und den „elitären“ Roman, das Arbeitsfeld der „künstlerischen“ Avantgarde.

Dieser künstlerische Roman hat sich seit James Joyce ähnlich wie die Malerei entwickelt. Wie die Maler lernten auch die Romanciers durch die Erfahrung des Films, ihre Kunst zu analysieren und zu begreifen. Vladimir Nabokov, Jorge Luis Borges, Alain Robbe-Grillet, Donald Barthelme und viele andere schrieben und schreiben Romane über das Romanschreiben (wie auch über andere Dinge), genauso wie viele Maler heute Bilder über das Malen von Bildern malen. Die Abstraktion beschränkt sich nicht mehr allein auf die menschliche Erfahrung, sondern wendet sich den Ideen über diese Erfahrung zu, wird letztlich zu einem Interesse an der Ästhetik des Gedankens. Jean Genet, Dramatiker und Romancier, hat gesagt: „Ideen interessieren mich nicht so sehr wie die Form der Ideen.“

In welcher Hinsicht ist der Roman noch durch den Film verändert worden? Seit den Tagen Defoes war es eine der wichtigen Funktionen des Romans, wie der Malerei, eine Vorstellung von anderen Orten und Menschen zu vermitteln. Diese Aufgabe des Romans war im frühen neunzehnten Jahrhundert am bedeutsamsten. Danach, als zunächst die Fotografie, dann der Film diese Funktion zu übernehmen begann, nahm das beschreibende Element im Roman ab. Wichtiger noch: Romanschriftsteller haben es gelernt, ihre Geschichten in den kleinen Einheiten zu erzählen, die typisch für den Film sind. Wie zeitgenössische Stückeschreiber denken sie nun mehr in Szenen als in ausgefeilten Akten.

Die Fähigkeit, mit Wörtern zu spielen, ist einer der größten Trümpfe des Romans. Filme haben natürlich auch Worte, aber im allgemeinen nicht in solcher Fülle und niemals mit der konkreten Realität des gedruckten Textes. Wenn die Malerei unter dem Einfluß des Films zum Design tendierte, dann nähert sich der Roman der Poesie, indem er seine Aufmerksamkeit verstärkt auf sich selbst richtet und sein eigenes Material zelebriert: die Sprache.

[1] Klaustrophobie: krankhafte Angst vor Aufenthalt in geschlossenen Räumen

*Ernst Wendt: Die Konzeption Schlöndorffs**

40 Der Film beginnt, während in diskreten Lettern Titel und Stab ablaufen, mit einer Totale. Eine ausgebleichte, konturenlose Landschaft, flach und langweilig hingestreckt bis irgendwo am Horizont. Der langsame Schwenk bringt zunächst nichts Neues zu Gesicht, nur vertrockneten Boden, farblose Ödnis. Fast ein Niemandsland. Dann, wenn ein Viertelkreis ausgemessen ist, folgt der Blick schnurgerade einem dem Horizont zulaufenden Schienenstrang, von dem man meint, er müsse endlos so weiter gehen. (Der lakonische erste Satz in Musils Roman lautet: „Eine kleine Station an der Strecke, welche nach Rußland führt.“)

Die Station, ein einsames Gebäude, kommt in den Blick, wenn die Kamera einen weiteren Viertelkreis ausgeschwenkt hat. Der Vorsteher tritt aus der Tür, genau wie Musil es in einem plastischen Bild vorgeschrieben hat: „so wie die Figuren kommen und gehen, die aus alten Turmuhren treten, wenn die Stunde voll ist.“ Er zieht eine Taschenuhr hervor, Schnitt und erste Großaufnahme: diese Uhr, eine Hand und ein Zifferblatt, dann wieder der Mann, hochblickend zur Uhr der Station, vergleichend. Danach erst kommen plötzlich die Menschen ins Bild, die neben dem Schienenstrang auf einem schmalen Streifen auf- und abgehen: eine Reihe von Schülern eines Internats in ihren Kadettenuniformen, die Eltern des Schülers Törleß, auf den Zug wartend, der sie nach einem Besuch zurück in die Residenzstadt bringen wird. Ein paar Ausschnitte aus einer Promenade: langsame Gänge mal von rechts nach links, dann von links nach rechts; Gruppen von Schülern, die Eltern mit dem Sohn, andere Schüler zu sich heranziehend; Gesprächsbrocken, Abschiedsermahnungen, ein mit dem Bildschnitt jeweils abgebremster, nicht sehr deutlicher, fetzenhafter Dialog. Dann die Einfahrt des Zuges, der Abschied, davonfahrende Gesichter hinter Abteilfenstern, ein überdeutlich schnaubendes Geräusch der Lokomotive.

Schlöndorff hat den Musil bei seinen Worten genommen. Er hat mit Empfindsamkeit aus der ersten Druckseite des Romans aufgespürt und ins Bild gesetzt, was später nicht mehr nachzuholen wäre: die aus einer genau fixierten Realität entrückte Landschaft, das flache und zeitlose Nirgendwo. Keine erfundene Landschaft – man weiß, daß sie nahe der österreichisch-ungarischen Grenze liegt –, aber eine, die sich durch die kalte Genauigkeit der Beschreibung – wie bei Kafka – entwirklicht. „Gegenstände und Menschen“ heißt es gleich im dritten Absatz des Buches, „hatten etwas Gleichgültiges, Lebloses, Mechanisches an sich, als seien sie aus der Szene eine Puppentheaters genommen.“ Schlöndorff mißt eine Landschaft aus, die wie mit Reif kalt überzogen scheint, und Menschen, die sich starr auf- und abbewegen.

Gleich die nächsten Bilder verweisen auf die erotischen Beunruhigungen des Knaben Törleß. Freiheit und Arglosigkeit der Jugend zunächst – graue Totalen, während die Zöglinge spielerisch über die Ebene, über Äcker laufen. Aber ihnen ist gleich ein erster begehrlicher, von der eigenen Unruhe bedrückter Blick des Törleß auf eine Magd kontrastiert, die sich vor ihm auf dem Felde bückt. Die Sprünge der Jungen, ihr stolperndes Laufen, haben – vor dem bleigrauen Hintergrund – wieder etwas seltsam Unwirkliches. Die Szene ist auf sehr spröde Weise melancholisch, bleischwer scheinen die Bewegungen, so jugendlich übermütig auch ihr Gestus sein mag.

Kurz darauf zieht man ein in die Straße des kleinen Ortes: grau verstaubte Leere, darin ein paar Leute wie beziehungslos herumstehen, und an den Rändern niedrige Puppenhäuser. Die Bewegung des Laufens ist jetzt in ein gleichmäßig glattes Ausschreiten übergegangen, die Kamera folgt dem Törleß halbnah in einer Fahrt die Straße entlang und zieht dann, in Zwischenschnitten, zu uns heran, was seine unruhigen Augen aufspüren: Eine junge Frau in der dämmrigen Mitte eines Raumes; der Blick geht langsam am Fenster vorbei, die Frau steht unbewegt da wie „ausgestellt". Dann ein schweifender Blick in eine schmale Hofeinfahrt, dahinter wieder eine kurz hochblickende junge Frau, die sich über einen Waschtrog herabgebückt hat. Diese Folge irritierter, begehrlicher Blicke wird abgeschlossen durch das mechanisch vorbeiziehende Bild einer Schlachterei, darin ein Metzger aus dem herabhängenden aufgerissen Körper eines Schweins gerade bedächtig die Eingeweide pult. Gegen Ende des Films wird ein Menschenkörper, blutig geschlagen, in derselben Haltung von der Decke einer Turnhalle herabhängen.

Das zweite Motiv – die verletzende Rohheit, der zerstörerische Sadismus der Jugend wird ins Bild gebracht. Eine der nächsten Sequenzen zeigt – ohne sich zuvor auf eine Totale des Klassenraums einzulassen – eine Folge von gebeugten Rücken, mürrisch gelangweilten Gesichtern, Flüstern dazu, dann plötzlich ein Löschblatt, auf dem eine Fliege, schon „angeschlagen" und nicht mehr fähig, sich davonzumachen, verzweifelt der spitzen Schreibfeder eines Schülers zu entkommen sucht. Der zieht einen Kreis um sie herum, und dann zerdrückt er sie bedächtig. Gegen Ende des Films wird man rings um einen der Schüler einen Kreis aus Menschen bilden, der so umbarmherzig ist wie dieser von der Feder gezogene. Bevor am Schluß dieser Szene dann zum erstenmal der Lehrer ins Bild kommt, ein auf zwei Krücken humpelnder verbitterter Mensch, verirrt sich Törleß' Blick zu einigen an der Wand hängenden Bildern, Motiven aus der Antike, Bewegung nackter Körper.

Es ist der nämliche Blick wie am Kaffeetisch des Gasthauses in einer Szene wenig später: Die Bedienerin, ein junges hübsches Mädchen, säubert stumm den Tisch, packt Tassen und Milchkännchen auf ein Tablett. Törleß sitzt da, als hätte er einen Stock verschluckt. Es scheint, er wagt sich kaum zu rühren und kaum zu atmen, solange dieses Mädchen sich zum Greifen nah neben ihm bewegt und mit mechanischer Selbstverständlichkeit, die ihm jedoch als aufreizende Langsamkeit erscheinen mag, ihre Arbeit verrichtet. Der stockende Blick, der sich auf ihren nackten Arm heftet und die Hände verfolgt, die Irritation, als sie gar eine Tasse fallen läßt und sich nah neben dem Tisch bückt: Törleß' dumpfe, noch unartikulierte erotische Sehnsucht, die verwirrte Entdeckung der Geschlechtlichkeit und das qualvoll verschämte Bewußtsein eigenen ziellosen Verlangens ist in solchen Bildern stumm und schön formuliert.

Schlöndorff zeigt uns immer wieder das glatte, unausgeformte knäbische Gesicht des Törleß (Matthieu Carrière), meist nachdenklich zusammengedrückte Lippen, ein paar Locken, die über den groß aufgerichteten, die Welt befragenden Augen in die Stirn fallen. Er folgt ihm ein paar Mal, wenn Törleß allein ist, über einen Gang im Schulgebäude oder über eine Straße geht oder an seinem Arbeitstisch sitzt. Stumme, intensive Beobachtung, die abbricht, ehe sich allzuviel „Ausdruck" und aufdringliche Bedeutsamkeit ins Bild schleichen könnte. Die beeindruckendste dieser schweigsamen Auskünfte über den Knaben ist ein geschwinder Gang des Törleß die Straße entlang – es herrscht, eines der wenigen Male, ganz klare Helligkeit, ein kalter lichter Vormittag, schattenlos –, und Törleß geht auf ein Denkmal zu, vor dem eine Gruppe der Kameraden steht und ein grausames Spielchen mit einer Maus betreibt. Er nähert sich, sie piesacken das zappelnde Tier mit brennendem Zigarettenstummel, er macht zwei wortlose, eiskalte Bewegungen: reißt einem Jungen das Tier aus der Hand, holt kurz aus, klatscht es an den Sockel des Denkmals.

Dämmerung und Tageshelle

Die eben beschriebene Szene, Törleß' Gang die Straße hinauf, folgt unmittelbar einer der in vagem Dämmer gehaltenen Szenen in der Bodenkammer, Rückzugsort, Privatversteck, Gerichtsort und Folterkammer der beiden Freunde des Törleß, Reiting und Beineberg. Verschattetem Halbdunkel folgt jähe, ausnüchternde Helle. Schlöndorff, der diesen Wechsel des Lichts häufig so bewußt einsetzt, hat auch hier den Musil genau gelesen und einen versteckten Satz in seine Bildfolgen hinübergerettet: „Und auch das liebte er, hernach in die Tageshelle zu treten, unter alle Kameraden, mitten in die Heiterkeit hinein, während er in sich, in seinen Augen und Ohren, noch die Erregungen der Einsamkeit und die Halluzinationen der Dunkelheit zittern fühlte."[1]
Schlöndorff verweilt an den dunklen, versteckten Orten der Jungen. Er malt die Valeurs[2] einer heimlichen Begegnung im Versteck auf dem Boden bedächtig aus. Immer wieder schwenkt die Kamera über die verwitterten, komisch bemusterten Tapeten und ruht für Augenblicke auf den zeitgenössischen Reklamen für Mieder und Strumpfhalter, mit denen die Jungens ihre Verschwörerhöhle ausgestattet haben. Die Begegnungen dort spielen sich beständig im Halbdunkel ab, kahle Dachbalken, schmale Gänge, verwinkelte Ecken bestärken die Atmosphäre gefährlich verstrickter Heimlichkeit, in der sie erotische Bilder betrachten und sich den Knaben Basini – der gestohlen hat, und den sie dabei ertappt haben – gefügig machen.
Die Abgeschlossenheit, Vereinzelung vor der großen Gruppe, bringt schreckliche Einverständnisse hervor. Schlöndorff folgt den Gesichtern, die sich aus dem Dämmer leicht herausheben, den angespannten Blicken, den verschlossenen, manchmal vor sich selbst geängsteten Verschwörermienen. Er zeichnet eine Atmosphäre, in der die Verworrenheiten, die sie sich vor sich hin philosophieren, bald so selbstverständlich klingen wie die Grausamkeiten gegen den Schüler Basini, gegen den sie ihre aufgestaute erotische Aggression in Form von roher Prügel blutig entladen; den sie sich zum „Sklaven" unterjochen, um mit ihm hahnebüchene Hypnoseversuche anzustellen.
Schlöndorff zeigt mehr die Gefährdungen zur Grausamkeit als die heiklen, die suchenden, sich verirrenden körperlichen Annäherungen unter den Jungen. Er verzeichnet die dunkle, schwüle Stockigkeit des großen Schlafsaals, Gestalten, die sich unter Bettdecken zurückziehen, Reiting, Beineberg, an das Bett Basinis herantretend, um ihn auf die Bodenkammer zu entführen. Aber wie sollte einer mit der Kamera jene ungeheuerliche, intensive Szene Musils wiedergeben, in der Törleß und Basini, nur um weniges voneinander entfernt, unter ihren Schlafdecken liegen, stundenlang wachend und auf den Atem des anderen lauschend, mit dem verzweifelt zurückgedrängten Verlangen, sich an ihn, an die Wärme seines Körpers, heranzudrücken?
Schlöndorff entwickelte vielmehr die Sadismen der beiden aus der Gruppe herausragenden Jungen, Beineberg und Reiting. Die Gruppe selbst, die Menge der Schüler bleibt gesichtslos, sie agiert gleichsam als „Chor". Wir sehen sie zwischendurch zu Häufchen zusammengeballt auf dem Innenhof des Internats oder wenn sie im Gebäude jäh eine Treppe herunterstürmen. Die Gruppe ist leicht zu lenken, sie folgt den Zeichen, die die Anführer ihr geben. Wie eine gespenstisch funktionierende Maschine ordnen sich Jungengestalten in der Turnhalle zu einer schmalen diagonalen Passage, durch die

Basini, hilflos, hindurch muß, bevor sich am Ende ein Menschenkreis um ihn schließt. Dann schubsen und werfen sie ihn wie einen toten Sack, ein lebloses, todesängstliches Bündel, von einer Seite zur anderen; die Kamera, hin- und herzukkend, sieht das aus der Mitte des Kreises heraus, blickt für Sekunden in teilnahmslose Gesichter – und Törleß, außerhalb des Kreises, drängt sich in ihre Rücken, versucht einzubrechen und die Lynchjustiz aufzuhalten. Der Kreis wird noch fester, sie reißen dem Basini die Kleider vom Leibe, stürzen sich auf ihn, schlagen ihn blutig, hängen den Leblosen mit den Füßen zuerst in ein Turnseil und lassen ihn nah über dem Fußboden schaukeln.
Schlöndorffs Film weitet sich am Ende zur politischen Parabel. Er beweist einen Satz, eine jener über den Text verstreuten Bemerkungen, in denen Musil sich selbst kommentiert: „Törleß hingegen wurde von diesen Dingen gleichgültig gelassen. Er besaß daher auch kein Geschick in ihnen. Dennoch war er mit in diese Welt eingeschlossen und konnte täglich vor Augen sehen, was es bedeute, in einem Staate – denn jede Klasse ist in einem solchen Institut ein kleiner Staat für sich – die erste Rolle innezuhaben.“[3] Törleß gewinnt am Ende seine Gleichmütigkeit zurück, er geht hindurch durch die Verwirrungen, befreit sich von ihnen zu einer kühlen Gelassenheit, der alles, was war, in der Erinnerung weit wegsinkt. Er wird – kein Zweifel – der Mann ohne Eigenschaften.

[1] → S. 38
[2] Valeurs: Farbtonwerte, Abstufungen von Licht und Schatten
[3] → S. 39

DER JUNGE TÖRLESS. Deutscher Spielfilm von Volker Schlöndorff. Drehbuch: Volker Schlöndorff nach dem bei Rowohlt erschienenen Roman von Robert Musil. Buchbearbeitung: Herbert Asmodi. Musik: Hans Werner Henze. Darsteller: Matthieu Carrière, Marian Seidowsky, Bernd Tischer, Fred Dietz, Lotte Ledl, Barbara Steele. Bild: Franz Rath. Ton: Klaus Eckelt. Schnitt: Claus von Boro. Ausstattung: Maleen Pacha. Produktionsleitung: Franz Achter. Regie-Assistenz: Herbert Rimbach und Klaus Müller-Laue. Produktion: Franz Seitz Film, München und Nouvelles Editions de Films, Paris, 1966. Weltvertrieb: UFA-International. Verleih: Nora.
Das hier abgedruckte Drehbuch entstand nach einer Dialogliste des fertigen Films und nach einem vorläufigen Drehbuch, das jedoch mit dem Film selbst nicht übereinstimmte. Die Änderungen besorgte Klaus Eder. Franz Seitz und Beyer-Report ist für Kopie und Dialogliste zu danken, dem Deutschen Institut für Film und Fernsehen in München dafür, daß es die Redigierarbeiten ermöglichte.

8.2 Vergleich zwischen Drehbuch und Roman

Zum Verständnis der Drehbuchauszüge ist die Kenntnis einiger Fachbegriffe erforderlich. Je nach Größe des Bildausschnitts spricht man von Detail-, Groß-, Nah-, Amerikanische, Halbnah-, Halbtotal-, Total- und Panorama-Einstellung. Bei der Kamerabewegung wird zwischen Fahrt, Schwenk und Zoom

(Transfocator) unterschieden. Ist die Quelle eines Tons (z. B. der Sprecher) im Bild nicht sichtbar, so spricht man von „Off-Ton“; kommt der Sprecher wieder ins Bild, ist ein „on“ vermerkt. Ein „Gegenschuß“ liegt vor, wenn bei einer Unterhaltung die Gesprächspartner abwechselnd von der gegenüberliegenden Seite aufgenommen werden.

41 Drehbuch/Einstellung 1–15 (vgl. Romantext, S. 7/8 u. 14/15).

BAHNHOF. AUSSEN. TAG.

Elegische Musik.

1. Total, später halbtotal. Endlos gerade laufen vier parallele Eisenstränge nach beiden Seiten zwischen dem hellgelben Kies des breiten Fahrdamms. Hinter dem niederen, weiß gestrichenen Stationsgebäude mit dem Schild „Neudorf“ verliert sich die Straße in der flachen, staubigen Landschaft. Kirschbäume blühen rund um das Gebäude. Ein Lattenzaun faßt das Bahngelände ein. Das bleiche, gleißendweiße Licht der Nachmittagssonne gibt den Menschen und Gegenständen etwas Gleichgültiges, Lebloses, wie das mechanische Schweben eines Puppentheaters. Von Zeit zu Zeit tritt der Bahnhofsvorsteher aus seinem Amtszimmer, sieht mit der immer gleichen Wendung des Kopfes die weite Strecke hinauf nach den Signalen des Wächterhäuschens, die immer noch nicht das Nahen des Eilzuges anzeigen wollen.

2. Groß. Mit der immer gleichen Bewegung des Armes zieht er sodann seine Taschenuhr hervor; es ist fünf Minuten nach vier.

3. Nah. Auch die Bahnhofsuhr unter dem Stationsschild zeigt es.

4. Halbtotal. Der Bahnhofsvorsteher verschwindet wieder, so, wie die Figuren kommen und gehen, die aus alten Turmuhren treten, wenn die Stunde voll ist. Die Musik hört auf, eine Glocke schlägt an.

5. Begleitende Fahraufnahme, halbnah, später amerikanisch. Auf dem breiten, festgestampften Streifen zwischen Schienenstrang und Gebäude promeniert eine heitere Gesellschaft junger Leute, links und rechts eines älteren Ehepaares schreitend, welches den Mittelpunkt der etwas lauten Unterhaltung bildet. Aber die Fröhlichkeit dieser Gruppe ist keine echte, der Lärm des lustigen Lachens scheint auf wenige Schritte zu verstummen. Frau Hofrätin Törless, eine Frau von etwa vierzig Jahren, verbirgt hinter ihrem feinen Schleier traurige, vom Weinen gerötete Augen; sie unterhält sich mit ihrem Sohn. Hofrat Törless kommt ins Bild.

HOFRAT TÖRLESS: Und nicht wahr, lieber Beineberg, Sie haben bittschön ein Aug' auf meinen Buben? wendet sich Hofrat Törless an den jungen Herrn Beineberg, einen langen, knochigen Burschen mit mächtig abstehenden Ohren, aber ausdrucksvollen gescheiten Augen, der neben ihm geht.

BEINEBERG: Herr Hofrat können sich durchaus auf mich verlassen.

HOFRAT TÖRLESS: Das ist mir eine große Beruhigung. Zu Ihnen hab' ich Vertrauen. Sie haben sowas Festes, sowas Entschiedenes, das mich sofort für Sie eingenommen hat. – Zigarre?

BEINEBERG: Danke sehr, Herr Hofrat.

Er greift vorsichtig und respektvoll in das Etui, das der Hofrat ihm hinhält, gibt ihm dann Feuer. Beide kehren um und laufen wieder ein Stück zurück.

HOFRAT TÖRLESS: Ich wünschte, der Bub hätt' was von Ihnen. Er kommt mir noch immer so unsicher, so unausgeglichen vor. Ich weiß wirklich nicht, wo hinaus es einmal mit ihm soll.

6. Total. Aus der flachen, weiten Landschaft schiebt sich der Zug auf den Bahnhof zu. Ein paar Schüler laufen über die Gleise. Die Lokomotive pfeift heulend.

7. Amerikanisch. Frau Törless verabschiedet sich von den Kameraden ihres Sohnes.
FRAU TÖRLESS: Es hat mich gefreut, Sie alle kennenzulernen, und unseren Sohn in Ihrer Mitte zu wissen, macht uns den Abschied nicht gar zu schwer.
HOFRAT TÖRLESS tritt hinzu: *Zumal er solche Kameraden gefunden hat.* Die Schüler lachen pflichtschuldig.
8. Halbnah. Der Bahnhofsvorsteher tritt aus dem Gebäude, die Kelle unter dem Arm. Schwenk. Er geht auf das Gleis zu, auf dem der Zug zischend und rollend einfährt.
9. Amerikanisch. Das Ehepaar Törless und die Schüler sehen zum Zug hin. Die Glocke schlägt an.
10. Halbnah. Die letzten Wagen des Zuges kommen vor dem Bahnhofsvorsteher zum Halten.
11. Amerikanisch. Das Ehepaar Törless verabschiedet sich vor dem Zug von seinem Sohn und den anderen Jungen.
HOFRAT TÖRLESS: Überhaupt, meine Herren, möchte ich Sie alle gebeten haben, uns sofort zu verständigen, falls meinem Sohn etwas zustoßen sollte.
12. Nah. Der junge Törless ist gelangweilt.
TÖRLESS: Aber Papa, was soll mir den passieren?
13. Amerikanisch, später nah. Hofrat Törless gibt Beineberg die Hand.
HOFRAT TÖRLESS: Sie haben mich verstanden, lieber Beineberg?
BEINEBERG: Vollkommen, Herr Hofrat.

Törleß (Matthieu Carrière) bei Božena (Barbara Steele)

Der Hofrat umarmt seinen Sohn. Dann wendet sich der junge Törless seiner Mutter zu, die ihn innig umarmt.
FRAU TÖRLESS: Mein Kind! Eine Pfeife schrillt grell.
14. Amerikanisch. Der Bahnhofsvorsteher hebt seine Kelle.
15. Amerikanisch. Im Zug. Frau Törless öffnet das Fenster im Abteil und blickt auf ihren Sohn, der vor dem Fenster steht. Törless sieht ein letztes Mal das sehr schöne Gesicht seiner Mutter hinter dem Zugfenster. Dann rollt der Packwagen vorbei. Die Kamera schwenkt auf die Gleise. Total. Die Schüler gehen langsam davon.

Drehbuch/Einstellung 79–87
(vgl. Romantext, S. 18, 20, 21)

KLEINSTÄDTISCHE KONDITOREI. INNEN. TAG.
79. Halbtotal, später amerikanisch. Am Sonntagnachmittag sind Törless und Beineberg in der Stadt, in einer Konditorei. Sie sitzen an einem kleinen Tisch mit runder Platte und haben es sich bequem gemacht, rauchen Zigaretten, essen dazwischen etwas Bäckerei und genießen das Behagen, fast die einzigen Gäste zu sein. Das Servierfräulein füllt soeben die Gläser nach.
80. Amerikanisch. Törless' Augen gleiten über ihren duftigen Mohairpullover, der sich fest um ihren weißen, flaumigen Oberarm schließt.
81. Groß. Der Hals des Mädchens, von feinster Schweißschicht überzogen matt schimmernd. Die Kamera schwenkt langsam zu ihrem Mund.
82. Nah bis groß. Die nach unten gespreizten Finger des Mädchens heben langsam eine Zuckerschale auf ein Tablett. Die andere Hand wischt mit einem weißen Tuch über den Tisch.
83. Nah. Törless blickt sie an, fährt sich mit seiner Zunge über die Lippen.
84. Groß. Das Mädchen fährt sich mit der Zunge über ihre Lippen.
85. Nah. Törless sieht sie an, beobachtet sie, wie sie einschenkt.
86. Amerikanisch. Das Mädchen nimmt das Tablett vom Tisch und geht. Törless blickt ihr nach, nippt dann an seinem Glas. Beineberg liest währenddessen aus einer Zeitung vor. Sein Tonfall ist gleichmäßig einschläfernd, und der Text läuft nur wie eine Geräuschkulisse durch die ganze Szene.
BEINEBERG: Acht Jahre Kerker für die Mörderin. Wilhelmine arbeitete bis zu ihrem neunzehnten Lebensjahr als Servierfräulein in einem Grazer Caféhaus. Dann lernte sie den desertierten Soldaten Günther K. kennen, der sie der Prostitution zuführte und für sich arbeiten ließ. Auf die Frage des Richters, warum sie das getan habe, antwortete Wilhelmine: Ich war ihm hörig. Als Günther mich an jenem Abend zum Arbeitsplatz auf der Wiener Straße bringen wollte, sagte ich ihm: ich habe heute keine Lust. Darauf sagte Günther: so, dann schlaf mit mir. Das wollte ich aber auch nicht. Ich wehrte mich und Günther verprügelte mich und war sehr bös. Da mußte ich mich vor ihm niederknien und als meinen Gott anbeten, damit er mir wieder gut war. Nachts erschoß ich ihn dann im Bett. – Groß-Sankt-Florian: Einer der ältesten Pfarrbewohner, Rentner Franz Braunecker, wurde unerwartet im einundneuzigsten Lebensjahr vom irdischen Leben abberufen. Törless kennt die Gespräche zur Genüge. Sie gehen an ihm vorbei und berühren ihn kaum. Beineberg faltet jetzt die Zeitung müde zusammen.
87. Amerikanisch. Törless beobachtet ihn. Er fühlt wie öfter schon einen merkwürdigen Widerwillen gegen ihn.

Drehbuch / Einstellung 218–229
(vgl. Romantext, S. 51–57)

DACHKAMMER. INNEN. ABEND.
218. Nah. Auf dem Holztischchen flackert eine Kerze. Beineberg dreht sich eine

Beineberg (Bernd Tischer)

Zigarette. Die Kamera schwenkt zu seinem Gesicht hoch.
BEINEBERG: Reiting betrügt uns.
219. Nah. Diese Neuigkeit überrascht Törless nicht sonderlich.
TÖRLESS: Ich hab' es mir gedacht. Er zündet die Petroleumlampe an.
BEINEBERG (off): Aha, gedacht! Die Kamera fährt zurück, so daß nun beide im Bild sind (amerikanisch). *(On) Aber bemerkt hast Du's natürlich nicht.*
TÖRLESS: Nein, allerdings.
BEINEBERG: Dafür habe ich gut aufgepaßt.
220. Amerikanisch. Er zündet sich an der Kerze seine Zigarette an. *Du erinnerst Dich doch an die Geschichte, die vor vier Jahren hier passiert ist?*
TÖRLESS (off): Welche Geschichte?
BEINEBERG: Ja, Du weißt doch, die Gewisse …
221. Amerikanisch. Törless ist aufgestanden. Er beginnt aufzuhorchen.
TÖRLESS: Ach so. Nur beiläufig. Ich weiß

nur, daß es damals wegen irgendwelcher Schweinereinen einen großen Skandal gegeben hat und daß eine ganze Anzahl von ihnen deswegen rausgeschmissen wurde. Er gießt Tee ein. Die Kamera fährt zurück, so daß Beineberg wieder ins Bild kommt.

BEINEBERG: Ja, das meine ich, und genau dasselbe tut Reiting mit Basini.

TÖRLESS zögernd: *Glaubst Du, daß Reiting in ihn verliebt ist?*

BEINEBERG: Ach was, Reiting ist doch kein Narr. Aber es unterhält ihn wahrscheinlich.

TÖRLESS: Sowas hätt' ich Reiting nie zugetraut. Er ist entrüstet. Das Benehmen seines Kameraden scheint ihm unfaßbar. Er setzt sich. Beineberg sieht plötzlich sehr bösartig aus. Etwas anderes als das Vergehen selbst bringt ihn auf, nämlich die Tatsache, hintergangen worden zu sein.

BEINEBERG: Na, den beiden werde ich es zeigen.

TÖRLESS: Was hast Du vor?

BEINEBERG: Ich werde sie an die anderen erinnern, die damals deswegen rausgeflogen sind. Das wird sie hübsch nachdenklich stimmen.

TÖRLESS: Aber Du kannst sie doch nicht anzeigen?

BEINEBERG: Will ich auch gar nicht. Ich meine, um Basini wär's nicht schade. Aber mit Reiting steht die Sache anders. Auch er hat sich durch das, was er getan hat, vollkommen in meine Hände begeben.

222. Amerikanisch. Beineberg steht auf. *Ich glaube, er würde sich heute noch freuen, wenn er mir eins auswischen könnte.* Er geht zu Törless. *Siehst Du jetzt, was ich aus dem Besitz dieses Geheimnisses alles machen kann?* Törless fährt erschrocken auf. Er sieht Beineberg an.

TÖRLESS: Ja, schon, aber …

BEINEBERG: Ein Wort von mir, und er ist erledigt. Die Kamera schwenkt auf Törless.

TÖRLESS: Aber wir müssen doch irgend etwas unternehmen …

223. Amerikanisch. Beineberg ist in dem Dunkel des Raums kaum zu erkennen. Er spricht mit erschreckender Kälte.

BEINEBERG: Meinst Du immer noch, wir sollten Basini anzeigen? Ich glaube eher, wir bestrafen ihn selber. Die von der Schule würden ihn doch höchstens rausschmeißen und seinem Onkel einen langen Brief schreiben. Du weißt doch, wie geschäftsmäßig das geht: Sehr geehrter Herr Sowieso, Ihr Neffe hat sich vergessen … irregeleitet … geben ihn zurück … hoffen, es wird Ihnen gelingen … und so weiter … Er hat sich zwei Ohrringe angehängt. *Hat denn so ein Fall überhaupt einen Wert oder ein Interesse für die?*

224. Amerikanisch. Törless ist einigermaßen überrascht über diese Frage.

TÖRLESS: Und was für einen Wert soll er für uns haben?

225. Amerikanisch.

BEINEBERG: Na, für Dich vielleicht keinen. Du wirst einmal Rechtsanwalt werden oder Gedichte schreiben.

226. Amerikanisch. Gegenschuß auf Törless.

227. Amerikanisch. *Aber ich denke mir mein Leben anders und ich werde mich an diesem Fall schulen.*

TÖRLESS (off): Wie willst Du ihn aber bestrafen? Beineberg hält einen Augenblick mit der Antwort hinaus, als überlege er noch, dann sagt er zögernd und vorsichtig

BEINEBERG: Um's Bestrafen geht's mir gar nicht so sehr. Ich habe mit ihm etwas anderes vor. Ich werde ihn … Er hat die Ohrringe wieder abgenommen und spielt dafür jetzt mit einem Türkensäbel. Die Kamera fährt ein Stück zurück, Törless kommt ins Bild *nun, sagen wir einmal: quälen.*

228. Amerikanisch. Gegenschuß auf Törless, ihm scheint allein diese Vorstellung Unbehagen zu bereiten.

229. Amerikanisch. Beineberg setzt sich. *Du brauchst Dich nicht gleich so zu erschrecken. Was ich mit ihm vorhabe, ist*

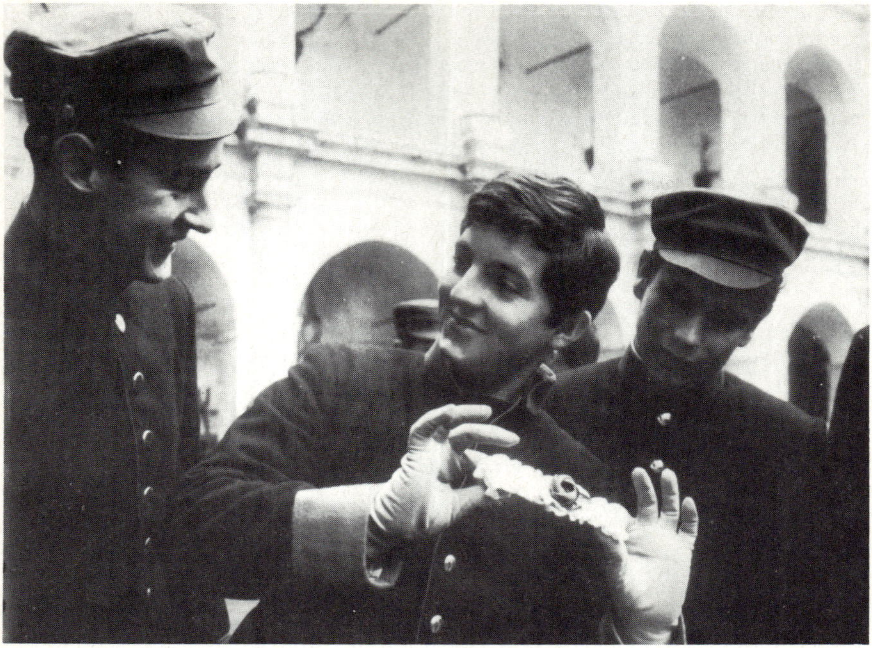

Basini will mit dem Strumpfband imponieren

eine regelrechte Askese. Um sich über die Welt zu erheben, muß man das abtöten, was einem zum Sklaven des Lebens macht, also Gefühle zum Beispiel. Die Kamera fährt bis zur Großaufnahme auf Beinebergs Gesicht zu. *Wenn ich mir Basini vornehme, werde ich sicher Mitleid empfinden. Aber das ist überhaupt nicht angebracht, denn Basini zählt ja nicht, verstehst Du. Einer, der sowas tut, wie der, ist doch überhaupt nichts wert. Also ist auch Mitleid in diesem Falle eine vollkommen sinnlose Regung, Verschwendung der Lebenskraft sozusagen. Ich werde diese überflüssigen Gefühle in mir abtöten.*

Drehbuch / Einstellung 283–309
(vgl. Romantext, S. 91–101)

SCHLAFSAAL. INNEN. NACHT.
283. Halbnah. Verhaltene Musik. Törless liegt schon zu Bett, als er – die Kamera schwenkt auf den Saal – Basini kommen hört. Ohne sich zu regen, folgt er mit den Augen der dunklen Gestalt. Er sieht ihn sich entkleiden.

284. Amerikanisch. Gegenschuß auf Törless.

285. Halbnah. Basini schlüpft ins Bett. Der Pedell kommt herein und knipst das Licht aus. Dann leuchtet er mit der Taschenlampe durch die Reihen.

286. Amerikanisch. Törless hält den Atem an, dennoch vermag er nichts mehr zu hören.

287. Amerikanisch. Basini liegt in seinem Bett und lauscht ebenso angestrengt durch das Dunkel. Dann legt er sich zur Seite.

288. Amerikanisch. Die Musik hat aufgehört. Törless richtet sich auf und geht zu

Basini hinüber. Er kniet sich an dessen Bett und rüttelt ihn an der Schulter.

BASINI: Was ist denn los?

289. Nah. Törless macht eine ungeduldige Bewegung.

TÖRLESS: Ich ... komm in die Kammer. Ich muß mit Dir reden.

290. Nah. Basini sieht ihn mit einem fragenden, prüfenden Blick an, –

291. Halbnah. – dann steigt er aus dem Bett, schlüpft in Mantel und Hausschuhe und geht mit schlurfenden Schritten voran. Törless folgt ihm bestürzt; mit einem Schlage wird ihm klar, daß dies nicht zum ersten Mal geschieht.

TREPPE. INNEN. NACHT.

292. Amerikanisch. Die beiden eilen die Stufen hinauf, zu der eisernen Tür. Basini schließt sie auf, dann schlüpfen beide in die Kammer.

Reiting (Fred Dietz)

DACHBODEN. INNEN. NACHT.
293. Nah. Törless zündet die Petroleumlampe an. Als er aufblickt, sieht er, wie Basini – die Kamera schwenkt zu ihm hinüber – sich gerade das Hemd vom Oberkörper streift.
TÖRLESS: Was machst Du denn da? Beschämt herrscht er Basini an *(off): Ich hab' nichts mit Dir vor. Zieh Dich wieder an.* Er tritt zu Basini. Nun scheint dieser bestürzt, zögernd streift er das Hemd wieder über. *Setz Dich da hin. Warum hast Du Dich ausgezogen?*
BASINI: Nun, ich dachte ...
TÖRLESS: Was dachtest Du?
BASINI: Die anderen ...
TÖRLESS: Wer, die anderen?
BASINI: Beineberg und Reiting ...
TÖRLESS: Was Beineberg und Reiting? Was taten sie? Er geht um Basini herum. *Du mußt mir alles erzählen, auch wenn ich es schon von den anderen weiß.* Die Kamera fährt auf Basini zu (groß). Der schweigt. *Nun, wird's?* Haß, Angst und eine flehentliche Bitte kämpfen in den Augen Basinis.
BASINI: Bitte verlang das nicht von mir. Oder hast Du eine besondere Art, mich zu quälen?
294. Nah. Törless setzt sich. Er lenkt unwillkürlich ein.
TÖRLESS: Ich will Dich gar nicht quälen. Ich will Dich nur dazu zwingen, selbst die volle Wahrheit zu sagen, in Deinem Interesse. Die Kamera schwenkt zu Basini. Er sagt, scheinbar erstaunt
BASINI: Aber ich habe doch gar nichts getan, was besonders erzählenswert ist. Die Kamera fährt ganz langsam zurück (nah bis amerikanisch), Törless kommt ins Bild. Er herrscht ihn an.
TÖRLESS: So? Du bist also feig! Erbärmlich feig!
BASINI: Sag das bitte nicht. Da haut Törless Basini eine herunter.
295. Nah. Basini schaut Törless verdutzt an, offensichtlich nicht wissend, was er davon zu halten habe.
296. Nah.
TÖRLESS: Siehst Du, wie feig Du bist? Alles steckst Du ein.
297. Nah. Basini setzt sich zurecht und holt tief Atem, um sich nun doch zu erklären.
BASINI: Sie sagten, wenn ich ihnen willig sei, werde mir nach einiger Zeit alles verziehen.
298. Nah.
TÖRLESS: Von ihnen beiden? Er geht auf Basini zu, der ins Bild kommt (nah bis amerikanisch). Törless setzt sich. Basini fürchtet wohl plötzlich, zuviel gesagt zu haben. Er macht eine einlenkende Handbewegung.
BASINI: Überhaupt.
TÖRLESS: Wie können sie das versprechen? Ich bin doch auch noch da. Als Basini merkt, daß er an eine empfindliche Stelle gerührt hat, fügt er, in der Hoffnung, sich in Törless einen Verbündeten gegen die beiden anderen zu schaffen, hinzu
BASINI: Hierfür würden sie schon sorgen, sagten sie.
TÖRLESS: Haben sie Dir was Näheres gesagt, wie sie sich das denken?
BASINI: Nichts Näheres, nur daß sie dafür sorgen würden. Törless steht auf, die Kamera folgt ihm. Er ist betroffen.
TÖRLESS: Und was machen sie mit Dir?
BASINI: Wer?
TÖRLESS: Reiting.
299. Amerikanisch.
BASINI: Oh, er ist sehr freundlich zu mir. Meist muß ich etwas vorlesen, über Rom und seine Kaiser, über Timor Leng, Die Kamera fährt zurück. Törless hört ihm ungläubig zu *über Iwan, den Schrecklichen, lauter solche blutigen Sachen. Und nachher schlägt er mich meist.*
300. Nah. Törless fährt auf.
TÖRLESS: Wonach? Dann versteht er. Gequält: *Ach so. Und Beineberg?* Er hofft insgeheim, von Beineberg etwas Besseres zu hören.
301. Amerikanisch.
BASINI: Oh, er ist häßlich. Findest Du

nicht auch, daß er aus dem Mund riecht?
TÖRLESS: Schweig! Er reicht Basini dessen Mantel. *Erzähl weiter. Was tut Beineberg?*
BASINI: Dasselbe wie Reiting, nur auf einem anderen Weg. Er hält mir lange Vorträge über meine Seele. Die Kamera fährt langsam auf ihn zu. *Er läßt mich sitzen und ein geschliffenes Glas anstarren, –*
302. Nah. – *bis ich träge und müde bin. Dann muß ich mich auf den Boden legen und gewöhnlich wie ein Hund bellen.*
303. Nah. Törless sitzt im Sessel.
TÖRLESS: Wozu das?
304. Nah.
BASINI: Man weiß nicht, wozu das gut ist.
305. Amerikanisch.
TÖRLESS: Und Du läßt Dir das alles gefallen? Du tust, was man von Dir verlangt?
BASINI: Was bleibt mir übrig. Ich will wieder ein anständiger Mensch werden und meine Ruhe haben.
TÖRLESS: Und was vorher geschehen ist, wird Dir ganz gleichgülig sein?
BASINI: Ich kann mir nicht dagegen helfen. Törless hat während des ganzen Vorherigen immer ungläubiger zugehört. Aber auch immer ungeduldiger, denn nicht die Tatsachen interessieren ihn, sondern das, was Basini dabei empfand. Er steht auf und geht zu einem der schrägen Balken, nimmt von dort ein schwarzes Heft, blättert darin, ohne zu lesen. Die Kamera schwenkt zu Basini: er ist aufgestanden.
306. Nah. Törless ist plötzlich sehr ernst.
TÖRLESS: Gib jetzt genau acht. Wieso konntest Du stehlen?
307. Amerikanisch. Basini setzt sich wieder. Er versteht die Frage nicht und versucht sich zu verteidigen. Überhaupt ist die ganze Szene nach diesem Prinzip aufgebaut: Basini glaubt sich angeklagt, alle Fragen scheinen ihm Nachforschungen und Vorwürfe – also versucht er, sich herauszureden. Törless aber will gar keine sachlichen Auskünfte, sondern versucht verzweifelt festzustellen, wie ein Mensch sich fühlt, der so etwas tut, wie so etwas überhaupt möglich ist. Daher fragen und antworten sie aneinander vorbei.
BASINI: Schau doch, ich brauchte das Geld dringend. Ich hatte bei Reiting Schulden, er wollte sich nicht länger vertrösten lassen. Niemand wollte mir etwas leihen. Törless unterbricht sogleich seine schnell sprudelnde Rede.
TÖRLESS (off): Nein, nicht so, meine ich es. Er kommt zu Basini. *(On) Ich meine, wie konntest Du das tun? Wie fühltest Du Dich? Was ging in Dir dabei vor?* Basini glaubt jetzt zu verstehen, doch weiß er darauf keine Antwort.
BASINI: Ja, gar nichts. Ich fühlte nichts, ich überlegte nichts, es war ganz einfach –
308. Nah. (Off) – *geschehen.*
TÖRLESS: Und das erste Mal mit Reiting? Der erniedrigende Dienst, den Du zu feig warst zu verweigern. Ging da nicht durch Dein ganzes Wesen ein Riß, Die Kamera fährt zurück. Basini kommt ins Bild – *ein Schreck, unbestimmt, so als ob sich eben etwas Unsagbares in Dir vollzogen hätte?*
BASINI: Gott, ich verstehe Dich nicht. Ungeduldig fährt Törless ihn an, ist aufgesprungen und schreit fast
TÖRLESS: Oh – wenn sie Dich anspeien, wenn sie Dich winseln lassen, wenn Du Staub fressen mußt – was geht in Dir vor dabei? Das Bild, das Du von Dir gemacht hast, zerspringt es nicht? Zerspringt es nicht?
BASINI: Du quälst mich. Die Kamera fährt auf ihn zu. *Ich weiß nicht, was Du willst. Es gibt nichts zu erklären. Es geschieht im Augenblick, danach kann gar nichts anderes geschehen. Du würdest genau so handeln an meiner Stelle.* Er weint. Seine mädchenhaften Schultern zucken.
309. Nah. Törless schweigt. Dann beugt er sich auf seine Knie, so, als wolle er Basini um Entschuldigung bitten. Die Kamera fährt langsam zurück (halbnah). Basini weint vor sich hin. Törless sieht ihn an.

Basini (Marian Seidowsky) und Törleß (Matthieu Carrière)

Drehbuch / Einstellung 379–425
(vgl. Romantext, S. 123/124)

TURNSAAL. INNEN. TAG.
379. Halbtotal. Die Schüler boxen, üben Handstand etc. Laute Geräusche. Basini kommt zur Tür herein. Die ersten Schüler hören mit ihrer Gymnastik auf und starren ihn an. Einige stoßen sich an. Die Aufmerksamkeit konzentriert sich ganz auf ihn, es wird zunehmend stiller. Basini geht zaghaft weiter. Einige böse Blicke gleiten an ihm vorbei. Einer wirft mit dem Ball auf ihn. Endlich brütet es wie ein dunkles, von finsteren Gelüsten schwangeres Schweigen über der Klasse. Auch Törless ist darunter. Basini sieht sich in eine Ecke gedrängt und von den Schülern eingekreist. Die Kamera, die den ganzen Vorgang verfolgt hat, gleitet über dieser Situation nach oben in die Totale.

380. Erst nah, dann Transfocatorzug, halbnah. Eine Hand versperrt mit einem Schlüssel die Tür zur Turnhalle. Drei Schüler schieben einen Kasten davor.

381. Amerikanisch. Eine zweite Tür wird mit einem Seil zugebunden.

382. Halbnah. Eine Bank wird davorgeklemmt.

383. Amerikanisch. Die Schüler stehen im Halbrund um Basini; Beineberg und Reiting in der Mitte. Beineberg zieht einen Umschlag aus der Tasche.
BEINEBERG: Wir haben hier etwas Post für Dich.

EIN SCHÜLER: Eine nette Überraschung.

384. Nah. Gegenschuß auf Basini.

BEINEBERG (off): Herrn Anselm von Basini –

385. Amerikanisch. Beineberg liest mit öliger Stimme. Seine Stimme hallt in dem großen Raum. – *Internat Prinz Eugen. Absender: Frau Agatha von Basini ...*

386. Nah.

EIN SCHÜLER: Die liebe Mutti! Gelächter.

387. Amerikanisch. Beineberg gibt Reiting den Brief.

BEINEBERG: Lies vor.

REITING: Mein lieber Junge ... Gelächter.

388. Nah. Gegenschuß auf Basini.

EIN SCHÜLER (off, spöttisch): *Nein, das arme Kerlchen!*

389. Amerikanisch.

REITING: Du weißt, daß von dem wenigen Geld, über das ich als Witwe verfüge ...

EIN SCHÜLER: ... ich mir keinen Liebhaber halten kann ... Gelächter.

390. Nah. Basini beißt die Zähne zusammen.

REITING (off): ... nur wenig für Dich übrig bleibt.

BASINI schreit: *Gib mir den Brief!* Er stürzt sich in die Menge.

391. Nah. Jemand stellt ihm ein Bein.

392. Nah. Er rauft mit Reiting um den Brief. Reiting stößt ihn zurück.

393. Halbnah. Basini wird unter lautem Geschrei –

394. Nah. – herumgestoßen. Törless stößt ebenfalls, scheint aber gleich darauf seinen Schlag zu bereuen. Er steht nachdenklich da, während die anderen Basini aus dem Bild treiben.

395. Halbnah. Um Basini hat sich ein Knäuel gebildet. Man stößt ihn wild herum. Törless läuft auf die Gruppe zu, die Kamera folgt (nah). Er versucht, zu Basini zu dringen.

TÖRLESS: Hört doch endlich auf! Laßt mich durch! Was soll denn der Blödsinn?

396. Nah. Von innen.

EIN SCHÜLER: Du willst ihn wohl beschützen, was?

TÖRLESS: Laßt mich durch! Er drängt weiter.

EIN SCHÜLER: Hast Du mitgemacht bei seinen Schweinereien?

397. Nah.

EIN SCHÜLER: Gehörst wohl auch zu seinen Liebhabern, was? Die Kamera schwenkt auf Törless' sprachloses Gesicht. Gelächter.

398. Nah bis amerikanisch. Basini fliegt vor der Kamera herum.

BASINI: Laßt mich los! Laßt mich los! Nein! Loslassen! Nein.

399. Nah bis amerikanisch. Gedränge. Hände greifen nach Basini.

400. Nah bis amerikanisch. Man reißt Basini das Hemd vom Leib. *Laßt mich los!*

401. Groß. Gierige Hände grapschen nach ihm. Die Kamera schwenkt durch die rasende Menge. Das Gesicht Beinebergs ist kurz zu sehen, ebenso das von Reiting. Basini taumelt. *Nein, laßt mich! Ich kann nicht mehr.*

402. Nah. Er stürzt auf den Boden. *Aufhören!* Hände grapschen nach ihm, stopfen ihm einen Knebel in den Mund.

403. Nah.

EIN SCHÜLER: So hängt ihn doch auf!

2. SCHÜLER: Ja, in die Ringe! Los!

404. Nah. Törless steht mit verkniffenem Gesicht abseits. Er geht zu dem Knäuel, aus dem gerade Basini, mit den Füßen in den Ringen hängend, nach oben gezogen wird.

405. Nah. Zwei Schüler ziehen an der Seite die Ringe nach oben.

406. Basini, mit verstopftem Mund, hängt in der Menge. Wüstes Geschrei.

407. Halbnah. Der Pfarrer kommt in die Turnhalle; im Gang trifft er den Lehrer. Man hört gedämpft das Geheul der Schüler.

PFARRER: Was ist denn da los!

408. Halbnah. Basini hängt jetzt vielleicht anderthalb Meter über dem Boden, den Kopf nach unten. Die Schüler stoßen ihn

hin und her, so daß er an den Ringen ins Baumeln kommt.
409. Nah. Grapschende Hände stoßen Basini.
410. Amerikanisch. Der Pfarrer und der Lehrer sind an die verschlossene Tür gekommen. Der Pfarrer rüttelt. Dann schlägt der Lehrer wütend dagegen.
LEHRER: Aufmachen! Der Pfarrer rüttelt wieder.
411. Groß. Die Stricke, auf der anderen Seite der Tür, geben nicht nach.
412. Nah.
EIN SCHÜLER: Laßt ihn tiefer baumeln. Schwenk.
2. SCHÜLER: Ja, tiefer, immer tiefer.
413. Nah. Die johlende Menge zerrt an Basini.
414. Amerikanisch. Genüßlich lassen die beiden Schüler an der Seite die Ringe ein Stück tiefer.
415. Nah. Die Seile gleiten über die Rollen ein Stück zurück.
416. Halbnah. Basini, mit dem Oberkörper jetzt in der Menge, wird hin und her gestoßen.
417. Nah. Basinis Körper pendelt an den Füßen der Schüler vorbei.
418. Nah. Die Köpfe der Schüler aus Basinis Sicht, verkehrt herum, auf ihn zukommend und von ihm wegfliegend.
419. Amerikanisch. Vor der Tür rütteln die beiden wütend.
LEHRER: Aufmachen!
420. Nah. Die Schüler, aus Basinis Perspektive.
421. Nah. Basini pendelt zwischen den Schülern.
422. Nah. Die Schüler, aus Basinis Perspektive.
423. Groß. Das Seil an der Tür gibt immer noch nicht nach.
LEHRER (off): Aufmachen!
424. Halbnah. Die Schüler haben die drängenden Stimmen von außen gehört. Sie hauen schnell ab. Die Kamera, schräg nach oben gefahren, bleibt halbtotal auf Basinis auspendelndem Körper stehen.
425. Nah. Basini hängt von oben ins Bild. Er stöhnt, zieht sich mühsam den Knebel vom Mund. Speichel tropft. Er holt erleichtert Atem.
PFARRER (off): Mein Gott, das ist doch Basini! Es ist ja geradezu teuflisch.

Drehbuch / Einstellung 468–474
(vgl. Romantext, S. 133)

SCHULHOF. AUSSEN. TAG.
468. Total, von oben. Eine Kutsche fährt zum Tor hinaus. Einzelne Gruppen von Schülern stehen herum, sehen dem Wagen nach.
STRASSE. AUSSEN. TAG.
Frau Törless hat ihren Sohn abgeholt. Sie sitzt mit ihm im Wagen.
469. Groß. Das von einem feinen Schleier verhangene Gesicht von Frau Törless. Sie blickt ihren Sohn an, der im Mantel neben ihr sitzt; die Kamera fährt ein Stück zurück (nah bis amerikanisch).
470. Total. Das Gespann fährt über die verlassene Straße des Dorfes.
471. Nah bis amerikanisch. Törless blickt zum Wagen hinaus.
472. Halbtotal. An seinen Augen gleitet das Gasthaus mit seiner Einfahrt vorbei.
473. Nah bis amerikanisch. Törless lehnt sich zurück. Er schaut seine Mutter verstohlen an.
FRAU TÖRLESS: Was hast Du, Thomas?
TÖRLESS: Nichts, Mama, ich dachte nur eben an etwas. Und er prüft den leise parfümierten Geruch, der aus der Taille seiner Mutter aufsteigt.
474. Halbtotal. Die Droschke fährt über das Land, vorbei an dem kleinen Bahnhof – die Kamera schwenkt auf ihn, total –, in dem gerade die Glocke anschlägt und der Stationsvorsteher auf den Bahnsteig tritt, nach dem Zug schaut und wieder zurückgeht. Langsame Abblende, über die hinaus die elegische Musik leise verklingt.

ENDE

8.3 Schlöndorffs Film in der Kritik

Uwe Nettelbeck: Terror im Internat

42 Auf die Frage, was er in Frankreich gelernt habe, antwortete der siebenundzwanzigjährige Volker Schlöndorff, der erst seit ein paar Monaten wieder in der Bundesrepublik lebt, es handele unmoralisch, wer seinen Beruf freiwillig und doch schlecht ausübe. Es gelte, was jedem Handwerker, jedem Arzt selbstverständlich sei, beim deutschen Film, bei allen seinen Mitarbeitern, vom Kabelleger bis zum Vorführer, wieder zu beleben – die ernsthafte und sachverständige Arbeit. Ein von allen Beteiligten ernsthaft und sachverständig gedrehter Film könne nicht ganz schlecht sein. Zum Außergewöhnlichen reiche diese Zucht zwar nicht, aber nur auf einem gepflegten Beet könne zuweilen eine besondere Blüte gedeihen.

Als Obersekundaner hat Schlöndorff Wiesbaden und ein dortiges Gymnasium verlassen, um nach Paris zu gehen. Am *Lycée Henri Quatre* machte er sein Baccalauréat, an der Sorbonne studierte er Volkswirtschaft bis zum Staatsexamen. Er hat das *Institut des Hautes Etudes Cinématographiques* besucht und war von 1960 bis 1965 Regieassistent bei Louis Malle, Alain Resnais und Jean-Pierre Melville. Nur einmal gab Schlöndorff zwischendurch ein Gastspiel in der Bundesrepublik – in Frankfurt am Main, um das Abitur nachzuholen. Als er sich im vergangenen Sommer in München niederließ und sagte, er werde Robert Musils Roman „Die Verwirrungen des Zöglings Törleß" verfilmen, konnte man zumindest eines erwarten – daß Schlöndorff nicht schludern werde. Zu gut, zu umfassend hatte er sich auf sein Debüt vorbereitet.

Und Schlöndorff hatte Glück: Beim zweiten Anlauf – der erste war erfolglos geblieben, die Mühlen der Wiesbadener Kommission mahlen langsam – wurde sein Drehbuch mit einer Prämie des Bundes ausgezeichnet; Franz Seitz erklärte sich bereit, es zu produzieren; Louis Malle, Schlöndorffs ehemaliger Lehrer, übernahm einen Teil der Kosten, die Münchner Firma Nora den Verleih. Außerdem gelang es Schlöndorff, gegen Luchino Visconti den Wettlauf um die Rechte an Musils Text zu gewinnen, obwohl der Italiener, den vor allem der homoerotische Aspekt des Textes gereizt haben mag, eine stattliche Summe hatte bieten lassen.

Kaum war „Der junge Törleß" fertig, kam der erste Preis, und sogar ein französischer – der neugeschaffene Max-Ophüls-Preis der Stadt Nantes. Das wiederum trug Schlöndorff die ehrenvolle Aufforderung ein, seinen Film in Cannes zu zeigen, obwohl sich die Festival-Direktion bereits dazu entschlossen hatten, in diesem Jahr den von deutscher Seite offiziell benannten Beitrag, Ulrich Schamonis „ES", in das Programm aufzunehmen, und darauf achten mußte, die Zahl der Wettbewerbsfilme zu beschränken. In Cannes hat „Der junge Törleß" inzwischen seine erfolgreiche Uraufführung erlebt; noch im Mai soll der Film in bundesdeutschen Kinos zu sehen sein.

„Der junge Törleß" beginnt mit einer Sequenz sehr schöner Bilder zu Robert Musils erstem Satz: *„Eine kleine Station an der Strecke, welche nach Rußland führt."* Langsam schwenkt die Kamera über ein endloses, herbstliches Stoppelfeld, hinweg über die zum Horizont hinlaufenden schnurgeraden Schienen auf das trostlose Stationshäuschen. Aus seiner Tür tritt der Bahnhofsvorsteher, eine Großaufnahme zeigt seine Taschenuhr: *„Er schüttelte den Kopf und verschwand wieder; so wie die Figuren kommen und gehen, die aus alten Turmuhren treten, wenn die Stunde voll ist."* Ein Zug wird kommen, irgendwann, von irgendwoher, und wieder abfahren, eine plötzliche Leere hinterlassend – abgeschnitten von der Außenwelt liegt in der Nähe der kleinen Station ein Internat. Nichts sei der Erziehung förderlicher, heißt es, als saubere Luft, Abgeschiedenheit, die Nähe der Natur, eine einfache Gegend und eine unverdorbene Landbevölkerung ringsum.

Begleitet von Mitschülern, bringt der Zögling Törleß seine Eltern zum Zug, der in die Residenzstadt fährt. Er solle doch, bitte schön, ein Auge auf seinen Buben haben, wendet sich der Hofrat Törleß an Beineberg, den selbstbewußtesten der Schüler. Es mache ihr den Abschied nicht gar zu schwer, ihren Sohn unter so netten Kameraden zu wissen, seufzt die Frau Hofrat. Törleß ist die Szene peinlich, mühsam beherrscht er sich: Was ihm denn schon passieren könne.

Auf dem Rückweg muß er sich Beinebergs Hänseleien gefallen lassen: Das Bubi habe wohl Heimweh. Törleß antwortet nicht, das laute und derbe, ihm noch fremde Gehabe der Söhne aus den besten Familien des Landes irritiert ihn. Mit einer langen Kamerafahrt durch eine Straße des zum Konvikt gehörenden Dorfes beendet Schlöndorff die Exposition: Durch ein Fenster sieht Törleß ein Mädchen, das bügelt, durch ein offenstehendes Hoftor ein anderes Mädchen vor einem Waschtrog, das zu ihm aufblickt, in einem halbdunklen Raum schneidet der Metzger die Gedärme aus [einem Schwein] – Bilder, die Törleß seltsam beunruhigen, ihn mit einer sehnsüchtigen Neugierde erfüllen, die sich in das Gefühl des Stolzes mischt, der Obhut seiner Eltern endlich entronnen zu sein.

Törleß schließt sich Beineberg und Reiting an, den Wortführern der Klasse. Er begleitet sie auf ihren Ausflügen ins Dorf, in die Kneipe oder ins Café und zu Božena, der Hure des Fleckens. Und eines Tages läßt er sich von ihnen in die Affäre Basini verwickeln. Basini, ein weichlicher Knabe, hat aus Beinebergs Schrank Geld gestohlen, um seine Schulden bei Reiting bezahlen zu können. Reiting kommt dahinter. Statt den Diebstahl der Schulleitung zu melden, beschließt er, Basini auf eigene Faust zu bestrafen. Er weiht Beineberg und Törleß ein: Die drei haben ein Spielzeug gefunden. In ihrem Refugium auf dem Dachboden des Schulgebäudes prügeln, quälen und mißbrauchen sie Basini, der es nicht wagt, sich zu wehren.

Beineberg nimmt auch diese Sache in seine Hände. Um sich über die Welt erheben zu können, sagt er, müsse man das in sich abtöten, was einen zum Sklaven des Lebens mache – zum Beispiel die Gefühle. Und dazu komme Basini gerade recht. Der weniger intelligente Reiting dagegen denkt sich nicht viel dabei, ihm macht die Angelegenheit Spaß, das genügt ihm. Törleß ist der zurückhaltendste der drei. Der Fall Basini ist für ihn zugleich auch ein Fall Beineberg und Reiting, ebensosehr wie die Feigheit Basinis interessiert ihn die Brutalität der Freunde.

Nach ein paar Wochen beginnen ihn jedoch die nächtlichen Zusammenkünfte auf dem Dachboden zu langweilen und anzuwidern. Er rät Basini, die Vorfälle zu melden. Er habe etwas hinter allem gesucht, erklärt er Reiting, der ihm Vorhaltungen macht, aber jetzt sehe er nur noch eine Roheit, und die habe er satt. Als Beineberg und Reiting ihn daraufhin zwingen wollen, weiter mitzuspielen, ergreift Törleß Basinis Partei – aus Stolz, nicht weil ihm Basini leid tut.

In der Turnhalle kommt es schließlich zum blutigen Finale: Beineberg und Reiting hetzen die ganze Klasse gegen Basini auf. Basini wird zusammengeschlagen und an den Füßen aufgehängt. Törleß, der vor die Lehrer zitiert wird und dort weder für die Geschichte mit Basini noch für sein tagelanges unerlaubtes Wegbleiben aus dem Internat danach eine diese zufriedenstellende Erklärung abgeben kann, muß das Konvikt verlassen. Die letzten Einstellungen des Films – Törleß wird von seiner Mutter in einem Einspänner abgeholt – ähneln denen des Beginns: Wieder sieht man die kleine Station und das flache, trostlose Land dahinter, doch leeren sich diesmal die Bilder.

Musils erster, im Jahre 1906 erschienener Roman ist einer jener literarischen Texte, denen der Lauf der Geschichte nachträglich zur Eindeutigkeit verholfen hat: Aus einer Pubertätsstudie in der Tradition des psychologisierenden naturalistischen Romans ist ein Stück Hellseher-Prosa geworden, aus der autobiographisch gefärbten Schilderung intimer Entwicklungsschwierigkeiten die präzise Vorwegnahme späterer Schrecken, aus einer Internatsgeschichte eine politische Parabel.

Schlöndorff hat sich bei seiner Adaptation[1] an beide Aspekte des Stoffes gehalten. Auf der einen Seite zögerte er nicht, der einfachen Formel zuzustimmen, auf die der politische Sinn des Textes zu bringen ist: *„Basini ist der Jude, Beineberg und Reiting sind die Diktatoren, Törleß verkörpert das deutsche Volk, von dem man sagen könnte, daß es schuldiger ist als die Tyrannen. Schuldiger, weil es die Möglichkeit gehabt hätte, zu erkennen."* Auf der anderen Seite aber ließ er sich die Gelegenheit nicht entgehen, mit dem „Törleß" einen Beitrag zur Phänomenologie[2] des Internats zu leisten. Für ihn, der selber ein Internatsschüler war, lag darin auch kein Widerspruch. Denn sowenig die politische These des Films durch ihre Kostümierung an Schärfe verlor, weil sie einen Zustand beschreibt, der mit den tausend Jahren nicht dahingegangen ist, sowenig ist diese Internatsgeschichte eine bloß historische, weil die Beinebergs und Reitings noch immer am trefflichsten in Internaten gedeihen und die Basinis in solchen Schulen nach wie vor ein schweres Leben haben.

Wahrscheinlich muß man Internatsschulen von innen und aus jahrelanger Erfahrung kennen, um zu sehen, mit welcher bewundernswürdigen Sicherheit in den Details Schlöndorff erzählt. Und Musils Roman gelesen haben, der keine einzige konkrete, beim Drehen verwendbare Auskunft über die Anstalt liefert, in der er spielt. Im Buch ist das Konvikt nicht mehr als eine vage, nur eben angedeutete Kulisse. Ein geringeres und weniger sachverständiges Talent als Schlöndorff hätte daran unweigerlich scheitern müssen: Es war dies die entscheidende Hürde, die zu nehmen war.

Wer es nicht weiß, wird es auch nicht ahnen können – daß es die Schule, die im Film zu sehen ist, nirgendwo gibt, daß Schlöndorff sie erst am Schneidetisch zusammengesetzt hat. Nur so aber konnte sie zu dem werden, was sie ist, zu einem Destillat[3] aus Einzelansichten – ihre Fassade zum Beispiel ist die Fassade des Grazer Heimatmuseums – und Schlöndorffs spezifischen Vorstellungen von einem Internat: Der Park, das schloßähnliche Gemäuer, die Flure, Treppen, Klassenräume und Innenhöfe sind aus ihrer jeweiligen Umgebung herausoperiert und mit dem Dorf und jener Landschaft an der österreichisch-ungarischen Grenze, in der Schlöndorff die meisten der Außenaufnahmen gedreht hat, zu einer Szenerie montiert, die den Intentionen der Geschichte auf ideale Weise entspricht.

Nicht weniger sorgfältig hat Schlöndorff, der überhaupt eher den Eindruck eines Routiniers als den eine Debütanten macht, mit den Darstellern der Schüler gearbeitet. Matthieu Carrière, der den Törleß spielt, bewegt sich, als habe er acht Jahre in Salem[4] verbracht, ob er er nun eine Tür aufstößt – ohne den Rhythmus seines Schritts zu ändern – oder sich die Hände wäscht – ohne sich vornüberzubeugen: Jede noch so winzige Geste sitzt. Da fällt nicht mehr ins Gewicht, daß Schlöndorff die Rolle der Božena aus Neigung und wohl wider bessere Einsicht an Barbara Steele vergab, die natürlich viel zu apart ist.

„Der junge Törleß" ist ein sanfter, melancholischer Film. Um so schockierender sind deshalb seine krassen Stellen, die Augenblicke, in denen der Terror und die Gewalttätigkeit den wahren Charakter dieser Knaben-Idylle verraten: Eine Großaufnahme zeigt eine ermattete Fliege, um die ein Federhalter einen schwarzen Kreis zieht, ehe er sie zerquetscht; Reiting quält eine weiße Maus, indem er sie am Schwanz über seiner brennenden Pfeife baumeln läßt, Törleß nimmt sie und klatscht sie gegen einen Stein; Beineberg sticht eine Nadel zentimetertief in Basinis Oberarm, wiederum in einer Großaufnahme; der an den Beinen aufgehängte Basini erbricht sich vor Schmerz und Erschöpfung.

Wilfried Berghahn hat in seiner Monographie über Robert Musil gesagt, dieser habe in der Beschreibung jugendlicher Grausamkeit die Methodik des nationalsozialistischen Konzentrationslagers enthüllt: *„Musil schreibt, ohne es zu wissen, die Vorgeschichte der Diktaturen des 20. Jahrhunderts. Er durchleuchtet die psychologischen Spannungen und sexuellen Aggressionen einiger Halbwüchsiger in der Verborgenheit einer Militärschule und findet in ihnen das komplette Arsenal der Roheit, die später Geschichte macht. Die Kruste bürgerlicher Wohlanständigkeit zerspringt, es knistert im Gebälk, das heimliche, lange unterdrückte Verlangen nach Demütigung und Vernichtung der rationalen Selbstsicherheit der Epoche feiert seine ersten Triumphe. Unter der Oberfläche gewöhnlicher Schülertorheiten und Internatspsychosen bricht die Barbarei hervor … Musil spürt den Boden unter seinen Füßen schwanken, entdeckt die finstersten Kavernen, schildert mit größter Präzision die Entfremdung des Menschen."*

Schlöndorff hat es sich mit dieser Tendenz der Vorlage nicht zu einfach gemacht und sich nach seinen eigenen Worten gehütet, den „Faktor Zeitgeschichte hineinzubringen". Er wußte warum: Es wäre einer unzulässigen Verharmlosung der späteren Greuel gleichgekommen. Es war komplizierter und richtiger, die Historizität des Textes nicht anzutasten. Nur dadurch ist es Schlöndorff auch gelungen, diesem Buch der Jahrhundertwende seine Aktualität zu erhalten. Nicht um die Demonstration, daß Musils Vision bereits Geschichte geworden ist, ist es Schlöndorff gegangen, sondern um den Hinweis auf die in ihr beschriebene Disposition der bürgerlichen Gesellschaft, die geblieben ist und noch einmal Geschichte machen könnte. Insofern ist der „Törleß" auch ein polemischer Film.

Der Leiter der deutschen Delegation in Cannes, Bernhard von Tiechowitz, ein Bonner Diplomat, hat während der Premiere des „Törleß" unter Protest das Festival-Kino verlassen, wobei er ironischerweise ausgerechnet der Frau des „Törleß"-Produzenten Seitz auf die Füße trat: Wenn es also schon nicht die Filme sind, die uns an der Croisette[5] blamieren, und das war ja bisher die Regel, dann sorgen wenigstens unsere Offiziellen dafür, daß der Ruf der Bundesrepublik trotzdem nicht besser wird.

[1] Adaptation: Umarbeitung eines literarischen Werkes für Film oder Funk
[2] Phänomenologie: Beschreibung der Erscheinungsform
[3] Destillat: neue Zusammensetzung
[4] Salem: Landerziehungsheim in Baden-Württemberg
[5] Croisette: Promenade in Cannes, an der die Filmfestspielhalle liegt

Karl Corino: Die Verirrungen des Debütanten Schlöndorff

43 Vor einiger Zeit erfuhr der erstaunte Kinobesucher in der Bundesrepublik, daß die Renaissance des deutschen Films kurz bevorstünde: in der Wochenschau sah man Berichte von den Dreharbeiten zu dem Film *Der junge Törleß*. Man wurde vor allem auf *Volker Schlöndorff*, Drehburchautor und Regisseur in einer Person, und den Hauptdarsteller, *Matthieu Carrière*, aufmerksam gemacht; Matthieu Carrière, der schon den Tonio Kröger in Thomas Manns gleichnamiger Novelle gespielt hatte: sicherlich ein leichteres Werk als Musils Erstling und eine leichtere Rolle! Aber Bedenken des Zuschauers wegen der Schwierigkeit des Schlöndorffschen Unternehmens wurden schnell mit Vorschußlorbeeren eingedeckt.

„*report*“ („aus Film und Fernsehstudio“) kann man entnehmen, daß Schlöndorff *genau den Intentionen Musils* folgt. *Er verfilmt Musil nicht buchstabengetreu. Eine derart sklavische Abhängigkeit würde eine werktreue Verfilmung nur behindern. Er filmt ‚im Geiste‘ des Romans. Er versucht das, was Musil durch das Medium der Sprache ausdrückt, optisch zu gestalten.*

Aus den Äußerungen Schlöndorffs geht eindeutig hervor, was er für den Geist des Romans hält: *Die Geschichte selbst ist der Archetypus eines Machtverhältnisses, eine Studie zum Thema ‚Die Macht und ihr Mißbrauch‘* (report). Damit ist klar, daß Schlöndorff Musils Buch auf *eine* Tendenz getrimmt hat: die politische. Vielleicht stützt er sich dabei auf jene Notiz des Autors, daß im *Törleß* die Triebgrundlagen des *Dritten Reiches* vorweggenommen seien. Wenn Musil rückblickend diesen Aspekt in seinem Werk zusätzlich entdeckt, so heißt das nicht, daß *Die Macht und ihr Mißbrauch* oder *Die Schuld der Mitläufer* der Hauptnenner des Buchs für ihn geworden war.

Man kann nicht leugnen, daß auch Kunstwerke Geschichte haben, daß sie sich im Lauf der Zeit vielleicht sogar objektiv verändern – konkret: daß der Terror des *Dritten Reichs* die Problematik im *Törleß* verändert hat und daß die Fragen, die Törleß beschäftigen hinter solchen der Gruppendynamik zurücktreten. Aber kann man die Intentionen, die der Autor hegte und die auch in seinem Buch Gestalt geworden sind, ganz außer acht lassen: die „metaphysische Erotik“ Törleß', von der *Eithne Wilkins* und *Ernst Kaiser* sprechen, eine Erotik, *die sich auf alle Erscheinungen bezieht, die in Törleß' Bewußtsein treten*, die Mutter-Sohn-Beziehung, die zu dieser Erotik zu gehören scheint, der doppelte Blick des Helden, der die Dinge mit den Augen des Verstandes und mit den Augen des Gefühls sieht, die an Hofmannsthals Chandos-Brief erinnernde Sprachproblematik, auf die das Motto (nach Maeterlinck) schon so eindringlich hinweist? Machen nicht diese Komplexe auch den Geist des Romans aus, und wenn das der Fall ist, warum wurden sie dann nicht optisch gestaltet?

Nun kann man antworten, daß einige der oben genannten Phänomene auf der Leinwand nicht sichtbar gemacht werden können. Für die Sprachthematik sei das zugegeben; man kommt hier an die Grenzen des Films. Doch kann man sich des Eindrucks nicht erwehren, daß die Regisseure einfach die Anstrengung scheuen, Gedanken und Gefühle in Bilder umzusetzen. Vielleicht fehlt es ihnen auch an Phantasie. Jedenfalls zog es Schlöndorff vor, mit der ihm zur Verfügung stehenden Imagination Musils Werk zu drapieren[1], anstatt das in der Sprache (manchmal abstrakt) Ausgedrückte auf der Leinwand anschaulich zu machen.

Es zeigt sich immer wieder, wie wenig Schlöndorff vom Geist des Buches begriffen hat. Sonst hätte er merken müssen, daß das ganze Gebäude ins Wanken gerät, wenn man nur einen einzigen Baustein ändert. Das eben ist ein Zeichen für die Qualität eines Kunstwerks. Beginnen wir beispielshalber mit dem Anfang – sogar Schlöndorff tut das, was nicht selbstverständlich ist, wenn man eine Anzahl von Romanverfilmungen kennt. Man freut sich also, aber die Freude währt nicht lange, denn der Bahnhofsvorstand, der von Zeit zu Zeit, *in gleichen Intervallen* aus seinem Amtszimmer heraustreten, *mit der gleichen Wendung des Kopfes* nach den Signalen sehen, *mit ein und derselben Bewegung des Armes* seine Taschenuhr hervorziehen und kopfschüttelnd verschwinden soll, verweigert Musil den Gehorsam. Man ist zunächst geneigt anzunehmen, daß die Wiederholungen der Szene der Schere eines nicht ganz informierten Cutters zum Opfer gefallen sind, glaubt dann aber bald nicht mehr an den Irrtum untergeordneter Stellen.

Wenn man die Essenz des Buches hätte vermitteln wollen, hätte man auf eine Repetition nicht verzichten dürfen. Man hätte die Figuren einblenden können, *die aus alten Turmuhren treten, wenn die Stunde voll ist,* an die das Kommen und Gehen des Bahnbeamten erinnert. Gewiß, ähnliches sieht man zu Beginn der alten Verfilmung des *Zerbrochenen Kruges,* aber das ist nicht relevant. Dort ist es ein Einfall des Regisseurs, der noch zum Vorspann gehört, hier stammt der Einfall von Musil und gehört zum Werk. Schlöndorff hätte den scheinbaren Mangel an Originalität nicht zu scheuen brauchen und das Bild Musils ruhig wiedergeben sollen, gerade weil er Handwerker sein will – das Handwerk kennt gute Traditionen – und kein stilistischer Neuerer.

Hier berühren wir ein grundsätzliches Problem, nämlich das, ob ein Film, der auf der Höhe seiner literarischen Vorlage sein will, die dichterische Metaphorik unterschlagen darf. Was nämlich literarische Texte von der Alltagssprache scheidet, ist die Art und Weise, wie die Metapher und der Vergleich in ihnen gehandhabt werden. Die *uneigentliche* Rede des Dichters ist oft die eigentliche, sie deutet das Geschehen oder verdeutlicht es zumindest. Die Egalisierung und Ausmerzung der Metaphorik ist oft eine Reduzierung der Vorgänge vom Sinn auf das factum brutum[2]. Ein Regisseur mit Ambitionen sollte überlegen, ob er bei der Verfilmung eines literarischen Kunstwerks die dichterische Metapher, die nicht umsonst auch als *Bild* bezeichnet wird und schon in der Sprache ein optisches Element ist, nicht transformieren kann in das Medium des Films. Das soll nicht heißen, daß man Bücher Wort für Wort ins Visuelle übersetzen muß, aber an zentralen Stellen (z.B. am Anfang des *Törleß'*) wäre ein solches scheinbar pedantisches und banausisches Verfahren angebrachter, als es sich diejenigen träumen lassen, die nichts als die Eigengesetzlichkeit des Filmes im Munde führen. Mitunter ist das Selbstverständliche und Naheliegendste das Richtige – und Originelle!

Es ist fatal, daß Schlöndorffs Film nicht nur Musil, sondern auch sich selbst widerspricht. Aber wer will Konsequenz von einem Mann durch einen ganzen Film hindurch verlangen, wenn er sich schon nach ein paar Sätzen verwirrt. Laut *report* wurde nämlich Schlöndorff gefragt, ob er in seinem Film die Atmosphäre der Jahrhundertwende schaffe wolle. Seine Antwort lautet: *Ich vergesse vollkommen, daß meine Geschichte vor sechzig Jahren spielt. Selbstverständlich fahren meine Helden nicht im Sportwagen, sondern in einer Kutsche ...*

Entweder vergißt man oder man vergißt nicht: entweder Kutsche, dann in allem Stil der Jahrhundertwende, oder Sportwagen, dann durchgängig Stil und Requisiten der Gegenwart. Entweder Kadettenschule, dann Uniform, oder modernes Internat, dann modische Pullover und lange Schals. Nicht beides! Entweder das alte Österreich als Schauplatz (darauf verweist bei

Schlöndorff das Ungarische der Frauen am Kartoffelfeuer), dann muß das Deutsch der Personen österreichisch gefärbt sein und nicht etwa münchnerisch oder gar norddeutsch, oder die Geschichte spielt irgendwo ... So aber weist der Film einen eigenartigen Synkretismus[3] auf, *Mischmasch* muß man schon beinahe sagen, Schizophrenie, Konfusion ...

Das sind wahrlich keine stilistischen Neuerungen – aber Schlöndorff hat sowieso keine Ambitionen auf diesem Gebiet. Besonders gilt dies auch für die Kameraführung: man wird sich darüber einig sein, daß sie nur an einer Stelle ein bißchen interessant ist, nämlich als der Protagonist Basini in der Turnhalle bestraft wird, hin und her gestoßen und schließlich an die Ringe gehängt wird. Die Kamera macht diese Bewegungen mit. Aber diese Technik ist ja auch nichts Neues. Wo ist das Pendant zu Musils doppeltem Blick? Denn das dürfte ein Kriterium bei der Verfilmung literarischer Kunstwerke sein, daß die Optik der Kamera der des Autors gleichkommen muß.

Resümieren wir: eine Chance wurde vertan. Wir bekommen einen *deutschen Spielfilm* knapp über dem durchschnittlichen Niveau. *report* meint: *Man möchte hoffen, daß Musil, der während seines ganzen Lebens unbekannt geblieben ist, durch Schlöndoffs Film „Der junge Törleß" etwas mehr ins Bewußtsein der literarischen Öffentlichkeit gerückt wird.* Ganz kann man da nicht zustimmen: der literarischen Öffentlichkeit ist Musil längst bekannt. Ob man das aber auch von diesem Film wird behaupten können?

1 drapieren: ausschmücken
2 factum brutum: unveränderbare Tatsache
3 Synkretismus: Verschmelzung verschiedener Auffassungen, Standpunkte usw.

Literaturhinweise

1. Werke Robert Musils

Musil, Robert: Gesammelte Werke. Hrsg. von *A. Frisé.* Rowohlt Verlag, Reinbek 1978, 2 Bde
Musil, Robert: Gesammelte Werke in neun Bänden. Hrsg. von *A. Frisé.* Rowohlt Taschenbuch Verlag, Reinbek 1978 [Text- und seitenidentisch mit der zweibändigen gebundenen Ausgabe]
Musil, Robert: Tagebücher. Hrsg. von *A. Frisé.* Rowohlt Verlag, Reinbek 2. Aufl. 1983 (Bd. 1: Tagebücher; Bd. 2: Anmerkungen, Anhang, Register)
Musil, Robert: Briefe 1901–1942. Hrsg. von *A. Frisé.* Rowohlt Verlag, Reinbek 1981. (Bd. 1: Briefe 1901–1942; Bd. 2: Kommentar, Register)

2. Bibliographien und Forschungsberichte

Arntzen, Helmut: Musil-Kommentar sämtlicher zu Lebzeiten erschienener Schriften außer dem Roman „Der Mann ohne Eigenschaften". Winkler Verlag, München 1980
Freese, Wolfgang: Zur neueren Musil-Forschung. Ausgaben und Gesamtdarstellungen. In: Text + Kritik. Verlag edition text + kritik, München. Heft 21/22, 3. Aufl. (Neufassung) 1983, S. 86–148
Mae, Michiko/Thöming, Jürgen C.: Auswahlbibliographie zu Robert Musil. In: Text + Kritik. Verlag edition text + kritik, München. Heft 21/22, 3. Aufl. (Neufassung) 1983, S. 153–177
Roseberry, Robert L.: Robert Musil. Ein Forschungsbericht. (Fischer Athenäum Taschenbücher 2073). Frankfurt a. M. 1974

3. Zur Biographie Robert Musils

Berghahn, Wilfried: Robert Musil in Selbstzeugnissen und Bilddokumenten. (rowohlts bildmonographien Nr. 81), Rowohlt Taschenbuch Verlag, Reinbek 1984
Corino, Karl: Törleß ignotus. Zu den biographischen Hintergründen von Robert Musils Roman „Die Verwirrungen des Zöglings Törleß". In: Text und

Kritik. Richard Boorberg Verlag, München. Heft 21/22, 2. Aufl. 1972, S. 61–72

Dinklage, Karl: Musils Herkunft und Lebensgeschichte. In: K. D. (Hrsg.): Robert Musil. Leben, Werk, Wirkung. Rowohlt Verlag, Reinbek 1960, S. 187–264

Frisé, Adolf: Plädoyer für Robert Musil. Hinweise und Essays 1931 bis 1980. (das neue buch 147), Rowohlt Taschenbuch Verlag, Reinbek 1980

Mulot, Sibylle: Der junge Musil. Seine Beziehungen zu Literatur und Kunst der Jahrhundertwende. (Stuttgarter Arbeiten zur Germanistik Nr. 40), Akademischer Verlag Hans-Dieter Heinz, Stuttgart 1977

Musil, Robert: Tagebücher Bd. 1, bes. S. 911–966 (→ Literaturhinweise 1. Werke Robert Musils)

Willemsen, Roger: Robert Musil. Vom intellektuellen Eros. (Serie Piper Porträt 5208), München Zürich 1985

4. Kultur und Politik um 1900

Craig, Gordon A.: Deutsche Geschichte 1866–1945. Verlag C. H. Beck, München 1980

Hamann, Richard/Hermand, Jost: Stilkunst um 1900. (Epochen deutscher Kultur von 1870 bis zur Gegenwart Bd. 4). Nymphenburger Verlagshandlung, München 1973

Jugend in Wien. Literatur um 1900. Katalog einer Ausstellung des Deutschen Literaturarchivs im Schiller-Nationalmuseum Marbach a. N. Ernst Klett Verlag, Stuttgart 1974

Karthaus, Ulrich (Hrsg.): Impressionismus, Symbolismus und Jugendstil. (Die deutsche Literatur. Ein Abriß in Text und Darstellung. Bd. 13 / RUB 9649). Philipp Reclam jun., Stuttgart 1977

Killy, Walther (Hrsg.): Zeichen der Zeit. Ein deutsches Lesebuch in vier Bänden. Bd. 4: Verwandlung und Wirklichkeit. Von 1880 bis zum 2. Weltkrieg. (Fischer Bücherei 243). Frankfurt a. M. und Hamburg 1958

Mommsen, Wolfgang J.: Das Zeitalter des Imperialismus. (Fischer Weltgeschichte Band 28). Fischer Taschenbuch Verlag, Frankfurt a. M. 1969.

Prill, Meinhard: Die Klassiker der modernen deutschen Literatur. Von Gerhart Hauptmann bis Hermann Hesse. (Hermes Handlexikon). ECON Taschenbuch Verlag, Düsseldorf 1984

Traum und Wirklichkeit. Wien 1870–1930. Katalog der 93. Sonderausstellung des Historischen Museums der Stadt Wien. Eigenverlag der Museen der Stadt Wien, Wien 1985

Trommler, Frank (Hrsg.): Jahrhunderwende: Vom Naturalismus zum Expressionismus. 1880–1918. (Deutsche Literatur. Eine Sozialgeschichte. Hrsg. von H. A. Glaser. Bd. 8). Rowohlt Taschenbuch Verlag, Reinbek 1982

Wehler, Hans-Ulrich: Das Deutsche Kaiserreich 1871–1918. (Deutsche Geschichte Band 9. Kleine Vandenhoeck-Reihe 1380). Vandenhoeck & Ruprecht, Göttingen 1973

Žmegač, Viktor (Hrsg.): Deutsche Literatur der Jahrhundertwende. (Neue wissenschaftliche Bibliothek 113) Verlagsgruppe Athenäum – Hain – Scriptor – Hanstein, Königstein/Ts. 1981

5. Jugend und Schule um 1900

Bertschinger, Thomas: Das Bild der Schule in der deutschen Literatur zwischen 1890 und 1914. Zürich 1969 (Zürcher Beiträge zur Pädagogik 9)

Erikson, Erik H.: Jugend und Krise. Die Psychodynamik im sozialen Wandel. (Ullstein Buch Nr. 39013). Klett-Cotta, Stuttgart 1981

Gottschalch, Wilfried: Schülerkrisen. Autoritäre Erziehung, Flucht und Widerstand. (sachbuch rororo 7070). Rowohlt Taschenbuch Verlag, Reinbek 1977

Jens, Walter: Erwachsene Kinder. Das Bild des Jugendlichen in der modernen Poesie. In: W. J.: Statt einer Literaturgeschichte. Verlag Günther Neske, Pfullingen 1957/1962, S. 135–159

Krebs, Gotthold: Die k. u. k. Militär-Oberrealschule zu Mährisch-Weißkirchen. Ein Beitrag zur Geschichte des Militärbildungswesens während der letzten fünfzig Jahre. Wien und Leipzig 1906

Minder, Robert: Kadettenhaus, Gruppendynamik und Stilwandel von Wildenbruch bis Rilke und Musil. In: R. M.: Kultur und Literatur in Deutschland und Frankreich. Fünf Essays. (suhrkamp taschenbuch 397). Frankfurt a. M. 1977, S. 76–95

Muchow, Hans Heinrich: Sexualreife und Sozialstruktur der Jugend. (rowohlts deutsche enzyklopädie 94). Reinbek 1959

Ries, Heidi: Vor der Sezession. Untersuchungen zur Schul- und Kadettengeschichte um die Jahrhundertwende. Diss. München 1970

Schink, Helm: Jugend als Krankheit? Hermann Hesse, Robert Musil, Franz Kafka, Reinhold Schneider, Anne Frank, Franz Innerhofer. Linz 1980

Stierlin, Helm: Eltern und Kinder. Das Drama von Trennung und Versöhnung im Jugendalter. (suhrkamp taschenbuch 618) Frankfurt a. M. 1980

Wiese, Leopold von: Kadettenjahre. Mit einer Einführung von Hartmut von Hentig. Langewiesche-Brandt, Ebenhausen bei München 1978 [Der Bericht von Leopold von Wiese erschien zuerst 1924 unter dem Titel „Kindheit; Erinnerungen aus meinen Kadettenjahren" im Verlag Paul Stegemann, Hannover.]

6. Ausgewählte Sekundärliteratur zu Musils Roman „Die Verwirrungen des Zöglings Törleß“

Aler, Jan: Als Zögling zwischen Maeterlinck und Mach. Robert Musils literarisch-philosophische Anfänge. In: Probleme des Erzählens in der Weltliteratur. Festschrift für Käte Hamburger. Hrsg. von F. Martini. Ernst Klett, Stuttgart 1971, S. 234–290

Baur, Uwe: Zeit- und Gesellschaftskritik in Robert Musils Roman „Die Verwirrungen des Zöglings Törleß“. In: U. B. und D. Goltschnigg: Vom Törleß zum Mann ohne Eigenschaften. Grazer Musil-Symposion 1972. Wilhelm Fink Verlag, München Salzburg 1973, S. 19–45. (Musil-Studien 4)

Braun, Wilhelm: Neuere Interpretation zu den „Verwirrungen des Zöglings Törleß“. In: Modern Austrian Literature 9. 1976. Nr. 3/4, S. 43–56

Brosthaus, Heribert: Der Entwicklungsroman einer Idee. Untersuchungen zu Gehalt, Struktur und Stil in Robert Musils Roman „Die Verwirrungen des Zöglings Törleß“. Diss. Würzburg 1970

Dänzer, Hans: Robert Musils Roman „Die Verwirrungen des Zöglings Törleß“. Freilegung und Beschreibung. Diss. Zürich 1970

Desportes, Yvon: Vergleichende Untersuchung eines Stils und einer Philosophie: Ein Werk Musils aus der Sicht Machs (1974). In: Robert Musil. Hrsg. von R. von Heydebrand. (Wege der Forschung Bd. 588). Wissenschaftliche Buchgesellschaft, Darmstadt 1982, S. 281–295

Düsing, Wolfgang: Utopische Vergangenheit. Zur Erinnerungstechnik in Musils früher Prosa. In: Zeitschrift für Deutsche Philologie 89. 1970, S. 531–560

Düsing, Wolfgang: Erinnerung und Identität. Untersuchungen zu einem Erzählproblem bei Musil, Döblin und Doderer. Wilhelm Fink Verlag, München 1982

Freij, Lars W.: ‚Türlosigkeit‘. Robert Musils „Törleß“ in Mikroanalysen mit Ausblicken auf andere Texte des Dichters. Almquist und Wiksells, Stockholm 1972

Frier, Wolfgang: Die Sprache der Emotionalität in den „Verwirrungen des Zöglings Törleß“ von Robert Musil. Ein Beitrag zur angewandten Textlinguistik. (Abhandlungen zur Kunst-, Musik- und Literaturwissenschaft 179). Bouvier Verlag Herbert Grundmann, Bonn 1976

Großmann, Bernhard: Robert Musil. Die Verwirrungen des Zöglings Törleß. Interpretation. (Interpretationen für Schule und Studium). R. Oldenbourg Verlag, München 1984

Herwig, Dagmar: Der Mensch in der Entfremdung. Studien zur Entfremdungsproblematik anhand des Werkes von Robert Musil. Paul List Verlag, München 1972

Huber, Lothar: Robert Musils Törleß und die Krise der Sprache. In: Sprachkunst. Beiträge zur Literaturwissenschaft IV. Jg. 4, Wien 1973, S. 91–99.

Issler, Maria: Robert Musil „Die Verwirrungen des Zöglings Törleß". Versuch einer Interpretation. Diss. Zürich 1972

Krejci, Michael: Robert Musil: Die Verwirrungen des Zöglings Törleß. In: Deutsche Romane von Grimmelshausen bis Walser. Interpretation für den Literaturunterricht. Scriptor Verlag, Königstein/Ts. 1982, Bd. 1, S. 123–142

Magnou, Jaqueline: ‚Törleß' – Eine Variation über den Ödipus-Komplex? Einige Bemerkungen zur Struktur des Romans (1977). In: Robert Musil. Hrsg. von R. von Heydebrand. (Wege der Forschung Bd. 588). Wissenschaftliche Buchgesellschaft, Darmstadt 1982, S. 296–318

Mattenklott, Gert: Der „subjektive Faktor" in Musils ‚Törleß'. Mit einer Vorbemerkung über die Historizität der sinnlichen Wahrnehmung (1973/1976). In: Robert Musil. Hrsg. von R. von Heydebrand. (Wege der Forschung Bd. 588). Wissenschaftliche Buchgesellschaft, Darmstadt 1982, S. 250–276

Meuthen, Erich: Törleß im Labyrinth. In: Deutsche Vierteljahresschrift für Literaturwissenschaft und Geistesgeschichte. Jg. 59. Heft 1, J. B. Metzler Verlag, Stuttgart 1985, S. 125–144

Müller, Gerd: Dichtung und Wissenschaft. Studien zu Robert Musils Romanen „Die Verwirrungen des Zöglings Törleß" und „Der Mann ohne Eigenschaften". (Studia Germanistica Upsaliensia 7). Almquist & Wiksells, Uppsala 1971

Pott, Hans-Georg: Das Trauma des Leibes und der Rede im „Törleß". In: H.-G. P.: Robert Musil. (Uni-Taschenbücher 1287). Wilhelm Fink Verlag, München 1984, S. 11–25

Reniers-Servranckx, Annie: Robert Musil. Konstanz und Entwicklung von Themen, Motiven und Strukturen in den Dichtungen. (Abhandlungen zur Kunst-, Musik- und Literaturwissenschaft 110). Bouvier Verlag Herbert Grundmann, Bonn 1972

Rieth, Renate: Robert Musils frühe Prosa. Versuch einer stilistischen Interpretation. Diss. Tübingen 1964

Stopp, Elisabeth: Musils ‚Törleß': Inhalt und Form (1968). In: Robert Musil. Hrsg. von R. von Heydebrand. (Wege der Forschung Bd. 588). Wissenschaftliche Buchgesellschaft, Darmstadt 1982, S. 207–249

Willemsen, Roger: In tyrannos: Musil als Törleß. In: R. W.: Robert Musil. Vom intellektuellen Eros. (Serie Piper Porträt 5208). München Zürich 1985, S. 36–44

Winter, Ingrid: Zeitperspektiven in Robert Musils „Die Verwirrungen des Zöglings Törleß". In: Modern Austrian Literature Vol. 13, No. 3, 1980, S. 47–68

7. Filmanalyse

Brauneck, Manfred (Hrsg.): Film und Fernsehen. Materialien zur Theorie, Soziologie und Analyse der audio-visuellen Massenmedien. C. C. Buchners Verlag, Bamberg 1980

Corino, Karl: Die Verirrungen des Debütanten Schlöndorff. → **43**

de Vin, Daniel: Robert Musil: „Die Verwirrungen des Zöglings Törleß". Einleitung zu einer Filmvorführung. In: Musil-Forum 7, 1981, S. 187–190

Faulstich, Werner: Einführung in die Filmanalyse. (Literaturwissenschaft im Grundstudium 1). Gunter Narr Verlag, Tübingen 1980

Faulstich, Werner/Faulstich, Ingeborg: Modelle der Filmanalyse. (Kritische Information 57). Wilhelm Fink Verlag, München 1977

Kuchenbuch, Thomas: Filmanalyse. Theorien, Modelle, Kritik. Prometh Verlag, Köln 1978

Ladiges, Peter M.: Der junge Törleß. In: Filmkritik 7/1966, S. 397–398

Linder, Herbert: Der junge Törleß. In: Filmkritik 6/1966, S. 323–324

Monaco, James: Film verstehen. Kunst, Technik, Sprache, Geschichte und Theorie des Films. (rororo 6271). Rowohlt Taschenbuch Verlag, Reinbek 1980

Nettelbeck, Uwe: Terror im Internat. Volker Schlöndorffs Musil-Verfilmung „Der junge Törleß". → **42**

Schlöndorff, Volker: Der junge Törleß. Drehbuch des Films. → **41**

Thöming, Jürgen C.: Anmerkungen für Brüsseler Schüler und Studenten zu Schlöndorffs „Törleß"-Film. In: Musil-Forum 7, 1981, S. 191-193

Wendt, Ernst: Ein Jugendbildnis. Junger deutscher Film, Nr. 2: „Der junge Törleß" von Volker Schlöndorff – der Film des Monats. → **40**

8. Mögliche Anschlußlektüre

(Zur ersten Information über die einzelnen Titel vgl. Kindlers Literatur Lexikon / bei dtv auch in einer 14 Bände umfassenden Taschenbuchausgabe erschienen)

Grass, Günter: Katz und Maus (Novelle, 1961)

Hesse, Hermann: Unterm Rad (Roman, 1906)

Kafka, Franz: Die Verwandlung (Erzählung, 1915)

Kafka, Franz: Der Prozeß (Roman, entstanden 1914/15; erschienen 1925)

Mann, Heinrich: Professor Unrat oder das Ende eines Tyrannen (Roman, 1905)

Mann, Heinrich: Der Untertan (Roman, entstanden 1906-14; in Buchform erschienen 1916)

Mann, Thomas: Buddenbrooks. Verfall einer Familie (Roman, entstanden 1897–1900; erschienen 1901)

Mann, Thomas: Tonio Kröger (Novelle, 1903)

Musil, Robert: Drei Frauen (Erzählungen, 1924)

Pubertät. 22 Autoren zu einem Thema. Mit Beiträgen von *Thomas Mann, Peter Weiss, Günter Grass, Marie Luise Kaschnitz, Simone de Beauvoir, Robert Musil, Vladimir Nabokov, Alexander Mitscherlich* u.a. (dtv 761). Deutscher Taschenbuch Verlag, 2. Aufl. 1973 [Zuerst erschienen im Scherz Verlag, München und Bern 1968]

Rilke, Rainer Maria: Die Aufzeichnungen des Malte Laurids Brigge (Roman, entstanden 1904–10; erschienen 1910)

Schulgeschichten. Hrsg. von *R. W. Campmann, K. Goehrke, H. Hensel und H. Peuckmann.* Werkkreis Literatur der Arbeiterwelt. (Fischer Taschenbuch 1816). Fischer Taschenbuch Verlag, Frankfurt a.M. 1977

Plötzlich brach der Schulrat in Tränen aus. Verständigungstexte von Schülern und Lehrern. Hrsg. von *U. Zimmermann* und *Chr. Eigel.* (edition suhrkamp 429). Suhrkamp Verlag, Frankfurt a.M. 1980

Unterbrochene Schulstunde. Schriftsteller und Schule. Eine Anthologie. Mit Beiträgen von *Bertolt Brecht, Alfred Döblin, Hermann Hesse, Ödön von Horváth, James Joyce, Erich Kästner, Thomas Mann, Robert Musil, Paul Nizan, Rainer Maria Rilke, Bernard Shaw, Kurt Tucholsky, Robert Walser, Franz Werfel* und *Stefan Zweig.* (suhrkamp taschenbuch 48). Suhrkamp Verlag, Frankfurt a.M. 1972

Deutsche Schulzeit. Erinnerungen und Erzählungen aus drei Jahrhunderten. Hrsg. von *Martin Gregor-Dellin.* Nymphenburger Verlagshandlung, München 1979

Torberg, Friedrich: Der Schüler Gerber hat absolviert (Roman, 1930; eine Neufassung unter dem Titel „Der Schüler Gerber“ erschien 1954)

Walser, Robert: Geschwister Tanner (Roman, 1907)

Walser, Robert: Jakob von Gunten. Ein Tagebuch. (Roman, 1909)

Wedekind, Frank: Frühlings Erwachen. Eine Kindertragödie in drei Akten. (entstanden 1890/91; Uraufführung 1906)

Weiss, Peter: Abschied von den Eltern (Erzählung, 1960/61)

Wellershoff, Dieter: Langeweile und unbestimmtes Warten (Essay, 1982) [In: D. W.: Die Arbeit des Lebens. Autobiographische Texte. Kiepenheuer & Witsch. Köln 1985, S. 263–271]

Werfel, Franz: Der Abituriententag. Die Geschichte einer Jugendschuld. (Roman, 1928)

Quellennachweis

1 Corino, Karl: Törleß ignotus. Zu den biographischen Hintergründen von Robert Musils Roman „Die Verwirrungen des Zöglings Törleß“. In: Text und Kritik. Richard Boorberg Verlag, München. Heft 21/22, 2. Aufl. 1972, S. 62–68

2 Musil, Robert: Vorwort IV/Vorbemerkungen. In: R. M.: Gesammelte Werke in neun Bänden. Hrsg. von A. Frisé. Rowohlt Taschenbuch Verlag, Reinbek 1978, Bd. 7, S. 966/967

3 Musil, Robert: Skizze der Erkenntnis des Dichters. In: R. M.: Gesammelte Werke ... Vgl. **2,** Bd. 8, S. 1025–1030

4 Beiträge von Schülerinnen und Schülern eines Leistungskurses 13 des Geschwister-Scholl-Gymnasiums Pulheim

5 Kerr, Alfred: Robert Musil. In: Der Tag. Berlin (21.12.1906); wieder in: Die Aktion. Ed. Franz Pfemfert. Berlin. Jg. 1 (1911). Sp. 1229–1233.

6 Jens, Walter: Sadistische Spiele auf dem Dachboden. In: Frankfurter Allgemeine Zeitung Nr. 157 vom 19. Juli 1984

7 Servaes, Franz: Der Roman einer Knabenseele. In: Das literarische Echo. Jg. 9 (1906/07), Sp. 1309

8 Hirschfeld, Ludwig: „Die Verwirrungen des Zöglings Törleß“. In: Neue Freie Presse. Wien. Nr. 15215 (30.12.1906). S. 34 (Morgenblatt. Literaturbeilage)

9 Herzog, Wilhelm: Robert Musil. In: Die Nation. Berlin. Jg. 24. Nr. 18 (2.2.1907), S. 282

10 Blei, Franz: Robert Musil. „Die Verwirrungen des Zöglings Törleß“. In: Die Opale. Ed. F. B. Leipzig. Jg. 1 (1907), S. 213

11 Schaffner, Jakob: Verwirrungen des Zöglings Törleß von Robert Musil. In: Die neue Rundschau. Berlin. Jg. 22 der freien Bühne (1911), S. 1769/70

12 Berghahn, Wilfried: Robert Musil in Selbstzeugnissen und Bilddokumenten. Rowohlt Taschenbuch Verlag, Reinbek 1984. S. 28/29 (rowohlts bildmonographien Nr. 81)

13 Arntzen, Helmut: Musil-Kommentar sämtlicher zu Lebzeiten erschienener Schriften außer dem Roman „Der Mann ohne Eigenschaften“. Winkler Verlag, München 1980, S. 99

14 Pott, Hans-Georg: Robert Musil. Wilhelm Fink Verlag, München 1984, S. 11 (Uni-Taschenbücher 1287)

15 Musil, Robert: Brief an Stefanie Tyrka (22.III.05.). In: R. M.: Briefe 1901–1942. Hrsg. von A. Frisé. Rowohlt Verlag, Reinbek 1981, S. 12-14

16 Musil, Robert: Brief an einen Verlag. In: R. M.: Briefe ... Vgl. **15,** S. 14/15

17 Musil, Robert: Brief an Wiegler am 21. Dez. 1906. In: R. M.: Briefe ... Vgl. **15,** S. 23/24

18 Musil, Robert: Brief an Matthias di Gaspero. In: R. M.: Briefe ... Vgl. **15** , S. 46/47

19 Musil, Robert: Tagebücher. Hrsg. von A. Frisé. Rowohlt Verlag, Reinbek 2. Aufl. 1983, S. 149, 216, 834, 914

20 Großmann, Bernhard: Robert Musil. Die Verwirrungen des Zöglings Törleß. Interpretation. R. Oldenbourg Verlag, München 1984, S. 18/19 (Interpretationen für Schule und Studium)

21 Schenk-Danzinger, Lotte: Die Pubertät, ein biopsychisches und soziologisches Phänomen. In: L. Sch.-D.: Entwicklungspsychologie. Österreichischer Bundesverlag für Unterricht, Wissenschaft und Kunst, Wien 11. Aufl. 1977, S. 290–292

22 Schenk-Danzinger, Lotte: Der individuelle Verlauf der Pubertät. In: L. Sch.-D.: Entwicklungspsychologie. Vgl. **21** , S. 412/413

23 Gottschalch, Wilfried: Die Chance der Adoleszenz und ihre gesellschaftliche Vereitelung. In: W. G.: Aufrechter Gang und Entfremdung. Pamphlet über Autonomie. (Wagenbachs Taschenbücherei 115). Verlag Klaus Wagenbach, Berlin 1984, S. 39–41

24 Stopp, Elisabeth: Musils „Törleß“: Inhalt und Form (1968). In: Robert Musil. Hrsg. von R. von Heydebrand. Wissenschaftliche Buchgesellschaft, Darmstadt 1982, S. 216/217 u. 224–226 (Wege der Forschung Bd. 588)

25 Hofmannsthal, Hugo von: Ein Brief. In: H. v. H.: Ausgewählte Werke in zwei Bänden. Hrsg. von R. Hirsch, S. Fischer Verlag, Frankfurt a.M. 1957, Bd. 2, S. 337–348

26 Desportes, Yvon: Vergleichende Untersuchung eines Stils und einer Philosophie: Ein Werk Musils aus der Sicht Machs (1974). In: Robert Musil. Vgl. **24** , S. 291/292

27 Musil, Robert: Ansätze zu neuer Ästhetik. Bemerkungen über eine Dramaturgie des Films. In: R. M.: Gesammelte Werke ... Vgl. **2** , Bd. 8, S. 1140–1154

28 Krejci, Michael: Robert Musil: Die Verwirrungen des Zöglings Törleß. In: Deutsche Romane von Grimmelshausen bis Walser. Interpretationen für den Literaturunterricht. Scriptor Verlag, Königstein/Ts. 1982, Bd. 1, S. 131

29 Baur, Uwe: Zeit- und Gesellschaftskritik in Robert Musils Roman „Die Verwirrungen des Zöglings Törleß". In: U.B. und D. Goltschnigg: Vom Törleß zum Mann ohne Eigenschaften. Grazer Musil-Symposion 1972. Wilhelm Fink Verlag, München-Salzburg 1973, S. 45 (Musil-Studien 4)
30 Fischer, Ernst: Das Werk Robert Musils. Versuch einer Würdigung. In: Deutsche Literaturkritik. Hrsg. von H. Mayer. S. Fischer Verlag, Frankfurt a.M. 1978, Bd. 4, S. 472–477
31 Adorno, Theodor W.: Erziehung nach Auschwitz. In: T.W.A.: Stichworte. Kritische Modelle 2. Suhrkamp Verlag, Frankfurt a.M. 1969, S. 88–95 (edition suhrkamp 347)
32 Pott, Hans-Georg: Robert Musil. Vgl. **14** , S. 21–24
33 Mattenklott, Gert: Der „subjektive Faktor" in Musils ‚Törleß'. Mit einer Vorbemerkung über die Historizität der sinnlichen Wahrnehmung (1973/1976). In: Robert Musil ... Vgl. **24**, S. 258–274
34 Desportes, Yvon: Vergleichende Untersuchung ... Vgl. **24**, S. 293/294
35 Winter, Ingrid: Zeitperspektiven in Robert Musils „Die Verwirrungen des Zöglings Törleß". In: Modern Austrian Literature Vol. 13, No. 3, 1980, S. 55–62
36 Magnou, Jacqueline: ‚Törleß' – Eine Variation über den Ödipus-Komplex? Einige Bemerkungen zur Struktur des Romans (1977). In: Robert Musil ... Vgl. **24**, S. 301–314
37 Hillebrand, Bruno: Roman. In: Weltliteratur im 20. Jahrhundert. Hrsg. von M. Brauneck. Rowohlt Taschenbuch Verlag, Reinbek 1981, Bd. 5, S. 73–75 (rororo 6269)
38 Beiträge von Schülerinnen und Schülern eines Leistungskurses 13 des Geschwister-Scholl-Gymnasiums Pulheim
39 Monaco, James: Film und Roman. In: J. M.: Film verstehen. Kunst, Technik, Sprache, Geschichte und Theorie des Films. Rowohlt Taschenbuch Verlag, Reinbek 1980, S. 40–44 (rororo 6271)
40 Wendt, Ernst: Ein Jugendbildnis. Junger deutscher Film, Nr. 2: „Der junge Törleß" von Volker Schlöndorff – der Film des Monats. In: film Nr. 5, Erhard Friedrich Verlag, Velber bei Hannover, 1966, S. 16-19
41 Der junge Törleß. Ein Film von Volker Schlöndorff. Drehbuch. In: film Nr. 7, Erhard Friedrich Verlag, Velber bei Hannover, 1966, S. 45–56
42 Nettelbeck, Uwe: Terror im Internat. Volker Schlöndorffs Musil-Verfilmung „Der junge Törleß". In: DIE ZEIT, Hamburg, Nr. 21 vom 20. Mai 1966, S. 19/20
43 Corino, Karl: Die Verirrungen des Debütanten Schlöndorff. Zur Verfilmung von Robert Musils Roman „Die Verwirrungen des Zöglings Törleß". In: Wort in der Zeit. Österr. Literaturzeitschrift. Nr. 2, 1966, S. 63–65

Bildnachweis

S. 141, 143, 145: Robert Musil Archiv, Klagenfurt
S. 224, 226, 228, 229, 232 atlas film + av, Duisburg

Text + Dialog

GRUNDBAND

Deutschunterricht auf der Sekundarstufe II
Von Norbert Heinze und Bernd Schurf
336 Seiten. Snolin (Bestell-Nr. 54220)
Revidierte Fassung (Bestell-Nr. 54245)

KURSBÜCHER

Literatur und Leser
Wirkung und Wertung
Von Heinrich Biermann und
Winfried Klothen
160 Seiten. Snolin
(Bestell-Nr. 54241)
Revidierte Fassung
(Bestell-Nr. 54247)

Literatur und Geschichte
Von Dietrich Erlach
136 Seiten. Snolin
(Bestell-Nr. 54242)
Revidierte Fassung
(Bestell-Nr. 54246)

Argumentation
Von Guido Stein
128 Seiten. Snolin
(Bestell-Nr. 54243)

Textverstehen:
Sprache – Literatur
Von Norbert Heinze,
Bernd Schurf und Guido Stein
248 Seiten. Snolin
(Bestell-Nr. 54244)

PROJEKTBÄNDE

Heinrich von Kleist:
Prosa · Briefe ·
„Prinz Friedrich von Homburg"
Von Hans Jürgen Kolvenbach
112 Seiten. Snolin
(Bestell-Nr. 54221)

Literatur nach 1945: Die Gruppe 47
Von Hans-Peter Reisner
96 Seiten. Snolin
(Bestell-Nr. 54222)

Literatur und Öffentlichkeit
Von Heinrich Biermann und
Winfried Klothen
128 Seiten. Snolin
(Bestell-Nr. 54223)

Heinrich Mann: Der Untertan
Von Claus Siefer
112 Seiten. Snolin
(Bestell-Nr. 54224)

Analysen zur Alltagssprache
Von Gerhart Wolff
104 Seiten. Snolin
(Bestell-Nr. 54225)

STATIONEN DER LITERATUR

Text- und Arbeitsbücher

Herausgegeben von
Heinrich Biermann/Bernd Schurf

Übersicht über die getroffene Textauswahl

Die Auswahl der Texte basiert auf folgenden didaktischen Gesichtspunkten:

- Erster Überblick über die deutsche Literatur
- Einführung in die Vielfalt literarischer Formen, Textarten und Gattungen
- Diskussion zentraler Probleme der Conditio humana

Mit Lessings *Emilia Galotti,* Goethes *Faust* und Ibsens *Gespenster* wurden repräsentative Beispiele der Gattung **Drama** aus unterschiedlichen literarischen Epochen gewählt. Die epischen Gattungen **(Erzählung, Roman)** sind durch Bräkers *Armer Mann im Tockenburg,* Eichendorffs *Taugenichts,* Heines *Deutschland. Ein Wintermärchen,* Musils *Verwirrungen des Zöglings Törleß* und durch eine reichhaltige Auswahl bedeutsamer Erzählungen des 20. Jahrhunderts im Sammelband *Erzähler des 20. Jahrhunderts* vertreten; Heines *Wintermärchen* steht dabei stellvertretend für die Mischgattung des Versepos. Der Gattung **Lyrik** ist ein Längsschnittband gewidmet, der mehrere thematisch geordnete Lyrikreihen anbietet, die Gedichte vom Mittelalter bis zur Gegenwart enthalten. Im Sammelband **Essay** wird die Gattung des journalistischen, literarischen und philosophischen Essays vorgestellt, die in jüngster Zeit eine erstaunliche Renaissance erlebt und die zudem eine wichtige Grundlage für die schriftliche Erörterung in der Oberstufe darstellt.

Die Auswahl der literarischen Texte ist maßgebend dem Prinzip verpflichtet, historisches Bewußtsein und Aktualitätsanspruch im Lese- und Lernprozeß wechselseitig zu vermitteln. Der Schwerpunkt der Auswahl orientiert sich an repräsentativen literarischen Situationen und Epochen des 18., 19. und 20. Jahrhunderts. Die Wahl der einzelnen Autoren der Werkausgaben und Längsschnittbände ist geleitet einerseits von der exemplarischen Bedeutung für die literarästhetische Entwicklung, andererseits von der Relevanz und Aktualität der im jeweiligen Werk ausgewiesenen anthropologischen und gesellschaftlichen Problemstellungen.

Schwann-Bagel

STATIONEN DER LITERATUR
Text- und Arbeitsbücher

Best.-Nr.	Bearbeiter	Titel
12114-9	Bernd Schurf	Gotthold Ephraim Lessing: Emilia Galotti
12115-7	Hans-Joachim Helmich	Ulrich Bräker: Lebensgeschichte und natürliche Abenteuer des armen Mannes im Tockenburg
12116-5	Guido Stein	Johann Wolfgang von Goethe: Faust. Der Tragödie erster Teil
12117-3	Wilhelm Gössmann, Winfried Woesler	Heinrich Heine: Deutschland. Ein Wintermärchen
12118-1	Eckhard Grunewald	Joseph von Eichendorff: Aus dem Leben eines Taugenichts
12119-X	Winfried Klothen	Henrik Ibsen: Gespenster
12120-3	Heinrich Biermann	Robert Musil: Die Verwirrungen des Zöglings Törleß
12121-1	Dietrich Erlach	Lyrik vom Mittelalter bis zur Gegenwart
12122-X	Rainer Nolte	Essays von der Aufklärung bis heute
12123-8	Rolf Kauffeldt	Erzähler des 20. Jahrhunderts

Schwann-Bagel